AUF DER SUCHE NACH DEM »ANDEREN ADVENT«?!

Annika Happe

Auf der Suche nach dem »Anderen Advent«?!

Gelebte Religiosität im Weihnachtsfestkreis

EVANGELISCHE VERLAGSANSTALT
Leipzig

Annika Happe, Dr. theol., Jahrgang 1985, studierte Germanistik und Evangelische Theologie an der Ruhr-Universität Bochum, seit Mai 2014 ist sie Lehramtsanwärterin am Zentrum für schulpraktische Lehrerausbildung in Hamm für die Fächer Deutsch und Ev. Religionslehre. 2014 wurde sie in Bochum bei Frau Prof. Dr. Isolde Karle mit der vorliegenden Arbeit promoviert.

Bibliographische Information der Deutschen Nationalbibliothek
Die Deutsche Nationalbibliothek verzeichnet diese Publikation in der Deutschen Nationalbibliographie; detaillierte bibliographische Daten sind im Internet über http://dnb.dnb.de abrufbar.

© 2015 by Evangelische Verlagsanstalt GmbH · Leipzig
Printed in Germany · H 7959

Das Buch wurde auf alterungsbeständigem Papier gedruckt.

Cover: Zacharias Bähring, Leipzig
Coverbild: Irie, openphoto.net
Satz: Jochen Busch, Leipzig
Druck und Binden: Hubert & Co., Göttingen

ISBN 978-3-374-04168-8
www.eva-leipzig.de

Meiner Familie und Miri

VORWORT

Die Studie wurde im Sommersemester 2014 von der Evangelisch-Theologischen Fakultät der Ruhr-Universität Bochum als Dissertationsschrift angenommen. Mein besonderer Dank gilt meiner Doktormutter Prof. Dr. Isolde Karle für ihre motivierende und fürsorgliche Betreuung, ihr Vertrauen in meine Arbeit sowie ihre umfangreiche fachliche und persönliche Unterstützung. Ihre Erfahrung, ihre hilfreichen Ratschläge und ihre stets weiterführende und konstruktive Kritik haben mich in meiner Arbeit sehr bereichert und waren mir eine große Hilfe und Inspiration.

Ebenso möchte ich mich bei Prof. Dr. Franz-Heinrich Beyer bedanken, der mir in seiner Rolle als Zweitgutachter gemeinsam mit Frau Prof. Dr. Karle im Rahmen der praktisch-theologischen Sozietät in meiner Arbeit beratend und unterstützend zur Seite stand.

Mein weiterer Dank gilt auch Prof. Dr. Werner Vogd und den Kolleginnen und Kollegen der soziologischen Forschungswerkstatt der Universität Witten/Herdecke. Mit ihrer Hilfe war es mir möglich, mich in das mir bis dahin unbekannte Gebiet der qualitativ-empirischen Sozialforschung einzuarbeiten und die dieser Studie zugrunde liegenden Interviews zu analysieren. Der interdisziplinäre Austausch und die unterschiedlichen Blickwinkel ermöglichten mir immer wieder neue und anregende Einsichten bei der Wahrnehmung und Interpretation der Interviews.

Des Weiteren bedanke ich mich sehr herzlich bei dem Verein »Andere Zeiten e.V.« aus Hamburg und insbesondere seinem Vorstand, der diese Studie nicht nur auf finanzieller Ebene, sondern auch durch die Bereitstellung des ›Forschungsmaterials‹ in Form aller Ausgaben des ›Anderen Advent‹, sein ständiges Engagement und die Offenheit zu Auskunft und Austausch und das Interesse an der theologischen Forschung überhaupt erst angeregt und ermöglicht hat.

Zudem möchte ich meinen Kolleginnen, Jula Well, Stefanie Brauer-Noss und Katja Dubiski, am Lehrstuhl für Praktische Theologie von Prof. Dr. Karle danken. Sie standen mir stets zur Seite und haben mein ›Doktorandinnenleben‹ sowohl durch ihre fachliche Kompetenz als auch mit ihrer Kollegialität und Freundschaft sehr bereichert.

Für die gründliche Lektüre und gewissenhafte Korrektur des Manuskriptes danke ich außerdem meinen langjährigen Freunden Katharina Hagenhoff, Miriam Wacker und Moritz Schäfer.

Mein ganz besonderer Dank gilt überdies meinen Eltern, Heike und Gerhard Happe, sowie meiner Schwester Inga. Ihr bedingungsloser Rückhalt, ihr festes Zutrauen in mich und meine Fähigkeiten und ihre liebevollen Ratschläge waren und sind mir eine wesentliche Stütze auf meinem Berufs- und Lebensweg. Ihnen sei dieses Buch gewidmet.

Außerdem danke ich meinem Lebenspartner Thomas Bartz für seine Unterstützung bei all meinen Plänen und Zielen, vor allem aber für seine Ruhe und Gelassenheit, mit der er mich stets begleitet und mich dazu ermuntert, gelegentlich einen Schritt zurückzutreten und die Dinge noch einmal anders zu betrachten.

Zu guter Letzt bedanke ich mich natürlich bei all meinen Interviewpartnerinnen und -partnern, die mir mit ihrer Bereitschaft zur Teilnahme, ihrem Vertrauen und ihrer Offenheit Einblicke in ihre Sicht auf Advent und Weihnachten gewährt haben. Die oft sehr persönlichen Gespräche und Gedanken haben mich sehr beeindruckt, zum Nachdenken gebracht und nicht allein die Arbeit an diesem Buch sehr bereichert.

Annika Happe   *Dortmund im Januar 2015*

INHALTSVERZEICHNIS

C WEIHNACHTSCHRISTENTUM UND MODERNE WEIHNACHTS- RELIGIOSITÄT IM SPIEGEL DES ›ANDEREN ADVENT‹

Einleitung
Weihnachten – das Christfest unserer Zeit

Wohl keine andere Zeit im Jahr erfreut sich so großer Beliebtheit wie die Weihnachtszeit. Spätestens mit dem Beginn des Advents wird die besondere Bedeutung und Strahlkraft des Festes unmittelbar spür-, sicht- und greifbar.[1] Es gibt kaum ein Fenster, das nicht mit Lichterbögen und Sternen geschmückt ist, kein Geschäft, in dem nicht Rauschgoldengel und Weihnachtsmänner die Kundschaft begrüßen. Keine größere oder auch kleinere Stadt kommt in dieser Zeit ohne Weihnachtsmärkte und Adventsbasare aus, die die Straßen mit Gerüchen nach Glühwein, Mandeln und anderen weihnachtlich-winterlichen Genüssen erfüllen. Lichter strahlen, Kerzen brennen und Weihnachtslieder erklingen. Nicht zuletzt stimmen auch die Massenmedien ihr Publikum mit unzähligen Spielfilmen und ›Weihnachtsspecials‹ auf das Fest ein.

Weihnachten durchdringt gut einen Monat lang die gesamte Lebenswelt und erfüllt selbst den Alltag mit einer »unverwechselbaren Fest- und Feierstimmung«[2], einer besonderen Atmosphäre, die selbst vor Firmentüren und Bürokomplexen, Schulgebäuden und Vereinsheimen nicht halt macht. Längst reicht das ursprünglich kirchlich-religiöse Jahresfest mit seinem Brauchtum und seinen Traditionen weit über den Kirchenraum und die private Welt hinaus[3] und nimmt im bürgerlichen Kalender einen besonderen Stellenwert ein: Weihnachten als »kirchlich-religiöses Fest [...] ist zu einem volkstümlichen, gesamtgesellschaftlichen Ereignis geworden«[4]. Es ist ein alljährlich wiederkehrendes »Element des gesellschaftlichen Lebens«[5], dem sich kaum jemand

---

[1]   Vgl. hierzu auch Utz Jeggle, Schöne Bescherung. Spekulationen über Weihnachten, in: Richard Faber/Esther Gajek (Hrsg.), Politische Weihnacht in Antike und Moderne. Zur ideologischen Durchdringung des Fests der Feste, Würzburg 1997, 277.

[2]   Matthias Morgenroth, Weihnachts-Christentum. Moderner Religiosität auf der Spur, 2. durchgesehene Auflage, Gütersloh 2003, 11.

[3]   Vgl. ebd.

[4]   Petra Zimmermann, Das Wunder jener Nacht. Religiöse Interpretation autobiographischer Weihnachtserzählungen [Praktische Theologie heute Bd. 5], Stuttgart/Berlin/Köln 1992, 8 f.

[5]   Kristian Fechtner, Im Rhythmus des Kirchenjahres. Vom Sinn der Feste und Zeiten, Gütersloh 2007, 63.

entziehen kann und will. Gelegenheitskirchgänger feiern das Fest ebenso wie die hochverbundene Kerngemeinde, selbst bekennende Nichtchristen und Mitglieder anderer Religionsgemeinschaften nehmen nach Belieben daran teil.[6]

Doch gerade dieser Ereignis-Charakter sorgt ›alle Jahre wieder‹ auch für heftige Kritik. Die ursprüngliche Heilsbotschaft des Festes von der Geburt Jesu Christi habe, so klagen insbesondere Vertreter der Kirchen, in der modernen Gesellschaft ihre frühere Bedeutung eingebüßt. Anstelle der ›eigentlichen‹ christlichen Semantik stünden nun die Feier eines idyllischen Familienfestes verbunden mit einem stetig wachsenden ›Geschenkewahnsinn‹ und somit Konsum und Kommerz im Vordergrund.[7] Die Adventszeit als christliche Zeit der Einkehr und Stille, der Vorfreude und Erwartung auf das Kommen Gottes in die Welt, bedeute heutzutage für die meisten Menschen vor allem Stress und Hektik.[8] Das Zuhause muss dekoriert, Lebensmittel und Geschenke wollen besorgt und Vorbereitungen getroffen werden, damit das Fest so perfekt wie möglich werden kann. Weihnachten, so warb ein bekannter Elektronikkonzern 2011, wird schließlich ›unter dem Baum entschieden‹. Die Empörung von Seiten der Kirchen über diesen Werbeslogan war groß, fühlte man sich doch in seiner Wahrnehmung von Weihnachten als zunehmend sinnentleerter »Geschenkorgie im Kreise der Lieben«[9] bestätigt. Mit der stetig wachsenden Popularität des Weihnachtsfestes scheinen, so das negative Fazit, gleichzeitig vielen Menschen in der modernen Gesellschaft die dem Fest zugrunde liegenden christlichen Inhalte, Überzeugungen und Vorstellungen sowie die weihnachtliche Glaubenstradition weitgehend fremd geworden zu sein.

Betrachtet man die alljährlichen Statistiken und Umfragen zum Thema Weihnachten, scheint sich auf den ersten Blick die Befürchtung hinsichtlich

---

[6]   Vgl. Zimmermann, Das Wunder jener Nacht, 11 sowie Manfred Josuttis, Weihnachten – das Fest und die Predigt, in: Peter Cornehl/Martin Dutzmann/Andreas Strauch (Hrsg.), »… in der Schar derer, die da feiern«. Feste als Gegenstand praktisch-theologischer Reflexion, Göttingen 1993, 88.

[7]   Vgl. Alois Halbmayr, Zwischen Menschwerdung und Geldwertung. Weihnachten im Spannungsfeld von religiöser Entleerung und ökonomischer Überformung, in: ThPQ 156 (2008), 346.

[8]   Vgl. hierzu die Homepage der Aktion der EKD »Advent ist im Dezember« (2011), online unter URL: http://www.ekd.de/advent_dezember/alles_hat_seine_zeit.html [abgerufen am 04.06.2012].

[9]   Der badische evangelische Oberkirchenrat Matthias Kreplin auf der Homepage der evangelischen Landeskirche in Baden (2011), online unter URL: http://www.ekiba.de/14988_16855.php [abgerufen am 04.06.2012].

einer zunehmenden »religiösen Entleerung«[10] bzw. einer ›Sinnverschiebung‹ des Festes zu bestätigen. So nannten 2011 bei einer Untersuchung der Stiftung für Zukunftsfragen 78 % der Teilnehmenden der Studie auf die Frage, was sie mit Weihnachten verbinden, zuerst den »Tannenbaum«, knapp dahinter belegten »Geschenke« und »Zeit mit der Familie« (jeweils 71 %) die vorderen Platzierungen. Unmittelbar darauf folgten »viel gutes Essen« (70 %) und »Gemütlichkeit« sowie »geschmückte Geschäfte« (jeweils 67 %). Allerdings verbanden auch 53 % der Befragten mit Weihnachten einen »christlichen Feiertag«, ebenso viele nannten die Attribute »Ruhe und Besinnlichkeit«.[11]

Weihnachten ist offenkundig *das* Familienfest, gestaltet mit dem Weihnachtsbaum, Geschenken und einem gemeinsamen Essen im Kreise der Lieben. Gelten sonst in der modernen Gesellschaft Spontaneität, Kreativität und Innovation als besonders erstrebenswert, so soll Weihnachten bei den Meisten nach Möglichkeit sein, ›wie es immer war‹, traditionell und vertraut. Dementsprechend intensiv sind auch die Vorbereitungen im Vorfeld des Festes. Ohne Zweifel ist Weihnachten heute ganz entscheidend ein Familien- und Geschenkefest. Dabei hat sich im Zuge der Moderne vieles an das ›klassisch-christliche‹ Fest angelagert und ›Altes‹ in den Hintergrund treten lassen. Gleichzeitig sind es gerade die liebevoll und vielfach sehr individuell gepflegten Feier- und Familienrituale, die bewusste Inszenierung und Gestaltung einer allumfassenden Advents- und Weihnachtswelt, das ideelle und finanzielle »Investieren« in ein gelungenes Fest, die einen Hinweis auf tiefer liegende Sehnsüchte und Erfahrungen von Menschen im Hinblick auf diesen so besonderen Jahresabschnitt geben. Gerade die Advents- und Weihnachtszeit ist offensichtlich nicht nur rein äußerlich eine andere Zeit. Sie soll sich auch ›nach innen‹ von den Alltagserfahrungen und dem Einerlei der gesellschaftlichen und privaten Unwägbarkeiten und Herausforderungen abheben. Zumindest für einen begrenzten Zeitraum soll einmal im Jahr alles »schön« sein und »gemütlich«, voller Vertrautheit, Harmonie und Wärme. Gemütlichkeit, Ruhe und vor allem Zeit für Freunde, Familie und für sich selbst sind dabei wichtig. Gerade in der Weihnachtszeit sehnen sich viele Menschen nach Erfahrungen und der Verheißung eines ›ganz Anderen‹, einer tiefergehenden Perspektive für ihr Leben. Weihnachten ist nicht nur Feier und Fest, sondern für viele Menschen auch *der* besondere Anlass und die Gelegenheit im Jahr, zur Ruhe zu kommen, sich zu ›besinnen‹, den Blick auf die eigene Person und

---

10   Halbmayr, Zwischen Menschwerdung und Geldwertung, 346.

11   Stiftung für Zukunftsfragen (2011), Was die Deutschen mit Weihnachten verbinden, online unter URL: http://de.statista.com/statistik/daten/studie/169294/umfrage/was-die-deutschen-mit-weihnachten-verbinden/[abgerufen am 04.06.2012].

das eigene Leben zu richten und dabei auch ganz gezielt und bewusst Räume
für die Beschäftigung mit religiösen Fragen und Themen zu schaffen, religiös
geprägte Angebote wahrzunehmen und die Zeit bewusst anders zu leben und
zu gestalten. Das Weihnachtsfest vermittelt mit seiner besonderen Stimmung
und seiner Symbol- und Bilderwelt zumindest für eine begrenzte Zeit ein
besonderes ›Lebensgefühl‹, eine äußerlich wie innerlich andere Gestimmtheit, die nicht wenige Menschen offen und bereit werden lässt für religiöse
Gedanken und Erfahrungen, für die Suche nach dem »sichtbaren Heiligen«
und dem ›Mehr‹ in ihrem Leben, die sich in dem vielfach geäußerten Wunsch
nach ›Besinnlichkeit‹ artikuliert.[12]

Nicht zuletzt die Besucherzahlen der Heiligabendgottesdienste sprechen
hier eine deutliche Sprache. Nehmen deutschlandweit regelmäßig circa eine
Million Menschen an einem evangelischen Sonntagsgottesdienst teil, so besucht relativ konstant ungefähr ein Drittel aller Kirchenmitglieder an Heiligabend einen Gottesdienst. Insgesamt zählt allein die evangelische Kirche
jedes Jahr deutschlandweit etwa neun Millionen Besucher der Heiligabendgottesdienste, darunter auch zahlreiche Konfessionslose und Mitglieder
nicht-christlicher Religionsgemeinschaften.[13]

Ist in der kirchlichen Tradition von je her Ostern das höchste Fest des
Kirchenjahres, so ›boomt‹ kein anderes christliches Fest entgegen aller säku-
larisierenden Tendenzen und Trends so wie Weihnachten. Es ist keine neue
Erkenntnis, dass, trotz der Klage über die Kommerzialisierung und Sinnent-
leerung des Festes und entgegen aller Sorge um den stetigen Bedeutungsverlust und die zunehmende Marginalisierung von Religion im Allgemeinen und
Christentum und Kirche im Besonderen, die Kirchen an keinem anderen Tag
so gut besucht sind wie an Heiligabend. Die Gründe für den weihnachtlichen
Gottesdienstbesuch mögen vielfältig sein. Erkennbar ist jedoch, dass gerade im Advent und besonders an Weihnachten bei einer nicht unerheblichen
Zahl von Menschen ein besonderes Bedürfnis nach religiöser Begleitung und
kirchlich-ritueller Gestaltung, einem intensiven Erleben, aber auch einer dezidiert christlichen Füllung der Zeit besteht. Verteilte sich früher der Gottesdienstbesuch relativ gleichmäßig über das gesamte Kirchenjahr, so bildet nun
das Weihnachtsfest nicht nur den privaten und gesellschaftlichen, sondern

---

[12]   Vgl. Morgenroth, Weihnachts-Christentum, 142 f.
[13]   Die Zahlen bewegen sich seit 2007 kontinuierlich zwischen 35 und 37 % aller Mitglieder der evangelischen Kirche, die hier genannten Zahlen stammen von 2009, vgl.
hierzu Evangelische Kirche in Deutschland. Zahlen und Fakten zum kirchlichen Leben
hrsg. vom Kirchenamt der EKD (2011), online unter URL: http://www.ekd.de/download/
broschuere_2011_mit_Links.pdf [abgerufen am 04.06.2012].

auch den religiösen Mittelpunkt im Jahreskalender. Weihnachten ist offensichtlich nicht nur im Hinblick auf die gesamtgesellschaftliche Feierkultur, sondern auch im Rahmen (spät-)moderner Volkskirchlichkeit und Christlichkeit in den Mittelpunkt gerückt:

> »Innerkirchlich konzentriert sich das, was sich früher für den Christen, aufgefächert in private Andachten, Kirchgang, fromme Erzählungen, Feste, Symbole, auf das ganze Jahr verteilt hat, nun auf das Weihnachtsfest. Zu Beginn des Advents erwacht das gefühlte Christentum und taucht nach dem Dreikönigsfest wieder in das Unterbewusstsein ab. Weihnachtschristentum könnte man das nennen«.[14]

Ist moderne Religiosität, wie beispielsweise die Mitgliedschaftsstudien der EKD zeigen, auch innerhalb der Kirche heute oft eine Religiosität ohne Kirche, so gehören die kirchlich-rituelle Begleitung und ›professionelle‹ religiöse Kommunikation im Gottesdienst an Weihnachten, für eine Vielzahl von Christinnen und Christen nach wie vor fest zu ihrer religiösen Praxis und ihrem Leben dazu.[15]

Ungeachtet seiner hohen Bedeutung im Kontext moderner Christlichkeit und Volkskirchenpraxis ist das Weihnachtsfest von Seiten der wissenschaftlich-theologischen Forschung bisher vergleichsweise wenig in den Blick genommen worden. Stattdessen haben sich zu Anfang historisch orientierte Disziplinen wie die Volkskunde und die Brauchtumsforschung dem Weihnachtsfest zugewandt. Von den Arbeiten der Brüder Grimm im frühen 19. Jahrhundert bis zur Zeit des Nationalsozialismus wurde das Weihnachtsfest und sein Brauchtum dabei weniger auf ihre ›tatsächliche‹ Herkunft und Entstehungsgeschichte hin untersucht, sondern vielmehr für den Aufbau eines deutschen Mythos im Bestreben, eine nationale Identität zu schaffen, genutzt und für deutschnationale Ideologien und Interessen vereinnahmt. So galt das Interesse der Forscher im deutschsprachigen Raum vor allem der Rekonstruktion der vermeintlich »uralten« und »urdeutschen« Entstehungsgeschichte des Festes[16], seiner ›Germanisierung‹ und ›Mythologisierung‹.

---

[14]   Hans Späth, Krippe und Kreuz. Für eine authentisch christliche Feier von Weihnachten, in: Gottesdienst 23 (2007), 177.

[15]   Vgl. hierzu ausführlich Gerald Kretzschmar, Mitgliederorientierung und Kirchenreform. Die Empirie der Kirchenbindung als Orientierungsgröße für kirchliche Strukturreform, in: PTh 101 (2012), 152–168.

[16]   Vgl. hierzu ausführlich Hermann Bausinger, Das Weihnachtsfest in der Volkskunde. Zwischen Mythos und Alltag, in: Richard Faber/Esther Gajek (Hrsg.), Politische Weihnacht in Antike und Moderne. Zur ideologischen Durchdringung des Fests der Feste, Würzburg 1997, 169–181 sowie Ingeborg Weber-Kellermann, Die deutsche Familie. Ver-

Erst seit den 1970er Jahren bekommt die historische Weihnachtsforschung mit den Arbeiten von Ingeborg Weber-Kellermann eine kulturgeschichtliche und vor allem soziologisch orientierte Perspektive. Weber-Kellermann zeigt erstmals den wechselseitigen Zusammenhang zwischen der Entwicklung der modernen bürgerlichen Familienstrukturen zu Beginn des 20. Jahrhunderts und der Ausdifferenzierung von Weihnachten von einem öffentlichen Kirchenfest zu einem vorwiegend privaten Familienfest auf. So nähert sie sich dem Weihnachtsfest von zwei Seiten, indem sie einerseits die Geschichte der bürgerlichen Familie und die Bedeutung des Weihnachtsfestes für die Festigung der modernen Familienstrukturen beleuchtet (*Die deutsche Familie. Versuch einer Sozialgeschichte*, 1974) sowie andererseits die Geschichte der Weihnacht und die Vereinnahmung des Festes durch die Familie zu Beginn der Moderne nachzeichnet (*Das Weihnachtsfest: Eine Sozial- und Kulturgeschichte der Weihnachtszei*t, 1978).[17] Sowohl die bürgerliche Familie und ihre »weihnachtlichen Verhaltensmuster«[18] als auch das Familienfest Weihnachten mit seinen Traditionen und Ritualen und deren Entstehungsgeschichte rücken dabei ins Blickfeld. Die scheinbar uralt-germanische und traditionelle Familienweihnacht wird dabei als »Fest der bürgerlichen Moderne«[19], als ein symbiotisches Produkt der Entstehung der modernen bürgerlichen Welt mit ihrem Kinder- und Familienideal und ihrer zunehmenden Konsumorientierung auf der einen sowie der teils vormodernen, teils kirchlich-religiösen Symbolwelt und ihren Traditionen auf der anderen Seite »entlarvt«.[20]

Erst seit wenigen Jahrzehnten tritt das ›Phänomen Weihnachten‹ vermehrt in den Fokus der systematischen und der praktischen Theologie. Dabei hat sich Friedrich Schleiermacher bereits zu Beginn der Moderne in seiner »Weihnachtsfeier« (1806) intensiv mit der (dogmatischen) Bedeutung des Weihnachtsfestes beschäftigt und eine ›Weihnachtstheologie‹ entwickelt, die im Kontext der wissenschaftlichen Diskussion über die Jahrhunderte hinweg eine beachtliche Rezeption erfahren und eine prägende Wirkkraft auch über die theologische Forschung und Diskussion hinaus entfaltet hat.

Beeinflusst von den aufklärerischen und romantischen Einflüssen seiner Zeit verfasst Schleiermacher seine »Weihnachtsfeier« aber nicht als klassische theologische Abhandlung. Stattdessen entwirft er ein literarisches Werk

---

such einer Sozialgeschichte, 1. Auflage dieser Ausgabe, Frankfurt a. M. 1996, 223 und Morgenroth, Weihnachts-Christentum, 12 f.

[17]   Vgl. Bausinger, Das Weihnachtsfest in der Volkskunde, 178.

[18]   Weber-Kellermann, Die deutsche Familie, 223.

[19]   Morgenroth, Weihnachts-Christentum, 27.

[20]   Weber-Kellermann, Die deutsche Familie, 224 ff.

in Form wechselnder Dialoge, in dem eine bürgerliche Weihnachtsfeier an Heiligabend im Kreise enger Freunde im Mittelpunkt steht. In der Weihnachtsfeier der Freunde und ihrer lebhaften Auseinandersetzung über den »Grundsinn«[21] des Weihnachtsfestes entfaltet Schleiermacher im Zusammenspiel unterschiedlicher Erzählungen, Überlegungen und Positionen ein neues Heilsverständnis, das Weihnachten und das Geschehen der Inkarnation anstelle der österlichen Auferstehung ins Zentrum christlicher Erlösungshoffnung stellt. Nicht der Kreuzestod und die Auferstehung Christi, sondern bereits die weihnachtliche Geburt, die Menschwerdung Gottes in Christus, wird zur Offenbarung des göttlichen Heilswillens und so zur Gewissheit der Erlösung. Ausgehend vom Weihnachtsgeschehen der Geburt Jesu wird im Blick auf dessen weiteren Lebensweg in den Erzählungen der Lebensweg aller Getauften ansichtig. Weihnachten wird damit zur Erkenntnismöglichkeit des eigenen ›wahren Menschseins‹ in der Nachfolge Christi und darin der eigenen Teilhabe an dem verheißenen »höheren Leben«[22] in Gott. Dieses von Weihnachten ausgehende Bewusstsein des Heils und der Erlösung und die daraus resultierende Freude werden in den Gesprächen der Anwesenden als das bestimmende ›Grundgefühl‹ aller Christinnen und Christen identifiziert. Im Kreis der feiernden Freunde als »ideale Gemeinde moderner Christlichkeit«[23] wird eben dieses christliche Lebensgefühl exemplarisch vorgelebt.

Neben etlichen Zeitgenossen Schleiermachers haben auch in der aktuelleren theologischen Diskussion zu Beginn des 20. Jahrhunderts namhafte Theologen wie Emanuel Hirsch oder Karl Barth die Inhalte von Schleiermachers »Weihnachtsfeier« rezipiert und reflektiert. Zudem lassen sich bis in die gegenwärtige systematisch- und vermehrt auch praktisch-theologische Diskussion hinein zumindest implizit immer wieder Anklänge der Schleiermacherschen ›Weihnachtstheologie‹ finden.

Seit den 1990er Jahren ist das Weihnachtsfest (und damit auch vermehrt Schleiermachers ›Weihnachtstheologie‹) in Anbetracht seiner wachsenden Popularität und offenkundig großen religiösen Bindekraft vermehrt in den Blickpunkt der praktischen Theologie gerückt. Angesichts der Diskussion

---

21   Georg Wehrung, Einführung, in: Friedrich Schleiermacher, Die Weihnachtsfeier. Ein Gespräch [Reihe ›Libelli‹ Bd. XI], Darmstadt 1984, XI [Text in der Originalfassung von 1806].
22   Friedrich Schleiermacher, Die Weihnachtsfeier. Ein Gespräch [Reihe ›Libelli‹ Bd. XI], Darmstadt 1984, 58 f. [Text in der Originalfassung von 1806]. Alle in dieser Monografie verwendeten Textpassagen der »Weihnachtsfeier« sind, sofern nicht anders angegeben, dieser genannten Ausgabe entnommen und werden dementsprechend zitiert und angegeben.
23   Morgenroth, Weihnachts-Christentum, 16.

um die Rolle von Kirche und Religion und ihrer Marginalisierung im Kontext der zunehmend säkularisierten Gesellschaft stellte sich mit dem ›Boom‹ des Weihnachtsfestes die Frage nach den Gründen für diese Entwicklung sowie nach der Bedeutung von Weihnachten im Rahmen moderner Christlichkeit und davon ausgehend nach möglichen Konsequenzen für die wissenschaftliche Theoriebildung und kirchliche Praxis.

In diesem Zusammenhang stellte Petra Zimmermann vor allem die Bedeutung des Weihnachtsfestes für die moderne Biografie- und Identitätskonstruktion in den Vordergrund ihrer Untersuchungen. Ausgehend von autobiografischen Weihnachtserzählungen, die Menschen im Rahmen eines Hörfunkaufrufs aufgeschrieben und eingesandt hatten, beschäftigte sie sich mit den lebensgeschichtlichen Erinnerungen der Hörerinnen und Hörer und untersuchte diese im Hinblick auf ihre religiöse Dimension.[24] Dabei kommt sie zu dem Schluss, dass sowohl dem Aspekt der alljährlichen Wiederkehr des Festes als auch der biblischen Weihnachtserzählung mit seiner Sprache und seiner Symbol- und Bilderwelt eine zentrale Bedeutung zuzumessen ist. So markiert das Weihnachtsfest in seiner alljährlichen Wiederkehr im Kontext des linearen Zeitverlaufs wichtige Eckpunkte für die Verankerung der eigenen Lebensgeschichte, an denen sich die eigene Biografie verdichtet und so »Entwicklungen abgelesen« und »Veränderungen ermessen werden können«.[25] Das eigene Leben gerät, insbesondere angesichts von Veränderungen der Lebenssituation, in den Blick, erhält gewissermaßen eine zyklische Struktur, die Rückschau und Vergleiche und darin die Rekonstruktion von Ausschnitten der eigenen Biografie ermöglicht. Besondere Erlebnisse gewinnen an Bedeutung, das Weihnachtsfest erhält eine Sinn und Identität stiftende Dimension.[26] Im Hinblick auf die Symbolik schreibt sie besonders der Krippe eine wesentliche Bedeutung für die Menschen zu. Diese werde vor allem für Notleidende zu einem Identifikationspunkt und gleichzeitig zu einem Symbol neuer Hoffnung, »dass die Welt nicht so bleiben muss, wie sie ist«[27]. Neben dieser »lebensgeschichtlichen Dimension«[28] identifiziert Zimmermann zudem eine »weltgeschichtliche Dimension«[29] in Hinblick auf die relevanten Themen und Motive der im Kontext der Erzählungen geschilderten Weihnachtserinnerungen:

---

[24]   Zimmermann, Das Wunder jener Nacht, 7.

[25]   A. a. O., 201.

[26]   A. a. O., 202.

[27]   A. a. O., 209.

[28]   A. a. O., 201.

[29]   A. a. O., 204.

»Was sich vom Fest einprägt, welche thematischen Schwerpunkte, Motive, Traditionen, aber auch welche Leerstellen entstehen, ist in entscheidender Weise abhängig vom lebens- und weltgeschichtlichen Kontext, in dem das Weihnachtsfest begangen wird.«[30]

In den analysierten Weihnachtserzählungen sind es vor allem die Erlebnisse und Erfahrungen des Zweiten Weltkrieges und der Nachkriegszeit, die den Blick der Verfasserinnen und Verfasser auf Weihnachten und ihre Wahrnehmung prägen. Im Kontrast zu den im Krieg alltäglichen Erfahrungen von Lebensbedrohung, Armut, Hunger, Flucht und Fremdheit werden die vertrauten Weihnachtstraditionen in den Erinnerungen der Erzählerinnen und Erzähler zu Vermittlern von Geborgenheit, Trost und Heimat.[31] Ebenso berichten einige Verfasserinnen und Verfasser von Begebenheiten, die angesichts der Situation von Krieg und Not als regelrechte »Weihnachtswunder« erfahren werden:

»Zu Weihnachten geschieht das Außerordentliche: Die russischen Bomber können ihr Ziel in der Dunkelheit nicht ausmachen, hunderte von Soldaten kommen so mit dem Leben davon [...] Die Granate, in unmittelbarer Nähe der Soldaten heruntergekommen, explodiert nicht – es ist Heiligabend, ein Weihnachtswunder ist geschehen.«[32]

Über die ersten beiden Dimensionen hinaus lässt sich zudem für Zimmermann in einigen Geschichten mit der »heilsgeschichtlichen Dimension«[33] ein dritter Aspekt erkennen. Auffallend häufig beobachtet sie in den Erzählungen Anklänge an die biblische Sprachtradition mittels derer die Verfasserinnen und Verfasser versuchen, ihre Erinnerungen in einen universellen Kontext zu stellen.[34] So findet sich beispielsweise die weihnachtliche Botschaft von »Frieden auf Erden« in den (Kriegs-)Erinnerungen der Hörerinnen und Hörer mehrfach als direktes Zitat wieder.[35] In manchen Erzählungen wird das eigene Schicksal unmittelbar mit dem Schicksal der biblischen Familie zu Bethlehem in Verbindung gebracht, sich mit dieser identifiziert:

»Manche Fluchtgeschichte las sich, wie eine Neuinszenierung der biblischen Szene. Die Menschen haben sich gleichzeitig gemacht mit dem Geschehen, sind in die Geschichte eingewandert, haben die Rollen von Maria und Josef, den Hirten, sogar dem Kind in der Krippe, übernommen.«[36]

---

[30] A. a. O., 206.
[31] Vgl. a. a. O., 205 f.
[32] A. a. O., 205.
[33] A. a. O., 207.
[34] A. a. O., 209.
[35] Vgl. a. a. O., 207 f.
[36] A. a. O., 209.

Zwar gelingt es Zimmermann in ihrer Studie, anhand der autobiografischen Erzählungen konkrete Einblicke in die religiöse Lebens- und Sinndeutung von Menschen und die Bedeutung von Weihnachten in diesem Zusammenhang zu gewinnen. Gleichzeitig bleiben ihre Beobachtungen von (weihnachtlicher) Religiosität durch die Auswertung von Kriegsgeschichten vornehmlich auf Menschen beschränkt, die sich in Extremsituationen befanden. Sie sind deshalb nicht ohne weiteres generalisierbar.

Zu Beginn der 2000er Jahre nimmt Matthias Morgenroth das Phänomen Weihnachten aus praktisch-theologischer Perspektive gezielt in den Blick. Das gelebte Christentum der Gegenwart ist, so sein Befund, »vor allem ein Weihnachts-Christentum«[37] und im Kontext der an Kasualien und konkreten Anlässen orientierten »distanzierten Kirchlichkeit«[38] als Spiegel moderner Christlichkeit insgesamt zu betrachten und von theologischer Seite her zu würdigen. Entgegen der kirchlichen Wahrnehmung einer engen Verbindung zwischen Kirchlichkeit und Christlichkeit ist für Morgenroth weniger die regelmäßige Teilnahme am Gottesdienst aussagekräftig für individuelle Religiosität und Christlichkeit.[39] Vielmehr sei »distanzierte Kirchlichkeit [...] nicht zwingend distanzierte Christlichkeit«.[40] Sei auch die Mehrheit der Christinnen und Christen wohl nicht als Gemeindechristen zu betrachten, so könnten sich die meisten von ihnen »aber nichtsdestoweniger konkret zu Glaube, Kirche und Religion äußern«[41] und nehmen das kirchliche Angebot durchaus zu bestimmten Gelegenheiten nach wie vor wahr. Diese Gruppe derjenigen, die den Gottesdienst zu besonderen Anlässen aufsuchen, bildet, wie Claudia Schulz schreibt, die »erschlagende Mehrheit«[42] gegenüber den regelmäßigen Sonntagskirchgängern und gemeindlich Hochengagierten. So hat sich laut Morgenroth neben den Kasualien wie Taufe oder Trauung vor allem das Weihnachtsfest als alljährlich wiederkehrender Anlass, an dem

---

[37] Morgenroth, Weihnachts-Christentum, 11.

[38] Die Bezeichnung »Distanzierte Kirchlichkeit« stammt ursprünglich von Trutz Rendtorff, der diesen im Kontext seiner Beschreibung der sozialen Strukturen von Gemeinden bereits 1958 in die Diskussion um Kirchenverbundenheit und kirchliches Teilnahmeverhalten eingebracht hat, vgl. Trutz Rendttorff, Die soziale Struktur der Gemeinde. Eine kirchensoziologische Untersuchung, Hamburg ²1959, 134 f., siehe auch Morgenroth, Weihnachts-Christentum, 14 f.

[39] Vgl. Morgenroth, Weihnachts-Christentum, 15.

[40] Ebd.

[41] Ebd.

[42] Claudia Schulz, Die Kirche voller Weihnachtschristen. Ein soziologischer Blick auf den Gottesdienst zur Weihnachtszeit, in: ZGP 4/26 (2008), 6.

Menschen in die Kirche gehen und aktiv an öffentlicher Religion teilnehmen, etabliert:

> »Distanzierte Kirchlichkeit ist eine neben den Kasualien vor allem an der Weihnachtszeit, am Weihnachtsbrauchtum, an den Weihnachtsgeschichten und den Weihnachtsgottesdiensten orientierte Form moderner Christlichkeit. Sie ist eine Form der Teilnahme am öffentlichen und kirchlichen Christentum, die regelmäßig *alle Jahre wieder* wahrgenommen wird und dank des Advents einen relativ langen Zeitraum im Jahreserleben einnimmt.«[43]

Das Weihnachtsfest bilde daher die wesentliche Schnittstelle, an der sich heutzutage individualisierte Religiosität und traditionelles Christentum im Rahmen moderner Christlichkeit und Volkskirchlichkeit begegnen.[44] Dies gelte es auch von theologischer Seite entsprechend wahrzunehmen und angemessen darauf zu reagieren, statt das moderne Weihnachts-Christentum wie bisher kritisch zu beäugen und abzuqualifizieren.[45]

Mit den Entwicklungen der Moderne und seiner daraus resultierenden spezifisch neuzeitlichen Gestalt sei Weihnachten mit seiner besonderen Atmosphäre, seinem Brauchtum und seiner Symbolwelt das Zentrum christlicher Religiosität und der Suche nach dem ›Mehr‹ geworden und habe in seiner Bedeutung für viele Menschen alle anderen kirchlichen Jahresfeste, auch Karfreitag und Ostern, überholt.[46] Damit lasse sich mit der Entwicklung hin zu einem modernen Weihnachts-Christentum auch ein genereller Paradigmenwechsel innerhalb moderner Christlichkeit und letztlich des Christentums insgesamt ablesen. Nicht mehr das Kreuz als abstraktes Symbol für Tod und Auferstehung steht nun im Mittelpunkt. Stattdessen ist die Krippe als Sinnbild für Geburt und Leben und davon ausgehend der Blick auf die ganz persönliche Lebenswelt, allen voran die Familie und ihre sozialen Beziehungen, ins Zentrum christlicher Religiosität gerückt.[47] In der Sprach- und Bilderwelt der weihnachtlichen Erzählung und ihrer Thematik von Menschwerdung, Geburt, Anfang und Leben fänden moderne Christinnen und Christen wesentliche Anknüpfungspunkte, Ausdrucks- und Interaktionsmöglichkeiten für ihre typisch modernen Fragen nach Sinn, Orientierung, Identität und gelingendem Leben und die Erfahrungen des ›ganz Anderen‹.[48] In die-

---

43   Vgl. Morgenroth, Weihnachts-Christentum, 16 [Hervorhebungen im Originaltext].
44   Vgl. a. a. O., 11 f.
45   Vgl. a. a. O., 19.
46   Vgl. a. a. O., 11.
47   Vgl. a. a. O., 130.
48   Vgl. a. a. O., 128.

sem Sinne ist das Weihnachts-Christentum nach Morgenroth in seinen wesentlichen Grundzügen Festreligion und die moderne christliche, von Weihnachten her bestimmte Religiosität vor allem Stimmungsreligiosität. Diese lebe weniger von der kognitiv-reflexiven Beschäftigung mit der konkreten (Glaubens-)Botschaft, den christlichen Inhalten und Deutungsperspektiven von Weihnachten, als vielmehr vom spielerisch-kreativen Umgang mit den weihnachtlichen Symbolen und Ritualen, mit symbolischer Kommunikation und ästhetischer Interaktion, den daraus resultierenden Atmosphären und der leibhaften Erfahrung.[49] Gerade in seiner Sinnlichkeit und Erlebensintensität berühre Weihnachten wie kein anderes Fest und schaffe in seiner Sprach- und Bilderwelt Ausdrucks- und Kommunikationsmöglichkeiten nicht nur für individuelle Wünsche und Sehnsüchte im Hinblick auf die eigene Lebenssituation, sondern bilde zugleich einen atmosphärisch-ästhetischen Interaktions- und Bezugsrahmen, in dem alljährlich die sonst private und individuelle Religiosität in der Gemeinschaft offen zum Ausdruck gebracht und kommuniziert werden kann.[50]

Weihnachten ist nicht nur das zentrale private Fest, sondern auch das Christfest unserer Zeit.[51] Weihnachtszeit ist besinnliche Zeit, eine Zeit des ›Mehr‹, die offen und anschlussfähig, anregend und produktiv für die individuelle und gemeinschaftlich gestaltete und gelebte christliche Religiosität zu sein scheint. Vor allem im Bereich der Liturgik und Homiletik ist in den vergangenen Jahren vermehrt auf das religiöse Potenzial der Advents- und Weihnachtszeit und insbesondere des Heiligabendgottesdienstes verwiesen worden, das es durch eine die Menschen und ihre religiösen Fragen ansprechende Gottesdienst- und Predigtgestaltung zu nutzen gelte.[52] Doch nicht nur die ›traditionellen‹ kirchlichen Angebote erleben im Rahmen der Advents- und Weihnachtszeit einen regelrechten ›Boom‹. Neben der Popularität der Heiligabendgottesdienste gibt es einen stetig wachsenden ›Markt‹ an spirituellen und christlichen Angeboten, die die Suche nach Besinnlichkeit, die Sehnsucht nach dem ›Anderen‹ in dieser Zeit aufgreifen. Das Interesse an der christlichen Dimension von Advent und Weihnachten scheint durchaus vorhanden zu sein, ebenso aber auch das Bedürfnis nach anderen und neuen

---

[49] Vgl. a. a. O., 142 f.

[50] Vgl. a. a. O., 142–145.

[51] Vgl. a. a. O., 11.

[52] Vgl. exemplarisch Schulz, Die Kirchen voller Weihnachtschristen, 5–8; Gerhard Nachtwei, Alle Jahre wieder?, in: Diak. 39 (2008), 382–386; Frieder Harz, Dem Weihnachtschristentum auf der Spur. Theologischer Zugang zum konkurrenzlos bedeutendsten Fest des Jahreskreises, in: PGP 4 (2005), 28–31.

Wegen, diese zu entdecken. Dabei sind es im Gegenüber zu den spirituellen und oft esoterischen Angeboten auch Angebote mit dezidiert christlichen Inhalten aus dem näheren und weiteren Feld der Kirche, die sich zunehmender Beliebtheit erfreuen. Ein Beispiel dafür ist der Adventskalender ›Der Andere Advent‹.

Seit 1995 greift der ökumenische und kirchennahe Verein ›Andere Zeiten e. V.‹ von Hamburg aus mit seinem Kalender ›Der Andere Advent‹ den Wunsch vieler Menschen nach Besinnlichkeit, einem ›anderen‹ und ›reichhaltigeren‹ Erleben der Advents- und Weihnachtszeit im Gegenüber zum (vorweihnachtlichen) Konsum und Kommerz auf. Er stellt ein Angebot bereit, das gezielt die biblische Weihnachtsgeschichte, die christlichen Inhalte und die Botschaft vom Kommen Gottes in die Welt in den Mittelpunkt stellt. Der ›Andere Advent‹ will seine Leserinnen und Leser bewusst an die christliche Bedeutung von Weihnachten erinnern und sie vom Vorabend des ersten Advents über den Heiligabend hinaus bis Epiphanias mit anregenden Bildern, christlichen und säkularen Inhalten, biblischen und nicht-biblischen Texten und Themen begleiten. Die Mitglieder der Kalenderredaktion wollen den Teilnehmenden der Initiative täglich Räume für die gesuchte Ruhe und Besinnlichkeit eröffnen, Impulse und Anregungen für die inhaltliche Beschäftigung mit Weihnachten bieten und sie so vor dem Hintergrund eines christlichen Deutungs- und Sinnhorizontes zum Nachdenken über Weihnachten und darüber hinaus über ihren Glauben und ihr Leben anregen. Das gelingt offenkundig mit stetig wachsendem Erfolg: von Jahr zu Jahr erfreut sich der Kalender einer größeren Leserschaft, zuletzt nahmen weit über eine Million Menschen an der Aktion teil.[53]

Augenscheinlich stößt das Angebot des ›Anderen Advents‹ gerade mit der Rückbesinnung auf die christliche Botschaft des Festes und mit der aktiven Beschäftigung mit den Inhalten des christlichen Glaubens im Kontext moderner Weihnachtsreligiosität auf Resonanz. Dabei scheint der Kalender in seiner inhaltlichen Ausrichtung eine Leserschaft anzusprechen, für die nicht nur die weihnachtlichen Symbole und die daraus resultierende Stimmung, sondern auch die konkreten christlichen Inhalte und die intensive gedankliche Beschäftigung mit der weihnachtlichen Botschaft eine wichtige Rolle im Rahmen ›ihrer‹ weihnachtlichen Religiosität und religiösen Praxis spielen. Doch warum wählen Menschen ein solches Angebot im Kontext von Advent und Weihnachten aus? Wie gehen sie mit dem Kalender und seinen Inhal-

---

[53] Pressemitteilung des Vereins ›Andere Zeiten e. V. vom 17.11.2011, online unter URL: http://www.anderezeiten.de/presseinformationen/pressemitteilung-17-november-2011/[abgerufen am 11.06.2012].

ten um? Welche Rolle spielen überhaupt, mit Blick auf die von Morgenroth diagnostizierte »Stimmungsreligiosität«, die christlichen Inhalte im Kontext moderner weihnachtlicher Religiosität? Was macht den ›Anderen Advent‹ für seine Leserinnen und Leser (in religiöser Hinsicht) so ›attraktiv‹?

Ausgehend von diesen Fragen will die vorliegende Studie an die Thesen Morgenroths anknüpfen, aber zugleich auch die Bedeutung der christlichen Inhalte im Kontext weihnachtlicher Religiosität aus einer empirischen Sicht noch einmal genauer in den Blick nehmen. Zweifelsohne eröffnet Morgenroth einen sehr umfassenden und detaillierten »phänomenologischen Rundblick über das Phänomen des Weihnachts-Christentums«[54] sowie darüber hinaus einen hermeneutischen Zugang zu dessen konstitutiven Elementen. Gleichzeitig kann eine solche phänomenologische und kulturhermeneutische Herangehensweise das Augenmerk naturgemäß nur auf die äußerlich sichtbaren Ausprägungen und die religiöse Praxis von Menschen richten und versuchen, diese zu beobachten und zu deuten. Sie vermag keinen Einblick in die religiösen Überzeugungen und Vorstellungen, die subjektiven Sinnstrukturen und Deutungsmuster von Menschen zu verschaffen oder ein Verstehen dieser zu ermöglichen. Die vorliegende Arbeit möchte deshalb mit Hilfe von qualitativen Interviews zu einem differenzierteren Blick auf das Weihnachts-Christentum beitragen. So lassen sich über die gewählte Methodik des qualitativen Interviews ›lebensnahe‹ Einblicke und konkrete Einsichten in moderne Weihnachtsreligiosität gewinnen. Dabei werden Menschen aus verschiedenen Lebenswelten und mit unterschiedlichen religiösen ›Bedürfnissen‹ und Interessen, Frömmigkeitsstilen und Glaubensvorstellungen befragt. Durch die Interpretation des Interviewmaterials mittels der dokumentarischen Methode ist es möglich, »einen Zugang nicht nur zum reflexiven oder theoretischen, sondern auch zum *handlungsleitenden* Wissen der Akteure und damit zur Handlungspraxis«[55] zu gewinnen und so das implizite Wissen und die dem Handeln und der Wahrnehmung der Befragten zugrundeliegenden »Selektions-, Rekonstruktions- und Interpretationsprozesse«[56] abzubilden. Ziel der vorliegenden Studie ist es, anhand der Interviews mit den Leserinnen und Lesern des Kalenders die Ausprägungen und Orientierungen und

54 Morgenroth, Weihnachts-Christentum, 21.
55 Ralf Bohnsack, Art.: Dokumentarische Methode, in: Ralf Bohnsack/Winfried Marotzki/Michael Meuser (Hrsg.), Hauptbegriffe qualitativer Sozialforschung, 3., durchgesehene Auflage, Opladen & Farmington Hills 2011, 40 [Hervorhebung im Originaltext].
56 Barbara Friebertshäuser, Art.: Dichte Beschreibung, in: Ralf Bohnsack/Winfried Marotzki/Michael Meuser (Hrsg.), Hauptbegriffe qualitativer Sozialforschung, 3. durchgesehene Auflage, Opladen & Farmington Hills 2011, 33.

darin besonders die konkrete Bedeutung der christlichen Inhalte im Kontext gelebter weihnachtlicher Religiosität durch den Fokus des ›Anderen Advents‹ wahrzunehmen, zu deuten und zu verstehen. Untersuchungs- und handlungsleitend im Hinblick auf diese Zielsetzung sind dabei folgende Fragen:

• Worin liegt die besondere religiöse Attraktivität des ›Anderen Advents‹?

• Was lässt sich ausgehend vom ›Anderen Advent‹ über moderne (Weihnachts-)Religiosität und religiöse Praxis und darin vor allem über den Umgang mit den christlichen Inhalten, ihre Relevanz und Bedeutung aussagen? Inwiefern spielen die christlichen Glaubensinhalte und -themen eine Rolle im Kontext moderner christlicher Weihnachtsreligiosität und davon ausgehend für (spät-)moderne Volkskirchenpraxis insgesamt?

Die moderne Weihnachtsreligiosität soll dabei nicht aus der phänomenologisch-beschreibenden und kulturhermeneutischen Perspektive eines Betrachters ›von außen‹, sondern aus der Sicht der praktizierenden Christinnen und Christen selbst beobachtet werden, um im Anschluss daran die konkreten und lebensnahen Einblicke und Einsichten ins Gespräch mit den bisherigen theologischen Theorien und Überlegungen zum modernen Weihnachtschristentum und seinen Ausprägungen zu bringen. Was lässt sich in den Interviews wiedererkennen und was nicht? Was gilt es von der Empirie her auf theoretischer Ebene noch einmal neu und anders zu perspektivieren und zu akzentuieren? Durch die Interviews bietet sich die Möglichkeit, Zugänge zur Lebenswelt, vor allem aber zu den handlungsleitenden Sinnstrukturen und Deutungshorizonten von Menschen zu gewinnen und dabei im Gespräch unmittelbar, sozusagen ohne Korrektur- und Filtermöglichkeiten zu hören, was ihnen in religiöser Hinsicht im Kontext von Advent und Weihnachten wichtig ist und wie sie ihre weihnachtliche religiöse Praxis gestalten und (er-)leben. Mit Hilfe dieser konkreten Einsichten sollen dann die bisherigen Beobachtungen zum modernen Weihnachtschristentum noch einmal reflektiert werden. Zu erwarten ist dabei, dass mit diesen vertieften Einblicken in spätmoderne Weihnachtsreligiosität und ihre religiöse Praxis auch über das ›Weihnachts-Christentum‹ hinaus christliche Religiosität im Kontext spätmoderner Volkskirchlichkeit neu in den Blick kommt und sich daraus nicht zuletzt (weiterführende) Implikationen für die praktisch-theologische Theoriebildung ergeben.

Bevor sich diese Studie ihrem Kernanliegen, der empirisch-qualitativen Studie zum ›Anderen Advent‹, zuwendet, widmet sich der zweite Teil der Arbeit im Anschluss an die Einleitung zunächst den theoretischen Grundlagen, den wissenschaftlichen Theorien und Überlegungen zum Weihnachts-Christentum sowie der Gestalt und den ›Grundaspekten‹ moderner weihnachtlicher Religiosität. Dabei wird im Gespräch mit benachbarten geisteswissenschaftlichen Disziplinen wie der Soziologie die bisherige theologische Forschung zu moderner Weihnachtsreligiosität in den Blick genommen und reflektiert. Den Schwerpunkt bildet dabei Schleiermachers »Weihnachtsfeier« als erste moderne theologische Auseinandersetzung mit dem Weihnachtsfest, anschließend steht ausgehend von Morgenroths Beobachtungen und Analysen zum »Weihnachtschristentum« das spätmoderne Weihnachtsfest und gegenwärtige weihnachtliche Religiosität im Blick. Die hier getroffenen Beobachtungen bilden das notwendige, »sensibilisierende Konzept«[57] für die Interviewstudie und zugleich den theoretischen Referenzrahmen für die abschließende Reflexion der empirischen Ergebnisse, welche das ›Herzstück‹ der vorliegenden Monografie bilden.

Einleitend zur Studie wird auf Grundlage der von ›Andere Zeiten e.V.‹ bereitgestellten Informationen und eines Interviews mit dem Chefredakteur des Kalenders, Pfarrer Thomas Kärst, allgemein über die Intentionen und Ziele des Vereins und seines Adventskalenders informiert, anschließend steht eine von ›Andere Zeiten e.V.‹ in Auftrag gegebene quantitative Studie mit den Leserinnen aus 2008 im Mittelpunkt, anhand derer sich erste Eindrücke bezüglich der Attraktivität des Kalenders und so Anknüpfungspunkte für die eigene qualitative Untersuchung gewinnen lassen. Nach einer kurzen Einführung in die Forschungsmethodik der qualitativ-empirischen Interviewforschung auf Grundlage einschlägiger Theorien der qualitativ-empirischen Sozialforschung sowie das Auswertungsinstrument der dokumentarischen Methode nach Ralf Bohnsack werden zunächst zwei Interviews (Hans und Lara) ausführlich untersucht und interpretiert, um so im abschließenden Vergleich beider Interviews (III.3.) zugespitzt auf die Forschungsfragen nach der religiösen Attraktivität des ›Anderen Advents‹ und davon ausgehend die Bedeutung der christlichen Inhalte und erste übergreifende inhaltliche Kategorien hinsichtlich der Relevanzen und Orientierungen moderner Weihnachtsreligiosität herauszuarbeiten. Die Analyse der anderen Interviews erfolgt in Auszügen im Anschluss daran thematisch, wobei sich hier im Rückbezug auf die Interviews mit Hans und Lara der Fokus auf neue Aspekte innerhalb der zuvor identifizierten Kategorien richtet. Abschließend werden die empirischen Ergebnisse zusammengefasst und im Rückbezug auf den gegen-

---

[57]   Jörg Strübing, Art.: Theoretisches Sampling, in: Ralf Bohnsack/Winfried Marotzki/ Michael Meuser (Hrsg.), Hauptbegriffe qualitativer Sozialforschung, 3., durchgesehene Auflage Opladen & Farmington Hills 2011, 154.

wärtigen Stand der Forschung reflektiert und so zu einer soziologisch-theologischen (Neu-)Perspektivierung von Weihnachten und weihnachtlicher Religiosität im Kontext der Spätmoderne gelangt.

In den Interviews zeigt sich mit Blick auf den ›Anderen Advent‹ die besondere Bedeutung der christlichen Inhalte und der Beschäftigung mit der weihnachtlichen Botschaft im Kontext moderner Weihnachtsreligiosität. ›Lebt‹ modernes Weihnachtschristentum zweifelsohne ganz wesentlich von den Stimmungen und Atmosphären, dem spielerischen Umgang mit den Symbolen und Motiven des Festes und einem ästhetisch-sinnlichen Erleben der Zeit, so zeigt sich in den Interviews sehr deutlich auch das Bedürfnis nach ›Besinnlichkeit‹ und Besinnung auf Weihnachten, einer kognitiven und reflexiven Auseinandersetzung mit der christlichen Weihnachtsbotschaft und nach inhaltlich gehaltvoller religiöser Kommunikation. So verbinden sich in der Wahrnehmung der Befragten im ›Anderen Advent‹ eine ästhetisch ansprechende Gestaltung mit einem eindeutigen christlichen Profil. In der Kombination aus ansprechenden Bildern, biblischen und säkularen Texten und lebensnahen Themen in einem dezidiert christlichen Kontext nehmen die Interviewpartnerinnen und -partner den Kalender als besonders anregend und ›attraktiv‹ war. Der ›Andere Advent‹ setzt Impulse zum Nachdenken und für die individuelle (religiöse) Beschäftigung mit Weihnachten. In diesem Sinne bietet der Kalender in seiner äußeren Form als Adventskalender für Zuhause einen niedrigschwelligen Weg, sich mit der christlichen Botschaft von Advent und Weihnachten zu befassen, ohne dass Vereinnahmungen oder normative Erwartungen von Seiten der Institution Kirche an sie herangetragen werden. Gleichzeitig wird der ›Andere Advent‹ gerade auch in seiner Inhaltlichkeit von den Befragten als offen und ›schwebend‹ wahrgenommen. In seinem christlichen Profil ermöglicht es der Kalender aus Sicht der Interviewten aufgrund seiner inhaltlichen und thematischen Vielfalt, individuell die Inhalte auszuwählen, die interessant und passend erscheinen und so die Inhalte der christlichen Weihnachtstradition für sich selbst aus ganz verschiedenen Dimensionen und Blickwinkeln wahrzunehmen und zu entdecken. Der ›Andere Advent‹ bietet eine anregende Sprachform und einen neuen Weg jenseits der ›klassischen‹ Formen religiöser Kommunikation und einen anderen Zugang für die Beschäftigung mit den christlichen Inhalten von Advent und Weihnachten. Auf diese Weise gelingt es dem Kalender, Menschen unterschiedlicher Lebenswelten und Milieus mit unterschiedlichen Frömmigkeitsstilen sowie verschiedenen (Glaubens-)Überzeugungen und Vorstellungen in ihrem Wunsch nach ›Besinnlichkeit‹ zu erreichen. In den Interviews zeigt sich entgegen der Diagnose Morgenroths von einer weihnachtlichen Stimmungsreligiosität, wie wichtig für viele Menschen auch heute die christlichen Inhalte und die Botschaft von Weihnachten im Kontext ihrer (weihnachtlichen) Religiosität sind. Menschen orientieren sich an den Sprach- und Deutungsmustern der christlichen Tradition, zitieren und adaptieren diese für sich. Die Weihnachtsbotschaft vom Kommen Gottes in die Welt bietet wesentliche Anknüpfungspunkte für die individuellen religiösen Fragen und Themen und darin anregende und heilsame Perspektiven für den Blick auf das eigene Leben, (mögliche) Deutungen und Antworten auf die modernen Fragen nach Identität, Sinn, Orientierung und Halt.

A Das Weihnachtsfest und weihnachtliche Religiosität im Blick der Forschung

I ZUR ENTSTEHUNGS- UND INTERPRETATIONSGESCHICHTE VON WEIHNACHTEN

Unbestritten steht für die meisten Menschen an Weihnachten die Gemeinschaft, das stimmungsvolle Beisammensein und Feiern mit den Liebsten im Mittelpunkt. Liebevoll wird die familiäre Weihnachtsfeier jedes Jahr aufs Neue nach einem bestimmten Muster gestaltet und bewusst inszeniert und bildet für die meisten Menschen ein unverzichtbares Ritual nicht nur im allgemeinen Jahresverlauf, sondern vor allem innerhalb des privaten Familienkalenders. Dennoch bleibt die Familienweihnacht trotz oder vielleicht gerade wegen ihres besonderen Stellenwertes und ihrer ungebrochenen Popularität vielerorts von ›interner‹ Kritik nicht verschont. Erscheinen einigen das Familienfest und die weihnachtlichen Familien- und Festrituale regelrecht als nicht mehr zeitgemäßer, steifer und inhaltlich »leerer Zwang«[1], so gibt insbesondere bei der älteren Generation das zunehmende Verschwinden des vermeintlich ›uralten‹ weihnachtlichen Brauchtums und seiner Symbolwelt Grund zur Klage. Vor allem das Gefühl des Verlusts des ›echten‹ Feierns und Erlebens des Festes ›wie es früher war‹ und ›der Wunsch nach Bewahrung der ›wahren‹ und vertrauten Feiertradition spielen dabei eine nicht unerhebliche Rolle.

Ganz ohne Zweifel hat sich mit den neuen Entwicklungen, dem stetigen Fortschritt, vor allem aber auch mit den sich vervielfachenden Lebensstilen und -welten und sich verändernden Einstellungen und Wertvorstellungen das Weihnachtsfest im Laufe der Jahrhunderte und Jahrzehnte verändert. Nichtsdestotrotz spiegelt sich aus historisch-soziologischer Sicht in der Klage um das Verschwinden der Tradition und dem Bedürfnis nach ihrem Erhalt mehr die ›typisch moderne‹ Sehnsucht nach Orientierung und Beständigkeit in einer als zunehmend uneinheitlich und unsicher erfahrenen Welt wider, die ihren eindeutigen (religiösen und gesellschaftlichen) Sinn- und Deutungshorizont verloren hat, als dass darin einer tatsächlichen Entwicklung oder gar der historischen Wirklichkeit bezüglich des Weihnachtsfestes und seinem ›Schicksal‹ in der Moderne Rechnung getragen wird.[2] Denn entgegen der

---

[1]   Morgenroth, Weihnachts-Christentum, 28.
[2]   Vgl. a. a. O., 27.

allgemeinen Wahrnehmung sind auch die Feste und gerade ihre Feierbräuche und -rituale keineswegs ›ewig‹ und unveränderlich, sondern unterliegen, wie alle kulturellen Entwicklungen, gesellschaftlichen Einflüssen und Wandlungsprozessen. Neues wird aufgenommen, Altes überprüft und verändert oder nach und nach gänzlich verworfen. In diesem Sinne ist auch das Weihnachtsfest, wie wir es heute kennen und feiern, keineswegs so ›uralt‹ oder gar ›unwandelbar‹ wie vielfach angenommen. Das heutige Weihnachtsfest ist aus der Perspektive der historischen und soziologischen Forschung heraus weder althergebracht noch in irgendeiner Form ›ursprünglich‹. Vielmehr handelt es sich um ein verhältnismäßig junges Fest.[3] Denn in Wahrheit verdankt sich die uns heute so vertraute und ›traditionelle‹ Gestalt von Weihnachten als Familien- und Geschenkefest den vergleichsweise neuen Entwicklungen der vergangenen zwei Jahrhunderte.[4] Die Geschichte der vermeintlich ›traditionellen‹ Familienweihnacht beginnt somit erst am Ende der frühen Neuzeit, zu Beginn des 19. Jahrhunderts mit den Entwicklungen der Moderne und ihren bürgerlich geprägten Gesellschafts- und Familienstrukturen.

Dennoch ist Weihnachten als das christlich-religiöse Geburtsfest Jesu natürlich keineswegs eine Genese der letzten 200 Jahre. Spätestens seit dem 4. Jahrhundert belegen antike Quellen alljährliche Festgottesdienste und Feierlichkeiten der frühen Christenheit sowohl in Ägypten als auch im alten Rom.[5] Allerdings wurde vor allem in der Ostkirche die Geburt Jesu zunächst ausschließlich an Epiphanias, am 6. Januar als »Festtag des Herrn«[6], begangen.

Erst unter der Herrschaft des ersten christlichen Kaisers Konstantin im 4. Jahrhundert nach Christus, so die Vermutung der historisch-theologischen Forschung, entwickelte sich die Feier des Weihnachtsfestes als verbindliches und einheitliches Fest der Geburt Jesu Christi am 25. Dezember und verbreitete sich im Laufe der nachfolgenden Jahrzehnte ausgehend von den frühchristlichen Gemeinden Roms über die gesamte frühe Christenheit. Die Weihnachtsforschung sieht in dieser Entwicklung von Weihnachten als Geburtsfest und Fest des Kindes das Ergebnis einer vielschichtigen kultur-

---

[3]   Vgl. ebd.

[4]   Vgl. zu diesem Abschnitt ebd. sowie Ingeborg Weber-Kellermann, Das Weihnachtsfest: Eine Kultur- und Sozialgeschichte der Weihnachtszeit, München 1987.

[5]   Vgl. Manfred Becker-Huberti, Feiern – Feste – Jahreszeiten. Lebendige Bräuche im ganzen Jahr. Geschichte und Geschichten, Lieder und Legenden, Freiburg im Breisgau 1998, 81.

[6]   Vgl. Friedhelm Mann/Hans-Christoph Schmidt-Lauber, Art.: Epiphaniasfest, in: TRE 9, Berlin/New York 1982, Sp.762.

historischen Verbindung zwischen alttestamentlich-jüdischer Tradition auf der einen und dem zu der Zeit im antiken Mittelmeerraum vorherrschenden römisch-hellenistischen Sonnenkult und seinen Heilsvorstellungen auf der anderen Seite. Im Rahmen dieses Sonnenkultes wurde in Rom seit dem 3. Jahrhundert nach Christus am 25. Dezember als Tag der Wintersonnenwende das Geburtsfest des Sonnengottes (*Sol invictus*) gefeiert.[7] Die Brücke zwischen beiden Religionen, so der weitgehende Konsens innerhalb der Forschung, lag wohl vorrangig in der gemeinsamen Geschichte von der Geburt eines göttlichen Kindes, die sowohl im christlichen Weihnachtsfest als auch in der römischen Heilsvorstellung eine wesentliche Rolle spielte.[8] Sowohl die alttestamentlichen Schriften, allen voran der Prophet Jesaja, als auch der römische Dichter Vergil künden in ihren Texten von der bevorstehenden Geburt eines göttlichen Kindes, das mit seinem Kommen in die Welt den Beginn eines anderen Zeitalters, einer neuen, fried- und lichtvollen Welt heraufführen werde. Ist es bei Jesaja das Gotteskind, der »Friedefürst«, mit dessen Geburt eine neue Herrschaft auf dem »Thron Davids« und das ewige Friedensreich beginnt (Jes. 9,5), so besingt Vergil in seiner vierten Ekloge[9] (1. Jh. n. Chr.) ebenfalls die Geburt eines göttlichen Sonnenknaben aus dem Samen des Helios bzw. des Apollo und den hoffnungsvollen Beginn eines neuen Friedensreiches, des »goldenen Zeitalters«, welches das gegenwärtige »eiserne Zeitalter« beenden werde.[10] Mit der Einführung von Weihnachten im römischen Reich brachte Kaiser Konstantin unter seiner Herrschaft gewissermaßen die christliche Messiasverheißung und das römisch-hellenistische Sonnenkind seiner Zeit unter der gemeinsamen Thematik der Geburt eines göttlichen Kindes, einer friedenbringenden Sonnen- und Lichtgestalt, sowohl inhaltlich als auch formal in einem einheitlichen Festtag am Tag der Wintersonnenwende

---

[7]   Vgl. Susan K. Roll/Rainer Stuhlmann, Art.: Weihnachten/Weihnachtsfest/Weihnachtspredigt, in: TRE 35, Berlin/New York 2003, Sp. 455 f.

[8]   Vgl. Morgenroth, Weihnachts-Christentum, 65.

[9]   Bei den Eklogen oder auch Bucolica Vergils handelt es sich um eine literarische Komposition aus vier Hirtengedichten, in denen Vergil einerseits meist aus Sicht der Figuren selbst in poetischer Verklärung die Welt des Hirtenlebens darstellt. Andererseits gelten die Lieder und ihre Schilderungen nicht zuletzt auch als Spiegelbilder der eigenen Gefühle, (politischen) Meinungen und Erwartungen des Dichters, indem sie vor allem das aktuelle Zeitgeschehen, die harte Realität der Landvertreibungen und die Sehnsucht der vom Bürgerkrieg gebeutelten Menschen nach Frieden, immer wieder kritisch thematisieren, vgl. Michael von Albrecht, Art.: Vergil, in: Ders. (Hrsg.), Die römische Literatur in Text und Darstellung, Bd. 3: Augusteische Zeit, Stuttgart 2009, 21–23.

[10]   Vgl. Morgenroth, Weihnachts-Christentum, 66 f.

zusammen.[11] Was die Datierung des Festes auf den 25. Dezember betrifft, so gab und gibt es innerhalb der Forschung zwei unterschiedliche Theorien. Versucht die *Berechnungshypothese* das Datum der Geburt Jesu anhand von heilsgeschichtlich-theologischen Gesichtspunkten kalendarisch zurückzuverfolgen, so sieht die *religionsgeschichtliche Hypothese* in der Festlegung des Weihnachtsfestes auf diesen Termin im Wesentlichen ein von Konkurrenzdenken bestimmtes, gezieltes Streben nach Überbietung der römisch-heidnischen durch die biblisch-christliche Tradition und den Versuch, das heidnische Sonnenfest durch eine christliche Bedeutung zu überschreiben.[12] Eine eindeutige Antwort auf die Frage nach der Festlegung von Weihnachten auf den 25. Dezember ist somit in der Forschung nicht zu finden.

Historische Quellen belegen jedoch, dass spätestens bis Mitte des 5. Jahrhunderts alle frühchristlichen Gemeinden, darunter auch die Mehrheit der orientalischen Ostkirchen, Weihnachten als zentrale Feier der Geburt Christi übernahmen. Zuvor war Weihnachten bereits durch das Konzil von Konstantinopel im Jahre 381 endgültig als fester Bestandteil des christlichen Glaubens ›dogmatisiert‹ worden.[13] Epiphanias rückte demgegenüber (zunächst) in den Hintergrund.

Nachdem sich in der Alten Kirche das Weihnachtsfest am 25. Dezember endgültig etabliert hatte, fügte sich in den darauffolgenden Jahrhunderten bis ins Mittelalter hinein im westlichen Christentum ein stetig wachsender Festkreis rund um das eigentliche Hochfest Weihnachten an. Die Adventszeit mit zunächst sechs, später einheitlich vier Adventssonntagen[14] wurde als auf die ›Ankunft des Herrn‹ vorbereitende Buß- und Fastenzeit dem Fest vorgelagert. Epiphanias entwickelte sich sozusagen als ›Nachklang‹ und Abschluss

---

[11]   Mit dem nicaeischen Konzil wurde unter dem ersten christlichen Kaiser Konstantin im Jahre 352 der 25. Dezember als verbindlicher Termin für Weihnachten und die Feierlichkeiten zur Geburt Jesu Christi festgelegt, vgl. dazu Morgenroth, Weihnachts-Christentum, 68 f. sowie ders., Heiligabend-Religion. Von unserer Sehnsucht nach Weihnachten, München 2003, 15.

[12]   Vgl. zu den beiden Hypothesen ausführlich u. a. Hans Förster, Die Anfänge von Weihnachten und Epiphanias. Eine Anfrage an die Entstehungshypothesen [Studien und Texte zu Antike und Christentum Bd. 46], Tübingen 2007 und Dietrich Korsch, Weihnachten – Menschwerdung Gottes und Fest der Familie. Systematisch-theologische Gedanken zu gelebter Religion, in: IJPT 3 (1999), 216 f. sowie Morgenroth, Weihnachts-Christentum, 69 ff.

[13]   Vgl. Thomas Gandow, Weihnachten. Glaube, Brauch und Entstehung des Christfestes, München 1994, 13 und Christel Köhle-Hezinger, Art.: Weihnachten, in: RGG 8, Tübingen ⁴2005, Sp.1335–1338.

[14]   Vgl. Walter Heim, Volksbrauch im Kirchenjahr heute, Basel 1983, 10.

der Weihnachtszeit zu einem der wesentlichen Tauftermine innerhalb des Kirchenjahres. Mit dieser zeitlichen ›Umrahmung‹ des eigentlichen Weihnachtsfestes kam es vor allem im Zuge der im 5. und 6. Jahrhundert stattfindenden Ausdifferenzierung der Feierlichkeiten in verschiedenen Gottesdiensten am Vorabend und in der Nacht zu Weihnachten zu einem deutlichen Bedeutungszuwachs des Heiligabends. Mit der zusätzlichen Einführung des zweiten Weihnachtsfeiertages im Rahmen der Reformation und der damit verbundenen Ausweitung des Festes um einen weiteren Tag bildeten sich der 24., 25. und 26. Dezember mehr und mehr als innerer liturgischer Kern des Weihnachtsfestkreises heraus.[15]

Das mittelalterliche Weihnachtsfest war im Wesentlichen ein Kirchenfest, das sich nahezu ausschließlich im öffentlichen Raum ereignete. Standen offiziell die kirchlichen Feierlichkeiten im Mittelpunkt, so nahm nicht nur die Jugend das Fest auf vielfältige Weise zum Anlass für ausschweifende, geradezu exzessive Feiern. Ganz selbstverständlich gehörten bis ins 18. Jahrhundert hinein neben den verschiedenen Gottesdiensten, Bibellesungen und geistlichen Krippenspielen auch weltliche Bräuche, wie die Weihnachtsmärkte und so genannte »Esels«- oder »Narrenfeste«[16], zur volkstümlichen Feiertradition dazu. Vor Beginn der Advents- und damit der vorweihnachtlichen Fastenzeit feierte das Volk nach Art des Karnevals- und Fastnachtsbrauchtums auf den Märkten und bei Umzügen und Tänzen. Im Gegensatz zu den von der Ernsthaftigkeit und Bedeutsamkeit des Weihnachtsereignisses bestimmten kirchlichen Gedenkfeierlichkeiten beinhalteten diese Feiern vor allem jede Menge Lärm, Klamauk und Unfug gegenüber der Kirche, ihrer Tradition und ihren Würdenträgern. Nicht selten kam es aufgrund weihnachtlicher Trinkgelage sogar zu heftigen Unruhen und Ausschreitungen, was im Gegenzug vielerorts zu Einschränkungsversuchen und Verboten der Festspiele seitens der geistlichen und weltlichen Obrigkeiten führte.[17]

Fand Weihnachten seit dem Mittelalter im kirchlichen Raum und vornehmlich in einer von einer gewissen christlichen Volksfrömmigkeit, aber auch durch säkulare Einflüsse geprägten Öffentlichkeit statt[18], wandelte sich das Fest an der Schwelle vom 18. zum 19. Jahrhundert entscheidend. Beein-

---

[15]   Vgl. zu diesem Abschnitt Fechtner, Im Rhythmus des Kirchenjahres, 65 sowie Weber-Kellermann, Das Weihnachtsfest, 42.

[16]   Vgl. Guido Fuchs, Heiligabend: Riten – Räume – Requisiten, Regensburg 2002, 27 ff.

[17]   Vgl. zu diesem Abschnitt Bausinger, Das Weihnachtsfest in der Volkskunde, 179; Köhle-Hezinger, Weihnachten, Sp.1337 sowie Fechtner, Im Rhythmus des Kirchenjahres, 66.

[18]   Vgl. Köhle-Hezinger, Weihnachten, Sp.1335 und Fechtner, Im Rhythmus des Kirchenjahres, 66.

flusst von einer aufklärerisch geprägten Fortschrittsorientierung und dem Erfindergeist der vorangegangenen Jahrzehnte kam es mit der industriellen Revolution im 19. Jahrhundert nicht nur zu einer gravierenden Neuordnung innerhalb der Arbeitswelt. Vielmehr veränderte sich mit den technischen Entwicklungen der Zeit die gesamte Lebens- und Familienstruktur der Menschen.

Die technische Errungenschaft eines gekoppelten Einsatzes verschiedenster komplexer Maschinen und die Größe der neuartigen technischen Geräte erforderten im Hinblick auf die nun notwendige Arbeitsteilung und -organisation sowie die stetig wachsenden Produktionsmengen zunehmend eine ›Auswanderung‹ der Produktion aus den kleinen Heimarbeitsstätten und Handwerksbetrieben heraus und hinein in die großen Fabrik- und Werkshallen. So vollzog sich eine bis dato völlig untypische Trennung von Arbeits- und Wohnwelt, die sich nicht nur auf die einfachen Arbeiter, sondern nach und nach auf nahezu alle beruflichen Schichten vom Unternehmer über den Verwaltungsangestellten bis zum Beamten erstreckte.[19] Arbeitszeiten waren nun durch feste Schichten und Dienstpläne zeitlich klar begrenzt und der Arbeitsort notwendigerweise räumlich von der Welt des eigenen Zuhauses getrennt.

Dieser Umstand blieb auch für die Familienstruktur nicht ohne Folgen. Arbeitete die Frau in der vorindustriellen Zeit als fester Teil der familiären Wirtschaftsordnung arbeitsteilig im heimischen Betrieb mit und verband auf diese Weise Haushalt und Erwerbstätigkeit miteinander, so beschränkte sich ihre Rolle und Funktion innerhalb des modernen Familiensystems sowie ihre gesamte Lebenswelt nun im Wesentlichen auf den Bereich von Heim, Haushalt und Kindererziehung.[20] Beruhten, trotz der Notwendigkeit zur Arbeitsteilung und wechselseitiger Abhängigkeit hinsichtlich der »gemeinsamen Sache«[21] der Erwerbstätigkeit, auch vormoderne Ehen und familiäre Beziehungen durchaus weniger auf Nutzenerwägungen als auf Liebe und Sympathie, so standen nun, geprägt vom romantischen Liebesideal und verbunden mit der Orientierung am Leitbild eines biedermeierlich geprägten Konservatismus, gegenseitige Liebe und emotionale Verbundenheit im Kontext des modernen Familienideals explizit im Mittelpunkt. Sowohl die Liebe der Eheleute untereinander als auch die Zuneigung der Eltern zu ihren Kindern erhielten einen noch nie dagewesenen Stellenwert innerhalb des bürgerlichen Familienlebens. Durch die Trennung von Arbeit und Wohnraum trat der Aspekt von

---

[19]   Vgl. Weber-Kellermann, Die deutsche Familie, 99 f.

[20]   Vgl. a. a. O., 102.

[21]   Vgl. Elisabeth Beck-Gernsheim, Freie Liebe, freie Scheidung. Zum Doppelgesicht von Freisetzungsprozessen, in: Ulrich Beck/Elisabeth Beck-Gernsheim, Das ganz normale Chaos der Liebe, Frankfurt a. M. 1990, 118.

Familie als einer funktionierenden Arbeits- und Wirtschaftsgemeinschaft[22] zumindest im Bürgertum zurück. Stattdessen gewann die Familie nun zunehmend die Bedeutung einer Liebesgemeinschaft, einer abgeschlossenen sozialen ›Innenwelt‹ und Häuslichkeit als idealem, vorwiegend von mütterlicher Fürsorge und familiärer Harmonie geprägten Privatraum im Gegenüber zur Arbeitswelt mit ihren Leistungsanforderungen und Härten.

Im Zuge dieses neuen Familienideals veränderten sich auch das Bild des Kindes und die Vorstellung von Kindheit. Wurden Kinder in vorindustrieller Zeit als kleine Erwachsene betrachtet, die selbstverständlich im Arbeitsalltag der Eltern ›mitliefen‹, so rückten »im Schoße der Bürgerfamilie«[23] nun die kindliche Lebens- und Spielwelt und ihre ganz eigenen Bedürfnisse im Gegenüber zu denen der Erwachsenen in den Blick. Neben der Herstellung eigener Kindermoden und Spielsachen wurde mit der »Kinderstube« erstmals in der Geschichte den Kindern ein ›Reich‹ zum Spielen und ein eigener Ort für ihre kindlichen Beschäftigungen innerhalb des bürgerlich-familiären Wohnraumes geschaffen.[24]

Im Zuge dieser Entwicklung zur Kleinfamilie, der gefühlsmäßigen Aufwertung und Privatisierung der familiären Lebenswelt sowie der ›Entdeckung des Kindes‹ wandelt sich auch die Gestalt des Weihnachtsfestes. Offiziell weiterhin ein Kirchenfest, wandert Weihnachten mit seinen Feierlichkeiten, zunächst für die bürgerliche Schicht, mehr und mehr aus dem öffentlich-gemeinschaftlichen Raum aus. Das Fest wird in die Privatsphäre und familiäre Innenwelt mit ihren Idealen und Vorstellungen integriert und entsprechend gestaltet. Dabei rücken vor allem die Kinder in den Mittelpunkt der Feierlichkeiten.[25] Das Weihnachtszimmer wird in ihrer Abwesenheit heimlich vorbereitet und sie werden, oft schon im Vorfeld des eigentlichen Festes, mit Süßigkeiten und Spielzeug beschenkt. Statt eines öffentlichen Feierbrauchtums mit Festspielen und Umzügen wird Weihnachten nun im kleinen Rahmen des eigenen Zuhauses im Kreise der Familie begangen.[26] Mit seinen Traditionen und seiner Symbolwelt hält das Fest Einzug in die bürgerlich-häusliche Fami-

---

[22] Vgl. Beck-Gernsheim, Auf dem Weg in die postfamiliale Familie – Von der Notgemeinschaft zur Wahlverwandtschaft, in: Ulrich Beck/Elisabeth Beck-Gernsheim, Das ganz normale Chaos der Liebe, Frankfurt a. M. 1990, 120.

[23] Weber-Kellermann, Das Weihnachtsfest, 94.

[24] Vgl. Weber-Kellermann, Die deutsche Familie, 110.

[25] Vgl. Bausinger, Das Weihnachtsfest in der Volkskunde, 178.

[26] Vgl. Martina Dege, Bürgerliche Weihnacht oder die erlaubte Regression. Schleiermachers »Weihnachtsfeier« und die Säkularisierung der Gefühle. Ein Unterrichtsentwurf für die Sekundarstufe II, in: ZDPE 19 (1999), 236.

lienwelt und ihre Privatsphäre. Mit dieser Privatisierung und Intimisierung von Weihnachten und seiner Feierpraxis werden zumindest teilweise die ›alten‹ kirchlich-religiösen Traditionen und Symbole übernommen und an die veränderten sozialen Rahmenbedingungen und das neue Feierverständnis angepasst. So werden beispielsweise die prachtvollen Krippenaufbauten der Klöster und Kirchen ›im Miniaturformat‹ in die bürgerlichen Wohnstuben geholt. Verziert mit Moos und erweitert um zahlreiches Getier, Engel und andere Figuren wird die Darstellung der Heiligen Familie zu einem festen Element bürgerlich-weihnachtlicher Dekoration und Tradition.[27]

Darüber hinaus entstehen nun zusätzlich neue Symbole, eigene Rituale und Bräuche, die die familiäre Weihnachtszeit und ihre Traditionen prägen. Das wohl bekannteste Beispiel dafür ist der geschmückte Weihnachtsbaum als Mittelpunkt des häuslichen Weihnachtszimmers. Aber auch die Einführung der »anonymen Gabenbringer«[28] Weihnachtsmann und Christkind verleiht dem familiären Fest, vor allem für die Kinder, einen geheimnisvollen und besonderen Charakter.[29] Das innige Gefühl, das Familie und privater Innenwelt entgegengebracht wird, findet, verknüpft mit dem familiären Idealbild der Zeit, an Heiligabend in der Entwicklung einer ganz eigenen »Familienliturgie«[30] mit der Gestaltung der weihnachtlichen Wohnstube, dem gemeinsamen Kirchgang, dem Essen und der Kinderbescherung seinen wohl prägnantesten Ausdruck.[31]

Mit der zunehmenden Verbürgerlichung und der rasanten Verbreitung des familiären Brauchtums über die bürgerliche Welt in die Gesamtgesellschaft hinein hielten ›im Wechselspiel‹ zwischen kirchlich-christlicher Weihnachtstradition und Familienfest die neuen Familienbräuche und -symbole zeitgleich Einzug in die kirchlich-religiöse Weihnachtstradition und ihre Symbolik.[32] So gehören auch heute noch in nahezu jeder Kirche neben der Krippe auch Weihnachtsbäume und Adventskränze fest zum weihnachtlichen Inventar.[33] In diesem Sinne ist die gegenwärtige, vermeintlich ›traditionelle‹ Gestalt von Weihnachten als Familien- und besonders als Kinder- und

---

[27] Vgl. Weber-Kellermann, Das Weihnachtsfest, 138.

[28] A. a. O., 90.

[29] Vgl. a. a. O., 100.

[30] Maurice Baumann, Ritualisierung und Religiosität der erzählten Familiengeschichte, in: Maurice Baumann/Roland Hauri (Hrsg.), Weihnachten – Familienritual zwischen Tradition und Kreativität [Praktische Theologie heute Bd. 95], Stuttgart 2008, 27 f.

[31] Weber-Kellermann, Die deutsche Familie, 112.

[32] Vgl. a. a. O., 226.

[33] Vgl. Fechtner, Im Rhythmus des Kirchenjahres, 66 ff.

Geschenkefest mit seinen liebevoll gehegten und gepflegten Traditionen und Ritualen im Wesentlichen das Ergebnis der wechselseitigen Beziehung des Entstehens der bürgerlich-modernen Welt mit ihrem Familienideal und ihrem neugewonnenen Selbstbewusstsein auf der einen und dem kirchlich-religiösen Christfest Weihnachten und seiner Symbol- und Bilderwelt auf der anderen Seite. Im Rahmen der Veränderungen der anbrechenden Moderne wandelt sich auch das Weihnachtsfest und entwickelt mit der Familienweihnacht sein »spezifisch modernes Profil«[34]. Im weihnachtlichen Brauchtum und seiner Symbolwelt findet die bürgerliche Privatsphäre mit ihren Vorstellungen von Familie und Welt, ihren Werten, Überzeugungen und ihren Gefühlen ihren Kristallisationspunkt, ihr »Fest der Feste«[35]. Weihnachten wird mit der Moderne nicht nur das zentrale Fest der Christenheit, sondern zugleich auch das Fest der privaten und familiären Welt. Es bildet mit seinen Traditionen, Bildern und Motiven die Zeit und den Raum, an dem das Bürgertum sich nicht zuletzt auch selbst mit seinen Errungenschaften und Idealen feiern kann.[36]

Doch insbesondere die deutsche Volkskunde und Brauchtumsforschung des 19. und frühen 20. Jahrhunderts zeichnete lange Zeit ein gänzlich anderes, sowohl von links-sozialistischer als auch von rechts-nationalistischer Seite her stark ideologisch gefärbtes Bild von der Entstehungsgeschichte des Festes. Im Sinne der seit Jacob Grimm und seiner »Deutschen Mythologie« geltenden Forschungsprämisse, dass »die wertvollen Kulturerscheinungen und -traditionen der Gegenwart stets in dauernder Kontinuität in das germanische Altertum zurückzuverfolgen seien«[37], beschäftigte sich die frühe volkskundlich orientierte Weihnachtsforschung vorrangig damit, die christlichen und volkstümlichen Traditionsstränge des Festes sorgfältig voneinander zu trennen und so seinen altgermanischen »Urgrund« freizulegen.[38] Anhand von Weihnachten als dem vermeintlich »deutschesten aller Feste«[39] mit seinem ›uralten‹ Brauchtum und seinem Charakter als Familienfest sollten der angemessene Ursprungsmythos und eine tragfähige nationale Mythologie für die damals noch junge deutsche Nation nachverfolgt und (re-)

---

[34]   Morgenroth, Weihnachts-Christentum, 27 f.

[35]   A. a. O., 11.

[36]   Vgl. Dege, Bürgerliche Weihnacht, 240 und Morgenroth, Weihnachts-Christentum, 31.

[37]   Weber-Kellermann, Die deutsche Familie, 223.

[38]   Vgl. ebd.

[39]   Bausinger, Das Weihnachtsfest in der Volkskunde, 169 und Morgenroth, Weihnachts-Christentum, 12.

konstruiert werden.[40] Dabei bildete vor allem der Weihnachtsbaum den Ausgangspunkt der Bemühungen. Interpretiert als Kultbaum des heidnischen
Wintersonnwendfestes, als »Weltenesche des germanischen Mythos«[41], wurde der geschmückte Tannenbaum nicht nur zu einem Symbol des Lichtes
und des Lebens, sondern vor allem als tiefes Sinnbild völkisch-deutscher
Gemeinschaft und ihrer Zusammengehörigkeit stilisiert.[42] Diese Germanisierung und Mythologisierung des Weihnachtsfestes bot nicht zuletzt für das
Gedankengut der NS-Ideologie wohl unübersehbare Anknüpfungspunkte. So
erschienen in den 1930er und 1940er Jahren in auffallend vielen Zeitschriften
und Buchreihen Veröffentlichungen zum Thema Weihnachten. Diese enthiel-
ten vor allem Beiträge, die den germanischen Ursprung des Festes hervorho-
ben, sowie konkrete Anleitungen zu einer angemessenen weihnachtlichen
Feierpraxis.[43] Dabei fand sich die kirchlich-christliche Weihnachtstradition
heftiger Kritik ausgesetzt: Die Kirche habe, so die Überzeugung vieler der
Autoren dieser Zeit, »ihr Weihnachtfest aus taktischen Gründen auf einen
bereits bestehenden germanischen Feiertermin mit einer Vielzahl von Traditionen gelegt und seither das ältere Erbe geschickt für ihre Zwecke«[44] benutzt.
Das Thema der kirchlichen Aneignung der »urgermanischen« Weihnachtstradition sowie die Forderung, diesen Prozess sofort rückgängig zu machen,
wurden sowohl bei Weihnachtsansprachen als auch innerhalb der Fest- und
Feierliteratur immer wieder aufgegriffen und entwickelten sich nach und
nach zu einem festen Bestandteil der nationalsozialistischen Weihnachts-
ideologie.[45] Statt der kirchlich-christlichen Tradition zu folgen, sollten alle
Elemente des Weihnachtsfestes nun ausschließlich aus ihrem »germanischen
Erbe« abgeleitet werden und so »ein aus nationalsozialistischer Weltanschauung geborenes, neues arteigenes Brauchtum«[46] entstehen. Im Rahmen dieser
volkskundlichen und populistischen Beschäftigung mit Weihnachten traten

---

[40]   Vgl. Morgenroth, Weihnachts-Christentum, 12.

[41]   Weber-Kellermann, Die deutsche Familie, 223.

[42]   Vgl. Bausinger, Das Weihnachtsfest in der Volkskunde, 171 sowie Thomas Gandow,
Die Quadratur des Adventskranzes oder »Atheismus unterm Weihnachtsbaum«, Berliner
Dialog 4 (1996), 18–20, online unter URL: http://www.religio.de/dialog/496/496s18.html
[abgerufen am 18.04.2012].

[43]   Vgl. Esther Gajek, Nationalsozialistische Weihnacht. Die Ideologisierung eines Familienfestes durch Volkskundler, in: Richard Faber/Esther Gajek (Hrsg.), Politische Weihnacht in Antike und Moderne. Zur ideologischen Durchdringung des Fests der Feste,
Würzburg 1997, 190.

[44]   Vgl. a. a. O., 190.

[45]   Vgl. a. a. O., 191.

[46]   A. a. O., 191.

die historische Quellenlage und eine objektive Betrachtungsweise zugunsten von Mystifizierung, völkischem Traditionalismus und nationalistischer Propaganda in den Hintergrund.[47] Weihnachten war vor allem zu Beginn des 20. Jahrhunderts ein sowohl mythologisch als auch politisch-ideologisch hoch aufgeladenes Fest.

Erst Ingeborg Weber-Kellermann beleuchtet über eine neue kulturgeschichtliche und vor allem soziologisch-orientierte Perspektive das scheinbar uralt-germanische Fest Weihnachten als ein Produkt der Entstehung der modernen bürgerlichen Welt mit ihrem Kinder- und Familienbild und als Symbiose zwischen christlich-religiöser Tradition und neuen, an die Zeit und ihre Ideale angepassten Symbolen und Bräuchen. Anstatt auf einen mythologischen Urgrund zu verweisen, ist Weihnachten nach Auffassung Weber-Kellermanns im Laufe der Jahrhunderte vielmehr selbst zum Ursprungsmythos der modernen bürgerlichen Familienwelt und Ausdruck ihres neuen Selbstverständnisses geworden.

> »Es war«, so fasst sie zusammen, »dieses Bürgertum als führende Sozialschicht des beginnenden industriellen 19. Jahrhunderts, in dessen Schoß das Familienweihnachten aufblühte, sich prägte im bürgerlichen Gefühl, bürgerlichem Anstand, bürgerlicher Sitte und bürgerlicher Etikette, in dem sich weltweit die uns heute bekannten Weihnachtsfestmotive ausgeformt haben«.[48]

Uralt scheinen seine Bräuche, Rituale und Symbole uns heute nur, weil sie über die Dauer der letzten zwei Jahrhunderte zu einer festen Tradition geworden sind. Sie speisen und begründen sich allein durch das Gefühl, ›dass es eben schon immer so ist‹ – vom Beginn der uns bekannten und nachvollziehbaren bürgerlichen Welt an.[49]

Ein prägnantes Beispiel, an dem sich nicht zuletzt die enge Verknüpfung zwischen dem Christfest Weihnachten und der bürgerlichen Welt und ihrem Familienideal zu Beginn der Moderne und ihren Konsequenzen für die Gestalt und Bedeutung von Weihnachten erkennen lässt, bietet Friedrich Schleiermachers »Weihnachtsfeier«. Mit diesem Text hinterlässt Schleiermacher zum einen einen außergewöhnlichen theologischen Beitrag zu einer »Theorie des Weihnachtsfestes«[50] im Hinblick auf die Frage nach der

---

[47]   Vgl. Bausinger, Das Weihnachtsfest in der Volkskunde, 174.

[48]   Weber-Kellermann, Das Weihnachtsfest, 45.

[49]   Vgl. Morgenroth, Weihnachts-Christentum, 13 und 28.

[50]   Holger Forssman, »Alle Menschen sind mir heute Kinder«. Weihnachten als Fest der Schöpfung und der Erlösung, Erlangen 1998, 50.

Bedeutung von Weihnachten im Kontext eines zeitgemäßen Verständnisses von Religion und christlichem Glauben innerhalb der modernen, nach-aufklärerischen Welt.[51] Zum anderen ist die »Weihnachtsfeier« eines der ersten literarischen Dokumente bürgerlich-protestantischer Weihnachtskultur, das Einblicke in die christliche (Weihnachts-)Frömmigkeit und religiöse Praxis aus der Entstehungszeit der modernen Weihnacht selbst bietet.[52] So kommen über die lebensnahe Schilderung einer »Weihnachtsfeier« im privaten Freundes- und Familienkreis erstmalig »die bürgerliche Gesellschaft und die privatisierte Frömmigkeit der Moderne«[53] und die damit verbundenen sozialen, gesellschaftlichen und christlich-religiösen Ideale, Vorstellungen und Überzeugungen aus einer zeitgenössischen Perspektive explizit in den Blick.

---

[51] Vgl. Dieter Schellong, Schleiermachers »Weihnachtsfeier«. Ein Dokument des evangelischen Bürgertums zum Anfang des 19. Jahrhunderts, in: Richard Faber/Esther Gajek (Hrsg.), Politische Weihnacht in Antike und Moderne. Zur ideologischen Durchdringung des Fests der Feste, Würzburg 1997, 76 f.

[52] Vgl. Fechtner, Im Rhythmus des Kirchenjahres, 67 sowie Edgar S. Hasse, Weihnachten in der Presse. Komparative Analysen der journalistischen Wahrnehmung des Christfestes anhand der »Weihnachtsausgaben« ausgewählter Tageszeitungen und Zeitschriften (1955 bis 2005) [Studien zur christlichen Publizistik Bd. XIX], Erlangen 2010, 67.

[53] Morgenroth, Weihnachts-Christentum, 21.

II FRIEDRICH SCHLEIERMACHERS »DIE WEIHNACHTSFEIER« (1806)
Eine theologische (Neu-)Bestimmung von Weihnachten zu Beginn der Moderne

1 DIE WEIHNACHTSFEIER – EIN (THEOLOGISCHES) GESPRÄCH

»Ganz wunderbar kam mir der Gedanke plötzlich des Abends am Ofen, *da wir eben aus Dülons Flötenkonzert kamen,* und nicht drei Wochen nach dieser [ersten] Empfängnis, von der ich doch erst nach einigen Tagen wußte, daß es wirklich eine wäre, war es auch fertig.«[54]

So schreibt Friedrich Schleiermacher selbst über die kurze Entstehungsgeschichte der »Weihnachtsfeier« im Februar 1806 an seinen Verleger Georg A. Reimer in Berlin. Trotz seiner kurzen Abfassungsdauer konnte das Buch allerdings nicht mehr, wie ursprünglich aufgrund der thematischen Nähe zum Fest geplant, noch vor Weihnachten 1805 veröffentlicht werden.[55] Wohl aus zeitlichen Gründen erschien es erst im Januar 1806 und, wie auch andere Werke zuvor, zunächst unter anonymer Verfasserschaft[56] in Halle, dem damaligen Lebens- und Wirkungsort Schleiermachers.[57] Dort hatte dieser

---

[54] Brief Schleiermachers an Reimer vom 10. Februar 1806 nach Wilhelm Dithey (Hrsg.), Friedrich Schleiermacher. Aus Schleiermachers Leben Bd. 4: Schleiermachers Briefe an Brinckmann - Briefwechsel mit seinen Freunden von seiner Übersiedlung nach Halle bis zu seinem Tode - Denkschriften - Dialog über das Anständige - Rezensionen, Berlin 1870, zit. in: Karl Barth, Die Theologie Schleiermachers. Vorlesungen Göttingen Wintersemester 1923/24, hrsg. von Dietrich Ritschl, Zürich 1978, 108 [Hervorhebungen im Originaltext].

[55] Vgl. Kurt Nowak, Schleiermacher. Leben, Werk und Wirkung, Göttingen 2001, 163 f.

[56] Zuvor waren bereits die »Reden über die Religion« (1799), die Monologen (1800) sowie die »zwei unvorgreiflichen Gutachten in Sachen des protestantischen Kirchenwesens« (1804) anonym erschienen, vgl. hierzu die Einleitung von Hermann Mulert zu Friedrich Schleiermacher, Die Weihnachtsfeier. Kritische Ausgabe hrsg. von Hermann Mulert [Philosophische Bibliothek 117], Leipzig 1908, VI sowie Karl Barth, Schleiermachers »Weihnachtsfeier«, Zwischen den Zeiten 3 (1925), 43.

[57] Vgl. Ekkehard Börsch, Zur Entstehung der »Weihnachtsfeier« von Friedrich Schleiermacher, in: ThZ 131 (1957), 354 sowie Nowak, Schleiermacher, 164.

nach seiner Zeit als Prediger in Landsberg und Berlin seit dem Wintersemester 1804 eine Stelle als außerordentlicher Theologieprofessor und Universitätsprediger inne.[58] Beeinflusst von seiner umfangreichen theologischen und philosophischen Forschungsarbeit, vor allem aber entscheidend geprägt durch seine geistige und persönliche Verbundenheit zu den zeitgenössischen Frühromantikern und ihren Ideen im Ringen um ein neues, nach-aufklärerisches Gesamtverständnis von Mensch und Welt[59], verfasste Schleiermacher die »Weihnachtsfeier« im Unterschied zu seinen sonstigen Arbeiten nicht als ›klassische‹ theologische Abhandlung. Vielmehr handelt es sich bei der »Weihnachtsfeier« um ein poetisch-literarisch anmutendes Werk in Form einer Dialog- oder Gesprächsnovelle mit einer umfangreichen erzählerischen Rahmenhandlung und darin eingebetteten wechselnden Dialogen zwischen den verschiedenen Protagonisten.[60] In der Szenerie einer bürgerlichen Weihnachtsfeier am Heiligabend in einem vertrauten Familien- und Freundeskreis werden, in Anlehnung an die Form des antiken platonischen Dialogs[61], in Gesprächen zwischen den Anwesenden der »religiöse Grundsinn«[62] sowie die Bedeutung des Weihnachtsfestes aus verschiedenen Perspektiven entfaltet. Dabei geht Schleiermacher allerdings mit seiner Schrift und ihren Hauptpersonen bereits rein formal über Plato hinaus: Im Unterschied zur antiken Vorlage kommen nicht nur die Männer, sondern auch die anwesenden Frauen und obendrein ein Kind in der »Weihnachtsfeier« gleichberechtigt zu Wort und stehen sogar im Mittelpunkt des Geschehens. Ausdrücklich werden sie

---

[58] Vgl. u.a. Mulert, Einleitung zu Friedrich Schleiermachers Weihnachtsfeier, V.

[59] Vgl. Börsch, Zur Entstehung der »Weihnachtsfeier«, 355 f. sowie Morgenroth, Weihnachts-Christentum, 105 f.

[60] Vgl. Morgenroth, Weihnachts-Christentum, 93 und Nowak, Schleiermacher, 166.

[61] Die Literaturwissenschaft versteht unter dem Begriff des »Platonischen Dialogs« einen künstlerisch-literarisch ausgestalteten Dialog, ein fiktives Gespräch zwischen zwei oder mehr (in der Antike ausschließlich männlichen) Personen, in denen der Verfasser die Gesprächspartner einen gemeinsamen Gegenstand durch ihre unterschiedlichen, meist sehr radikalen Positionierungen aus verschiedenen Perspektiven beleuchten lässt. In diesem gegensätzlichen Austausch von Meinungen zur Erkenntnis des Richtigen, zur Begriffsklärung und Bestimmung des Gegenstandes fortzuschreiten, ist dabei das Ziel des Textes. Indem der Verfasser niemals selbst in dem Gespräch auftritt, kann seine eigene Position, wenn überhaupt, nur indirekt aus der Gesamtheit der Äußerungen vermutet, aber niemals explizit erschlossen werden, so dass seine (vermeintliche) Objektivität gewahrt bleibt. Wesentliches Merkmal des »Platonischen Dialogs« ist dabei seine formale und erzählerisch strikt durchorganisierte Komposition, eines seiner wesentlichen Stilmittel sind Scherz und Ironie, vgl. Gero von Wilpert, Art.: Dialog, in: Ders., Sachwörterbuch der Literatur, 8., verbesserte und erweiterte Auflage, Stuttgart 2001, 166.

[62] Wehrung, Einführung, XI.

um ihre Erzählungen gebeten, ihre Äußerungen haben Gewicht und werden gleichermaßen respektiert und berücksichtigt. Gleichzeitig handelt es sich, wie Forssman betont, bei der dargestellten »Weihnachtsfeier« trotz der häuslichen Umgebung, in der diese stattfindet, keineswegs um eine außergewöhnliche oder gar »esoterische Angelegenheit«[63]. Stattdessen lasse sich auch in dieser privaten Feier die Einbettung in die ›typischen‹ gesellschaftlichen Zusammenhänge der damaligen Zeit erkennen:

> »Wir erfahren von Weihnachtsbräuchen und -traditionen, die ja nur in einem gesellschaftlichen Rahmen überleben können [...]. Wir erfahren von Weihnachtsmärkten und anderen häuslichen Feiern.«[64]

Im ersten Teil der insgesamt dreiteiligen dialogischen Novelle werden, als eine Art ›Vorspann‹, die Leserinnen und Leser in die weihnachtliche Szenerie eingeführt.[65] Die Verlobten Ernst und Friederike, die schwangere Agnes mit ihren Söhnen Anton und dessen namenlosen Brüderchen, der Jurist Leonhardt und die junge Karoline haben sich in vertrautem, »eng verbundenem Kreis«[66] im bürgerlichen Hause des Gastgeberpaares Ernestine und Eduard versammelt.[67] Außerdem wird noch ein weiterer Freund namens Josef erwartet, der allerdings erst zu späterer Stunde eintreffen wird. Die Gastgeberin hat alles liebevoll vorbereitet, die Stimmung ist feierlich und fröhlich. Es wird gescherzt, gelacht und man unterhält sich angeregt. Im Mittelpunkt der Gespräche zwischen den Freunden steht, neben allgemeinen Themen wie der religiösen Erziehung und Bildung, den Wesensunterschieden zwischen Männern und Frauen und ihrem unterschiedlichen Verhältnis zu Religion und Christentum sowie der Frage nach der richtigen Kindererziehung[68], vor allem das außergewöhnliche Kind der Gastgeber namens Sofie mit seiner besonderen (weihnachtlichen) Frömmigkeit und seinem herausragenden musikalischen Talent. Die frommen Äußerungen des Mädchens und ihre für ein Kind ungewöhnliche Vorliebe für die Musik im »großen

---

[63] Forssman, Alle Menschen sind mir heute Kinder, 67.

[64] Ebd.

[65] Vgl. Klaus Kürzdörfer, Luther und Schleiermacher als Didaktiker, in: Wilfried Härle/ Bernd-Michael Haese/Kai Hansen/Eilert Herms (Hrsg.), Systematisch praktisch. Festschrift für Reiner Preul zum 65. Geburtstag [Marburger theologische Studien Bd. 80], Marburg, 2005, 246.

[66] Schleiermacher, Die Weihnachtsfeier, 3.

[67] Vgl. Forssman, Alle Menschen sind mir heute Kinder, 45.

[68] Vgl. Kürzdörfer, Luther und Schleiermacher als Didaktiker, 248 und Karl Barth, Die Theologie und die Kirche. Gesammelte Vorträge 2. Band, München 1928, 115.

Kirchenstil«[69] lösen bei den Erwachsenen eine angeregte Diskussion über das Verhältnis von Religion und Musik und davon ausgehend über Religiosität und Frömmigkeit im Allgemeinen aus. Im weiteren Verlauf wenden sich die Gespräche der Freunde im Blick auf Sofies kindliche Frömmigkeit mehr und mehr der konkreten Bedeutung des Weihnachtsfestes und dem besonderen ›Sinn‹ der Weihnacht zu, den sie vorrangig in seinem Charakter als Kinder- und Geburtsfest sehen.[70]

Daran schließen sich als zweiter großer Teil des Werkes weihnachtliche Erzählungen der drei Frauen der Gesellschaft an. Denn mit der Feststellung, dass Frauen und Mädchen die eigentliche »Seele« des Festes seien, da sie nicht nur in der Weihnachtsvorbereitung am geschäftigsten, sondern auch für das Fest und die darin vorherrschende religiöse Weihnachtsfreude am empfänglichsten seien, fordert Leonhardt die Frauen auf, die Männer an dieser und ihrer (typisch weiblichen) Sicht auf Weihnachten teilhaben zu lassen.[71] So erzählen zunächst Ernestine und im Anschluss daran Agnes und Karoline von ihren einprägsamsten Weihnachtserlebnissen und legen in sehr emotionaler Weise dar, was das Fest ihnen persönlich bedeutet. Dabei stehen vor allem die innige Beziehung zwischen Mutter und Kind und die Begegnungen mit anderen Müttern im Mittelpunkt der Erzählungen. Die Heilige Maria der biblischen Weihnachtsgeschichte als die Mutter Jesu wird dabei als Vorbild christlicher Frömmigkeit stilisiert.[72]

Bilden in den Weihnachtserzählungen der drei Frauen mit der Thematik der Mutter-Kind-Beziehung[73] vor allem zwischenmenschliche Begegnungen und individuelle sowie ›allgemein-menschliche‹ Erfahrungen den wesentlichen Kern der Geschichten, so versuchen sich im dritten Teil der Schrift die Männer Leonhardt, Ernst und Eduard an einer theoretisch-abstrakten Betrachtung von Weihnachten und seiner Bedeutung. Im Spannungsfeld zwischen einer aufklärerisch-kritischen und mystisch-spekulativen Perspektive versuchen sie in ihren Reden einen neuen Begriff des Festes zu finden und seine Bedeutung in der gegenwärtigen nach-aufklärerischen Zeit zu bestimmen.[74]

Im Anschluss an die Reden der drei Männer kommt der mittlerweile eingetroffene Josef zu Wort. Mit seinem Erscheinen bricht er sowohl formal als auch inhaltlich mit dem Vorangegangenen und markiert mit seinen Aussagen

---

[69]   Schleiermacher, Die Weihnachtsfeier, 8.

[70]   Vgl. ebd.

[71]   Vgl. a. a. O. 32; vgl. hierzu auch Nowak, Schleiermacher, 168.

[72]   Vgl. Wehrung, Einführung, VII.

[73]   A. a. O., XI.

[74]   Vgl. Morgenroth, Weihnachts-Christentum, 94.

einen entscheidenden Wendepunkt. So hebt sich mit seiner Schlussrede zum einen in formaler Hinsicht die zahlenmäßige Symmetrie zwischen den drei Frauenerzählungen und den drei Männerreden auf[75], zum anderen werden inhaltlich die bisherigen Aussagen gebündelt und die theoretisch fundierten Überlegungen der Männer zum Weihnachtsfest aufgehoben und relativiert.[76] Ironisch konterkariert er ihre »schlauen Reden« und kontrastiert sie durch seine Aufforderung, einfach die Freude des Festes »sprachlos« anzunehmen »wie die Kinder«[77], anstatt weiter nach der tieferen Bedeutung oder dem vermeintlichen ›Urgrund‹ von Weihnachten zu fahnden.

Im Folgenden sollen alle hier vorgestellten Teile und Aspekte der »Weihnachtsfeier« näher betrachtet werden, bevor sich im Anschluss daran der Blick auf die Rezeptions- und Wirkungsgeschichte des Textes und seine besondere Wirkkraft als moderne ›Weihnachtstheologie‹ im Kontext der wissenschaftlichen Forschung und Diskussion auch über die Theologie hinaus richtet.

2   WEIHNACHTEN: KINDERFEST UND FEST DER »INNERLICHEN KINDHEIT«

Zu Beginn des Textes führt Schleiermacher seine Leserinnen und Leser in die Feierlichkeiten und die besondere Stimmung einer zeitgenössischen Weihnachtsfeier im bildungsbürgerlichen Milieu des frühen 19. Jahrhunderts ein.[78] Männer und Frauen verschiedenen Alters sowie einige Kinder sind zur gemeinsamen Feier des Heiligabends zusammengekommen. Dabei dürfte die gemeinsame Feier im Hause des Gastgeberpaares insbesondere die zeitgenössischen Rezipienten aufgrund der Personenkonstellation, der Gesprächsthemen und der musikalisch-kultivierten Atmosphäre vielfach eher an eine »abendliche Salongesellschaft«[79], wie sie in den Häusern des gebildeten Bürgertums und des niederen Adels zur Entstehungszeit des Textes häufig stattfanden, als eben an eine ›klassisch-bürgerliche Weihnachtsfeier‹ erinnert haben.[80] Nichtsdestotrotz ist auch Schleiermachers Szenerie

---

[75]   Vgl. ebd.

[76]   Vgl. Nowak, Schleiermacher, 166.

[77]   Schleiermacher, Die Weihnachtsfeier, 60–62.

[78]   Vgl. Schellong, Schleiermachers »Weihnachtsfeier«, 81 und Hasse, Weihnachten in der Presse, 58 f.

[79]   Vgl. Kürzdörfer, Luther und Schleiermacher als Didaktiker, 247.

[80]   Bis ins 20. Jahrhundert wurde unter dem Begriff des Salons eine »geistreiche Gesellschaft« verstanden, zu der sich ein zumeist ausgewählter Kreis aus Bürgerlichen und

im Hinblick auf Ablauf und Gestaltung der Feierlichkeiten gänzlich von den wesentlichen »Elementen von Sitte und Brauch« der häuslich-familiären Feiertradition durchdrungen.[81] Beschreibt er zwar keine ›typisch-bürgerliche‹ Weihnachtsfeier im intimen Rahmen einer Kleinfamilie, so ist es dennoch ein sehr privates Fest unter »eng vertrauten« Freunden, welches hier dargestellt und vorgelebt wird.

So trifft sich die Festgesellschaft der »Weihnachtsfeier«, bis auf einen kurzen Ausflug in die Kinderstube der kleinen Sofie, im »freundlichen Saal«[82] des Hauses der Gastgeber Ernestine und Eduard. In ihrer Rolle als Hausfrau hat Ernestine, sozusagen als ›mütterliche Seele‹ des Festes, entsprechend dem bürgerlichen Frauenbild die Planung für den gemeinsamen Heiligabend übernommen und hinter geschlossenen Türen die Feierstube vor den Augen ihrer Familie und der Freunde verborgen vorbereitet. Das Weihnachtszimmer ist mit Blumen und weihnachtlichen Bildern geschmückt, alles erstrahlt in feierlichem Lichterglanz[83] – der ›obligatorische‹ Weihnachtsbaum findet sich hier allerdings (noch) nicht.[84] Sowohl für die Kinder als auch für die Erwachsenen liegen verschiedene, offenbar individuell für jede und jeden Einzelnen ausgewählte und mit Namensetiketten und Süßigkeiten versehene

---

Adeligen, Intellektuellen und Künstlern versammelte. Meist auf Initiative einflussreicher und gut situierter bürgerlicher Damen traf man sich dabei im privaten Rahmen zum gemeinsamen Austausch über Literatur, Musik, weltanschauliche und philosophische Themen. Dabei handelte es sich vor allem im deutschsprachigen Raum um eine sehr moderne Form intellektuell-bürgerlicher Geselligkeit. So etablierten sich, beeinflusst durch die ältere französische Salonkultur, die Salons in Deutschland erst gegen Ende des 18. Jahrhunderts, da dies zum einen aufgrund der voraufklärerischen autoritären und feudalistischen Strukturen im Land und zum anderen wegen der Wirrungen des Dreißigjährigen Krieges so außerhalb der Höfe kaum möglich gewesen war, vgl. Sandra Lenz, Von Salonlöwen und anderen Paradiesvögeln. Literarische Salons als Stätten europäischer Kultur- und Geistesgeschichte, Kritische Ausgabe. Zeitschrift für Germanistik & Literatur, Heft 11 (2004)»Großstadt«, 22–24. Auch Schleiermacher soll sowohl in Berlin als auch in Halle zur Entstehungszeit des Textes, u.a. im Hause des auch in der »Weihnachtsfeier« namentlich erwähnten Komponisten Johann Friedrich Reichardts, regelmäßig an solchen Gesellschaften teilgenommen haben und dadurch zur dialogisch-literarischen Struktur der »Weihnachtsfeier« angeregt worden sein, vgl. hierzu Kürzdörfer, Luther und Schleiermacher als Didaktiker, 247 sowie Schellong, Schleiermachers »Weihnachtsfeier«, 81 und Wehrung, Einführung, VI.

[81]   Hasse, Weihnachten in der Presse, 65.

[82]   Schleiermacher, Die Weihnachtsfeier, 3.

[83]   A. a. O., 3 f.

[84]   Vgl. Emanuel Hirsch, Schleiermachers Christusglaube. Drei Studien, Gütersloh 1968, 27 und Hasse, Weihnachten in der Presse, 66.

Geschenke unter »weißen Decken und bunten Tüchern«[85] verhüllt bereit. In festlicher und (vor-)freudiger Atmosphäre wird schließlich die ungeduldig wartende Gesellschaft in die Stube eingelassen. Den überschwänglichen Lobes- und Dankesbekundungen an Ernestine, »der Geberin von allem«[86], folgt die gemeinsame Bescherung. Die Freunde erfreuen sich an der liebevoll gestalteten Tafel, den vielfältigen Gaben und »eßbaren Kleinigkeiten«[87], es wird gescherzt und gelacht. Danach betrachtet die Feiergesellschaft erst eine von Sofie eigens in ihrer Kinderstube aufgebaute Darstellung der Krippe und der Christentumsgeschichte insgesamt, bevor sie in der Stube stimmungsvoller weihnachtlicher Klaviermusik lauscht und gemeinsam singt. Dabei sind es gerade die religiösen Musikstücke, die weihnachtlichen Kirchenlieder und Cantaten, über die in der Zurschaustellung bürgerlicher Geselligkeit und ihrer Feierkultur für die Feiernden ›das Religiöse‹ des Festes ansichtig und spürbar wird. Die Musik führt zu einer besonderen Erlebnisintensität, sie berührt die Anwesenden und erfüllt sie in »frommer Besinnlichkeit« [88] mit andächtiger Liebe und regelrechter Demut:

> »..., und als sie geendet hatten, geschah es, wie immer, daß religiöse Musik zuerst eine stille Befriedigung und Zurückgezogenheit des Gemütes bewirkt. Es gab einige stumme Augenblicke, in denen aber jeder wußte, daß eines jeden Gemüt liebend auf die übrigen und auf etwas noch Höheres gerichtet war.«[89]

Erst die religiöse Musik, die »singende Frömmigkeit«[90], vermag es, so der einhellige Tenor der Freunde, die religiösen Gefühle überhaupt erst zu wecken und diese zu spüren. Im Gegensatz zum gesprochenen Wort gelingt es der Musik ohne Zugriff der Rationalität die religiösen Gefühle in ihrer reinsten Form hervorzubringen und zu fördern, sie in sich selbst sozusagen wirken zu lassen und auch nach außen zu tragen:[91]

---

[85]   Schleiermacher, Die Weihnachtsfeier, 4.

[86]   A. a. O., 6.

[87]   A. a. O., 3 f.

[88]   Vgl. Morgenroth, Weihnachts-Christentum, 97.

[89]   Schleiermacher, Die Weihnachtsfeier, 11.

[90]   A. a. O., 24 f.

[91]   Vgl. Forssman, Alle Menschen sind mir heute Kinder, 52 und 57. Folkhart Wittekind betont in diesem Zusammenhang explizit die darstellerisch-kommunikative Seite der Religion, bei der bei Schleiermacher gerade auch die Musik eine wichtige Rolle spiele, vgl. Folkhart Wittekind, »...die Musik meiner Religion«. Schleiermachers ethische Funktionalisierung der Musik bis zur ›Weihnachtsfeier‹ und seine Kritik der frühromantischen Kunstreligion, in: Andreas Arndt/Ulrich Barth/Wilhelm Gräb (Hrsg.), Christentum –

»Denn jedes schöne Gefühl tritt nur dann recht vollständig hervor, wenn wir den Ton dafür gefunden haben; nicht das Wort, dies kann immer nur mittelbarer Ausdruck sein, nur ein plastisches Element, wenn ich so sagen darf, sondern den Ton im eigentlichen Sinne. Und gerade dem religiösen Gefühl ist die Musik am nächsten verwandt.«[92]

Die weihnachtliche Musik richtet die Sinne der Menschen auf den ›wahren‹ Weihnachtssinn und das »Höhere«[93]. Sie lässt sie andächtig und offen werden für die besondere Weihnachtsstimmung und Festlichkeit, indem sie dieser unmittelbar und vollkommen Ausdruck verleiht.[94]

Was eigentlich den besonderen »Weihnachtssinn«[95], den ›Gegenstand‹ aller »demütigen Anbetung«[96] und Liebe, ausmacht, darüber sind sich die Freunde schnell einig. Weihnachten ist für sie vorrangig durch eine besondere »Freude« und das »Gefühl der Errettung«[97] bestimmt. Denn mit dem weihnachtlichen Geburtsgeschehen habe Gott bereits sein Versprechen von Heil und Erlösung für die Welt und die Menschen erfüllt. »Weihnachtsfreude«[98] sei daher im Wesentlichen Freude angesichts der von Weihnachten her resultierenden Gewissheit des Heils und der Errettung der Menschheit und darin konstitutiv für christliches »Lebensgefühl«[99] und christliche Existenz insgesamt. So ist eben dieses christliche Lebensgefühl bestimmt von der Freude und dem Bewusstsein des verkündigten »neuen Lebens für die Welt«[100] und des »höheren Lebens«[101] in Gott, das sich an Weihnachten offenbart hat und das in der alljährlichen Weihnachtsfeier immer wieder ansichtig und erinnert wird. Weihnachtsfreude als Freude über die beginnende neue Welt reicht in diesem Sinne weit über das Fest selbst hinaus. Mit der vom Weihnachtsgeschehen ausgehenden Heilsgewissheit wird das Weihnachtsfest zum Ausgangspunkt für das generelle, die christliche Existenz bestimmende und tragende Lebensgefühl, einer neuen, hoffnungsvollen Perspektive für das

---

Staat – Kultur. Akten des Kongresses der Internationalen Schleiermacher-Gesellschaft in Berlin, März 2006, Berlin/New York 2008, 297.

[92] Schleiermacher, Die Weihnachtsfeier, 23.

[93] A. a. O., 11.

[94] Vgl. a. a. O., 23–25.

[95] A. a. O., 22.

[96] A. a. O., 10.

[97] A. a. O., 11.

[98] A. a. O., 32.

[99] Vgl. Schellong, Schleiermachers »Weihnachtsfeier«, 76 und Barth, Die Theologie und die Kirche, 135.

[100] Schleiermacher, Die Weihnachtsfeier, 12.

[101] A. a. O., 58.

Leben und die Welt. In der »christlichen Geselligkeit«[102] der feiernden Freunde wird dieses von Weihnachten her bestimmte Lebensgefühl exemplarisch vorgelebt.

Was Weihnachten und die besondere Weihnachtsfreude konkret bedeuten und ausmachen, veranschaulichen die anwesenden Personen im weiteren Verlauf des Textes mit ihren eigenen Erfahrungen, Eindrücken und Gedanken zum Fest. Dabei steht mit Sofie zuerst ein Kind unter den Feiernden im Mittelpunkt. Immer wieder sind es Sofies besonderes Wesen und ihre scharfsinnigen Bemerkungen, die den Erwachsenen Themen und Anlässe für angeregte Gespräche und Diskussionen geben und letztlich auch den Anknüpfungspunkt für die Frage nach Sinn und Bedeutung des Festes bilden.

In ihrer großen Ernsthaftigkeit und der offenkundig detailgetreuen Kenntnis der Christentumsgeschichte, die sie in ihrer Kinderstube unter Beweis gestellt hat, sowie ihrer Vorliebe und ihrem Talent für religiöse Musik im »großen Kirchenstil«[103] erscheint Sofie den anwesenden Erwachsenen als außergewöhnlich kluges und vor allem frommes Mädchen. So bezeichnet Leonhardt sie geradezu als »kleine Prophetin«[104], die von einer ganz besonderen »religiösen Begeisterung«[105] und tiefer Frömmigkeit ergriffen ist.[106] In Sofie fänden sich, wie auch die Eltern Eduard und Ernestine bemerken, in besonderer Weise ein »gründlicher Verstand des Gefühls«[107] und eine unmittelbare, natürliche Frömmigkeit, wie sie allein von einer großen »Unbefangenheit und Unbewusstheit«[108] und einer tiefen inneren Bewegtheit herrühren könnten. »Wie Weihnachten recht eigentlich das Kinderfest«[109] sei, so ›lebe‹ Sofie geradezu in diesem Fest und seiner besonderen Stimmung, so dass in ihr religiöses Gefühl und innige Frömmigkeit auf eine Weise aus dem Inneren heraus entstehen, wie sie weder künstlich herbeigeführt noch in irgendeiner Weise anerzogen werden könnten.[110] Entgegen der Befürchtungen des kritischen Leonhardts, der deutlich die Gefahr einer Überbetonung der Religion und einer daraus resultierenden »inneren Verschrobenheit«[111] im Leben des Mäd-

---

[102] Ebd.

[103] Schleiermacher, Die Weihnachtsfeier, 8.

[104] A. a. O., 27.

[105] A. a. O., 9.

[106] Vgl. Barth, Die Theologie Schleiermachers, 110 sowie ders., Schleiermachers Weihnachtsfeier, 44.

[107] Schleiermacher, Die Weihnachtsfeier, 13

[108] A. a. O.,15.

[109] A. a. O., 8.

[110] Vgl. a. a. O., 8 und 12 f.

[111] Vgl. a. a. O., 14.

chens sieht, entstehe, so verteidigt Ernestine ihre Tochter, die weihnachtliche Frömmigkeit bei Sofie ohne Zutun von außen. Sie entwickele sich stattdessen aus einem generellen Grundgefühl heraus ganz von selbst und finde darin stets das rechte Maß und die angemessene Ausdrucksmöglichkeit:

> »... und so sehr sie auch oft ergriffen ist, so stört doch nie eine Art von Über-maß den Wohllaut des Ganzen ... Ich weiß nicht anders, als daß sie dies völlig ebenso behandelt, wie jedes andere, was ihr lieb und wert ist. So gibt sie sich jeder Bewegung hin, bei jedem auch ganz kindischen Interesse wirst du sie als dieselbe finden, und sie treibt wahrlich mit diesem so wenig Eitelkeit wie mit jedem andern.«[112]

Das wahre Wesen der Religion ist, so schreibt Schleiermacher in seinen ›Reden über die Religion‹ »weder Denken noch Handeln, sondern Anschauung und Gefühl«[113] im Sinne eines unmittelbaren kindlich-passiven Erfüllt- und Ergriffenseins von den Darstellungen und Handlungen des Universums und seinen »unmittelbaren Einflüssen«[114]. Religion ist vor allem bestimmt durch die Betrachtung der unendlichen Natur des Ganzen, sie ist »Sinn und Geschmack für das Unendliche«[115] und richtet darin den Blick über die diesseitige Welt und das Leben hinaus eben auf das Ganze des Universums, »insofern sie das Diesseits in Bezug auf eine göttliche Größe interpretiert und deutet«[116]. Christliches Leben ist immer Leben in dem Gefühl und dem Bewusstsein, »dass wir nicht in uns selbst begründet sind, sondern von anderwärts, von Gott, her«[117]. In diesem Sinne bedeuten (christliche) Religion und religiöses Selbstverständnis eine Existenz im (Selbst-)Bewusstsein dieses »schlechthin-nigen Abhängigkeitsgefühls«[118] von Gott als eben dieser ›externen‹, transzendenten Größe.

Dieses kindliche, das fromme und »unmittelbare Selbstbewusstsein«[119] in der »schlechthinnigen Abhängigkeit« von Gott verkörpert das Mädchen Sofie in der »Weihnachtsfeier« in ihrer Anschauung und ihrem kindlichen Erleben

---

[112]   A. a. O., 8 und 15.
[113]   Friedrich Schleiermacher, Über die Religion. Reden an die Gebildeten unter ihren Verächtern (1799), hrsg. von Günter Meckenstock, Berlin/New York 2001, 79.
[114]   Ebd.
[115]   Schleiermacher, Über die Religion, 80.
[116]   Isolde Karle, Kirche im Reformstress, Gütersloh 2010, 20.
[117]   A. a. O., 21.
[118]   Friedrich Schleiermacher, Der christliche Glaube nach den Grundsätzen der evangelischen Kirche im Zusammenhange dargestellt. Zweite Auflage (1830/31), Erster und zweiter Band, hrsg. von Rolf Schäfer, Bd. 1, Berlin/New York 2008, 36.
[119]   Schleiermacher, Der christliche Glaube, 32.

des Festes vollkommen.[120] Insbesondere die religiöse Musik, die ihr »Weihnachten für ein ganzes Leben«[121] bedeutet, lässt die »frommen Regungen«[122] und die Freude am Fest in ihr ganz »natürlich und ursprünglich erglühen«[123]. Um ihrer besonderen Liebe für die Kirchenmusik Rechnung zu tragen, erhält Sofie als Hauptgeschenk Noten religiöser Weihnachtsmusik. Wurde zuvor die Musik von den Erwachsenen als Inbegriff weihnachtlicher Festlichkeit und Frömmigkeit bezeichnet, so rücken mit dem musikalischen Geschenk an Sofie und ihrer großen Begeisterung für die feierliche Kirchenmusik Festlichkeit, Kindlichkeit und Musik bereits zu Beginn der »Weihnachtsfeier« in einen engen gedanklichen Zusammenhang.[124] Sofie erscheint in ihrer Kindlichkeit durch die Bemerkungen der Erwachsenen gewissermaßen als Vorbild und »Repräsentantin einer wahren christlichen Frömmigkeit«[125]. In ihr spiegelt sich wieder, was den religiösen »Grundsinn«[126], die besondere Stimmung des Weihnachtsfestes ausmacht und darüber hinaus die »spezifische Stimmung christlicher Religiosität«[127] als generelles Lebensgefühl insgesamt bestimmt. An dem Mädchen meint Karoline zu erkennen,

> »welches der Kindersinn ist, ohne den man nicht ins Reich Gottes kommen kann; eben dies, jede Stimmung und jedes Gefühl für sich hinnehmen und nur rein und ganz haben wollen.«[128]

Es ist die uneingeschränkte Freude über die Geburt eines Kindes als »Verkündigung eines neuen Lebens für die Welt«[129] und das Gefühl von tiefer Andacht, Liebe und Dankbarkeit angesichts der mit dem Weihnachtsgeschehen verbundenen gottgewollten Errettung der Menschheit[130], welche sich unmittelbar Sofies kindlichem Gemüt aufgrund seines unbefangenen Wesens und frommen Selbstbewusstseins in reinster Form erschließen und in ihm lebendig werden.

Mit Blick auf den Gegenstand des Festes, aber vor allem ausgehend von dem Mädchen Sofie, wird Weihnachten im ersten Teil der Gespräche in drei-

---

[120] Vgl. Morgenroth, Weihnachts-Christentum, 97 f.
[121] Schleiermacher, Die Weihnachtsfeier, 7.
[122] A. a. O., 15.
[123] Wehrung, Einführung, IX.
[124] Vgl. Forssman, Alle Menschen sind mir heute Kinder, 52.
[125] Wehrung, Einführung, IX.
[126] A. a. O., XI.
[127] Morgenroth, Weihnachts-Christentum, 97.
[128] Schleiermacher, Die Weihnachtsfeier, 28 f.
[129] Wehrung, Einführung, XI.
[130] Vgl. Schleiermacher, Die Weihnachtsfeier, 10 f.

erlei Hinsicht als ein »Kinderfest« charakterisiert.[131] »Die Feier von Weihnachten und der Inhalt des Weihnachtsfestes sind«, so konstatiert Holger Forssman, »über die Definition von Weihnachten miteinander verbunden«.[132]

Weihnachten ist erstens zunächst einmal rein äußerlich ein Kinderfest. Auch im Rahmen der »Weihnachtsfeier« sind es vor allem die Kinder, für die alles hergerichtet wird. Sie stehen im Mittelpunkt der Feierlichkeiten. So erleben zu Beginn des Textes die Leserinnen und Leser indirekt auch die Sicht Sofies selbst, werden in ihre Ungeduld vor der verschlossenen Zimmertür und ihre große Neugier und Freude angesichts der Geschenke hineinversetzt.[133] Zweitens ist das Weihnachtsfest zugleich das Fest der Geburt eines besonderen Kindes, die Feier der Geburt Jesu und der Inkarnation. In diesem Sinne ist Weihnachten, so betont Ernst in der »Weihnachtsfeier«, als »Feier der Kindheit Jesu [...] die deutliche Anerkennung der unmittelbaren Vereinigung des Göttlichen mit dem Kindlichen«[134] und davon ausgehend der von Gott verheißenen neuen Welt für die gesamte Menschheit. Das »göttliche Kind«[135] Jesus Christus als weihnachtliche Versinnbildlichung des Heils und der Erlösung wird selbst zum Gegenstand der Feierlichkeiten und der Verehrung. In seiner Geburt wird auch die Welt neu geboren, die errettete Menschheit gelangt zu neuem Leben. Diese Offenbarung an Weihnachten und das daraus resultierende Bewusstsein des Heils und das Gefühl der Errettung machen das Weihnachtsfest zum Fest der »innerlichen Kindheit«[136] und damit in einem dritten Sinne zum Kinderfest. Das kindliche Wesen Sofies und ihr Vermögen, den wahren Weihnachtssinn und die Botschaft des Festes unverfälscht zu erfassen, die Weihnachtsfreude »sprachlos« in sich aufzunehmen, ›von innen heraus‹ entstehen und wirken zu lassen, ist es, was christliche Frömmigkeit und Religiosität auch im Erwachsenenalter idealerweise bestimmt.[137] Weih-

---

[131] Vgl. zu diesem Abschnitt ausführlich Forssman, Alle Menschen sind mir heute Kinder, 65 f.

[132] A. a. O., 52.

[133] Vgl. a. a. O., 52.

[134] Schleiermacher, Weihnachtsfeier, 31.

[135] Barth, Die Theologie Schleiermachers, 115.

[136] Forssman, Alle Menschen sind mir heute Kinder, 62.

[137] Forssman betont in diesem Zusammenhang die Notwendigkeit der Unterscheidung zwischen »äußerlicher« und »innerlicher« Kindheit. Denn »Schleiermacher weiß sehr wohl, daß Kinder nicht einfach in jeder Hinsicht ein Vorbild für die christliche Existenz darstellen«, da »die reale Kindheit durchaus auch andere, destruktive Seiten hat«. Die reale, äußerliche Kindheit meine dabei das kindliche, nach außen hin sichtbare Verhalten, was sich auch in zahlreichen Einschüben beispielsweise über Sofies Vorliebe für Süßigkeiten zeige. Die »innerliche« Kindheit meine hingegen den »wahren Kindersinn«,

nachten zu feiern meint gewissermaßen ein »Verjüngtsein, Zurückgehen in dieses Gefühl der Kindheit, die heitere Freude an der neuen Welt, die wir dem gefeierten Kinde verdanken, die reine Freude an der Sache selbst«[138], eben das Erleben eines »frommen unmittelbaren Selbstbewusstseins«, das nicht rationales Denken und Handeln, sondern kindlich-ergriffene Anschauung des Universums, tiefes Gefühl und das unmittelbare Bewusstsein der eigenen »schlechthinnigen Abhängigkeit« in Bezug auf Gott bedeutet.[139]

> »Die (getauften und frommen Kinder) selbst stehen unbewußt und unre-
> flektiert im heilvollen Zusammenhang des Festes; die Erwachsenen haben
> die Möglichkeit, im Vollzug der Feier die Kindlichkeit in sich wachzurufen
> und sich so der Teilhabe an der Erlösung zu vergewissern [...]. Die (ideale)
> Kindlichkeit wird in der ›Weihnachtsfeier‹ als wesentliche Eigenschaft be-
> stimmt, die die Gläubigen miteinander und mit Christus verbindet. In dieser
> Kindlichkeit wird in frommer Unmittelbarkeit die Einheit von Gott und Welt
> erlebt. Diese Kindlichkeit zu verspüren und in sich aufzusuchen oder zu
> dieser Kindlichkeit umzukehren, ermöglicht eine Selbstvergewisserung der
> eigenen Teilhabe an der Heilsgemeinschaft.«[140]

So versuchen die erwachsenen Protagonisten der »Weihnachtsfeier« im weite-ren Verlauf des Gesprächs der Frage nachzugehen, wie man dieses kindliche, fromme Selbstbewusstsein im vorrangig von aufgeklärter Rationalität be-stimmten Erwachsenenalter in sich aufspüren und (er-)leben kann. Entspre-chend den von den Anwesenden bereits im Vorfeld diagnostizierten Wesens-unterschieden zwischen den Geschlechtern hinsichtlich Religiosität und Frömmigkeit[141] spüren die Männer und Frauen dabei auf ganz verschiedene Weise und mit unterschiedlichen Ergebnissen dieser Thematik und vor allem konkret der Bedeutung von Weihnachten im Kontext christlicher Religiosität nach.[142] Dabei kommen beiden Geschlechtern gemäß dem bürgerlichen Men-schenbild der Zeit unterschiedliche ›Rollen‹ zu.[143] So bringen die Erzählungen der Frauen zunächst eine auf das ›Allgemeinmenschliche‹ ausgerichtete, ge-

---

eben das ideale kindliche Wesen, im Sinne eines »tiefen gründlichen Verstandes des Gefühls«, das auch im Erwachsenenalter eine »wertvolle Eigenschaft« sei, vgl. Forssman, Alle Menschen sind mir heute Kinder, 65 f.

[138] Schleiermacher, Die Weihnachtsfeier, 22.

[139] Vgl. Schleiermacher, Der christliche Glaube, 36; vgl. dazu Morgenroth, Weih-nachts-Christentum, 106 f. sowie Forssman, Alle Menschen sind mir heute Kinder, 66.

[140] Forssman, Alle Menschen sind mir heute Kinder, 66.

[141] Vgl. Schleiermacher, Die Weihnachtsfeier, 30–32.

[142] Vgl. Morgenroth, Weihnachts-Christentum, 98.

[143] Vgl. ebd.

fühlsbetonte Perspektive auf Weihnachten in den Blick. In emotionalen Erzählungen schildern Ernestine, Agnes und Karoline anhand besonderer weihnachtlicher Erinnerungen und Begebenheiten ihren persönlichen Sinn des Festes und legen dar, was Weihnachten und ›Weihnachtsfreude‹ für sie bedeuten, bevor im Anschluss daran die Männer mit ihren Reden eine theoretisch-reflektierende Sichtweise auf das Fest und seinen Gegenstand einnehmen.

3 Weihnachten als »Geburtsfest der neuen Welt«: Die Erzählungen der Frauen

Auf die Aufforderung Leonhardts an die Frauen, den Männern der Feiergesellschaft ihre »Weihnachtsfreude mit ihren Merkwürdigkeiten«[144] und ihre ›typisch weibliche‹ Sicht auf das Fest zu schildern, ergreift mit *Ernestine* zunächst die Gastgeberin der Feierlichkeiten das Wort. Untermalt von einer Klavierimprovisation Friederikes beschreibt sie ein Fest ihrer Kindheit, dem »allerlei trübselige Umstände vorhergegangen [waren], die sich nur kurz zuvor ziemlich glücklich aufgelöst hatten«[145]. Dies hatte zur Folge, dass das Fest für die Kinder der Familie in diesem Jahr bescheidener und mit weniger Aufwand von Seiten der Eltern als gewohnt ausfallen musste. Für die junge Ernestine bietet diese veränderte Situation jedoch die Möglichkeit, sich einen Wunsch zu erfüllen, der ihr im Rahmen der weihnachtlichen Familientradition bisher verwehrt geblieben war. So darf sie nach »einigen Bedenklichkeiten« in Begleitung eines Kammermädchens ihrer Mutter in den späten Abendstunden zur Kirche fahren, um dort der Christmette beizuwohnen.[146] Doch die Enttäuschung ist zunächst groß. Vor der Kirche und in den Straßen herrscht ein lautes, gar nicht weihnachtlich-besinnliches Treiben. Die Händler des Christmarktes versuchen, ihre noch verbliebenen Waren anzupreisen und »große Scharen von Knaben«[147] laufen lärmend umher. Erst beim Betreten der Kirche kann das Mädchen die Orgel und den Gesang der Menschen vernehmen, doch auch der Kirchenraum und der Gottesdienst bieten keineswegs die erhoffte Weihnachtsstimmung:

> »Erst ganz in der Nähe vernahm man die Orgel und wenige unordentlich begleitende Stimmen von Kindern und Alten. Unerachtet eines ziemlichen

---

[144] A. a. O., 32.
[145] A. a. O., 33.
[146] Vgl. ebd.
[147] Ebd.

Aufwandes von Lampen und Kerzen wollten doch die dunklen altersgrauen Pfeiler und Wände nicht hell werden, und ich konnte nur mit Mühe einzelne Gestalten herausfinden, die nichts Erfreuliches hatten. Noch weniger konnte mir der Geistliche mit seiner quäkenden Stimme einige Teilnahme einflößen.«[148]

Doch gerade als Ernestine ihre Begleiterin zum Gehen auffordern will, fällt ihr eine in einem offenen Stuhl sitzende Frau mit einem kleinen Kind auf dem Schoß ins Auge. Deren tiefe Versunkenheit in sich selbst und ihr Kind, mit dem sie in einem stummen Zwiegespräch »von Liebe und Sehnsucht«[149] verbunden zu sein scheint, ziehen Ernestine geradezu unwiderstehlich an. Mal lächelnd, mal tief seufzend, aber immer voll »freundlicher Ruhe« und »liebender Andacht«[150] erscheint ihr die junge Frau mit ihrem Kind wie herausgehoben aus dem Lärm und der Unruhe der sie umgebenden Welt. Ernestine erkennt in der jungen Mutter mit dem Kind im Arm geradezu das »Heiligtum, das ich so lange vergeblich gesucht«, die »lebendigen Gestalten zu den schönen Bildern von Maria und dem Kinde«[151], die zuvor weder die Predigt des Pfarrers noch die schlecht gesungenen Weihnachtslieder des Gottesdienstes in ihr zu erwecken vermocht hatten. Erst angesichts dieses realen Bildes der von inniger Liebe und tiefer Ergriffenheit geprägten ›weltlichen‹ Mutter-Kind-Beziehung gewinnt das abstrakte Bild der biblischen Erzählung, die heilige Beziehung zwischen Maria und dem Jesuskind, für Ernestine eine konkrete und anschaulich-lebendige Gestalt. Die einfache, junge Mutter, bei der es sich um Eduards ältere Schwester Kornelie mit ihrem Sohn handelt, erscheint Ernestine stellvertretend für alle anderen liebenden Mütter in ihrer sprachlosen Freude und tiefen Andacht angesichts ihres Kindes als Spiegelbild und reale Verkörperung der weihnachtlichen Maria der biblischen Erzählung.

Die Parallele zwischen der Beziehung Maria – Jesus und dem innigen Verhältnis einer Mutter zu ihrem Kind klingt in der »Weihnachtsfeier« bereits zuvor mehrfach an. So antwortet Ernestine bei der gemeinsamen Betrachtung der Krippe auf die Frage ihrer Tochter Sofie, ob sie nicht selbst gerne die Mutter des »göttlichen Kindleins«[152] wäre:

»... ich könnte wohl auch die Mutter des angebeteten Kindes sein, weil ich in der Tochter, wie Maria in dem Sohne, die reine Offenbarung des Göttlichen

---

[148] A. a. O., 33 f.
[149] A. a. O., 34.
[150] Vgl. ebd.
[151] Ebd.
[152] Schleiermacher, Die Weihnachtsfeier, 10.

recht demütig verehren kann, ohne daß das rechte Verhältnis des Kindes zur Mutter dadurch gestört würde.«[153]

Ebenso wie sich für Maria in ihrem Sohn Jesus die Inkarnation des Göttlichen in der menschlichen Existenz von Anfang an offenbart, so werde laut Ernestine auch für jede Mutter in ihrem eigenen Kind diese Verbindung aus Göttlichen und Menschlichen ansichtig. Allein die liebende Mutter vermag den ›ganzen, wahren Menschen‹[154] in ihrem Kind und somit in der eigenen (christlichen) Existenz zu begreifen und zu verehren. In ihrer Erkenntnis dieses Göttlichen erscheint die weihnachtliche Maria in ihrer stillen Ergriffenheit und demütigen Anbetung des Kindes als das »Urbild«[155], als exemplarische Verkörperung wahrer (weiblicher) Frömmigkeit. In der gleichen Empfänglichkeit und Ergriffenheit angesichts ihres eigenen »göttlichen Kindes«[156] und seiner Verehrung ist in diesem Sinne folglich »jede Mutter eine Maria. Jede hat ein ewiges göttliches Kind und sucht andächtig darin die Bewegungen des höheren Geistes«[157]. Ebenso wie Maria das Göttliche in ihrem Sohn von Anfang an empfangen und verehren kann, so vermag jede Mutter das Göttliche und so letztlich Christus selbst als »Urbild wahren Menschseins«[158] in der Einheit aus Göttlichem und Fleischlichem[159] in ihrem eigenen Kind zu erkennen und anzubeten.

Diesen Gedanken von Christus in jedem Kinde, in jedem Menschen, verknüpft *Agnes*, die andere Mutter der Runde, im Rahmen ihrer Erzählung mit der Kindstaufe. Sie berichtet von einem feierlichen Heiligabend im vorangegangenen Jahr, den sie anlässlich der ersten Entbindung ihrer Schwägerin zur Unterstützung bei dieser und ihrem Bruder verbracht hat. Auch in diesem Hause wird das Weihnachtsfest im Kreise enger Freundinnen und Freunde begangen. Es herrscht

> »eine solche Heiterkeit unter allen und so frisch aufgeregte Liebe, wie an diesem allgemeinen Freudentage sich unter guten Menschen überall einstellt; und wie sie sich unter Geschenken und Freudenbezeugungen in das muntere Gewand des Scherzes und der freien spielenden Kindlichkeit kleidet, so war sie auch unter uns«[160].

---

[153]   A. a. O., 13.
[154]   Vgl. auch die Ausführungen zur Rede Eduards in Kap. II.4.1.
[155]   Vgl. Morgenroth, Weihnachts-Christentum, 99.
[156]   Schleiermacher, Die Weihnachtsfeier, 26.
[157]   Ebd.
[158]   Morgenroth, Weihnachts-Christentum, 100.
[159]   Vgl. hierzu die Ausführungen zu der Rede Eduards.
[160]   Schleiermacher, Die Weihnachtsfeier, 36.

Doch die fröhliche Stimmung wird jäh von der Kinderfrau, die inzwischen mit dem Neugeborenen die Feierstube betreten hat, unterbrochen. Nach einem ausführlichen Rundgang und der Betrachtung aller Geschenke beklagt diese, dass das Kind bei der Bescherung vergessen worden sein müsse. So habe doch lediglich die Mutter dem Kind zugedachte Kleidung und sonstige Geschenke erhalten, dem Säugling selbst sei hingegen nichts überreicht worden.[161] Waren die Anwesenden zuvor überzeugt, dass man einem so kleinen Kind »bei aller Liebe noch keine Freude machen könne und wie recht es wäre, dass wir alles, was eigentlich ihm gehörte, der Mutter zugewendet hätten«[162], so führt die Klage der Kinderfrau nun zu einem entscheidenden Sinneswandel. Den Erwachsenen wird ihre eigene Kurzsichtigkeit bewusst: Nicht allein die vermeintlich noch unbewusst verlebte Kinderzeit, vielmehr das gesamte Leben eines Kindes sollte von seinem Beginn an in den Blick genommen werden.[163] Wie eine Mutter es in ihrer großen Liebe vermag, von Anfang an in ihrem Kind den ganzen Menschen zu sehen, so soll auch den anderen nicht nur die Gegenwart, sondern sein ganzes künftiges Leben vor Augen stehen. In diesem Sinne beeilen sich die Erwachsenen nun, dem Kind selbst allerlei materielle Gaben beizubringen, die auf eben diese Zukunft hindeuten sollen. So werden dem Kind beispielsweise ein Uhrband, Briefpapier für Liebesbriefe an sein zukünftiges Mädchen, Lehrbücher für seine späteren Studien sowie eine Brille überreicht.[164] Ferdinand, der Vater des Kindes, hat sich hingegen vorgenommen, seinem Sohn ein anderes und besonderes Geschenk zu machen und ihn auf der Stelle zu taufen. Erneut wird dabei die Parallele zwischen dem weihnachtlichen Kind in der Krippe und dem eigenen Neugeborenen gezogen:

> »Ihr habt ihm Gaben dargebracht, fuhr er fort, nachdem er das einzelne unter mancher fröhlichen Bemerkung betrachtet hatte, die auf ein Leben hindeuten, wovon er noch nichts weiß, wie Christo Gaben dargebracht wurden, die auf eine Herrlichkeit hindeuteten, wovon das Kind noch nichts wußte. Laßt uns ihm auch das Schönste, Christum selbst, zueignen, wiewohl es ihm jetzt noch keinen Genuß noch Freude gewähren kann.«[165]

---

[161]   Schleiermacher, Die Weihnachtsfeier, 37.

[162]   Dies wird mit dem noch nicht unabhängig von der Mutter bestehenden »Gefühl« des Säuglings begründet: »Sein Gefühl ist noch mit dem ihrigen vereinigt, in ihr wohnt es und nur in ihr können wir es pflegen und erfreuen«, ebd.

[163]   So bemerkt eine der anwesenden Freundinnen: »Aber wir sind doch alle recht beschränkt gewesen, [...] daß wir nur so auf den gegenwärtigen Augenblick gedacht haben. Steht denn nicht das ganze Leben des Kindes vor der Mutter?«, ebd.

[164]   Vgl. a. a. O., 38.

[165]   A. a. O., 39.

Während die anderen Gäste mit ihren materiellen Geschenken die Zukunft und die verschiedenen Lebensphasen des Kindes scherzhaft zu vergegenwärtigen suchen, sieht Ferdinand in der Taufe, der Zueignung des Kindes an Christus, ein ideelles und bleibendes Geschenk. Durch die Taufe in Christus würden dem Kind die höhere Geburt und das verheißene neue Leben im Geist und in der Liebe Gottes zugeeignet.[166] Im Gegensatz zum »positiven Christkind«, von dem selbst das Heil ausgeht, handelt es sich bei dem an Weihnachten getauften Kind, wie Leonhardt bemerkt, um ein »umgekehrtes negatives Christkindlein, in welches der Heiligenschein einströmt, nicht aus«[167]. An Weihnachten kommt neben dem Geburtsgeschehen mit der Taufe des Kindes der Aspekt der Wiedergeburt zu einem neuen, höheren Leben in den Blick. Erst durch das Geschenk der Taufe in Christus und das von ihm ausgehende Heil wird das Menschenkind zum »Christkind« und somit Teil des verheißenen göttlichen Lebens in der Nachfolge Christi. Mit der Geburt Jesu als Offenbarung des Göttlichen im Menschen hat etwas Neues begonnen: Im Weihnachtsfest als »Geburtsfest einer neuen Welt«[168], dem Fest der Freude und der Liebe angesichts des offenbarten Heils, finden daher die Anwesenden den wohl passendsten Anlass für den Beginn dieses »christlichen Menschseins«[169] des Neugeborenen. In dieser Verbindung von Weihnachtsgeschehen und Taufe, von Geburt und Wiedergeburt zum höheren Leben in Gott werden Tod und Auferstehung Christi in das Bild der heiligen Geburt mit hineingedacht.[170] Durch die Verlegung der Kindstaufe, dem Beginn der christlichen Existenz dieses Menschen, in die Feierlichkeiten des Heiligabends wird dem Weihnachtsfest in der Verbindung von österlicher Taufe und Weihnachtsgeschehen eine weiterführende, zukunftsweisende Perspektive verliehen: Bedeutet christliche Existenz mit der Taufe die Zueignung zu Christus und damit zum Leben in seiner Nachfolge, so offenbart sich bereits an Weihnachten im Blick auf den (weiteren) Lebensweg Jesu mit Taufe, Tod und Auferstehung der Lebensweg aller in seinem Namen Getauften. Vom weihnachtlichen Geburtsgeschehen ausgehend deutet sich die gesamte Heils- und Erlösungsgeschichte an, in die Christinnen und Christen in der Nachfolge Christi mit hineingenommen sind. Das ›neue Leben‹ für die Welt, das verheißene Heil und die Erlösung der Christenheit werden im Zusammenklang von Geburt,

---

[166]   Ebd.
[167]   Ebd.
[168]   Schleiermacher, Die Weihnachtsfeier, 39.
[169]   Morgenroth, Weihnachts-Christentum, 100.
[170]   Vgl. ebd.

Tod und Wiedergeburt im Weihnachtsfest von Beginn an antizipiert, nehmen im weihnachtlichen Geburtsereignis bereits ihren Anfang.[171]

Auch in *Karolines* Erzählung spielt der Aspekt von Tod und Wiedergeburt zu neuem Leben eine besondere Rolle. Ebenso wie Agnes schildert sie die Weihnachtsfeierlichkeiten des vergangenen Jahres. Erneut steht dabei ein Kind im Mittelpunkt der Geschichte. Karoline verbringt bereits die Wochen vor dem Fest im Hause der gemeinsamen Freundin Charlotte, deren Kind seit einiger Zeit an einer unerklärlichen, schweren Krankheit leidet und vor Entkräftung bereits dem Tode nahe ist. Trotz der Aussichtslosigkeit der Situation kümmert sich die Mutter Tag und Nacht aufopferungsvoll um den »kleinen Engel«[172]. Ungeachtet ihrer großen Sorge und ihres eigenen Kummers lässt es sich Charlotte nicht nehmen, zumindest Anweisungen für die bevorstehenden Weihnachtsfeierlichkeiten in ihrem Haus zu geben und trotz der Hilfe und Unterstützung der anwesenden Freundinnen und Freunde selbst mit der ihr eigenen »ruhigen Anmut«[173] Festvorbereitungen zu treffen. Erst wenige Tage vor Weihnachten scheint sie, entgegen aller bisher gehegten Hoffnungen, den lebensbedrohlichen Zustand ihres Kindes erfassen zu können. Diese Erkenntnis erfüllt die Mutter jedoch nicht mit Furcht oder großer Trauer, sondern vielmehr mit einer tiefen Ruhe und tröstenden Gewissheit, ihr Kind nun wieder zurück in den Himmel geben zu können und es so von seinem Leiden erlöst zu wissen:

> »Ich habe den kleinen Engel dem Himmel wiedergegeben, von dem er gekommen ist; ich sehe nun ruhig seiner Auflösung entgegen, ruhig und gewiß; ja, ich kann wünschen, ihn bald verscheiden zu sehen, damit die Zeichen des Schmerzes und der Zerstörung mir das Engelsbild nicht trüben, das sich tief und für immer in meinem Gedächtnis eingeprägt hat.«[174]

Wieder ist es die Mutter, die das Göttliche und ›Himmlische‹ in ihrem Kind erkennt. Diese Erkenntnis und ihr tiefes Wissen um dessen Zugehörigkeit zu einer heilvollen Existenz jenseits dieser Welt lassen sie getrost innerlich Abschied nehmen und erleichtern es ihr, ihr todkrankes Kind in das himmlische Dasein ohne Leid und Schmerz zurückzugeben. Wider Erwarten tritt allerdings am nächsten Tag mit dem hereinbrechenden Heiligabend überraschend eine Besserung des Zustandes des Kindes ein. Nach einer letzten schweren

---

[171] Vgl. ebd.
[172] Schleiermacher, Die Weihnachtsfeier, 43.
[173] A. a. O., 42.
[174] Ebd.

gesundheitlichen »Krisis«[175] befindet es sich nun für alle Anwesenden deutlich sichtbar auf dem Wege der Genesung. Auch wenn es sich, wie die Mutter selbst formuliert, um eine »andere Wiedergeburt, als ich erwartet hatte«[176], handelt, so rückt hier die Überwindung des Todes hin zu einem neuen Leben in den Kontext des Weihnachtsfestes. Habe sich auch die Hoffnung auf ein himmlisches Leben jenseits der Welt aufgrund der Heilung des Kindes (noch) nicht realisiert, so sei ihm die Teilhabe am höheren Leben laut Charlotte durch die Überwindung von Krankheit und Tod bereits in dieser Welt gewiss: Ebenso wie Christus durch die Auferstehung den Tod überwunden hat, so ist ihr »himmlisches«[177] Kind »geläutert durch die Schmerzen, er ist wie durch den Tod hindurchgedrungen und zu einem höheren Leben geheiligt«[178]. An Weihnachten, dem Fest des Kommen Gottes und davon ausgehend der »Wiedergeburt der Welt«[179] wird auch ihr Kind »zu einem neuen Leben geboren«[180].

Mit dieser Geschichte vom bevorstehenden Tod und der Errettung eines Kindes in der Heiligen Nacht werden nun der mit der Taufgeschichte bereits implizierte Aspekt von Tod und Auferstehung explizit in den Kontext des Weihnachtsfestes gerückt. Was in der Taufe mit dem Gedanken einer neuen, höheren Geburt bereits mitgedacht wurde, wird nun konkret. Neben der heiligen Geburt selbst gehören auch Taufe, Tod und Wiedergeburt zu einem Leben in Christus unmittelbar zu Weihnachten. Erst im Zusammenklang der drei Frauengeschichten wird dies, in verschiedenen Variationen des Themas der innigen Liebe einer Mutter zu ihrem Kind vor dem Hintergrund der heiligen Beziehung von Maria und Jesus, deutlich. Ebenso wie die weihnachtliche Maria vermag auch jede der Mütter in den Weihnachtserzählungen das ihrem Kind innewohnende Göttliche wahrzunehmen, seine Zukunft in der Nachfolge Christi vor sich zu sehen und so in der Gewissheit der Erlösung als der neuen, heilvollen Wirklichkeit entgegen aller äußeren Umstände getrost in die Zukunft zu blicken. Die Frauen identifizieren sich mit Maria. Es sei diese Mutterliebe, das laut Ernestine der weihnachtlichen Maria gemeine

---

[175]   A. a. O., 43.
[176]   Ebd.
[177]   A. a. O., 44.
[178]   Ebd.
[179]   Ebd.
[180]   Ebd.: »Es rührte mich wehmütig und versüßend, einen Engel zum Himmel zu senden, zu der Zeit, wo wir die Sendung des größten auf die Erde feiern. Nun kommen mir beide zugleich unmittelbar von Gott geschenkt. Am Fest der Wiedergeburt der Welt wird mit der Liebling meines Herzens zu neuem Leben wiedergeboren.«

»unaussprechliche, alles lohnende Muttergefühl«[181], das »das Ewige« und den »Grundakkord unseres Wesens«[182] ausmache. Dieses ›typisch Weibliche‹ sei es, was gerade die Frauen zu ›wahrer Weihnachtsfreude‹ befähige und letztlich auch ihre besondere Beziehung zum Weihnachtsfest und seinem ›Gegenstand‹ dem göttlichen Kind konstituiere.[183]

> »Die Festfreude ist also zutiefst Freude an der durch Christus verursachten Erlösung und damit der eigenen Teilhabe am Heil. Neben der Freude treten in der Feier weitere Eigenschaften Christi unter den feiernden Gläubigen hervor, vor allem Andacht und Liebe. Während die Freude besonders in der Musik erfahrbar ist, sind Andacht und Liebe in der Beziehung der Frauen zu ihren Kindern besonders sichtbar.«[184]

So stellt, wie Forssman zusammenfasst, »die Gemeinsamkeit der Mütter mit Maria die eine besondere Beziehung zum Weihnachtsfest dar. Die andere besteht darin, daß die Frauen wesensmäßig den Kindern und damit Christus näher stünden als die Männer«[185]. Ähnlich wie ein Kind sind die Frauen in der Lage, die aus dem Weihnachtsgeschehen resultierende Freude unmittelbar zu erleben und in sich aufzunehmen. In ihnen kann gewissermaßen das christliche Lebensgefühl ungetrübt leben und wirken. Bereits zuvor stellt Ernestine fest, dass im Gegensatz zu den Männern, die »zwischen der Kindheit und ihrem bessern Dasein ein wunderliches wüstes Leben«[186] in Fortsetzung ihrer Kindheit führen, bei den Frauen Kindheit und (weibliches) Erwachsensein unmerklich ineinander übergehen. Denn »in dem, was uns in den Spielen der Kindheit anzieht, liegt schon unser ganzes Leben, in jedem offenbart sich allmählich die höhere Bedeutung«[187]. Und Karoline ergänzt:

> »Ebendeshalb ist er [Christus, Anm. A. H.] auch immer der Schutzherr der Frauen gewesen, und während ihr auch nur über ihn gestritten habt, haben wir ihn geliebt und verehrt. Oder was könntest du dagegen einwenden, wenn wir nun erst den rechten Sinn hineinlegen in das abgebrauchte Sprichwort, daß wir immer Kinder bleiben, dagegen ihr erst umkehren müßt, um es wieder zu werden?«[188]

---

[181] Schleiermacher, Die Weihnachtsfeier, 60.
[182] A. a. O., 25.
[183] Vgl. Forssman, Alle Menschen sind mir heute Kinder, 60.
[184] A. a. O., 66.
[185] A. a. O., 60.
[186] Schleiermacher, Die Weihnachtsfeier, 30.
[187] Ebd.
[188] Schleiermacher, Die Weihnachtsfeier, 31; vgl. hierzu ausführlich Forssman, Alle Menschen sind mir heute Kinder, 60 f.

Die Frauen (und Mädchen), so heißt es im ersten Teil der »Weihnachtsfeier«, seien »die Seele des Festes«[189]. In der ihnen eigenen andächtigen mütterlichen Liebe zu ihrem eigenen göttlichen Kind und der ›reinen empfangenden Freude‹[190] am Fest stehen die Frauen nach Auffassung der Freunde in ihrem frommen Wesen und ihrer Emotionalität den Kindern und darin Christus selbst besonders nahe.[191]

4 Zwischen theoretischer Reflexion und »sprachloser Freude«: Die Reden der Männer

4.1 Historisch-kritischer Rationalismus und mystische Spekulation[192]: Die Reden von Leonhardt, Ernst und Eduard

Nach den ausführlichen Erzählungen der Frauen zum Weihnachtsfest sind Leonhardt, Ernst und Eduard nun eine Erwiderung schuldig. Da jedoch »das Erzählen nicht die Gabe der Männer«[193] sei, wollen sie sich lieber, statt ihre eigenen Erlebnisse und Empfindungen zu schildern, »nach englischer Weise«[194] mit dem Thema Weihnachten befassen. In kurzen Stegreifreden[195] versuchen sie daher im Folgenden, von ihren verschiedenen intellektuellen Standpunkten her eine theoretische Sichtweise auf den Sinn des Festes und seine Bedeutung zu finden und so zu einer neuen, vermeintlich objektiven Begriffsbestimmung des Weihnachtsfestes zu gelangen.

Mit dem Juristen *Leonhardt* kommt dabei zunächst eine kritische, von einer aufklärerisch-rationalen Geisteshaltung bestimmte Perspektive zu Wort. Ganz bewusst möchte Leonhardt jenseits des Neuen Testaments und in Opposition zu den in den Kirchen gepredigten Glaubensinhalten keine exegetische oder dogmatische, sondern vielmehr eine festtheoretische, kultur- und religionssoziologisch[196] und historisch-kritisch orientierte Betrachtungsweise des

---

[189] Schleiermacher, Die Weihnachtsfeier, 32.

[190] Vgl. ebd.

[191] Vgl. Forssman, Alle Menschen sind mir heute Kinder, 60.

[192] Vgl. Morgenroth, Weihnachts-Christentum, 102 f.

[193] Schleiermacher, Die Weihnachtsfeier, 45.

[194] Ebd.

[195] »Aber was meint Ihr Freunde, wenn wir nach englischer Weise, um nicht zu sagen nach alter, und die uns doch auch nicht ganz fremd ist, einen Gegenstand wählten, über welchen jedem obläge etwas zu sagen.«, ebd.; Kürzdörfer definiert die »englische Weise« als »eine Art Stegreifrede zu einem bestimmten Thema«, ders., Luther und Schleiermacher als Didaktiker, 251.

[196] Vgl. Nowak, Schleiermacher, 170.

Weihnachtsfestes und seines besonderen ›Sinns‹ vornehmen – jedoch nicht, ohne das Fest zugleich als »ersten Ursprung des Christentums für etwas Großes und Wichtiges zu achten«[197] und angemessen zu rühmen. Schließlich gelte ihm Weihnachten als ein besonders »bewunderungswürdiges Fest«[198], da es diesem trotz der »so schwierigen Bedingungen«[199] der Zeit dennoch so vollkommen gelänge, seinen Zweck zu erfüllen. So diene das Weihnachtsfest im Wesentlichen dazu, das weihnachtliche Ereignis der Geburt Jesu Christi im Gedächtnis der Menschen zu halten und das Andenken an dieses ursprüngliche, für die Christenheit so bedeutsame Geschehen zu bewahren.[200] Im Gegensatz zu den biblischen Schriften und zu dem »Unterricht im Christentum«[201] der Kirchen könnten die Festbräuche und somit das aktive (Er-)Leben des Festes wesentlich dazu beitragen, insbesondere dem einfachen Volk den Inhalt von Weihnachten nahezubringen und diesen den ungebildeten Menschen überhaupt erst begreiflich zu machen. Die katholischen Heiligentage liefern Leonhardt im Hinblick auf Überlieferung, Authentizität und Bewahrung von religiösen Inhalten ein eindrückliches Beispiel für die Wirkmächtigkeit der Festtage und ihrer feierlichen, rituellen Handlungen gegenüber dem geschriebenen und gehörten Wort[202]:

> »Wieviel weiß nicht der gemeine Katholik von Heiligen, von denen er nie etwas gelesen, nur daher, weil ihre Festtage begangen werden... Ja so viel kräftiger ist die Handlung als das Wort, daß nicht selten aus festlichen Handlungen, deren wahre Bedeutung verloren gegangen, falsche Geschichten sind erdichtet worden, nie aber umgekehrt. Wenn sich also das Volk so viel mehr an jene hält als an diese: so müssen wir auch glauben, das Andenken an Christum werde in größerem Umfange durch das Fest erhalten als durch die Schrift, nämlich gerade unter dem Volke, welches, ehrlich und einfältig zu reden, eben so wenig Genuß von ihm hat als Verstand.«[203]

In diesem Sinne hat auch das Weihnachtsfest für ihn mit seinen Traditionen und Bräuchen seinen tieferen Sinn hauptsächlich in der Erinnerungsfunkti-

---

[197]   Schleiermacher, Die Weihnachtsfeier, 46; vgl. Bernd-Holger Janssen, Die Inkarnation und das Werden der Menschheit. Eine Interpretation der Weihnachtspredigten Friedrich Schleiermachers im Zusammenhang mit seinem philosophisch-theologischen System, Marburg 2003, 111.

[198]   Schleiermacher, Die Weihnachtsfeier, 46.

[199]   A. a. O., 47.

[200]   Vgl. ebd.; vgl. hierzu Kürzdörfer, Luther und Schleiermacher als Didaktiker, 251.

[201]   Schleiermacher, Die Weihnachtsfeier, 47.

[202]   Vgl. auch Kürzdörfer, Luther und Schleiermacher als Didaktiker, 251.

[203]   Schleiermacher, Die Weihnachtsfeier, 47 f.

on, in der lebendigen Feier zur Bewahrung und Aufrechterhaltung des Andenkens an Jesus Christus.[204] Diese ›Aufgabe‹ erweist sich aus Leonhardts Sicht jedoch als besonders kompliziert, da das Fest mit Christus über einen besonders schwierigen Gegenstand verfüge, da man kaum etwas über ihn wisse:

> »Je mehr man überhaupt von einem Gegenstande weiß, um desto bestimmter und bedeutsamer läßt er sich auch darstellen, und je notwendiger er mit dem Gegenwärtigen zusammenhängt, um desto leichter wird jede Veranstaltung, welche an ihn erinnern soll. Dieses aber fehlt bei Christo, wie es scheint, gar sehr.«[205]

Zwar besitze das Christentum unzweifelhaft »eine starke und kräftige Gegenwart«[206], die jedoch kaum mit der historischen Person Jesus selbst zusammenhängen oder gar von dieser herrühren könne. Schließlich lieferten sogar die biblischen Schriften zum Teil widersprüchliche Informationen.[207] So gesteht Leonhardt der historischen Person Jesus durchaus Bedeutung als »Stifter des Christentums« zu, allerdings lasse sich kaum etwas auf dessen wirkliches Leben und Wirken zurückführen, was gegenwärtig den Gehalt des Christentums bestimme.[208] Nicht die Geburt Jesu und seine ›tatsächliche‹ Existenz, sondern vielmehr das, was sich über die Geschichte hinweg mythologisch als Inhalt und Lehre des Christentums um die historische Person Jesus als dem verheißenen Christus und Messias angelagert habe, mache den christlichen Glauben der Menschen und das Christentum insgesamt aus. Das menschliche Leben Jesu und seine Rolle als »Stifter einer Weltreligion«[209] treten für Leonhardt nicht nur weit hinter die von Christus ausgehende Botschaft von der Versöhnung zwischen Gott und Welt zurück, sondern werden im Kontext des christlichen Glaubens gänzlich unbedeutend.[210] Die biblischen Texte bilden, ganz im Sinne der historisch-kritischen Forschung, aus seiner Sicht auch nicht die Realität der Existenz der historischen Person Jesu ab. Vielmehr sind sie über die Jahrhunderte hinweg entstandene und gewachsene Zeugnisse des Glaubens an den Erlöser Jesus Christus:

> »Was nämlich von seiner Versöhnung gelehrt wird, nehme ich aus, wie denn auch dies mehr auf einen ewigen Ratschluß Gottes sich gründet als auf

---

[204]   Vgl. Wehrung, Einführung, XII.
[205]   Schleiermacher, Die Weihnachtsfeier, 48.
[206]   Ebd.
[207]   Vgl. a. a. O., 48 f.
[208]   Vgl. a. a. O., 48.
[209]   A. a. O., 49.
[210]   Vgl. ebd.

eine bestimmte einzelne Tatsache und deshalb nicht in einem bestimmten Moment gesagt, sondern mehr über die Zeitgeschichte hinausgehoben und mythisch gehalten werden sollte. Christus aber als Stifter des Christentums, und dies ist doch der Gehalt seines Lebens und die einzige Beziehung, in welcher seine erste Erscheinung in der Zeit kann gefeiert werden, hat nur eine dürftige Bedeutung. Denn wie weniges kann man auf ihn selbst zurückführen, und wie bei weitem das meiste ist andern und spätern Ursprungs! [...] Daß also die Geburt und das wirkliche Vorhandensein Christi in der Geschichte gar wenig mit dem Christentum selbst zusammenhängt, ist offenbar. Daß wir aber fast allzuwenig von ihm wissen, ist ebenso sicher. Denn schon zu der Zeit, da die ersten Nachrichten abgefaßt wurden, waren der Meinungen so mancherlei, daß jene Verfasser darauf Rücksicht scheinen genommen zu haben, wodurch sie gewissermaßen selbst wieder aus Zeugen und Berichterstattern in Parteien verwandelt werden.«[211]

Gleichzeitig offenbart gerade diese Schwäche des »erfahrungsmäßige[n] geschichtliche[n] Grund[es] der Sache«[212] für Leonhardt den Sinn und die Bedeutung der christlichen Feste im Allgemeinen und somit auch konkret von Weihnachten. Ein Fest bewahre nämlich nicht nur das Andenken an das eigentliche Ereignis, vielmehr vermögen insbesondere die Festbräuche mit ihren verschiedenen Traditionen und Ritualen die dazugehörige Geschichte selbst überhaupt erst zu erschaffen.[213] Somit besitzen die christlichen Feste nicht nur eine bewahrende, sondern gleichzeitig auch eine kreativ-schöpferische ›Funktion‹.

So verdanke das Weihnachtsfest seine Beständigkeit und seine große Bedeutung vor allem dem Umstand, über die Jahrhunderte hinweg zu einem Kinder- und Familienfest geworden zu sein. In den familiären Überlieferungen und der Gestaltung der Feierlichkeiten als Kinderfest, in denen die Kinder im Mittelpunkt stehen, werde das heilige Kind selbst als der wesentliche und heilige »Hauptgegenstand« von Weihnachten erinnert und bewahrt. Darin komme letztlich das Weihnachtsfest überhaupt erst in seiner vollen Funktion und Bedeutsamkeit im Kontext des Christentums zum Tragen:

»... daß offenbar das Fest selbst seine Geltung größtenteils dem Umstande verdankt, daß es in die Häuser eingeführt worden und unter die Kinder. Dort nämlich sollten wir mehreres befestigen, was uns wert und heilig ist [...] Denn wie ein Kind der Hauptgegenstand desselben ist, so sind es auch

---

211   Schleiermacher, Die Weihnachtsfeier, 48 f.
212   A. a. O., 49.
213   Vgl. a. a. O., 50.

hier die Kinder vornehmlich, welche das Fest, und durch das Fest wiederum das Christentum selbst, heben und tragen.«[214]

Nicht die Kirchen und Gemeinden, sondern der häusliche Kreis der Familien und insbesondere die Kinder werden hier zu Trägern und Hauptakteuren des Festes und des lebendigen christlichen Glaubens insgesamt. Ebenso wie ein Kind selbst das Thema und den Gegenstand des Weihnachtsfestes bildet, so sind es an Weihnachten die feiernden Kinder in ihrer frommen Weihnachtsfreude, die das Fest in ihren beständigen Traditionen und Feierbräuchen und damit letztlich auch das gesamte Christentum lebendig werden lassen und den Glauben und seine Inhalte bewahren.[215] Erst in der Feier des Festes wird das Christentum anschaulich und lebendig, das Fest und von dort aus der christliche Glaube insgesamt gewinnen ihre »starke und kräftige Gegenwart«[216], ihre prägende und existenzielle Kraft für das Leben der Menschen.

Sieht Leonhardt die Bedeutung von Weihnachten aus einer eher funktionalen und festtheoretischen Perspektive heraus vorrangig in seinem Charakter als Kinder- und Familien*fest* und damit verbunden in seiner für christliche Feste typischen ›Fähigkeit‹ der lebendigen Bewahrung und Erinnerung, so steht bei *Ernst* die Frage nach dem konkreten Gegenstand des Weihnachtsfestes im Zentrum seiner Überlegungen. Denn Leonhardts Erklärungen erscheinen Ernst einerseits durchaus korrekt und nachvollziehbar, andererseits kritisiert er sie in inhaltlicher Hinsicht als zu einseitig und unzureichend. Zwar verweise Leonhardt zu recht auf die Gedächtnisfunktion des Weihnachtsfestes, gleichzeitig bleibe dabei der ›tatsächliche‹ Gegenstand der weihnachtlichen Erinnerung außen vor. Diesen zu präzisieren und den Anwesenden sozusagen die ›andere‹, die inhaltliche Seite des Weihnachtsfestes darzulegen, ist daher das Anliegen seiner eigenen Rede[217]:

> »Nur daß deine Erklärung eines Festes mir nicht genügt, wie sie denn überhaupt nur für dein Bedürfnis eingerichtet war, einseitig; meines aber ist ein anderes, und ich bedarf der anderen Seite. Du sahest nämlich nur darauf, daß jedes Fest ein Gedächtnis ist von irgendetwas; mir aber liegt daran, von was?«[218]

---

[214] Vgl. ebd.
[215] Vgl. hierzu Schellong, Schleiermachers »Weihnachtsfeier«, 80 f.; Kürzdörfer, Luther und Schleiermacher als Didaktiker, 251 sowie Barth, Die Theologie und die Kirche. Gesammelte Vorträge 2. Band, München 1928, 121.
[216] Schleiermacher, Die Weihnachtsfeier, 48.
[217] Vgl. Barth, Die Theologie und die Kirche, 124.
[218] Schleiermacher, Die Weihnachtsfeier, 52.

Die unbedingte Voraussetzung für die Stiftung und die kontinuierliche Feier eines Festes sieht Ernst darin, dass der Gegenstand bzw. die Person, der zu Ehren das Fest begangen wird, es allein durch ihr Andenken und ihre Vorstellung vermag, »eine gewisse Gemütsstimmung und Gesinnung in den Menschen«[219] zu erwecken. Bestimmend für das Weihnachtsfest ist in diesem Sinne das ›Grundgefühl‹ einer *allgemeinen*, weithin sichtbaren und lebendigen Freude der Menschen. Deren eigentlicher Ursprung werde allerdings in der verbreiteten Wahrnehmung oftmals durch den weihnachtlichen Brauch des Schenkens verdeckt. Denn irrtümlicherweise würde die besondere Weihnachtsfreude, gerade mit Blick auf die Kinder und ihre Begeisterung für Weihnachten, der Freude über die weihnachtlichen Geschenke als dem Gegenstand und damit dem »Eigentlichen und Wesentlichen des Festes«[220] zugeschrieben. Um den Unterschied zwischen kindlicher Weihnachtsfreude und der Freude von Kindern über Geschenke ›an sich‹ zu verdeutlichen, nutzt Ernst das Beispiel der Geburtstagsgeschenke: Betrachte man den Umgang mit und die Freude der Kinder an den Geschenken zu ihrem Geburtstag, fände man zwangsläufig nicht die gleiche Freude, wie sie an Weihnachten vorherrsche. Entstehe nämlich die Geburtstagsfreude vorwiegend aus dem Gefühl der individuellen Zuwendung, der Innigkeit und Zugehörigkeit zu einem bestimmten familiären oder freundschaftlichen Verhältnis heraus, so liege der besondere Charakter der Weihnachtsfreude stattdessen im Bewusstsein ihrer »gänzlichen Allgemeinheit«[221]. Im Gegensatz zur subjektiv empfundenen und auf das Individuum ausgerichteten Geburtstagsfreude greife die Weihnachtsfreude gleich einem Feuer um sich und bemächtige sich in der »raschen Beweglichkeit eines weitverbreiteten allgemeinen Gefühls« aller Menschen gleichermaßen zur gleichen Zeit.[222] So bedeute Weihnachtsfreude nicht persönliche, selbstbezogene, sondern vielmehr allumfassende und »allgemeine Freude« an einem allen Christinnen und Christen gemeinsamen Gegenstand, die gerade die Kinder in ihrer universellen Kraft unmittelbar wahrnehmen und empfangen können. Ihre Universalität und gleichsam das Bewusstsein um eben diese Allgemeinheit der weihnachtlichen Freude werden damit von Ernst, wie bereits zu Beginn der »Weihnachtsfeier«, als bestimmendes Gefühl, als der ›religiöse Grundsinn‹ und wesentliche Charakter des Weihnachtsfestes identifiziert.[223]

---

[219]   Vgl. ebd.
[220]   Vgl. ebd.
[221]   A. a. O., 53.
[222]   Vgl. ebd.
[223]   Vgl. ebd.

Auch die daraus resultierende Schlussfolgerung Ernsts erscheint bekannt: Ebenso wie alle anderen (religiösen) Gefühle muss auch diese allgemeine Weihnachtsfreude ihren Sitz und ihren Ursprung tief im Inneren der Menschen haben. Sie könne nicht von außen herangetragen werden, sondern ergreife aus ihrem allgemeinen und gemeinsamen Gegenstand als Grund der Freude heraus regelrecht alle Menschen von innen heraus. Gerade in dieser Innerlichkeit, dem Bewusstsein und dem Gefühl der Freude angesichts des Festgegenstandes der Geburt Jesu und des davon ausgehenden Heils für alle Menschen entfalte Weihnachten seine allgemeine, allumfassende Wirkkraft:

»Und was so allgemein ist, kann niemals willkürlich ersonnen werden. Etwas Innerliches muß dabei zum Grunde liegen, sonst könnte es weder Wirkung tun, noch auch nur bestehen, wie wir ja an vielen neueren Versuchen zur Genüge gesehn haben. Dieses Innere aber kann nichts anderes sein als eben der Grund aller Freude, die sich unter diesen Menschen hin und her bewegt; denn aus anderem könnte solche Wirkung nicht entstehen. Auch ist es so in der Tat.«[224]

Die Geburt des göttlichen Kindes und das Wissen um die sich daraus bereits andeutende Erlösung der Welt bilden in Ernsts Rede das Grundprinzip des Weihnachtsfestes, seiner besonderen Gemütsstimmung und Gesinnung einer universalen, die gesamte Christenheit umfassenden Freude.[225] An Weihnachten mit seinen Feierlichkeiten und seiner freudigen Atmosphäre komme, so Ernst, ›im Kleinen‹ die von Gott gegebene zukünftige »neue Welt« in den Blick. Im Weihnachtsfest lasse sich im Hier und Jetzt erahnen und spüren, was das verheißene »neue Leben« in Gott in seiner späteren Vollendung bedeuten wird:

»... dies ist die eigentliche Natur dieses Festes, daß wir uns des innersten Grundes und der unerschöpflichen Kraft des neuen ungetrübten Lebens bewußt werden, daß wir in dem ersten Keime desselben zugleich seine schönste Blüte, seine höchste Vollendung anschauen. Wie unbewußt es auch in vielen sei, in nichts anderes läßt sich das wunderbare Gefühl auflösen, als in diese zusammengedrängte Anschauung einer neuen Welt.«[226]

Ernst sieht damit die ›inhaltliche Leerstelle‹ gefüllt, die Leonhardt aus seiner Sicht mit seiner festtheoretischen Betrachtung von Weihnachten hinterlassen

---

[224] Ebd.
[225] Vgl. Schleiermacher, Die Weihnachtsfeier, 54 f.; vgl. zu diesem Abschnitt Barth, Die Theologie und die Kirche, 127; Wehrung, Einführung, XIII sowie Kürzdörfer, Luther und Schleiermacher als Didaktiker, 251.
[226] Schleiermacher, Die Weihnachtsfeier, 54 f.

hat.[227] Weihnachten ist funktional und rein äußerlich betrachtet, wie von Leonhardt dargestellt, unbestritten zunächst ein Gedächtnisfest. Gleichzeitig ist jedoch der inhaltliche Gegenstand für die Bedeutung und lebendige Wirkkraft des Weihnachtsfestes für Ernst von großer Relevanz. Seine Besonderheit gegenüber anderen Festen gewinne das Weihnachtsfest nämlich gerade aus seinem zutiefst religiösen Urgrund, der Geburt Jesu Christi und der damit verbundenen Offenbarung der Errettung der Menschheit, der Vorahnung der verheißenen neuen Welt und dem daraus resultierenden allgemein-christlichen ›Lebensgefühl‹ der Freude.[228] Aus diesem Gedanken heraus entfaltet sich Ernsts wesentliche (inhaltliche) Kritik und Korrektur der Überlegungen seines Vorredners Leonhardt. So ist seiner Meinung nach der Mangel an historischen Grundlagen für die Bedeutsamkeit des Festes völlig irrelevant. Nicht die historische Person Jesus, sondern die »notwendige Idee«[229], der Glaube an die Erlösung durch den Messias Jesus Christus sei es, an der das Weihnachtsfest hänge und aus der sich die allgemeine, innere Weihnachtsfreude als das besondere Wesen des Festes entzünde.[230] In der lebendigen Gegenwart des Christentums als (gelebte) »große Form des neuen Lebens«[231] und konkret in der Feier des Weihnachtsfestes erfährt das Weihnachtsgeschehen als Ursprung aller christlichen Freude und des existenziellen, heilvollen Lebensgefühls die ihm zustehende ›Heiligung‹ und Wertschätzung, die eben des Glaubens an den Erlöser und die Erlösung bedarf, um in seiner Bedeutung erkannt zu werden und letztlich tragfähig für die individuelle (christliche) Existenz zu sein.[232]

Mit dem Gastgeber *Eduard* ergreift nun in der dritten Rede der einzige theologische ›Fachmann‹ der Runde das Wort. Um »der geistigen und höheren Ansicht unseres Festes«[233] auf den Grund zu gehen, will er sich bei seiner Suche ganz bewusst an das ›Mystische‹ halten.[234] Dabei stellt er mit den Eingangsworten des Johannesevangeliums einen biblischen Text in den Mittelpunkt seiner Überlegungen:

> »Im Anfange war das Wort, und das Wort war bei Gott, und Gott war das Wort. In ihm war das Leben, und das Leben war das Licht der Menschen.

---

227   Vgl. Barth, Die Theologie und die Kirche, 126.
228   So lobt auch Agnes den Freund: »Du hast es recht schön bestätigt, daß wirklich das Religiöse das Wesen des Festes ist«, Schleiermacher, Die Weihnachtsfeier, 55.
229   Ebd.
230   Vgl. Janssen, Die Inkarnation und das Werden der Menschheit, 115.
231   Schleiermacher, Die Weihnachtsfeier, 55
232   Vgl. ebd.
233   A. a. O., 57.
234   Vgl. ebd.

Und das Wort ward Fleisch und wohnete unter uns, und wir sahen seine Herrlichkeit, als des eingebornen Sohnes vom Vater.«[235]

Für Eduard macht die Inkarnation, die Fleischwerdung des Wortes Gottes in Christus den wesentlichen inhaltlichen ›Kern‹, das Herzstück des Festes sowie des christlichen Glaubens insgesamt aus. In der Inkarnation als der göttlichen Vereinigung zwischen dem irdischen Fleisch als »der endlichen beschränkten sinnlichen Natur«[236] und dem göttlichen Wort als dem »Gedanken und Erkennen«[237] tritt für Eduard in Christus »das Ursprüngliche und Göttliche in jeder Gestalt«[238] hervor. Im göttlichen Kind Jesus Christus, dem »Erdgeist selbst«[239], hebe sich damit der Zwiespalt zwischen begrenzter fleischlicher Natur und göttlicher Ewigkeit auf. Der Gegensatz zwischen ewigem Sein und dem wechselnden Werden, die endliche und beschränkte Existenz, in dem der einzelne, erlösungsbedürftige Mensch ohne Erkenntnis seiner Teilhabe am ewigen Sein Gottes verhaftet ist, findet sich in ihm von Geburt an aufgelöst. Folglich werde mit dem Christfest Weihnachten auch nichts anderes als eben diese ursprüngliche »menschliche Natur«[240], der ›ganze Mensch‹ in seiner Einheitlichkeit insgesamt gefeiert. Erst in und durch Christus als der sinnbildlichen Verkörperung der Einheit von Göttlichem und Fleischlichem, dem exemplarischen und idealen »einzigen jemals konkret gewordenen Menschen an sich«[241] vermag der einzelne Mensch auch den ihm eigentlich unzugänglichen ›ganzen Menschen‹ in sich selbst zu erkennen. »Die eigene Wiedergeburt, die an Weihnachten im Blick auf das Geschehen der Christgeburt gefeiert wird, wird hier also als Erkenntnis- oder Empfindungsvorgang beschrieben«[242]. Angesichts der Inkarnation an Weihnachten offenbart sich dem einzelnen auch seine eigene ›wahre‹ Natur in der Einheit aus Göttlichem und Menschlichen, aus Geist und Fleisch. Er gelang zu einem neuen (Selbst-)Bewusstsein und vermag darin letztlich die ihm bereits in dieser Einheit innewohnende erlöste »höhere Geburt« zu göttlichem Leben und Heil zu erkennen[243]:

---

[235]   Schleiermacher, Die Weihnachtsfeier, 57; nach Joh.1,1 und 4 sowie Joh. 1,14.

[236]   Ebd.

[237]   Ebd.

[238]   Ebd.

[239]   A. a. O., 58.

[240]   A. a. O., 57.

[241]   Forssman, Alle Menschen sind mir heute Kinder, 54.

[242]   Ebd.

[243]   Vgl. Schleiermacher, Die Weihnachtsfeier, 58.

»Was wir sonach feiern, ist nichts anderes als wir selbst, wie wir insgesamt sind, oder die menschliche Natur, oder wie ihr es sonst nennen wollt, angesehen und erkannt aus dem göttlichen Prinzip.«[244]

Das Bewusstsein der eigenen Teilhabe an Gott und der eigenen ursprünglichen Natur kann für jede und jeden Einzelnen jedoch nicht in der Isolation, sondern immer nur in der »Menschheit«, der »Gemeinschaft der einzelnen«[245] mit anderen Menschen erfahrbar werden[246]:

»... nur wenn der Einzelne die Menschheit als lebendige Gemeinschaft der einzelnen anschaut und erbaut, ihren Geist und Bewußtsein in sich trägt und in ihr das abgesonderte Dasein verliert und wiederfindet, nur dann hat er das höhere Leben und den Frieden Gottes in sich. Diese Gemeinschaft aber, durch welche so der Mensch an sich dargestellt wird oder wieder hergestellt, ist die Kirche [...] Jeder also, in dem dieses Selbstbewußtsein aufgeht, kommt zur Kirche.«[247]

Erst in der Kirche Christi als lebendiger Gemeinschaft des Glaubens und der Vereinigung aller erkennenden »selbstbewussten Individuen« finden die Menschen ihren Ort des Heils und in deren »heiligen Geist« die Wiedergeburt zu dem verheißenen höheren Leben in Gott, das von der Inkarnation Jesu Christi als dem aus Gott geborenen »Menschensohn schlechthin«[248] ausgeht. An Weihnachten schaue letztlich jede und jeder »in der Geburt Christi seine eigene höhere Geburt«[249] an. In diesem Sinne versteht Eduard das Weihnachtsfest als das Fest des ›Menschen an sich‹. Es ist die Feier der menschlichen Existenz im ›Ganzen‹, im christlichen (Selbst-)Bewusstsein der Einheit aus Göttlichem und Irdischem. Weihnachten feiert demnach die Erkenntnis Christi und seiner Andacht und Liebe in jeder und jedem Einzelnen, den Beginn einer positiven Zukunft und die Freude über die bereits wiedergeborene Welt, die auf das Heil des zukünftigen höheren Lebens in Gott verweist:

»Und ebenso jeder von uns schaut in der Geburt Christi seine eigene höhere Geburt an, durch die nun auch nichts anderes in ihm lebt als Andacht und Liebe, und auch in ihm der ewige Sohn Gottes erscheint. Darum bricht das

---

[244] A. a. O., 57.

[245] A. a. O., 58.

[246] Vgl. Nowak, Schleiermacher, 172.

[247] Schleiermacher, Die Weihnachtsfeier, 58 f.

[248] Ebd. 59.

[249] A. a. O., 60.

Fest hervor wie ein himmlisches Licht aus der Nacht. Darum ist es ein allgemeines Pulsieren der Freude in der ganzen wiedergeborenen Welt ...«[250]

Ausgehend von der Erkenntnis von Christus als dem ›ganzen Menschen‹ und darin der Einheit von Fleisch und Geist in der eigenen Existenz, findet, wie Eduard darlegt, das Weihnachtsfest seinen wesentlichen Bezugspunkt und sein Zentrum der allumfassenden Erlösungsfreude. Das Inkarnationsgeschehen bildet den Dreh- und Angelpunkt der Erlösungs- und Heilsgeschichte zwischen Gott und Mensch. Das Weihnachtsgeschehen wird zum Zentrum christlicher Erlösungshoffnung und Weihnachten damit zum entscheidenden Ereignis für die gesamte Christenheit. Die Inkarnation wird zum »Erklärungsmodell für die universale Geschichte Gottes mit den Menschen und schließlich (für) die Funktion der Kirche als Gemeinschaft der Einzelnen im göttlichen Heilsplan«[251]. An Weihnachten erfüllt sich die Verheißung, mit der Inkarnation wurde auch die Welt wiedergeboren, das zukünftige Heil und die Errettung der Menschen haben bereits ihren Anfang genommen.

4.2 »Alle Menschen sind mir heute Kinder« – Die Erwiderung Josefs

Mit Josefs verspätetem Eintreffen wird auch dieser von Eduard dazu aufgefordert, sich den Reden der Männer und ihren Überlegungen zum Weihnachtsfest anzuschließen. Doch Josef ist keineswegs gewillt, diesem Anliegen nachzukommen, vielmehr missfallen ihm die »feierlichen Reden«[252] der anderen Männer und er weist ihre Art, sich mit der Weihnachtsthematik zu befassen, entschieden von sich:

> »Ich bin nicht gekommen Reden zu halten, sondern mich zu freuen mit euch; und ihr kommt mir, daß ich es ehrlich sage, wunderlich und fast töricht vor, daß ihr dergleichen treibt, wie schön es auch gewesen sein mag.«[253]

Nicht das theoretische Erörtern des Gegenstandes und kalte und langweilige Reden[254] über Sinn und Bedeutung des Weihnachtsfestes, sondern die gemeinsam geteilte Freude an und über Weihnachten sei, so Josef, der Grund

---

[250] Ebd.
[251] Hasse, Weihnachten in der Presse, 60.
[252] Schleiermacher, Die Weihnachtsfeier, 60.
[253] Ebd.
[254] Vgl. a. a. O., 61.

für seine Teilnahme an der freundschaftlichen Weihnachtsfeier. So tadelt er die Ausführungen der anderen Männer nicht nur als »wunderlich« und »fast töricht«[255], sondern auch als dem Fest und seinem Gegenstand geradezu unangemessen:

> »Der sprachlose Gegenstand verlangt oder erzeugt auch mir eine sprachlose Freude, die meinige kann wie ein Kind nur lächeln und jauchzen. Alle Menschen sind mir heute Kinder und sind mir eben darum so lieb [...] Auch ich selbst bin ganz ein Kind geworden zu meinem Glück.«[256]

»Sprachlose Freude« und nicht theoretisch-reflexives Philosophieren und Debattieren über den vermeintlichen ›Urgrund‹ des Festes bedeuten für Josef das ›Eigentliche‹ des Weihnachtsfestes. Kindsein, die Rückkehr in die eigene (innerliche) Kindlichkeit und wie ein Kind das Fest und die allgemeine Weihnachtsfreude ungetrübt und rein in sich aufnehmen, macht für Josef den wahren Sinn und den ›richtigen Umgang‹ mit dem Weihnachtsfest und seinem Gegenstand aus. Sich der vom weihnachtlichen Geburtsereignis ausgehenden Erlösung bewusst zu sein, sich schon jetzt in dieser »besseren Welt« aufgehoben zu fühlen und mit der Gewissheit eines unmittelbaren frommen Selbstbewusstseins das Weihnachtsfest und das Geschenk des Heils zu empfangen und ungetrübt in sich wirken zu lassen, das ist es, was Weihnachten in Wahrheit bedeute:

> »Wie ein Kind den kindischen Schmerz erstickt und die Seufzer zurückdrängt und die Tränen einsaugt, wenn ihm eine kindische Freude gemacht wird: so ist mir heute der lange tiefe unvergängliche Schmerz besänftigt wie noch nie. Ich fühle mich einheimisch und wie neugeboren in der besseren Welt, in der Schmerz und Klage keinen Sinn hat und keinen Raum.«[257]

Wie eben »Weihnachten recht eigentlich das Kinderfest«[258] ist, so lässt sich ausgehend von der Geburt des göttlichen Kindes im Weihnachtsgeschehens bereits das Heilvolle und Tröstende, der Beginn der neuen Welt mit der Existenz Jesu Christi erahnen und feiern. Die Innigkeit und Ergriffenheit angesichts der weihnachtlichen Geburt des Kindes, dieser »Kindersinn« ist es, »ohne den«, wie Karoline bereits vorher konstatierte, »man nicht ins Reich Gottes kommen kann«[259]. Auch in den Worten Josefs klingt mit der Aussa-

---

[255] A. a. O., 60.
[256] Ebd.
[257] Vgl. a. a. O., 61.
[258] Vgl. a. a. O., 8.
[259] A. a. O., 28.

ge »Alle Menschen sind mir heute Kinder« an, was bereits exemplarisch an der kleinen Sofie und in den Erzählungen der Frauen deutlich wurde: Weihnachtsfreude bedeutet ein Gefühl allgemeiner und vor allem unmittelbarer kindlicher Freude an der neuen Welt, die im Fest bereits sichtbar wird.

Die Rede des Josef schlägt gewissermaßen, sowohl in festtheoretisch-formaler als auch inhaltlicher Perspektive auf das Fest, den Bogen zum Anfang der »Weihnachtsfeier«: Weihnachten, das heißt fröhliches Feiern, ausgelassene kindliche Freude und inniges Erleben, ohne kritisches Nachdenken und große, tiefgreifende Überlegungen. Die »Einsicht in die Tiefendimension des Weihnachtsfestes«, so die Botschaft, »braucht es nicht, um es richtig zu feiern«[260]. Insbesondere die Musik als Inbegriff des religiösen Gefühls wird in diesem Zusammenhang zum wesentlichen Medium für diese »Regression in die Kindheit«[261]. Dementsprechend schließt Josef seine Ansprache mit der Aufforderung an die Freunde, die dem Weihnachtsfest unangemessene Suche nach seinem vermeintlichen ›Urgrund‹ aufzugeben, es stattdessen mit aller Fröhlichkeit zu feiern und der Freude am Fest und seinem Gegenstand in der »neugewonnenen Kindlichkeit«[262] durch Gesang und Musik Ausdruck zu verleihen:

> »Kommt denn, und das Kind vor allen Dingen mit, wenn es noch nicht schläft, und laßt mich Eure Herrlichkeiten sehen, und laßt uns heiter sein und etwas Frommes und Fröhliches singen.«[263]

Im stetigen Bewusstsein des von einem Kind ausgehenden neuen Lebens, dem staunenden Empfangen des Heils und der damit verbundenen unmittelbaren Weihnachtsfreude können an Weihnachten alle Menschen zu Kindern, zu Gotteskindern in der Nachfolge Christi werden.[264] So ist Weihnachten ›Kinderfest‹ im vielfachen Sinne des Wortes[265]: Es ist das Fest eines Kindes, das vor allem durch die Kinder und die Rückkehr der Erwachsenen in die »innerliche Kindheit«[266] lebt und zugleich auch die Feier des ganzen wahren Menschen, der Gotteskindschaft jeder und jedes Einzelnen in der Nachfolge Christi und der daraus resultierenden Heilsgewissheit als generellem Lebensgefühl christlicher Existenz.

---

[260] Forssman, Alle Menschen sind mir heute Kinder, 47.
[261] Vgl. Hasse, Weihnachten in der Presse, 59.
[262] Morgenroth, Weihnachts-Christentum, 102.
[263] Schleiermacher Die Weihnachtsfeier, 61 f.
[264] Vgl. Morgenroth, Weihnachts-Christentum, 102.
[265] Vgl. Forssman, Alle Menschen sind mir heute Kinder, 65 f.
[266] A. a. O., 62.

5 INKARNATION ALS ERLÖSUNG?!: SCHLEIERMACHERS »WEIHNACHTSFEIER« UND IHRE REZEPTIONS- UND WIRKUNGSGESCHICHTE IM KONTEXT DER (THEOLOGISCHEN) DISKUSSION

5.1 ZUR REZEPTION DER »WEIHNACHTSFEIER«

Schleiermacher entwirft die »Weihnachtsfeier« anders als seine vorherigen Werke, wie beispielsweise die ›Reden über die Religion‹ (1799), nicht als eine »direkte Ansprache erbaulicher oder lehrhafter Art an den Leser«[267]. Er wählt stattdessen einen poetologisch-literarischen Zugang zu seinem Gegenstand. Hieraus ergaben sich sowohl für zeitgenössische als auch spätere Rezipienten verschiedene Anknüpfungs-, aber auch Kritikpunkte hinsichtlich der Interpretation und Bewertung der Schrift. So betrachteten die Vertreter der Romantik das Werk aufgrund ihrer poetologisch-künstlerischen Orientierung nahezu ausschließlich unter ästhetischen Gesichtspunkten. Die (früh-) romantischen Zeit- und Geistesgenossen Schleiermachers, wie Friedrich Schlegel und die Schriftsteller Clemens Brentano und Achim von Arnim, beschäftigten aufgrund der literarischen Gestalt des Werkes vor allem dessen erzählerische Form und seine äußere Ästhetik sowie sein poetisch-künstlerischer Gehalt. Sie konzentrierten sich in ihren Ausführungen vorrangig auf die stilistischen und formalen Stärken und Schwächen der »Weihnachtsfeier« und übten mitunter scharfe Kritik an der literarischen Kunstfertigkeit des Textes.[268] Insbesondere die Künstlichkeit und fehlende Lebensnähe der Schrift und die Blässe und Leblosigkeit ihrer Figuren standen dabei im Mittelpunkt.[269]

Für die Familie und den Freundes- und Bekanntenkreis Schleiermachers hingegen bildeten gerade die Figuren der »Weihnachtsfeier« den Hauptgegenstand des Interesses. So versuchte man nach der Lektüre des Textes vor allem, die dargestellten Charaktere auf ihren biografischen Hintergrund hin zu entschlüsseln und in ihnen die (vermeintlichen) ›Vorbilder‹ aus den eigenen Reihen zu identifizieren.[270] Der eigentliche Gegenstand und die Inhalte der Schrift blieben allerdings sowohl von Seiten der Romantiker als auch der Angehörigen Schleiermachers bei der Rezeption des Werkes mehrheitlich unbeachtet, vielfach sogar gänzlich unverstanden.[271]

---

[267] Schellong, Schleiermachers »Weihnachtsfeier«, 75.

[268] Vgl. Forssman, Alle Menschen sind mir heute Kinder, 114.

[269] Vgl. ebd.

[270] Vgl. a. a. O., 48 und 113.

[271] Vgl. ausführlich Hermann Patsch, Die zeitgenössische Rezeption der ›Weihnachts-

Im Gegensatz dazu interessierte sich sowohl die zeitgenössische als auch die spätere theologische Forschung zunächst nahezu ausschließlich für die Aussagen und Inhalte der »Weihnachtsfeier«. Dabei erwies sich gerade die dialogische Form des Werkes für die theologischen Interpreten als schwierig. Schließlich war man vor allem bestrebt, im Rahmen des jeweils aktuellen theologischen Diskurses in den verschiedenen inhaltlichen Perspektiven und Aussagen den ›eigentlichen‹ und »wahren Schleiermacher«[272] auszumachen und dogmatische, verallgemeinerbare Aussagen zu dessen Christologie und Theologie zu finden.[273] Dementsprechend wurde die »Weihnachtsfeier« in der theologischen Diskussion und Rezeption mehrheitlich »entweder autorbezogen genetisch interpretiert, das heißt als Entwicklungsstufe des Schleiermacherschen Denkens, oder als theologiegeschichtliches Exempel der spekulativen Christologie im 19. Jahrhundert«[274].

Nichtsdestotrotz lassen gerade die umfangreiche Rezeptionsgeschichte, das theologische Interesse an und der Umgang mit der »Weihnachtsfeier« im Kontext des wissenschaftlichen Diskurses des 19. und 20. Jahrhunderts auch auf die besondere Bedeutung und Prägekraft des Textes im Ringen um ein nach-aufklärerisches Heils- und Erlösungsverständnis im Kontext einer modernen Christologie und Theologie schließen. Dabei wurde jedoch innerhalb des theologischen Diskurses der Tatsache, dass es sich bei der »Weihnachtsfeier« tatsächlich um einen Text zum konkreten Gegenstand Weihnachten und zudem um eine sehr detaillierte und konkrete Darstellung der Feierlichkeiten des Weihnachtsfestes handelt, lange Zeit keine oder lediglich vordergründige Beachtung geschenkt. Wie die Romantiker in ihrer poetisch-ästhetisch orientierten Herangehensweise trennten auch die theologischen Rezipienten Form und Inhalt der »Weihnachtsfeier« voneinander. So wurde entgegen der ästhetischen Betrachtungsweise der Romantiker die formal-sprachliche Ebene lange Zeit weitgehend außer Acht gelassen und das Werk wie eine theologische Abhandlung betrachtet. Dabei ist aus heutiger Sicht die strikte interpretatorische Trennung von Inhalt und Form schon aus rein literaturwissenschaft-

---

feier‹, Internationaler Schleiermacher-Kongress Berlin 1984, hrsg. von Kurt-Victor Selge, Berlin 1985, 1215–1223 sowie Forssman, Alle Menschen sind mir heute Kinder, 113–119.

[272]   Forsman, Alle Menschen sind mir heute Kinder, 113 und 119.

[273]   Vgl. Forsman, Alle Menschen sind mir heute Kinder, 113 sowie Nowak, Schleiermacher, 169.

[274]   Patsch, Die zeitgenössische Rezeption der ›Weihnachtsfeier‹, 1215; vgl. auch Forssman, Alle Menschen sind mir heute Kinder, 119 und Erwin H. U. Quapp, Barth contra Schleiermacher? »Die Weihnachtsfeier« als Nagelprobe. Mit einem Nachwort zur Interpretationsgeschichte der »Weihnachtsfeier«, Marburg 1978, 61–100.

licher Perspektive kaum haltbar, zumal anzunehmen ist, dass die Form der Dialognovelle wohl nicht zufällig gewählt wurde. Schleiermacher schreibt eben kein theologisches Traktat, sondern verfasst einen wechselseitigen, in eine detaillierte Rahmenhandlung eingebundenen Dialog zwischen Personen verschiedenen Alters und Geschlechts in unterschiedlichen Lebensphasen mit ihren individuellen Blickwinkeln und Ansichten auf das Fest.[275] So findet sich, geht man von der Vorlage des platonischen Dialogs aus, in den Erzählungen der Frauen, den Reden der Männer und auch der ironischen Korrektur dieser durch Josef keine einzig ›richtige‹ Perspektive auf das Weihnachtsfest. Vielmehr ist es wohl gerade die Gesamtheit aller Auffassungen, durch die Schleiermacher im dialogischen Wechselspiel von »Rede und Gegenrede«[276] einen theologisch-theoretischen Blick auf das Fest und seinen Sinngehalt eröffnet und darüber hinaus ein lebendiges Idealbild nach-aufklärerischer christlicher Religiosität und Frömmigkeit als ein von Weihnachten her bestimmtes, christliches ›Lebensgefühl‹ insgesamt zeichnet.[277]

Ungeachtet dessen standen zu Beginn der theologischen Beschäftigung mit der »Weihnachtsfeier« das Streben nach verbindlichen christologischen Aussagen und darin nahezu ausschließlich die Reden der Männer im Zentrum der Untersuchungen. Schließlich schlösse sich doch der weniger theoretisch-reflexive Rest des Textes, so David Friedrich Strauß (1839), als »minder Wesentliches und der Wissenschaft ferner liegendes von vorn herein«[278] aus. So versuchten die zeitgenössischen Rezipienten, selbst ganz in die theologischen Positionsstreitigkeiten ihrer Zeit verstrickt, Schleiermachers Text mit der kritischen Brille ihrer eigenen (dogmatischen) Theorien und Überzeugungen zu lesen und dessen Inhalte sowie seinen Autor entweder diesseits oder jenseits des eigenen Standpunktes zu verorten. Das wissenschaftliche Interesse war vorrangig davon bestimmt, die »Weihnachtsfeier« und ihren theologischen Gehalt in bekannte Schemata und Lehrmeinungen zu integrieren und entweder bekräftigend oder antithetisch zur Darstellung und Untermauerung der eigenen theologischen Position zu nutzen.[279] Dabei erschien, wie Forssman feststellt, »dem einen die ›Weihnachtsfeier‹ zu orthodox, dem anderen zu rationalistisch, dem dritten zu ›modern‹, sprich: gefühlsfromm-ro-

[275]   Vgl. Forssman, Alle Menschen sind mir heute Kinder, 50.

[276]   Vgl. Morgenroth, Weihnachts-Christentum, 94.

[277]   Vgl. Schellong, Schleiermachers »Weihnachtsfeier«, 76 f.

[278]   David Friedrich Strauß, Charakteristiken und Kritiken: Eine Sammlung zerstreuter Aufsätze aus den Gebieten der Theologie, Anthropologie und Aesthetik, 2. wohlfeilere Auflage, Leipzig 1844, 39.

[279]   Vgl. Forssman, Alle Menschen sind mir heute Kinder, 48 und 119–127.

mantisch«[280]. Die Neuartigkeit des Bemühens um eine konkrete Theorie (und Praxis) des Weihnachtsfestes ›an sich‹ und das spezifische theologische Potenzial der »Weihnachtsfeier« würdigten Schleiermachers frühe Rezipienten, sofern sie es überhaupt wahrnahmen, jedoch kaum.

Auch das Erkenntnisinteresse der späteren theologischen Forschung an der »Weihnachtsfeier« war im Wesentlichen davon bestimmt, aus dem Text, vor allem unter Bezugnahme auf die spätere ›Glaubenslehre‹, ›allgemeingültige‹, dogmatische Aussagen Schleiermachers herauszuextrahieren und so im Kontext seines Gesamtwerkes ein umfassendes Bild des Schleiermacherschen Denkens insgesamt zu gewinnen. Dabei betrachteten die meisten ihrer Rezipienten die »Weihnachtsfeier« nicht als »eigenständigen Untersuchungsgegenstand«[281]. Sie galt ihnen vor allem als »ein Markstein auf dem Entwicklungsweg der Schleiermacherschen Christologie und Theologie«[282]. Neben Strauß haben sich auch andere namhafte Theologen und Schleiermacherforscher wie Hermann Bleek (1898), Wilhelm Bender (1876) oder auch Wilhelm Dilthey (1879/1922) teilweise sehr ausführlich mit der »Weihnachtsfeier« auseinandergesetzt und von dort aus versucht, die Christologie ihres Verfassers abzubilden.[283] Dabei tritt hinter die Suche nach dem ›Allgemeinen‹, nach generellen christologischen und dogmatischen Aussagen Schleiermachers, das konkrete Thema des Weihnachtsfestes weit in den Hintergrund oder verschwindet sogar völlig. Der Text in seiner Gänze als eigenständiges theologisches Werk über den Gegenstand Weihnachten und seine literarisch-poetische Gestaltung als eine häusliche Weihnachtsfeier erscheinen im Rahmen der Untersuchungen, wenn überhaupt, lediglich am Rande. Einzig Hermann Bleek nimmt die »Weihnachtsfeier« dezidiert als Schrift über Weihnachten in den Blick. Allerdings nimmt auch er den Gegenstand nicht als solchen wahr, sondern sieht im Thema Weihnachten lediglich einen Weg Schleiermachers, sein Bild des »idealen Christus« zu entwerfen.[284]

Natürlich ist die »Weihnachtsfeier« keineswegs losgelöst aus dem Kontext von Schleiermachers Christologie und Theologie zu verstehen. Dennoch haben die strikte Fokussierung auf die Inhalte und die Bevorzugung der Männerreden bei der Suche ihrer Interpretatoren nach einem verborgenen und tieferliegenden ›Allgemeinen‹ des Textes vielfach zu Auslassungen und Missverständnissen im Verständnis und der Einordnung der Schrift beige-

---

[280] A. a. O., 48.

[281] Ebd.

[282] Ebd.; vgl. auch Patsch, Die zeitgenössische Rezeption der ›Weihnachtsfeier‹, 1215.

[283] Vgl. hierzu Forssman, Alle Menschen sind mir heute Kinder, 120–126.

[284] Vgl. a. a. O., 122.

tragen. So können die Inhalte der »Weihnachtsfeier« weder einfach aus ihrem Gesamtzusammenhang noch aus ihrer thematischen und gestalterischen Einbettung in die Feierlichkeiten des Weihnachtsfestes herausgelöst werden, ohne die Aussagen einseitig zu verzerren oder dem Text Deutungen ›überzustülpen‹, die ihm nicht oder nur unzureichend gerecht werden. Alle in der »Weihnachtsfeier« implizierten Aussagen über Religiosität und Frömmigkeit, die Bedeutung des Weihnachtsfestes, über Christus und die Erlösung sind im Zusammenklang von Frauenerzählungen und Männerreden fest in den weihnachtlichen Zusammenhang eingebettet. Sie entfalten und entwickeln sich am konkreten Gegenstand Weihnachten im Rahmen einer zeitgenössischen, häuslichen Weihnachtsfeier.

Erst zu Beginn bzw. in der Mitte des 20. Jahrhundert nehmen sich Karl Barth und Emanuel Hirsch, wenn auch auf sehr unterschiedliche Weise, explizit der »Weihnachtsfeier« als konkreter Auseinandersetzung mit dem Gegenstand Weihnachten und dem Weihnachts*fest* an. Während Barth sich 1925 konsequent dem weihnachtlichen Thema widmet und präzise nach dem spezifischen Inhalt des Schleiermacherschen Weihnachtsfestes fragt, verfällt Hirsch 1968 während seiner Untersuchungen zum Text mehr und mehr dem ›alten‹ interpretatorischen Muster, innerhalb der »Weihnachtsfeier« nach verborgenen, allgemeinen Aussagen und vermeintlichen Absichten Schleiermachers zu suchen.[285] Dabei ignoriert er Barths Analyse vollkommen und bezieht sich stattdessen auf die Ausführungen Diltheys aus dem Jahre 1879, die er weiterzuführen und zu ergänzen sucht.[286] In Analogie zu Forssman, der die Überlegungen Hirschs wohl aufgrund ihrer Nähe zu den vorangegangenen Untersuchungen voranstellt, werden auch im Folgenden die Interpretationen Barths und Hirschs in chronologisch umgekehrter Reihenfolge vorgestellt.

Im Rahmen seiner Arbeit zu Schleiermacher hat es sich Emanuel Hirsch zum Ziel gesetzt, »von dem Christusglauben des deutschen Denkers und Predigers Friedrich Schleiermacher in Kürze ein Bild zu geben«[287]. In diesem Kontext dient ihm die »Weihnachtsfeier« neben den Passions-, Oster- und Himmelfahrtspredigten als Schlüsseltext im Hinblick auf Schleiermachers Christologie und Theologie, aber auch hinsichtlich des Frömmigkeitsverständnisses ihres Verfassers.[288] Hirsch interpretiert dabei das Werk als

---

[285] Vgl. Forsman, Alle Menschen sind mir heute Kinder, 127.

[286] Vgl. ebd.

[287] Hirsch, Schleiermachers Christusglaube, 7.

[288] »Für die, welche fähig sind, ein kunstreich in sich verschlungenes Denkgebilde, das in andeutenden Bildern verschwebt, mit innerlichem Verstehen aufzunehmen, wird sie der Schlüssel zu Schleiermachers Theologie und Frömmigkeit«, ebd.

Schleiermachers Beitrag zur wissenschaftlich-theologischen Theoriebildung und daraus resultierend auch zu einem neuen, christlichen Frömmigkeitsbegriff im Nachfeld der Aufklärung. So sei das Hauptanliegen der »Weihnachtsfeier« wohl darin zu sehen, »in einem wissenschaftlichen Denkzusammenhang für die christliche Frömmigkeit einen Ausdruck zu finden, welcher vor dem Forum radikaler Vernünftigkeit bestehen konnte und allem höheren menschlichen Leben sich öffnete«[289] und so den Bogen zwischen aufklärerischem Denken und christlicher Glaubenspraxis zu schlagen.

Dementsprechend müsse man sich, um Schleiermachers Gedanken in der »Weihnachtsfeier« angemessen zu verstehen, laut Hirsch im Vorhinein »seines Verhältnisses zu Fichte und Novalis erinnern«[290]. Schleiermacher habe von Johann Gottlieb Fichte vor allem die Idee der »unmittelbaren Gottesgewißheit [...], das innere Einssein mit dem Ewigen, erlebt in der Erhebung zu freier Wahrhaftigkeit und Seligkeit«[291], welches den eigentlichen Gottesglauben und christliche Frömmigkeit ausmache, im Begriff des ›frommen Selbstbewusstseins‹ in den ›Reden über die Religion‹ für das Bewusstsein des höheren Lebens in Christus nahezu unverändert übernommen.[292] Der einzige Unterschied bestehe in der Herauslösung dieses höheren menschlichen Lebens aus seiner bei Fichte proklamierten Bindung an das »sittliche Bewusstsein«[293]. Stattdessen deute Schleiermacher alle »Gestaltungen und Erlebnisse edlerer Humanität unabhängig von der tieferen Gewissenserfahrung unmittelbar als Gotterleben«, was ihn ein »farbigeres Bild der Religion« zeichnen lasse.[294] In diesem Sinne erscheint Hirsch Schleiermachers Religions- und Frömmigkeitsverständnis durchaus als gelungene Überwindung der ›verstandesaufklärerischen‹ Ablehnung der positiven und historischen Inhalte des Christentums:

> »Es mag an sich sein, daß verständiges Weltbewußtsein in den Aussagen, welche der christliche Glaube über die Heilsgeschichte und Heilslehre tut, phantastische mythische Spekulationen, metaphysische Theoreme und gesetzhafte Regelungen äußerlicher Gottesverehrung findet. Das allein Wesentliche an dem allen wird jedoch für Schleiermacher dies, daß sie Gefäß einer ursprünglichen individuellen Gestaltung sind, die mit der Unbegreiflichkeit alles Positiven und Historischen in der Menschheitsge-

---

[289] Hirsch, Schleiermachers Christusglaube, 8.
[290] A. a. O., 10.
[291] A. a. O., 11.
[292] Vgl. ebd.
[293] Vgl. ebd.
[294] Ebd.; vgl. auch Forssman, Alle Menschen sind mir heute Kinder, 127.

schichte sich erzeugt hat und noch heute bei den christliche Frommen als lebendiger Geist, als unmittelbar empfundenes Innewerden des Göttlichen wirkt.«[295]

Gleichzeitig warnt Hirsch angesichts der Schleiermacherschen Betonung des Subjektiven und Individuellen des religiösen Empfindens vor der Gefahr eines sich daraus ableitenden »skeptischen Nihilismus«, der Gott nur allzu beliebig und unbestimmbar werden lassen könne.[296] Diese Problematik sei jedoch von Schleiermacher selbst in seinen späteren Werken durch die gedankliche Verbindung der Ideen Fichtes mit der »poetischen Einbildungskraft« des Novalis ›gebannt‹ worden.[297] Für Novalis werde

> »alle irdische Erscheinung und Gestalt zum poetischen Gleichnis und ahnungstiefen Vermittler des Ewigen und Göttlichen, zum Träger reichen inneren Lebens für das seines göttlichen Ursprungs und Zieles innewerdende fromme Herz«[298].

In der »Weihnachtsfeier« sieht Hirsch ein besonders eindrucksvolles Beispiel dieses poetischen Einflusses, da es hier gelänge, ihre Leserschaft über den Weg der poetischen Bildersprache zu neuen und vertiefenden Einsichten in Schleiermachers Theologie und Frömmigkeitsverständnis zu führen. Zudem lasse Schleiermacher »seine bisherigen Überlegungen mit einer umfassenden Geschichtsspekulation, in der Weltgeschichte und Heilsgeschichte zusammenfließen«[299] und schaffe so »einen festen Bezugsrahmen für die [individualisierten und subjektivierten, Anm. A.H.] religiösen Erfahrungen des einzelnen Frommen«[300]. Zudem meint Hirsch in der für die »Weihnachtsfeier« bestimmenden Akzentverschiebung des Erlösungsdogmas weg vom Bild des Gekreuzigten und Auferstandenen hin zum göttlichen Kind der Weihnachtsnacht auch inhaltliche Einflüsse des Novalis zu erkennen:

> »Das Entscheidende in der Erlösungs- und Verjüngungsgeschichte der Welt ist für Novalis die Geburt des Erlösers. Die Weihnachtsnacht schiebt sich an die Stelle der Finsternis des Karfreitags, und das neugeborene göttliche Kind wird dem Gefühl wichtiger als der Auferstandene. Karfreitag und Ostern werden gleichsam mit ihrem Doppelschlage eine tiefe und schöne Wiederholung und Entfaltung des Weihnachtswunders. Dies bedeutet

---

[295]   Hirsch, Schleiermachers Christusglaube, 13.

[296]   Ebd.

[297]   Vgl. a. a. O., 14; dazu auch Forssman, Alle Menschen sind mir heute Kinder, 127.

[298]   Hirsch, Schleiermachers Christusglaube, 15.

[299]   Forssman, Alle Menschen sind mir heute Kinder, 127.

[300]   Ebd.

eine gefühlsmäßige Verschiebung gegen die reformatorische Versöhnungslehre ...«[301]

Wie auch der frühromantische Dichter stelle Schleiermacher das weihnachtliche Geburtsgeschehen in den Mittelpunkt der Erlösung. An die Stelle des Gekreuzigten und Auferstandenen tritt das neugeborene Kind, Weihnachten, nicht Karfreitag und Ostern, ist das entscheidende Ereignis, dass das religiöse Bewusstsein bestimmt und prägt.

Auf den ersten Blick nimmt Hirsch in seinen Beobachtungen zur »Weihnachtsfeier« sowohl den konkreten Gegenstand Weihnachten und die inhaltliche Verschiebung ausgehend vom Weihnachtsgeschehen hin zu einem inkarnatorisch bestimmten Erlösungsverständnis als auch die gestalterische Besonderheit des Textes als Weihnachtsfeier wahr. Nichtsdestotrotz verwickelt er sich bei der weiteren Analyse der Schrift in Widersprüche und greift alte Interpretationsmuster auf. Einerseits betont er die besondere Anschaulichkeit und Lebhaftigkeit der häuslichen Weihnachtsfeierlichkeiten der Freunde, durch deren Handlungen, Gesten, Worte und Empfindungen gleichermaßen zum Ausdruck komme, was christliches Leben und Lebensgefühl bedeuten. Andererseits stellt er mit Blick auf die Frage danach, was Schleiermacher inhaltlich über Weihnachten zu sagen hat, die Bedeutung der Worte innerhalb des Textes heraus.[302] In der Tradition seiner Vorgänger versucht Hirsch mittels des Textes über das Weihnachtsfest ohne tiefergehende Bezugnahme auf den konkreten Gegenstand Weihnachten die Christologie und Theologie Schleiermachers ›aufzuschließen‹ und allgemeinere Erkenntnisse und wissenschaftlichere Aussagen zu gewinnen.[303] Dabei schenkt er der novellistischen Form der »Weihnachtsfeier« nur geringe Beachtung und bezeichnet sie sogar als »wunderlich«[304] und beeinträchtigend »für die geistige Wirkung des Textes«[305], von dem er sich eigentlich Aufschluss über »den ewigen Sinn des christlichen Weihnachtswunders«[306] erhofft hatte. Im Bestreben um eine klare, eindeutige theologische Perspektive auf Weihnachten legt schließlich auch Hirsch den Fokus seiner Untersuchungen auf die Reden der Männer und dabei insbesondere auf die Eduards.[307] Diese füge den Reden des zweifelnden, wissenschaftlich-kritischen Leonhardts und des frommen Ernsts erst die

---

[301]   Hirsch, Schleiermachers Christusglaube, 17.
[302]   Vgl. Forssman, Alle Menschen sind mir heute Kinder, 127 f.
[303]   Vgl. ebd.
[304]   Hirsch, Schleiermachers Christusglaube, 19.
[305]   A. a. O., 20.
[306]   Vgl. ebd.
[307]   Vgl. Forssman, Alle Menschen sind mir heute Kinder, 128.

entscheidende Perspektive hinzu. In ihr enthülle sich »das letzte Geheimnis in Schleiermachers Denken«[308], wodurch sie »den krönenden Abschluss« [309] des Werkes bilde.

Das Besondere, das Einende und Erhellende in der Rede Eduards sieht Hirsch dabei in der ihr innewohnenden »Geschichtskonstruktion« gegeben, »welche den Reichtum des unerschöpflichen und unbegreiflichen menschlichen Lebens als einen sinntiefen und im Verstehen nachvollziehbaren Werdezusammenhang deutet«[310]. Christi Erscheinung werde bei Eduard zur »Welten- und Geschichtswende«[311]. Das Weihnachtsgeschehen bildet gewissermaßen den »Ursprung einer zweiten Epoche der Weltgeschichte, als wirksamer Anfang einer zweiten, die Menschheit und die Welt vollendenden Schöpfung«[312].

»Man könnte«, so Hirsch, »diese Verwandlung des Inkarnationsmythus wohl auch die Säkularisierung der Heilsgeschichte nennen. An die Stelle der alten Heilsgeschichte tritt nunmehr eine das Erscheinen Christi zur Mitte habende idealische Deutung der erscheinenden geschichtlichen Welt«[313].

Das Weihnachtsgeschehen sei damit das entscheidende Wunder, an dem sich dem Menschen in geistiger Selbsterkenntnis seine Beziehung zum »Ewigen und Endlichen« [314] offenbart und erschließt.

Dennoch erscheint Hirsch bei seiner Suche nach dem Schlüssel zur Schleiermacherschen Christologie der Christus der Rede Eduards und der »Weihnachtsfeier« insgesamt enttäuschend blass und unwirklich.[315] Die in den Evangelien überlieferte Geschichte des Jesus von Nazareth finde lediglich bei Leonhardt Berücksichtigung, ansonsten verschwimme der Erlöser Christus unter Bildern und Empfindungen. Auch bei Eduard sei aufgrund seiner Nähe zum Johannesevangelium die geschichtliche Gestalt Jesu »eine frei dichtende und denkende Deutung«[316]. Schleiermachers Christus, so Hirschs erster (christologisch orientierter) Kritikpunkt gegenüber der »Weihnachtsfeier«, bleibe schemenhaft und vor allem idealisiert anstatt als reale, geschichtliche

---

308   Hirsch, Schleiermachers Christusglaube, 37.
309   A. a. O., 39.
310   A. a. O., 40.
311   Vgl. a. a. O., 44.
312   A. a. O., 42.
313   Vgl. insgesamt a. a. O., 41–44.
314   A. a. O., 42.
315   Vgl. Forssman, Alle Menschen sind mir heute Kinder, 128.
316   Hirsch, Schleiermachers Christusglaube, 43.

Person der Zeiten- und Weltenwende greifbar zu werden.[317] Statt des realen Christus stehe, so der Vorwurf, ein idealer Christus im Fokus.[318] Weiterer Kritikpunkt ist für Hirsch die enge Verbindung zwischen christlicher Frömmigkeit und weltlich-vernünftiger Humanität. Die christliche Frömmigkeit müsse doch, so habe es nicht zuletzt »die große gegenwärtige Krise im Verhältnis christlicher Frömmigkeit und vernünftiger Humanität« bewiesen, unabhängig von »einer die weltlich-vernünftige Herrlichkeit der christlichen Religion darlegenden Deutung des weltgeschichtlichen Prozesses bleiben«[319] statt eine Einheit mit dieser zu bilden. Der letzte Vorwurf Hirschs an Schleiermacher ist der eines zumindest latenten Pantheismus. So fehle es Schleiermacher vor allem an »Bewusstsein für die göttliche Transzendenz«[320]:

> »Das Ewige und Unendliche zu dessen uns frei machendem und beseligendem inneren Erleben wir durch das in Christus uns ergreifende Erlösungswunder begnadet werden, ist für den Schleiermacher der Weihnachtsfeier allein da als die verborgene göttliche Tiefe der uns umfangenden Weltwirklichkeit. Anders gesprochen, das Ewige, das in der Gottinnigkeit des frommen christlichen Erlösungsbewußtseins uns zum Lebengrunde wird, ist von Schleiermacher verstanden als das alles erscheinende Dasein durchwaltende Sein und Wesen. Christlich frommer Sinn blickt für ihn nicht hinaus über die uns in unserm Denken und Leben aufgeschlossene Welt, reckt sich nicht hinaus in das Verborgene, das in keines Menschen Sinn gekommen ist.«[321]

Bleibe christliches Denken jedoch auf das Diesseits bezogen ohne auf das Verborgene, Transzendente jenseits dieser Welt hinauszublicken, könne der christliche Glaube unter dem der »diesseitigen Verständigkeit mehr und mehr zum Opfer fallenden und innerlich verarmenden gegenwärtigen Menschengeschlecht« wohl kaum mehr lebendig bleiben.[322]

Karl Barth widmete bereits Anfang der 1920er Jahre der »Weihnachtsfeier« in der Zeitschrift ›Zwischen den Zeiten‹ einen ganzen Aufsatz, den er 1928 erneut in seinem Sammelband ›Die Theologie und die Kirche‹ veröffentlichte. Dabei macht es sich Barth vor allem zur Aufgabe, der Frage nach den konkreten Aussagen Schleiermachers zum weihnachtlichen Festgegenstand

---

[317] Vgl. a. a. O., 47 f.

[318] Vgl. Forssman, Alle Menschen sind mir heute Kinder, 128.

[319] Hirsch, Schleiermachers Christusglaube, 51.

[320] Forssman, Alle Menschen sind mir heute Kinder, 128.

[321] Hirsch, Schleiermachers Christusglaube, 51 f.

[322] A. a. O., 52.

nachzugehen.[323] Der Untersuchung der »Weihnachtsfeier« stellt er hierzu zunächst eine kurze Darstellung seiner Forschungsergebnisse zu den Weihnachtspredigten und -predigtentwürfen Schleiermachers der Jahre 1790 bis 1810 voran. Im Rahmen dieser Predigten erscheint Barth allerdings »das spezielle Festthema der Weihnacht«[324] von Schleiermacher nur unzureichend behandelt. Anstelle des eigentlich »Primären« der Erscheinung Christi stehe in den Weihnachtspredigten vielmehr der allgemeine sekundäre Aspekt der »Aneignung und Nachbildung Christ« durch die Gläubigen im Mittelpunkt:

> »Was den Prediger aus Anlaß der Weihnacht interessiert, ist der Gedanke an
> die in der Geschichte und im Leben waltende Notwendigkeit, die Erwägung
> der besten Möglichkeit, das von Gott kommende aufzunehmen, die Ein-
> schärfung des Gesetzes und Imperativs der Aneignung und Nachbildung.
> All diesem Sekundären gegenüber steht das Primäre, die Weihnacht selbst,
> die Erscheinung Christi, zunächst in den Hintergrund.«[325]

So bilde die Feier des exemplarischen »vollkommenen Menschen« Christus, dem es sich nun von Seiten der Christen im Glauben anzunähern und in dessen Nachfolge es sich einzureihen gelte,[326] den ›eigentlichen‹ Festgegenstand der Schleiermacherschen Weihnachtstheorie.

Dementsprechend erhofft sich Barth von der Untersuchung der »Weihnachtsfeier« konkretere Aussagen und Inhalte. Zunächst hebt er dabei allerdings die besondere formale Gestaltung des Textes hervor. Ausdrücklich warnt er mit Blick auf seine Vorgänger davor, sich bei der Analyse und Deutung des Textes nur auf die Reden der Männer zu beziehen: »Das wäre eine Überschätzung der Reflexion, mit der man sich den Absichten des Verfassers sofort entziehen würde.«[327] Schließlich habe Schleiermacher wohl nicht ohne Grund für die Bearbeitung seines Themas die Form eines »zu einer lehrreichen Novelle erweiterten platonischen Dialoges«[328] gewählt. Jedes Element des Textes, die detailgetreue Schilderung der besonderen feierlichen Stimmung, die unterschiedlichen Gespräche und die Erzählungen der Frauen, seien ebenso wie die »Lehrreden« der Männer demnach »nicht bloß Aufmachung oder Vorbereitung, sondern in seiner Weise mindestens ebenso sehr

---

[323]   Vgl. Forssman, Alle Menschen sind mir heute Kinder, 129.

[324]   Barth, Schleiermachers »Weihnachtsfeier«, 39.

[325]   A. a. O., 42 [Hervorhebung A. H.].

[326]   Vgl. Barth, Schleiermachers »Weihnachtsfeier«, 40 f. sowie Forssman, Alle Menschen sind mir heute Kinder, 129.

[327]   Barth, Schleiermachers »Weihnachtsfeier«, 43.

[328]   Vgl. ebd.

wie die Lehrreden die Antwort selber«[329] auf die Frage nach dem spezifischen Inhalt und Gegenstand des Schleiermacherschen Weihnachtsfestes.[330] Barth würdigt somit die »Weihnachtsfeier« erstmalig in ihrer Rezeptionsgeschichte explizit zum einen als konkretes Werk über Weihnachten und nimmt zum anderen den Text als kompositorische Einheit aus Inhalt *und* Form in seiner Gesamtheit konsequent ernst. So findet Barth bereits in der Gestaltung der Feierlichkeiten als vertrautes und stimmungsvolles Familien- und Freundesfest, wie es der erste Teil der »Weihnachtsfeier« beschreibt, vor allem aber in den Erzählungen der Frauen, erste Antworten auf seine Frage nach dem inhaltlichen ›Kern‹ des Schleiermacherschen Weihnachtsverständnisses. Angesichts des Bildes der Heiligen Maria, das in den Frauenerzählungen im Zentrum steht, glaubt er, den »höchsten Triumph der menschlichen Natur, den wir an Weihnachten feiern«[331], als das »Innerste der Familie, das Verhältnis Mutter und Kind in seinen verschiedenen Abwandlungen«[332] zu erkennen:

> »Zuerst die gütige *Mutter* für sich und allein, gleichsam von außen gesehen, dann das *Kind*, das in der Mutter sein *Ideal* und seine eigene Zukunft erkennt, dann die *Liebe* zum Kinde als das Innere und Ewige der Mutter, dann Mutter und Kind zusammen als *Gruppe* gesehen, dann das *Kind* für sich mit dem, was es von der Gemeinschaft empfängt und ihr wieder gibt: mit seinem negativen und positiven ›*Heiligenschein*‹, der letztere nur prophetisch von der Mutter erkannt. Endlich die *schmerzensvolle* Mutter, deren Schmerz durch das todüberwindende Leben ihres Kindes getröstet wird, ja schon getröstet *ist*. Immer Maria, immer Christus, und als Maria oder Christus immer wir selbst, die Frau im Manne das göttliche Kind, der Mann in der Frau die reine Mutter verehrend, beide vereint sich selber Anschauung edelster und erhöhtester Menschlichkeit.«[333]

In der Beziehung zwischen Mutter und Kind werden die wahre Existenz des Menschen, das ›höhere Leben‹ und das aus dieser Anschauung resultierende festliche Lebensgefühl in ihrer reinsten Form sichtbar und gewinnen konkrete Gestalt. Diese Entdeckung der ›allgemein-*menschlichen*‹ Mutter-Kind-Beziehung als Mittelpunkt der Schleiermacherschen Weihnachtsverkündigung

---

[329] Barth, Schleiermachers »Weihnachtsfeier«, 44.

[330] Vgl. Forssman, Alle Menschen sind mir heute Kinder, 129.

[331] Barth, Schleiermachers »Weihnachtsfeier«, 48.

[332] Ebd.

[333] Barth, Die Theologie Schleiermachers, 115 f. [Hervorhebungen im Originaltext]. In der Fassung des Aufsatzes von 1928 bezeichnet Barth das Verhältnis zwischen Mutter und Kind als das »spezifisch Weihnachtlich-Menschliche«, als Mittelpunkt der »Schleiermacherschen Weihnachtsverkündigung«.

führt Barth zu der Frage nach dem Gehalt und der Bedeutung von Weihnachten als dem christlichen Fest der Geburt Christi und der ›Figur‹ Jesus
Christus selbst. Wenn die Familie und insbesondere die Beziehung zwischen
Mutter und Kind die theologische Mitte dieses Festes ausmachen, welchen
Stellenwert und welche Aussage haben dann noch das biblisch-weihnachtli-
che Bild von Maria und Christus sowie die christliche Rede von Christus als
dem Gottessohn und Erlöser?

> »Müssen es denn gerade Maria und Christus sein, die wir feiern, wenn es da-
> rum geht, das zu feiern? Könnten nicht etwa eine andere Göttermutter und
> ein anderer Göttersohn ihre Stelle einnehmen? Sind Maria und Christus nur
> Paradigma und Symbol für das Mutter-Kind-Verhältnis – oder in welchem
> Sinn sind sie mehr als das?«[334]

Mit dieser Frage wendet sich Barth den Reden der Männer zu. Christus, so
fasst er die Aussagen Leonhardts zusammen, sei »nicht der notwendige Anlaß unseres Festes, aber unser Fest ist so kräftig, so schön, daß man es auch
als ›Anlaß‹ Christi feiern könnte«[335]. Leonhardt verstehe Weihnachten im Wesentlichen als Menschheitsfest: »Die reine Menschlichkeit und ihre feiernde
Erhöhung könnte gegenüber dem Historischen der Weihnacht das Primäre
sein«[336], auch ohne dadurch dem Fest seine »ewige Bedeutung und Berechti-
gung« zu nehmen.[337] Bei Ernst hingegen sei die (inhaltliche) »Mitte des Weihnachtsfestes«[338] anders gefüllt. Hier sei das Wesentliche des Festes in der
allgemeinen ›Stimmung‹ oder ›Gesinnung‹ zu finden, die ihren Bezugspunkt
allein aus dem Wissen um die Erlösung durch das göttliche Kind gewinne.
Dieses göttliche Kind Christus werde dabei zur Idee, zum »geschichtlichen
Anfang [...] unseres erhöhten Lebens«[339]. Gleichzeitig bleiben in dieser Ideen-
haftigkeit der ›tatsächliche‹ Charakter und die Bedeutung des weihnachtlichen Kindes für Barth über das Symbolische hinaus nach wie vor äußerst abstrakt und unbestimmt.[340] Die Frage nach dem »mehr als paradigmatischen
Charakter des Kindes von Bethlehem« werde, so Forssman, nur unzureichend
beantwortet, bleibe für Barth doch dessen Erlösergestalt schließlich nach wie
vor schemenhaft und vage.[341] Erst in der Rede Eduards scheinen sich mit Blick

---

[334] Barth, Schleiermachers »Weihnachtsfeier«, 49.

[335] A. a. O., 51.

[336] A. a. O., 55.

[337] Vgl. Forssman, Alle Menschen sind mir heute Kinder, 129.

[338] Ebd.

[339] Vgl. Barth, Schleiermachers »Weihnachtsfeier«, 55.

[340] Vgl. a. a. O., 54; siehe auch Forssman, Alle Menschen sind mir heute Kinder, 130.

[341] Vgl. Forssman, Alle Menschen sind mir heute Kinder, 130.

auf die Inkarnation endlich die Figur des Erlösers Jesus Christus und somit die weihnachtliche Mitte zu konkretisieren:

> »Christus, der Eine, gerade dieser Eine, mit scharfem Rand sich abhebend von uns andern, der Wiedergeburt bedürftig, er der Gottmensch ursprünglich aus Gott geboren [...] In saftiger Fülle steht nun an ihrem Platz [gemeint ist die bis dahin »noch etwas unbestimmte ›Idee des Erlösers‹«, Anm. A.H.] der ›Mensch an sich‹, der ›Erdgeist‹, der ›Menschensohn schlechthin‹, das ›fleischgewordene Wort‹.«[342]

Doch auch diese Antwort löst das Problem für Barth nicht zufriedenstellend, wirft doch vor allem das Verhältnis zwischen dem Einzelnen und der Kirche in der Rede Eduards einige Fragen auf. Von welchem Punkt, das sei die Frage, ist denn die Mitteilung von Christus als dem »Menschen an sich« ausgegangen, wenn es bei Eduard heißt, »wir müssen einen aufstellen, in dessen Geburt wir die Identität von Göttlichem und Irdischem setzen?«[343] Sei dieser aufgestellte Christus dann nicht, so fragt Barth weiter, letztlich ein Produkt der Kirche selbst? Und was bedeute es, wenn in ihm alle im Geiste der Kirche das Göttliche, den »Menschen an sich« in sich selbst entdecken können?[344]

> »Wo bleibt der ›Mensch an sich‹ usf. als Einer, als *dieser* Eine, wie es doch anfangs hieß, wenn nun offenbar dasselbe auch *wir alle* sein können und schon sind? Kann, ja muß dann die der Offenbarung scheinbar gesicherte einzigartige Dignität nicht jeden Augenblick umschlagen in ihr gerades Gegenteil, nämlich die allgemeine religiöse Dignität des Menschen überhaupt in seiner mit seinem Werden gesetzten Teilhabe am Sein? Und wo bleibt dann die zentrale Stellung des Christus [...] Endlich: der Inhalt dieses Christus?«[345]

Ist Weihnachten tatsächlich das Fest der »Erhöhung der Menschlichkeit«[346], wie Schleiermacher selbst formuliert, der Erkenntnis des »Ursprünglichen und Göttlichen in jeder Gestalt«[347] und so die Feier der »menschlichen Natur angesehen und erkannt aus dem göttlichen Prinzip«[348], so bleibe man Barth zufolge bei der Frage nach Gestalt und Bedeutung Christi zwangsläufig bei einem »Symbolchristus«[349] stehen, dessen Inhalt keineswegs eindeutig gefüllt

---

[342] Barth, Schleiermachers »Weihnachtsfeier«, 56 f.
[343] Vgl. a. a. O., 57.
[344] Vgl. a. a. O., 57 f. sowie Forssman, Alle Menschen sind mir heute Kinder. 130.
[345] Barth, Schleiermachers »Weihnachtsfeier«, 58 [Hervorhebungen im Originaltext gesperrt gedruckt].
[346] Ebd.
[347] Schleiermacher, Die Weihnachtsfeier, 57.
[348] Ebd.
[349] Barth, Schleiermachers »Weihnachtsfeier«, 58.

und zu erkennen sei. Der Christus der Schleiermacherschen »Weihnachtsfeier« bleibt für Barth eine vage Figur, deren Aussagegehalt nach Belieben »so oder so« aufgefasst und interpretiert werden könne.[350]

Mit der abschließenden Aufforderung Josefs zur heiteren Feier des Festes und zu gemeinsamem Gesang offenbart sich für Barth die »eigentliche(n) theologische(n) Substanz des kleinen Meisterwerkes«[351]. »Die Musik und das Ewig-Weibliche, die hier noch einmal gelobt und gerühmt werden« erkennt er als Schleiermachers »via regia zu dem Unaussprechlichen des Weihnachtsfestes«[352]. Die Musik sei das Kernstück weihnachtlicher Frömmigkeit, weil »der Mensch, der seine erhöhte Menschlichkeit in Worten zu feiern unternimmt, sich selbst daher allzu leicht rätselhaft und unglaubwürdig wird«[353]. Die Frauen stehen im Mittelpunkt der »Weihnachtsfeier« und des Festes selbst, weil sie »mit ihrer mannigfaltigen Variation des Mutter- und Kind-Verhältnisses in Schleiermachers Sinn das eigentlich Zutreffende über die Weihnacht sagen«[354]. Sie sind und haben bereits das, was an Weihnachten gefeiert werde, »sofern dies ja eben ist die unmittelbare Vereinigung des Göttlichen mit dem Kindlichen«[355]. Ihr mütterliches, liebevolles Wesen und ihre andächtige Freude am Fest machen die Frauen »zu einem der Sache, diesem Inhalt gerecht werdenden, seiner würdigen Gefäß der Weihnachtsbotschaft, zu einem Organ direkter Mitteilung«[356]. Sie ermöglichen bzw. verkörpern die menschliche Möglichkeit der unmittelbaren Gottesbegegnung und vermitteln so (ebenso wie die Musik) die eigentliche, die von vornherein intendierte »Substanz der Schleiermacherschen Weihnachtsverkündigung«, die sich schlicht mit dem Begriff »Lebensgefühl« umschreiben lasse.[357]

Barth lässt seine Untersuchungsergebnisse zur »Weihnachtsfeier« in diesem Aufsatz völlig unkommentiert stehen.[358] Seine Kritik an Schleiermacher lasse sich, so Forssman, mit Blick auf den Kommentar zu den Weihnachtspredigten und sein eigenes Offenbarungs- und Inkarnationsverständnis, vor allem aber angesichts seiner Fragen im Anschluss an die Rede Eduards, jedoch zumindest erahnen. In der Ausgestaltung von Weihnachten als Fest der ›erhöhten Menschlichkeit‹ habe Barth die Gefahr gegeben gesehen, die

---

[350]   Vgl. ebd.
[351]   A. a. O., 59.
[352]   Ebd.
[353]   A. a. O., 60.
[354]   Ebd.
[355]   A. a. O., 60 f.
[356]   A. a. O., 61.
[357]   Vgl. ebd.
[358]   Vgl. auch Forssman, Alle Menschen sind mir heute Kinder, 130.

Einmaligkeit und die Bedeutung der Inkarnation als Erscheinung Christi und ihre einzigartige »Dignität« als unmittelbare Gnadentat Gottes und Offenbarung seines Wortes an ›seinen‹ Menschen zu verkennen.[359] Weihnachten im Schleiermacherschen Sinne verstanden als ›generelles christliches Lebensgefühl der unmittelbaren Gotteserfahrung‹ wie sie sich über die Musik und die Frauen vermittelt, geht für Barth, so Forssman, »an Christus und am Evangelium vorbei«[360]. Wenn sich in der weihnachtlichen Inkarnation die Einheit von Göttlichem und Fleischlichem und damit die Teilhabe des Menschen an der gottgewirkten Erlösung offenbare, dann verliere der gekreuzigte Erlöser Christus zwangsläufig seine zentrale Stellung und seine inhaltliche Aussage. Angesichts dessen sieht Forssman Barths Beschäftigung mit der »Weihnachtsfeier« vor allem von dem Gedanken der Abgrenzung seiner eigenen dialektischen Theologie von der vermeintlich ›natürlichen‹ Theologie Schleiermachers bestimmt.[361]

Verbleiben Forssmans Thesen im Wesentlichen auf der Ebene von Annahmen und Vermutungen, so lassen sich zweifelsohne im Blick auf Barths eigenes Heilsverständnis in theologischer Hinsicht deutliche inhaltliche Differenzen zu Schleiermacher erkennen. Das einmalige Ereignis der Inkarnation versteht Barth, wie Anne Käfer darlegt, in diesem Kontext als Realisierung des »Ur- und Grundwillens«[362] Gottes und als Umsetzung seines Wunsches, den ewigen Bund mit den Menschen »durch seine versöhnende Menschwerdung in Jesus Christus«[363] zu erfüllen. »Der Inkarnierte versiegele und offenbare den Urwillen Gottes und damit den Schöpfer und Herrenwillen Gottes ›im Ganzen‹«[364]. Jedoch sei der Inkarnierte als ›Voraussetzung der Versöhnung‹ und als ›Anfang aller Dinge‹[365] zugleich »*eigenes*, selbstständiges, unabhängiges und freies Werk Gottes«[366].

---

[359]   Vgl. Barth, Schleiermachers »Weihnachtsfeier«, 58.

[360]   Forssman, Alle Menschen sind mir heute Kinder, 130.

[361]   »Das Wortpaar ›natürliche Theologie‹ kommt in diesem Aufsatz kein einziges Mal vor; und doch ist dieses Urteil, das Barth über die ›Weihnachtsfeier‹ gesprochen hat, deutlich sichtbar. Es geht hier gar nicht in erster Linie um Schleiermacher selber. Wir erkennen die theologische Frontlinie, in der sich Karl Barth um diese Zeit befand, recht gut in seinem Aufsatz wieder«, ebd.

[362]   Karl Barth, Die Kirchliche Dogmatik, Bd. I., 1 bis Bd. IV, 4, Studienausgabe, Zürich 1986–1991, Bd. IV,1,57,71 zit. in: Anne Käfer, Inkarnation und Schöpfung. Schöpfungstheologische Voraussetzungen und Implikationen der Christologie bei Luther, Schleiermacher und Karl Barth [Theologische Bibliothek Töpelmann Bd. 151], Berlin 2010, 286.

[363]   Käfer, Inkarnation und Schöpfung, 286.

[364]   A. a. O., 288.

[365]   Ebd.

[366]   Barth, Kirchliche Dogmatik, IV,1,57,71 zit. in: Käfer, Inkarnation und Schöpfung, 288f.

»Nach Barth«, so Käfer weiter, »hat der dreieinige Gott bereits in der Inkarnation des Gottessohnes das menschliche Wesen in die Gottesgemeinschaft
aufgenommen. Doch habe sich die Offenbarung dieses Heilshandelns Gottes
erst nach dem Tod Jesu Christi mit dessen Auferstehung und Himmelfahrt
ereignet. Auferstehung und Himmelfahrt sind nach Barth das ›abschließende und zusammenfassende, das entscheidende und eindeutige Offen-
barungsereignis‹ im Blick auf die geschichtliche und irdische Existenz des
Fleischgewordenen«[367], die von Jesus Christus ausgehende Offenbarung
seines Wortes, seiner freien Gnade und seines beständigen Heilswillens.[368]

Stellt Schleiermacher die Inkarnation in den Mittelpunkt des göttlichen Er-
lösungshandelns, so formuliert Barth in seiner Wort-Gottes-Theologie ein
Heils- und Erlösungsverständnis, das im Kreuzestod und in der Auferstehung
Jesu Christi die entscheidende Heilsoffenbarung Gottes sieht. Für Barth steht
im Kontext seiner dialektischen Theologie nicht der Mensch, sondern das ›von
oben‹ an ihn gerichtete Wort, die Offenbarung Gottes *im Gegenüber* zum Menschen bzw. zur Welt im Zentrum.[369] Dementsprechend folgert Forssman, dass
Barth der urbildliche und nahbare Christus Schleiermachers »als allzu nah
am Menschenmöglichen«[370] erscheinen musste. Sein Aufsatz über die »Weihnachtsfeier« sei daher mehr als Mahnung an die theologischen Zeitgenossen
zu verstehen, »eher auf die von Gott her geschehene Offenbarung zu blicken,
als weiterhin der religiösen Kraft des Menschen so viel zuzutrauen«[371].

5.2 ›WEIHNACHTSTHEOLOGIE‹ UND CHRISTLICHES ›LEBENSGEFÜHL‹: DIE »WEIHNACHTSFEIER« ALS ›URBILD‹ DES MODERNEN WEIHNACHTSFESTES UND SEINER THEOLOGIE

Trotz seiner im Vergleich zu Barth ›anthropologischen‹ Ausrichtung wird
bei Schleiermacher nicht menschliches Wissen, Handeln oder die Erfahrung,
sondern das *göttliche* Handeln am Menschen, das ›von innen heraus‹ zur
Erkenntnis des eigenen Heils führt, zum entscheidenden Ausgangspunkt
seines Erlösungsverständnisses.

»Nicht der hervorbringende Mensch steht in religiöser Perspektive im
Zentrum, sondern der Mensch, der *Sinn und Geschmack fürs Unendliche*
entwickelt. Dieser Sinn und Geschmack fürs Unendliche unterscheidet die

---

367 Käfer, Inkarnation und Schöpfung, 308.
368 Vgl. a. a. O., 289.
369 Vgl. a. a. O., 288 f.
370 A. a. O., 129.
371 A. a. O., 132.

Religion von allen anderen Formen menschlichen Tätigseins und Tätigwerdens.«[372]

In Schleiermachers »Weihnachtsfeier« wird das weihnachtliche Kind in der Krippe zum greifbaren Symbol des Heils und der Erlösung, der Erneuerung der Welt und des Menschen. Im erstmaligen Kommen Gottes in diese Welt ist die alte Welt »wiedergeboren« worden und steht von da an unter dem positiven Vorzeichen des Heils. Weihnachten ist das »Geburtsfest der neuen Welt«[373]. In der weihnachtlichen Menschwerdung Gottes wird auch die Welt selbst und mit ihr die gesamte, getaufte (!) Menschheit zu einem neuen, »höheren Leben« in seinem Geist wiedergeboren.[374] Indem Schleiermacher die Taufe, die ihren ›eigentlichen‹ Platz im Ostergeschehen Christi hat, unmittelbar in das Weihnachtsgeschehen miteinbezieht, wird bereits im Anfang, in der Geburt des »göttlichen Kindes« an Weihnachten, das bevorstehende Heil antizipiert. Die Verkündigung »eines neuen Lebens für die Welt«[375], das Leben im zukünftigen Gottesreich, gewinnt damit schon in der immanenten Perspektive des Diesseits eine sicht- und fühlbare Gestalt. Die Inkarnation Gottes in der Geburt Jesu Christi berührt das menschliche Leben in seiner gesamten (christlichen) Existenz, indem sie es mit der Taufe in das Licht der Wiedergeburt, des Heils und der Erlösung stellt. Das fromme Selbstbewusstsein im Gefühl der »schlechthinnigen Abhängigkeit«, das Bewusstsein der stetigen Beziehung zwischen Gott und Welt und der eigenen Person selbst wird in der »Weihnachtsfeier« in der »Rückkehr in die innerliche Kindlichkeit«[376] zum wesentlichen von Weihnachten her bestimmten Grundgefühl des in Christus getauften Menschen. Schon an Weihnachten wird die Erlösung mitgedacht und steht so im Unterschied zur altkirchlichen und mittelalterlichen Christologie nicht erst am Ende, sondern bereits am Anfang des christlichen Symbolsystems[377]: »Hatte in der Alten Kirche der Inkarnationsgedanke

---

[372]   Karle, Kirche im Reformstress, 21 [Hervorhebungen im Originaltext].

[373]   Schleiermacher, Die Weihnachtsfeier, 39.

[374]   Vgl. a. a. O., 58 f.

[375]   Wehrung, Einführung, XI.

[376]   Forssman, Alle Menschen sind mir heute Kinder, 65.

[377]   Vgl. Morgenroth, Weihnachts-Christentum, 107: »Erlösen gehört üblicherweise ans Ende des christlichen Symbolsystems, wo der Glaube hofft, erlöst zu werden von der Beschwer der Welt: zur futuristischen Eschatologie am Ende der Tage ›Schleiermacher widmet die Semantik um auf die Ersterscheinung des Heilands in Kindergestalt (perfektes Eschaton)‹«. Morgenroth spricht in diesem Zusammenhang von einem theologischen Paradigmenwechsel Schleiermachers weg von einem thanatologischen hin zu einem natologischen Heils- und Erlösungsverständnis. Dem Gedanken eines Paradigmenwechsels ist dabei zweifelsohne zuzustimmen. Allerdings steht m. E. weniger die Geburt und damit

seinen Platz im Osterfest, so ist es nun umgekehrt der Erlösungsgedanke, der zu Weihnachten integriert wird.«[378]

Ausgehend von Weihnachten entfaltet sich das neue Inkarnations- und Erlösungsverständnis Schleiermachers, das er in der Dogmatik seiner späteren Glaubenslehre weitervertieft und ausführt: Als der menschgewordene Erlöser, die urbildliche und vollkommene Einheit von Gott und Mensch, ist Jesus Christus der Sündhaftigkeit der Welt und der erlösungsbedürftigen Menschen teilhaftig worden und hat dadurch »zugleich den erlösenden Übergang der Individuen in die neue Sphäre der Seligkeit ermöglicht«[379]. Die Inkarnation wird so dem Schleiermacherschen Verständnis nach zum entscheidenden Wendepunkt[380] auf dem Weg der Menschen aus der Sündhaftigkeit hin zum verheißenen ewigen, erlösten Sein im Geiste der Gemeinschaft mit Gott:

> »Nach Schleiermacher [...] kommt dem *Eintreten* des sündlosen Erlösers in die sündhafte Menschengemeinschaft und seiner dortigen Selbstdarstellung sowie seiner Vereinigung mit dem Menschen entscheidende Bedeutung zu. [...] Die Inkarnation des Schöpferwortes bildet nach Schleiermacher die entscheidende Schlüsselstelle im Heilsplan Gottes. Sie stellt insofern den Höhepunkt in der Beziehung zwischen dem Schöpfer und seinen menschlichen Geschöpfen dar, als nur und erst durch sie die Gemeinschaft der Geschöpfe mit ihrem Schöpfer tatsächlich eröffnet wird.«[381]

Weder das Leiden Christi und sein Tod noch die Auferstehung und Himmelfahrt stehen für Schleiermacher im Mittelpunkt der Heilsoffenbarung und Erlösungstat Gottes an den Menschen. Wie Anne Käfer ausführt, versteht Schleiermacher

> »Leiden und Sterben des Erlösers als ›Entwicklungsstufen‹ in dessen gesamten irdischen Dasein in Raum und Zeit, nicht aber dürfen sie als die ›Summe der erlösenden Tätigkeit Christi‹ und auch nicht als Verzicht auf die dem Erlöser eigentümliche Seligkeit oder gar als Leiden Gottes verstanden werden«[382].

---

ein natologisches Paradigma, sondern die Inkarnation, die Fleischwerdung Gottes und sein Kommen in die Welt, im Mittelpunkt der Schleiermacherschen ›Weihnachtstheologie‹. Es ist hier also eher von einem inkarnatorisch als von einem natologisch begründeten Heilsverständnis Schleiermachers zu sprechen.

[378] Morgenroth, Weihnachts-Christentum, 107.

[379] Claus-Dieter Osthövener, Erlösung. Transformation einer Idee im 19. Jahrhundert [Beiträge zur historischen Theologie Bd. 128], Tübingen 2004, 96.

[380] Vgl. ebd.

[381] Käfer, Inkarnation und Schöpfung, 175 [Hervorhebung im Originaltext].

[382] A. a. O., 176.

Vielmehr sei die Auferstehung Christi nach Schleiermacher mit Blick auf die verheißene zukünftige Auferstehung aller Menschen des sich am Ende realisierenden Gottesreiches nur logische Folge der Inkarnation, da sie vorbildhaft den Menschen den Blick auf ihre eigene Auferstehung eröffne.[383] Bereits im Inkarnationsgeschehen offenbart sich für Schleiermacher der göttliche Heilsplan, an dessen Ende mit der Auferstehung aller Menschen »die Vollendung des erlösenden Übergangs vom sündhaften Sein in das von Sünde freie Reich Gottes«[384] steht. »Weihnachten, die Inkarnation Christi, ist Weltenwende. Das Werden der Menschheit tritt in die entscheidende zweite Phase.«[385] Christliches Leben ist somit aus dem Inkarnationsgeschehen heraus, durch die Menschwerdung Gottes in Jesus Christus, immer bereits erlöstes Leben in der Gewissheit der kommenden Vollendung des Heils im Reich Gottes.[386]

Nicht zuletzt in der zuvor angedeuteten theologischen Auseinandersetzung Barths mit Schleiermachers Text und der offenkundigen Diskrepanz zwischen beiden Heils- und Erlösungsverständnissen, die Erwin H. U. Quapp 1978 zum Ausgangspunkt seiner Besprechung der »Weihnachtsfeier« nimmt, lassen sich die Brisanz und die Aktualität der Schleiermacherschen »Weihnachtsfeier« und ihrer Thematik erahnen. Gleichzeitig bildet die Frage nach der theologischen Bedeutung des Weihnachtsfestes und der Inkarnation, aber auch von Sühne und Vergebung, im Gegenüber von Schleiermachers Inkarnationstheologie und Barthscher Sühnetheologie (auch mit Blick auf die praktisch-theologischen Konsequenzen) nach wie vor einen Brennpunkt im Kontext der theologischen Diskussion. Der von Seiten vieler Theologen geäußerten Problematik mit dem Begriff des stellvertretenden Sühnopfers Christi steht die Frage nach der Plausibilität und Tragfähigkeit der Weihnachtserzählung vom Kind in der Krippe im Kontext christlicher Heils- und Erlösungshoffnung im Bezug zu Passion, Kreuz und Auferstehung Christi gegenüber.

Sigrid Brandt plädiert in diesem Zusammenhang für eine Neudeutung des Opferbegriffs jenseits der ›klassischen‹ Sühnetheologie und ihrem Ver-

---

[383] Vgl. a. a. O., 178: »Weder offenbare die Auferstehung des Erlösers dessen Gottsein noch ist es für Schleiermacher von Bedeutung, daß Gott der allmächtige und ewige Schöpfer die Auferstehung des Erlösers gewirkt hat, denn dieser wirke eben die Auferstehung aller Menschen in sein ewiges Reich.«

[384] Ebd.

[385] Janssen, Die Inkarnation und das Werden der Menschheit, 319.

[386] Vgl. auch Käfer, Inkarnation und Schöpfung, 178: »Nach Schleiermacher umfaßt die gesamte Erlösung des Menschen einen einheitlichen Zusammenhang, den der Inkarnierte mit seiner erlösenden Tätigkeit an den einzelnen menschlichen Geschöpfen beginne und den er fortführe bis zur Vollendung und Realisation des Reiches Gottes, das er den Erlösten bereits vor Augen stelle.«

ständnis von Christi Tod als stellvertretendem Sühnopfer. Sie entwickelt dabei ein Verständnis des Opfers, das nicht vom Tod, sondern von der Inkarnation, vom Leben und der menschlichen Existenz Jesu Christi ausgeht und damit auch ein Heilsverständnis, das in Analogie zu Schleiermacher, seine wesentliche Mitte im Weihnachtsgeschehen findet.

In ihren Ausführungen geht sie zunächst vom »prominentesten Beispiel« der dialektischen Theologie Karl Barths aus, die im Sinne der »traditionellen Deutung« der neutestamentlichen Schriften den Tod Jesu als stellvertretendes Sühnopfer »an unserer Stelle«[387] als die wesentliche und umfassende Erfüllung des Willens Gottes und als entscheidende Offenbarung seines Heilswillens und seiner Liebe zu den Menschen begreift: »Barth zufolge hat Gott gerade im stellvertretenden Opfertod des Sohnes seine *Liebe* zu den Menschen erwiesen – seine Liebe, die um der Errettung der Menschen in der *Gestalt des Zorns* auftrat.«[388]

Erst im stellvertretenden Opfer seines Sohnes, der über die Menschen hereinbrechenden ›Katastrophe‹ seines Zorn- und Strafgerichtes, erweise Gott nach Barth den Menschen die Gnade des Heils und der Versöhnung. Erst durch den Kreuzestod als Sühneleistung für die Schlechtigkeit und Sündhaftigkeit der Menschen würden diese schließlich erlöst und gerecht:

> »Nach Barth musste Gottes Liebe ›den Charakter einer über die Menschen hereinbrechenden Katastrophe‹ tragen. Die Gnade musste in der Gestalt eines ›Gerichts‹ wirksam werden. Sie musste zum verzehrenden Zorn mutieren und Gottes Feind, den sündigen Menschen, vernichten.«[389]

Doch, so fragt Brandt weiter, »sollte es in Gottes Augen kein Erbarmen geben ohne Todesstrafe, sollte keine Rettung möglich sein ohne Nichtung, keine Versöhnung ohne Zerstörung, kein Leben ohne Opfertod, keine Liebe ohne Gewalt?«[390] Vielmehr scheinen gerade die neutestamentlichen Zeugnisse einer Fokussierung auf Jesu Tod als Opfer, seiner Interpretation als Heilstat Gottes und einer damit regelrecht einhergehenden »Dämonisierung des Gottesbildes«[391] von einem zürnenden Rachegott entgegenzuwirken statt sie zu bestätigen. Die Interpretation von Jesu Tod als Sühnopfer, so Brandts These,

---

[387]   Vgl. Sigrid Brandt, War Jesu Tod ein »Opfer«?, in: Rudolf Weth (Hrsg.), Das Kreuz Jesu. Gewalt, Opfer, Sühne, Neukirchen-Vluyn 2001, 64.

[388]   Ebd.

[389]   Brandt, War Jesu Tod ein »Opfer«?, 65.

[390]   A. a. O., 66.

[391]   Sigrid Brandt, Hat es sachlich und theologisch Sinn, von »Opfer« zu reden?, in: Bernd Janowski/Michael Welker (Hrsg.), Opfer. Theologische und kulturelle Kontexte, Frankfurt a. M. 2000, 247.

verkenne nämlich entscheidend die Differenziertheit der neutestamentlichen Zeugnisse und ihre ›eigentliche‹ Absicht.[392] Im Zuge einer allgemeinen Bestimmung des Begriffs des »Opfers« und seiner Problematik identifiziert Brandt zunächst in einem ersten Untersuchungsschritt eine »Fülle semantischer Schwierigkeiten«, die mit dem (zumeist zugrundeliegenden und verborgenen) »Wahrnehmungs- und Beobachtungsschema »Opfer«[393] verknüpft seien. Das wesentlichste Problem sieht sie dabei in der im Deutschen fehlenden begrifflichen Unterscheidung zwischen »geopferter Größe«, also dem Geopferten, und dem Akt der Opferung, welche im Englischen durch die Begriffe *victim* und *sacrifice* eindeutig gegeben sei.[394]

Als wesentliches Dokument für die Entwicklung einer neuen Perspektive auf das Opfer Jesu stellt Brandt Hebr. 10, 4–10 und seinen alttestamentlichen Bezugstext Ps. 40 in den Vordergrund ihrer Untersuchung. Ps. 40 berichtet von der Errettung eines Mannes »aus der Grube des Grausens«[395] durch Gott. Dieser habe ihn heraufgeholt, seine Füße auf festen Grund gestellt und ihm einen neuen Lobgesang Gottes in den Mund gelegt.[396] Entgegen der Tradition des Dankopfers angesichts dieser Rettung finde Gott jedoch keinen Gefallen an den traditionellen Schlacht- und Speiseopfern, auch Brand- und Sündopfer seien ihm zuwider. Stattdessen habe Gott dem Beter Ohren gegeben, um seine Weisungen zu hören und Lippen, um seine Worte vor den Ohren anderer auszusprechen. Anstelle eines Dankopfers will der Errettete nun seine Dankbarkeit im Gehorsam gegenüber Gott ausdrücken und leben. Die freudige Erfüllung von Gottes Weisung tritt an die Stelle der kultischen Opfer.[397]

Im Hebräerbrief ist es, wie Brandt beobachtet, der Sohn Gottes, dem diese Worte des Psalms vom Verfasser in den Mund gelegt werden. Mit seinem Eintreten in die Welt ist Gottes Sohn in den ihm von Gott bereiteten Leib gekommen, um Gottes Willen zu erfüllen.[398] Nicht sein Tod, sondern Jesu Eintreten in die Welt, die Fleischwerdung Gottes und die Verkündigung seines Namens, wird damit dem Verständnis des Hebräerbriefs nach zum entscheidenden Ereignis bei der Erfüllung des göttlichen Willens. »Zu diesem Zweck der

---

[392] Vgl. Brandt, War Jesu Tod ein »Opfer«?, 66.

[393] A. a. O. und dies., Hat es sachlich und theologisch Sinn von »Opfer« zu reden?, 249.

[394] Vgl. Brandt, War Jesu Tod ein »Opfer«?, 67 [Hervorhebungen im Originaltext].

[395] Ps.40, 3 f., zit. in: Brandt, War Jesu Tod ein »Opfer«?, 70.

[396] Vgl. Ps.40, 3 f., zit. in: Brandt, War Jesu Tod ein »Opfer«?, 70.

[397] Brandt, War Jesu Tod ein »Opfer«?, 70

[398] Vgl. Hebr. 10, 5–7, zit. in Brandt, War Jesu Tod ein »Opfer«?, 71.

Verkündigung«, so konstatiert Brandt, »hat ihm Gott einen Leib gegeben«[399]. Nicht die Kreuzigung Jesu, sondern seine Existenz mitten unter der »Gottesferne«[400] der Menschen, sein »leibliches Leben zur Erfüllung von Gottes Willen, genauer zur Verkündigung von Gottes Namen«[401], wird nach Brandt für den neutestamentlichen Verfasser zum eigentlichen »Opfer« Jesu und zur Erfüllung des göttlichen Bundes- und Heilsversprechens.

> »Deutlich wird auch, daß er mit dem ›Opfer‹ Jesu Christi nicht in erster Linie dessen Kreuzestod (!) [sic!], sondern dessen Existenz im Leibe, sein leibliches Leben also zur Erfüllung von Gottes Willen meint. An die Stelle der Opfer des alten Bundes tritt dem Hebräerbrief zufolge die leibliche Erfüllung von Gottes Willen durch den Sohn, und zwar in leiblicher Existenzgemeinschaft mit den Menschen. An die Stelle des alten Gottesdienstes tritt s. E. also die leibhaftige und wirklich gelebte Gott-Mensch-Beziehung, die das Kreuz einschließt und die Jesus Christus im Himmel vollendet. Diese irdische und himmlische leibliche Existenzgemeinschaft Jesu Christi mit den Seinen eröffnet und verbürgt diesen den gültigen Zugang zu und ihre eschatologische Gemeinschaft mit Gott.«[402]

Im Hebräerbrief sei das Opfer Jesu demnach keineswegs auf Kreuzestod und Auferstehung beschränkt. Vielmehr vollende sich in ihnen als letzte Heilstat lediglich das inkarnatorische Opfer im endgültigen Eintritt Christi in die ewige Gemeinschaft Gottes, zu der in ihm auch alle Menschen durch den Bund bestimmt sind.[403] Unter Einsatz seines Lebens, seiner leiblichen Existenz hat Jesus den göttlichen Willen um die Heiligung der Menschen willen realisiert – Jesu Leben, Sterben und Gegenwärtigwerden im Himmel ist die Gesamtheit, die sein Opfer und somit das Heilsgeschehen ausmacht.[404] Gottes Gnade ist Brandts Verständnis nach nicht (wie bei Barth) Gnade aus Zorn, Tod und Zerstörung heraus, sondern *Gnade aus dem Leben.*

> »Die Pointe liegt auf der Konsekrierung der leiblichen Existenz Jesu Christi, die Himmel und Erde umfasst. Christi Opfer ist seine irdische und himmlische konsekrierte Verkündigungsexistenz im Leib zur Erfüllung des Willens Gottes.«[405]

---

[399] Barth, Schleiermachers »Weihnachtsfeier«, 72.

[400] Ebd.

[401] Ebd.

[402] Brandt, Hat es sachlich und theologisch Sinn von »Opfer« zu reden?, 270 sowie dies., War Jesu Tod ein Opfer?, 69.

[403] Vgl. Brandt, Hat es sachlich und theologisch Sinn von »Opfer« zu reden?, 270.

[404] Brandt, War Jesu Tod ein »Opfer«?, 72 f.

[405] Brandt, War Jesu Tod ein »Opfer«?, 72.

Mit diesem Opfer würden die Menschen »in Jesu Christi Leben aus Gott, durch Gott und für Gott bzw. seinen Namen zugunsten der Menschen«[406] einbezogen und gewönnen Anteil an der durch die Existenz Jesu Christi gestifteten Einheit mit Gott.

Mit diesem alternativen Opferverständnis eröffnen sich für Brandt zugleich auch neue Perspektiven sowie handlungsethische und normative Konsequenzen für das christliche Leben insgesamt. So seien die Menschen nicht nur durch sein Opfer in »Jesu Christi Leben aus Gott, durch Gott und für Gott bzw. seinen Namen« einbezogen und anteilig geworden, sondern »darüber hinaus ›in ihm‹ berufen, aufgefordert und eingeladen [...], gemeinsam ein Leben aus Gott, durch Gott und für Gott bzw. zum Gedächtnis des Namens Gottes in der Welt zu führen«[407]. Seinen eigenen Leib und das gemeinschaftliche Leben als »Kommunikationsorgan des Willen Gottes« einzusetzen, ein politisches, gesellschaftliches, individuelles und soziales Leben zu führen, das der Durchsetzung des göttlichen Willens des Heils für die Menschen zugutekommt, sei das »Selbstopfer«, das Christen in der heutigen Zeit bringen können und sollen.[408] Das bedeute jedoch nicht Selbstaufgabe oder Qual, vielmehr richte die Inkarnation einen bejahenden und positiven Blick auf das Leben. Denn Leben aus dem Opfer Christi bedeute ein (irdisches und leibliches) Leben in Hoffnung, in der Erinnerung und Bewahrung von Gottes geschichtliche Erinner- und Erwartbarkeit und seiner Anrufbarkeit und Gemeinschaft.[409] Aus dieser Perspektive heraus habe es vor allem aus theologischer Sicht Sinn vom »Opfer« zu reden, sofern dadurch dieser »heilvolle Zusammenhang (1) des Lebens der Menschen aus, durch und für Gott und (2) des ›Lebens‹ Gottes bzw. seines Namens aus, durch und für die Menschen zur Sprache kommt«[410].

In Abgrenzung zu Barths Sühnetheologie entwickelt Brandt somit eine Perspektive auf das Opfer, die in Analogie zu Schleiermachers Inkarnationstheologie die Menschwerdung in den Mittelpunkt des göttlichen Heilshandelns und somit des christlichen Erlösungsverständnisses rückt. Sind auch das Kreuz und die Auferstehung unmittelbar in die Erfüllung des göttlichen Willens zur Gnade und dem Heil der Menschen mit hineingenommen, so offenbart sich nach Brandt der Heilswille Gottes bereits im leiblichen, exis-

---

[406] Brandt, Hat es sachlich und theologisch Sinn von »Opfer« zu reden?, 272.

[407] A. a. O., 273.

[408] Ebd.

[409] Vgl. a. a. O., 275.

[410] A. a. O., 278.

Price Paid: 0.17

tenziellen Opfer der Inkarnation, der unmittelbaren Teilhabe Jesu Christi an der menschlichen Gottesferne und der davon ausgehenden Verkündigung des göttlichen Willens innerhalb des Lebens und der menschlichen Existenz. Nicht der Tod Jesu ist das ›eigentliche‹ Opfer, sondern die Gesamtheit aus dessen Leben, Tod und Himmelfahrt, die von Weihnachten her ihren Anfang nimmt.

Mit seiner ›Weihnachtstheologie‹ vollzieht Schleiermacher erstmalig die gedankliche Wende hin zu einer inkarnatorischen Konzeption und Ausrichtung von Christentum und christlicher Glaubenslehre, die nicht das Kreuz, sondern die Krippe als entscheidendes Symbol ins Zentrum des christlichen Heils- und Erlösungsverständnisses rückt. Nicht erst in Tod und Auferstehung, sondern bereits mit der Geburt Jesu wird die Verheißung Gottes von Heil und Erlösung für die Welt anschaulich und erfahrbar. Nicht Karfreitag und Ostern, sondern das Inkarnationsgeschehen an Weihnachten markiert die befreiende Lebenswende zu einem Leben in der Erlösung. Hier offenbart sich das Wohlwollen Gottes gegenüber ›seinen‹ Menschen. Die Freude an Weihnachten, an der »Wiedergeburt der Welt«[411] wird zum alles bestimmenden und existenziell-tragenden Gefühl für das gesamte christliche Leben. Sie wird bei Schleiermacher aus der inkarnatorischen Perspektive heraus unter dem Symbol des Kindes in der Krippe zum neuen Leitbild romantisch geprägter Religiosität[412], zu einem lebensprägenden Gefühl des heilvollen Aufgehobenseins und der Erlösung, der Nähe und Liebe Gottes im *Hier und Jetzt*. Anstelle auf das ›wohin‹, nämlich das Gericht oder Eschaton am Ende aller Tage, ausgerichtet zu sein, rückt das ›woher‹, das (immanente) Leben vor dem Tod im Angesicht Gottes, ins Blickfeld des christlichen Glaubens und christlicher Existenz.[413]

Mit dem wissenschaftlich-theologischen Paradigmenwechsel zu einem inkarnatorischen Erlösungsverständnis entwickelt Schleiermacher, so kann man Claus-Dieter Osthövener zustimmen, im Spannungsfeld von Aufklärung, Orthodoxie und Pietismus eine neue und vielfach anders gewichtete protestantische Theologie und Christologie im Gegenüber zum lutherisch geprägten Protestantismus[414], die ihre Mitte im Weihnachtsfest findet. Gerade in den Ausführungen Brandts, aber auch in den neueren praktisch-theologischen Betrachtungen zum ›Phänomen Weihnachten‹ wie den Arbeiten Morgenroths zum »Weihnachts-Christentum«, lässt sich die besondere theologi-

---

[411]   Schleiermacher, Die Weihnachtsfeier, 47.

[412]   Vgl. Morgenroth, Weihnachts-Christentum, 106.

[413]   Vgl. a. a. O., 107.

[414]   Vgl. Osthövener, Erlösung, 58.

sche Wirkkraft und Modernität der »Weihnachtsfeier« sowohl mit Blick auf die theologische Reflexion als auch auf die praktische Frage nach gelebtem christlichen Glauben und christlicher Frömmigkeit als wesentlichen Schlüsseltext nicht nur innerhalb des Schleiermacherschen Gesamtwerkes, sondern auch der modernen protestantischen Theologie insgesamt erkennen. Noch lange Zeit nach ihrem Erscheinen galt die »Weihnachtsfeier« innerhalb der gesamten theologischen Forschung als einzige neuere protestantisch-theologische Auseinandersetzung mit dem Weihnachtsfest überhaupt. Bis ins 20. Jahrhundert hinein bleibt Schleiermachers Werk trotz seiner beachtlichen Rezeptionsgeschichte der einzige Entwurf einer umfassenden, mehrschichtigen ›Weihnachtstheorie und -theologie‹ im Kontext nach-aufklärerischer Theologie und des modernen Christentums.[415]

Dabei liegt die besondere Bedeutung der »Weihnachtsfeier« mit Blick auf Theologie und Christologie vor allem darin, dass hier erstmals auf theologisch-reflexiver Ebene Weihnachten explizit in den Mittelpunkt der Betrachtungen rückt und als neues Zentrum eines nach-aufklärerischen Heils- und Erlösungsverständnisses entfaltet wird. Darüber hinaus verfügt die »Weihnachtsfeier« in ihrer besonderen Form und Darstellung als gemeinsame Feier eines Freundeskreises über eine nicht unerhebliche Abbildungs- und Prägekraft im Hinblick auf die Idealvorstellung moderner christlicher (Weihnachts-)Frömmigkeit und Glaubenspraxis. So nimmt der Text nicht nur hinsichtlich der inhaltlichen Fragestellung nach dem besonderen ›Grundsinn‹ und der spezifischen Stimmung und Bedeutung des Weihnachtsfestes, sondern auch als einzigartiges Dokument bürgerlicher Weihnachtskultur und -tradition einen besonderen Stellenwert ein.

Was ›Inkarnation als Erlösung‹ konkret für das christliche Leben und christliche Religiosität bedeutet, wird in der »Weihnachtsfeier« in der gemeinsamen Feier der Freunde exemplarisch vorgelebt und lebendig. In der lebendigen Darstellung privater Weihnachtsfeierlichkeiten zeigt sich, was das »fromme Selbstbewusstsein« und »das Gefühl schlechthinniger Abhängigkeit« aus den abstrakten »Reden über die Religion« bedeuten. Erst in der gemeinsamen Feier, im bereichernden Austausch und Zusammenklang der Erlebnisse und Erfahrungen der einzelnen Personen, ihren religiösen Empfindungen und theoretischen Überlegungen zeichnet sich ab, was das Weihnachtsfest und seine besondere Stimmung ausmachen und was diese Zeit Menschen im Kontext moderner, aufgeklärter Religiosität bedeuten könnte.[416] In der detailliert

---

[415] Vgl. Morgenroth, Weihnachts-Christentum, 16.
[416] Vgl. a. a. O., 94 und 97.

ausgestalteten Rahmenhandlung, der ausführlich beschriebenen Stimmung und den Dialogen der »Weihnachtsfeier« werden Weihnachten und das von Weihnachten her bestimmte generelle Lebensgefühl christlicher Existenz im Bewusstsein des Heils und der Erlösung anschaulich und lebendig. Weihnachtsfreude als Ausdruck des innerlichen, höheren Selbstbewusstseins wird fern aller abstrakten Beschreibung und theoretischen Lehre in der Feier des Heiligabends geradezu urbildlich (vor-)gelebt und greifbar.[417] Gerade die christlichen Feste, und allen voran der Gottesdienst als das christliche Fest par excellence[418], bezeichnet Schleiermacher in seiner ›Christlichen Sittenlehre‹ als den wesentlichen Ort, an dem sich das christliche Selbstbewusstsein als ein Innerliches äußerlich zum Ausdruck bringt und in der Gemeinschaft mit anderen erfahren werden kann.[419] Schleiermachers ›Festverständnis‹ fasst Dietrich Rössler folgendermaßen zusammen:

> »Das Fest besteht in der Darstellung, im darstellenden Handeln als dem sich mitteilenden und heraustretenden Bewußtsein, daß eben in dieser Tätigkeit zum erhöhten Bewußtsein wird. Feste, bei denen sich die Gemeinschaft zu solcher Art der Tätigkeit versammelt, sind ›Unterbrechungen des übrigen Lebens‹. Feste beruhen darauf, ›daß im wirksamen Handeln solche Pausen gemacht werden, in welche das darstellende eintritt‹. Im Fest repräsentiert sich eine andere Weise des Daseins.«[420]

Die Feste als darstellendes Handeln, welches ausschließlich vom inneren christlichen Selbstbewusstsein und seinem geschichtlichen Ursprung herrührt, ist nach Schleiermacher gewissermaßen ›Auszeit‹ vom Alltag und seinem vorrangig auf Produktivität ausgerichtetem »wirksamen Handeln«.[421] Darin bedeute jedoch, wie Rössler betont, entgegen anderer Festtheorien das Fest für Schleiermacher weder »Exzeß« oder die »erlaubte Überschreitung aller sonst gültigen Verbote« noch bloße »Zustimmung zum Leben« im Sinne einer Feier der Alltagswelt selbst.[422] Schleiermacher verstehe »das Fest vielmehr als Darstellung dessen, was den wirksamen Tätigkeiten des Glaubens

---

[417] Vgl. hierzu Barth, Die Theologie und die Kirche, 113 in Anlehnung an Dilthey.

[418] Vgl. Christoph Dinkel, Was nützt der Gottesdienst? Eine funktionale Theorie des evangelischen Gottesdienstes [PThK 2], Gütersloh 2004, 193 f.

[419] Vgl. Dietrich Rössler, Unterbrechungen des Lebens. Zur Theorie des Festes bei Schleiermacher, in: Peter Cornehl/Martin Dutzmann/Andreas Strauch (Hrsg.), »...in der Schar derer, die da feiern«. Feste als Gegenstand praktisch-theologischer Reflexion, Göttingen 1993, 35.

[420] A. a. O., 37.

[421] Vgl. a. a. O., 33–35.

[422] A. a. O., 37

und der Vernunft als letztes Ziel vorgegeben oder vorgestellt ist«[423]. So offenbare sich nach Schleiermacher im darstellenden Handeln des christlichen Festes den feiernden Gläubigen in der Gemeinschaft zumindest für eine begrenzte Zeit, was das Leben im höheren Selbstbewusstsein der Einheit mit Gott bedeutet.

> »Das darstellende Handeln hat eschatologische Züge. [...] Von dieser letzten
> und vollendeten Form des darstellenden Handelns empfängt das Fest seinen
> zeitlichen Charakter. Es nimmt für einen Augenblick vorweg, wie sich das
> Dasein des Menschen zeigt, sofern es nicht an den Gefühlen der Lust oder
> Unlust orientiert werden muß: Es ist ›der Zustand der freien Herrschaft des
> Geistes über das Fleisch‹ [...] Freilich ist die Voraussetzung dafür die Dar-
> stellung als Vorgang und als Prozeß, daß sie in der Gemeinschaft und für
> die Gemeinschaft stattfindet.«[424]

Grundvoraussetzung sei dabei das generelle Vorhandensein eines solchen innerlichen frommen Selbstbewusstseins und damit von Religion im einzelnen Menschen.[425] »Feste haben demnach bei Schleiermacher die Funktion, dem Menschen Raum und Zeit zu gewähren auf sich selber und das eigene religiöse Bewusstsein.«[426]

In der gemeinsamen Feier des Weihnachtsfestes gewinnen die Erinnerung an den Ursprung des christlichen Lebensgefühls, die innerlich zugrunde liegende christliche Religiosität und Frömmigkeit und ihre Inhalte lebendige Ausdrucksformen. In Schleiermachers »Weihnachtsfeier« und ihrem Kreis der feiernden Freunde erkennt Morgenroth »Schleiermachers Ideal der Kirche« als »eine sich je und je frei konstituierende Gemeinschaft von Menschen, die sich gegenseitig ihre ›Religion‹ mitteilen«[427]. Gleichzeitig aber zeichnet Schleiermacher nicht nur ein Bild idealer christlicher Gemeinschaftlichkeit. Darüber hinaus lassen sich, sozusagen in säkularer kultur- und sozialgeschichtlicher Perspektive, in der »Weihnachtsfeier« auch Spuren des romantisch-bürgerlichen Ideals familiärer Weihnachtsfeierlichkeit und Festkultur, der spezifisch neuzeitlich-bürgerlichen Ausgestaltung von Weihnachten als Familienfest erkennen, die bis heute unsere gegenwärtigen Vorstellungen und konkreten Vollzüge des Weihnachtsfestes und unser Feierverständnis entscheidend bestimmen und geprägt haben. In diesem Sinne ist die »Weih-

---

[423]   Ebd.

[424]   Vgl. ebd., 37.

[425]   Vgl. a. a. O., 38.

[426]   Andreas Leipold, Die Feier der Kirchenfeste: Beitrag zu einer theologischen Festtheorie, Göttingen 2005, 21.

[427]   Morgenroth, Weihnachts-Christentum, 95.

nachtsfeier« in zweierlei Hinsicht ›Urbild‹ des modernen Weihnachtsfestes, dessen Erbe auf der einen Seite innerhalb der theoretischen systematisch- und praktisch-theologischen Reflexion und Diskussion der Frage nach der religiösen Bedeutung und der religiösen Praxis des Weihnachtsfestes präsent und nach wie vor prägend ist. Auf der anderen Seite spiegeln sich hier nicht zuletzt auch die relevanten gesellschaftlichen und soziokulturellen Ideale hinsichtlich Weihnachten und Familie wider, die vom Beginn der Moderne an bis in die heutige Zeit hinein unsere Vorstellungen (mit-)beeinflussen und bestimmen.

III Weihnachten –
»Das Christfest der Moderne«

Weihnachten gilt für die meisten Menschen heutzutage wohl als das »Fest der Feste«[428]. Es sticht sowohl aus der Vielzahl der privaten Familienfeste als auch aus dem Kreis der anderen religiösen und öffentlichen Feier- und Festtage im Jahr deutlich hervor.[429] Wenn auch nur für kurze Zeit, so erfüllt Weihnachten über das eigentliche Fest hinaus nicht nur die private, sondern nahezu die gesamte umgebende Lebenswelt und strahlt in seiner Festlichkeit und der reichen Symbol- und Bilderwelt weit in den Rest des Jahres hinein.[430] Weihnachten ist ein besonderes ›Lebensgefühl‹, bestimmt durch eine einprägsame und eindrückliche Atmosphäre, eine äußerlich, vor allem aber auch innerlich andere Gestimmtheit. Die Advents- und Weihnachtszeit ist die Zeit der Familie und des Rückzugs aus dem Alltag, Zeit der Ruhe und Besinnlichkeit. Sie ist Anlass und Anknüpfungspunkt für die Suche nach dem ›Mehr‹ im Leben, für individuell und gemeinschaftlich gestaltete und ge- bzw. erlebte Religiosität und religiöse Praxis.

1 (Spät-)Modernes Christentum als Weihnachtschristentum

Weihnachten ist im Zuge der Moderne nicht nur im Rahmen des gesamtgesellschaftlichen Bewusstseins, sondern auch in christlich-religiöser Hinsicht zum bedeutendsten Fest des Jahreskreises ›aufgestiegen‹.[431] Das Weihnachtsfest und seine Zeit bilden gegenwärtig in unserer westlichen Welt den Mittelpunkt christlicher Religiosität:

> »In der Mitfeier des Weihnachtsgottesdienstes, der konstant von etwa einem Drittel der Kirchenmitglieder besucht wird, im Praktizieren von verschiedenen inner- und außerkirchlichen Ritualen, in den Bildern, Geschichten und

---

[428] Josuttis, Weihnachten – das Fest und die Predigt, 88.

[429] Vgl. hierzu Gandow, Weihnachten, 7 sowie Morgenroth, Weihnachts-Christentum, 11 und Zimmermann, Das Wunder jener Nacht, 8 f.

[430] Vgl. Morgenroth, Weihnachts-Christentum, 11.

[431] Vgl. ebd.

Liedern dieser Zeit findet die moderne individualisierte christliche Religiosität ein alljährlich wiederkehrendes Zentrum.«[432]

Nicht mehr Karfreitag oder Ostern, sondern Weihnachten ist

»das »Christ«-Fest«[433] der Moderne, der wesentliche Bezugspunkt und Anlass aktiv und öffentlich gelebter Religiosität und Spiritualität. Im Weihnachtschristentum, so Morgenroths Befund, offenbare sich »in unseren Breiten die aktuelle Gestalt der christlichen Religion.«[434]

Zweifelsohne hat sich die religiöse Landschaft in den vergangenen Jahrzehnten gewandelt. Die Kirchengemeinden schrumpfen, die Zahl der kirchlich Hochverbundenen und aktiven Gemeindechristen sinkt. Wird diese Entwicklung oft als »Indiz für eine schwache Kirchenbindung der Mitgliedermehrheit gedeutet«[435], so erweist sich nichtsdestotrotz »die Kirchenbindung der großen Mitgliedermehrheit als überraschend stabil«[436]. Trotz geringer Teilnahme am kirchlichen und gemeindlichen Leben kommt für viele Gemeindeglieder ein Austritt aus der Kirche nicht in Frage: »Diese Art der Kirchenbindung, solide subjektive Verbundenheit bei gleichzeitig geringer Teilnahme an kirchlichen Veranstaltungen, wird in den Mitgliedschaftsuntersuchungen der EKD als so genannte *distanzierte Kirchlichkeit* bezeichnet«[437]. Dabei ist jedoch, wie Morgenroth betont, entgegen der kirchlichen Wahrnehmung distanzierte Kirchlichkeit keineswegs mit distanzierter Christlichkeit gleichzusetzen. So seien auch kirchlich Distanzierte durchaus in der Lage, sich sehr konkret zu ihrem Glauben, ihren Themen und Fragen, Bedürfnissen und Interessen zu und im Hinblick auf Religion und Kirche zu äußern.[438] Die Mehrheit der Kirchenmitglieder unterstützt nach wie vor die Arbeit der Kirche. Sie fühlen sich mit dieser verbunden, auch wenn sie den kirchlichen Angeboten meistenteils fernbleiben und »nur« zu besonderen Anlässen an diesem teilnehmen.

Wie der Blick auf das ›Phänomen Weihnachten‹ und das moderne Weihnachtschristentum zeigt, ist entgegen der verbreiteter Annahmen und Befürchtungen das Bedürfnis nach Religion und Religiosität in unserer spät-

---

[432] Ebd.

[433] Ebd.

[434] Ebd.

[435] Kretzschmar, Mitgliederorientierung und Kirchenreform, 155.

[436] Ebd.

[437] Ebd. [Hervorhebungen im Originaltext].

[438] Vgl. Morgenroth, Weihnachts-Christentum, 15.

modernen Gesellschaft keineswegs verschwunden.[439] Nichtsdestotrotz haben sich mit der Modernisierung der Gesellschaft auch die Kirchenbindung und die äußere Form und Gestalt christlicher Religiosität verändert. Wurde mit dem beobachteten Rückgang traditioneller Kirchlichkeit lange Zeit das gänzliche Verschwinden der Religion vorhergesagt, so gewann seit den 1960er Jahren die These von einer Individualisierung der Religion zunehmend an Gewicht. Entgegen der Vorannahmen ihres baldigen Endes, so die Kritik an der Säkularisierungsthese, habe sich die Religion auch unter den Bedingungen der Moderne »als vital und überlebensfähig«[440] erwiesen. Sie habe nicht nur überlebt, vielmehr sei es sogar, trotz des nachweislichen Positionsverlustes der traditionellen und institutionell verfassten Religionen, zu einem erheblichen Zuwachs an neuen, außerkirchlichen religiösen Bewegungen gekommen.[441] Der Rückgang des gesellschaftlichen Stellenwertes der Kirchen sowie der Verlust ihrer Deutungshoheit seien demnach keineswegs gleichbedeutend mit einem gänzlichen Verschwinden der Religion innerhalb der Gesellschaft.

> »Wir leben demnach nicht in einer säkularisierten Gesellschaft, sondern in einer Gesellschaft, in der Religion zwar nicht mehr vorwiegend in den Kirchen aufgesucht wird, dafür aber in vielfältigen privaten und individuellen Formen der Sinnsuche floriert.«[442]

Religion, so schreibt Thomas Luckmann bereits in den 1960er Jahren, sei mit dem Verschwinden einer einzigen offiziellen und verbindlichen ›Sinn- und Deutungsinstitution‹ gegenwärtig vor allem »Privatsache«[443] und Produkt der autonomen Entscheidung des Einzelnen. Sie sei »unsichtbar« geworden, »verflüssigt« und »versickert« im Privaten[444] und habe so einen höchst individuellen und synkretistischen Charakter gewonnen.[445]

---

[439]   Vgl. Detlef Pollack, Säkularisierung – ein moderner Mythos? [Studien zum religiösen Wandel in Deutschland und Europa I], Tübingen 2003, 132.

[440]   Ebd.

[441]   Pollack, Säkularisierung, 132 und ders., Rückkehr des Religiösen? [Studien zum religiösen Wandel in Deutschland und Europa II], Tübingen 2009, 44 f. sowie Karle, Kirche im Reformstress, 55 ff.

[442]   Karle, Kirche im Reformstress, 55.

[443]   Thomas Luckmann, Die unsichtbare Religion [Nachdruck der 1. Auflage], Frankfurt a. M. 2005, 141.

[444]   Morgenroth, Weihnachts-Christentum, 131.

[445]   Vgl. Isolde Karle, Die markante Physiognomie der Religion, in: Wilfried Härle/ Bernd-Michael Haese/Kai Hansen/Eilert Herms (Hrsg.), Systematisch Praktisch. Fest-

Sie erscheine, wie Morgenroth ausführt, nicht mehr im alten Gewand traditioneller und konventioneller Kirchlichkeit, sondern habe ihren Ort in der pluralistischen Gesellschaft stattdessen in ganz unterschiedlicher Gestalt an den verschiedensten Stellen der individuellen Lebenswelt.[446] An die Stelle des kirchlichen Deutungsmonopols hinsichtlich Leben und Welt und ihren Sinnfragen seien vielfältige miteinander konkurrierende Deutungsangebote und Weltanschauungen getreten:

> »Was früher in allgemein verbindlichen Wirklichkeitskonstruktionen, in institutionalisierten Formen zu finden war: *der* christliche Glaube, wie er in Dogmen und Bekenntnissen überliefert ist, *die* Kirche als ›Gemeinschaft der Heiligen‹, *das* Buch der Bücher in Form der Bibel, ist heute vielstimmig und wird eher ›Spiritualität‹ als ›Glaube‹, ›Religiosität‹ als ›Religion‹ genannt.«[447]

Die ›neue‹ Individual-Religiosität habe unter den Bedingungen der Moderne sowohl ihren Ort als auch ihren Stoff gewechselt.[448] Sie ist laut Morgenroth zum außerkirchlichen und spezifisch privaten »Begleiter des Individuums«[449], zu einem subjektiven, lebensbegleitenden Gefühl geworden. Anstelle verbindlicher Bekenntnisse und Dogmen stehe nun die eigene Lebensgestaltung im Mittelpunkt. So gehe es vor allem darum, »Fixpunkte für die individuelle Lebensgeschichte zu schaffen, rituell begangene Lebenshöhepunkte, die widerständige Begrenzungen im Projekt des eigenen Lebens bieten, soziale Anerkennung erfahren lassen«[450]. Die alltägliche, persönliche Lebenswelt und die eigene Biografie sind zum zentralen Thema moderner Religiosität geworden: »Es ist die alltägliche Welt, die Welt der eigenen vier Wände und der eigenen Möglichkeiten, die »in religiöser Perspektive wahrgenommen wird und ›aufgrund religiöser Überzeugung geformt‹ wird.«[451] Gleichzeitig sind eben diese Möglichkeiten im Rahmen der Moderne vielfältig geworden. An die Stelle einer einheitlichen, verbindlichen religiösen Weltanschauung und -deutung ist die Vielfalt getreten. »Es herrscht«, wie Morgenroth schreibt, »Zwang zur Wahl, doch dabei werden die wenigsten ›en bloc‹ wählen, sondern

schrift für Reiner Preul zum 65. Geburtstag [Marburger theologische Studien Bd. 80], Marburg 2005, 305 sowie Pollack, Säkularisierung, 133.

446 Vgl. Morgenroth, Weihnachts-Christentum, 133 f.

447 A. a. O., 131[Hervorhebungen im Originaltext].

448 Vgl. a. a. O., 134.

449 A. a. O., 130.

450 Wolfgang Steck, Praktische Theologie. Horizonte der Religion – Konturen des neuzeitlichen Christentums – Strukturen der Religiösen Lebenswelt, Bd. 1., Stuttgart/Berlin/Köln 2000, 117 ff. und 200 ff., zit. in Morgenroth, Weihnachts-Christentum, 134.

451 Vgl. Morgenroth, Weihnachts-Christentum, 134.

lediglich einzelne Bausteine aus dem Warenlager der Religionen für sich herauspicken«[452]. Moderne Religiosität als Individualreligiosität sei vor allem »Patchworkreligiosität«[453], allerdings »mit deutlichem Standortvorteil der heimischen Tradition: sprich: dem Christentum«[454]. Dies zeigten die Popularität und die gegenwärtige Gestalt des Weihnachtsfestes deutlich. Hier können »aktuelle individuelle Lebensbedeutsamkeiten an Bilder der christlichen Tradition anknüpfen«[455], die eigene Religiosität in einem festlich-atmosphärischen Rahmen (zumeist dem der Familie) kommuniziert werden, ohne dabei in Konflikt mit den subjektiven religiösen Fragen, Themen und Inhalten, dem individuellen Welt- und Selbstverständnis, den selbstgebauten Normen und Werten zu geraten.[456]

Allerdings könne, so schränkt Morgenroth selbst ein, auch diese individualisierte und privatisierte Religiosität und Sinnsuche nicht ohne Sozialität und ohne einen bestimmten inhaltlichen Bezugsrahmen auskommen, an dem sie sich orientiert. Im Weihnachts-Christentum zeige sich ›alle Jahre wieder‹ die öffentliche Seite der (spät-) modernen Individualreligiosität. In den Symbolen und Themen, den Motiven und Ritualen, der besonderen feierlichen Stimmung und Atmosphäre suchen und finden moderne Christinnen und Christen Ausdrucksformen und Möglichkeiten, ihre innerliche Religiosität zu kommunizieren, zu gestalten und zu erleben.[457]

Im Unterschied zur privaten und »unsichtbaren«[458] Religion Luckmanns hat Niklas Luhmann in den vergangenen Jahrzehnten auf Grundlage seiner Systemtheorie ein differenziertes Verständnis von Religion entwickelt, das diese nicht primär als individuelles und innerliches religiöses Erleben auf der Innenseite der Person verortet, sondern stattdessen die »kommunikative und kulturelle Seite des Religiösen« und damit die äußerlich beobachtbare Seite und den sozialen Aspekt von Religion an den Anfang seiner Theorie stellt.[459] »Sozialität umfasst bei Luhmann jede Form der Kommunikation: ›Gesellschaft ist nicht ohne Kommunikation zu denken, aber auch Kommunikation nicht ohne Gesellschaft.‹«[460] Kommunikation ist nach Luhmann der grundlegende

---

[452]   A. a. O., 135.
[453]   Ebd.
[454]   Ebd.
[455]   A. a. O., 136.
[456]   Vgl. ebd.
[457]   Vgl. a. a. O., 128.
[458]   Luckmann, Die unsichtbare Religion.
[459]   Vgl. Karle, Kirche im Reformstress, 29 f.
[460]   A. a. O., 29.

und erhaltende Faktor aller Systeme der funktional differenzierten Gesellschaft. »Soziale Systeme reproduzieren sich als Teilsysteme der Gesellschaft, indem sie fortlaufend Kommunikationen erzeugen, die an vorhergehende Kommunikationen anschließen.«[461] Sie folgen dabei einem »binären Code«, einer Leitdifferenz, über die sie sich von der sie umgebenden Umwelt der anderen Systeme abgrenzen.[462] Jedes Teilsystem der funktional-differenzierten Gesellschaft ist nach Luhmann ein autopoietisches, das heißt ein sich selbst organisierendes und reproduzierendes System. »Autopoietische Systeme sind gerade aufgrund ihrer selbstbezüglichen Organisationsform *umweltoffen*, sie sind nicht autark, sondern autonom organisiert und verarbeiten Signale aus der Umwelt in eigener Regie und nach eigener Logik.«[463] Dementsprechend sei auch die Religion als soziales gesellschaftliches (Teil-)System kommunikativ zu verstehen.[464] Kommunikation als *modus operandi* sozialer Systeme meint dabei weniger eine triviale Informationsübertragung von einem Absender an einen Empfänger, sondern ein hochkomplexes und vor allem in höchstem Maße selektives Geschehen.

> »Kommunikation ereignet sich demnach immer als dreistelliger Selektionsprozess und besteht aus den Selektionen Information, Mitteilung und Verstehen. Keines dieser drei Elemente darf fehlen, wenn Kommunikation zustande kommen soll: Eine Person teilt eine Information mit und eine andere Person versteht dieses Ereignis.«[465]

Komplex wird Kommunikation als Operationsmodus innerhalb eines sozialen Systems insbesondere dadurch, dass an ihr immer mindestens zwei *psychische* Systeme beteiligt sind, die sich noch dazu im *modus operandi* ihrer Autopoiesis von dem der sozialen Systeme unterscheiden. Reproduzie-

---

[461] Isolde Karle, Seelsorge in der Moderne. Eine Kritik der psychoanalytisch orientierten Seelsorgelehre, Neukirchen-Vluyn 1996, 137.

[462] »Nicht zuletzt die damit gegebene unhintergehbare Perspektivenvielfalt macht die moderne Gesellschaft zur pluralistischen Gesellschaft mit ganz unterschiedlichen Beobachtungsverhältnissen und Sprachwelten, die nicht miteinander kompatibel sind bzw. nicht zu einem Gesamtbild addiert werden können. So betrachtet das Wirtschaftssystem alles unter dem Aspekt der Zahlungsfähigkeit, während das Politiksystem dazu tendiert, alle Ereignisse und Handlungsoptionen unter dem Aspekt von Machterhalt oder -verlust zu interpretieren«, Karle, Kirche im Reformstress, 30 [Hervorhebungen im Originaltext].

[463] Karle, Seelsorge in der Moderne, 127 f. [Hervorhebung im Originaltext].

[464] Vgl. Niklas Luhmann, Religion als Kommunikation, in: Hartmann Tyrell/Volkhard Krech/Hubert Knoblauch (Hrsg.), Religion als Kommunikation [Religion in der Gesellschaft Bd. 4], Würzburg 1998, 136 f.

[465] Dinkel, Was nützt der Gottesdienst?, 53; vgl. Luhmann, Religion als Kommunikation, 136.

ren sich soziale Systeme ausschließlich durch Kommunikation, so vollziehen psychische Systeme ihre Selbstreproduktion im Modus des Bewusstseins.[466] Dabei reagieren die psychischen Systeme auf Umweltreize nicht, wie früher angenommen, nach einem linearen Reiz-Reaktionsschema, sondern verarbeiten diese »eigenständig und nach Maßgabe interner Regeln«[467], welche für den beobachtenden Blick von außen intransparent bleiben.[468] Es besteht also nicht die Möglichkeit, in ein psychisches System hineinzuschauen, gleichzeitig können verschiedene Bewusstseinssysteme auch nicht direkt, sondern immer nur über die Möglichkeit der Kommunikation miteinander in Kontakt treten.[469] Demzufolge muss Kommunikation als Mitteilung nicht zwangsläufig in sprachlicher Form erfolgen. Auch non-verbale Kommunikation als beobachtetes Verhalten kann trotz oder gerade in ihrer Uneindeutigkeit und Unschärfe von den psychischen Systemen und ihren unterschiedlichen Wahrnehmungs- und Verarbeitungsmechanismen als »Mitteilung mit Informationswert«[470], d. h. mit ›Sinn‹, verstanden werden.

Als gesellschaftliches Teilsystem verfügt auch das Religionssystem über eigene Systemrationalitäten und eine eigene Sprachwelt, die sich von denen der anderen Funktionssysteme unterscheidet. Als Teil des kommunizierenden Gesellschaftssystems ist Religion nur als explizit *religiöse* Kommunikation, d. h. als »Kommunikationsform, die die Welt und das Leben in ihrem Bezug zu Gott oder göttlichen Mächten deutet und interpretiert«[471], zu beobachten und wahrzunehmen. Die Kommunikation des Religionssystems erfolgt demnach unter der Leitdifferenz Immanenz/Transzendenz. Insofern sieht Luhmann ähnlich wie Schleiermacher die zentrale und entscheidende Funktion der Religion in der Kontingenzbewältigung im Bewusstsein der ›schlechthinnigen Abhängigkeit‹[472] menschlicher Existenz von einer jenseitigen Größe[473]:

> »Religiöse Kommunikation ist demnach dadurch kenntlich, dass sie alles immanent Erlebte auf eine transzendente Größe (nämlich konkret auf Gott oder einen anderen jenseitigen bzw. göttlichen Standpunkt außerhalb der

---

[466]   Vgl. Karle, Seelsorge in der Moderne, 137 f.

[467]   A. a. O., 134.

[468]   Vgl. ebd.

[469]   Vgl. a. a. O., 135.

[470]   Dinkel, Was nützt der Gottesdienst?, 53 f.

[471]   Karle, Kirche im Reformstress, 25.

[472]   Vgl. Schleiermacher, Der christliche Glaube, 36.

[473]   Vgl. Dinkel, Was nützt der Gottesdienst?, 74 sowie Karle, Kirche im Reformstress, 26–28 und 35 f.

Welt, Anm. A. H.) bezieht und von dort her betrachtet und in ein neues Licht stellt.«[474]

Die traditionellen Hochreligionen und in unserer westlichen Welt vor allem das Christentum bieten in diesem Sinne einen reichen Erfahrungsschatz an Schriften, Deutungsmustern, Symbolen, Riten und Traditionen dadurch, dass über Jahrhunderte hinweg die verschiedenen religiösen Erfahrungen zusammengetragen, verdichtet und immer wieder neu reflektiert und interpretiert worden seien.[475] Sie stellen tragfähige Inhalte und Sprachmuster für die religiösen Empfindungen, Gedanken und Erfahrungen bereit und haben sich in den unterschiedlichsten Situationen bewährt, sich angepasst, wurden immer wieder kritisiert, verändert und sind unter den jeweiligen Bedingungen gewachsen.[476] Religion »bildet einen Kult aus, sie äußert sich in spezifischen Formen von *praxis pietatis*. Sie verfasst und interpretiert religiöse Texte und sie formuliert ethische Wertvorstellungen und Prinzipien«[477]. Glaube und Religiosität entstehen dabei keineswegs von selbst:

> »Religion ist nicht einfach im »Innen« zu finden. Ohne religiöse Bildung und ohne religiöse Symbole und Sprachformen ist es nicht möglich, Glauben zu lernen, religiös zu empfinden und bestimmte Erfahrungen als religiöse zu deuten. Der Glaube wächst von außen nach innen, nicht von innen nach außen [...] Es bedarf des *Wohnens in einer konkreten Religion*, um religiöse Kommunikation verstehen und begreifen zu können und dadurch als Individuum bereichert und gebildet zu werden.«[478]

Religiöses Empfinden und religiöse Kommunikation setzen deshalb »voraus, eine konkret geschichtlich und kulturell fassbare Religion, ihre Sprach- und Deutungsmuster kennenzulernen«[479].

Auch im Kontext des modernen Weihnachts-Christentums bedienen sich Menschen der Symbole und Sprachmuster, der bekannten rituellen Formen der vertrauten Tradition. Sie lesen die biblischen Geschichten, singen die bekannten Weihnachtslieder, besuchen den Gottesdienst und pflegen auch im Privaten ihre ganz eigene ›Liturgie‹ des Festes. Nach wie vor beruht das religiöse Wissen von Menschen in unserer westlichen Gesellschaft, ihr Ori-

---

[474] Karle, Die markante Physiognomie der Religion, 310.

[475] Vgl. Karle, Kirche im Reformstress, 40.

[476] Vgl. A. a. O., 40 f.

[477] Reiner Preul, So wahr mir Gott helfe! Religion in der modernen Gesellschaft, Darmstadt 2003, 27.

[478] Karle, Kirche im Reformstress, 39 f. [Hervorhebungen im Originaltext].

[479] A. a. O., 39.

entierungsrahmen bei ihrer Suche nach Sinn und Identität trotz aller konkurrierenden Angebote auf dem Bekannten. Dementsprechend unzutreffend ist ein Religionsverständnis, das (spät-)moderne Religion und Religiosität ausschließlich im Innern des Menschen und in Opposition zum Christentum, zur christlichen Tradition und Kirchlichkeit zu verorten sucht. Auch die moderne privatisierte und individualisierte Religiosität gründet auf dem vermittelten Wissen, den verbindenden und gemeinschaftlichen Traditionen des Christentums und der Institution Kirche.[480] Der »theologische Kosmos« ist, wie Morgenroths Blick auf das Weihnachts-Christentum zeigt, nach wie vor prägend und relevant. Niemand fange schließlich »auf seiner Sinnsuche ganz von vorne an«[481].

> »Die ›unsichtbare Religion‹ [...] kristallisiert sich im Raum der Kultur, die individuell und privat produziert und rezipiert wird, wieder aus, weniger in der innerkirchlichen Kommunikation. Doch sie bezieht sich auf das religiöse Wissen der Institution Kirche zurück. Denn niemand fängt bei Null an, wenn es darum geht, das eigene Leben sinnvoll zu begreifen.«[482]

Vor allem an Weihnachten, im modernen Weihnachtschristentum und seinen Ausdrucks- und Gestaltungsformen, zeige sich die moderne Privatreligiosität, die individuelle Suche nach Sinn und Einheit im Leben, in ihrer »*sichtbaren, auf die Kirche bezogenen Seite*«[483].

Detlef Pollack verdeutlicht in seinen Arbeiten die unvermindert enge Verbindung von Religiosität und Kirchlichkeit in Deutschland. Wie sich anhand empirischer Ergebnisse zeige, gehe der Positionsverlust der Kirchen keineswegs mit einem Zuwachs an außerkirchlicher Religiosität einher. Vielmehr sei dieser gleichbedeutend mit einem gesellschaftlichen Bedeutungsverlust von Religion insgesamt. Auch wenn die Volkskirchen ihre Monopolstellung auf dem religiösen ›Markt‹ der Moderne verloren hätten, so seien nichtsdestotrotz Religion und Kirche in unserer Gesellschaft nach wie vor enger verwoben als vielfach angenommen:

> »Die Formen der Religion wandeln sich in den modernen Gesellschaften. Zweifellos. Aber mit dem Formenwandel geht ein Bedeutungsverlust der Religion einher, der alle ihre Dimensionen betrifft, ihre institutionelle und rituelle ebenso wie ihre individuelle und erfahrungs- und überzeugungsmä-

---

[480]   Vgl. Morgenroth, Weihnachts-Christentum, 134.
[481]   Ebd.
[482]   Ebd.
[483]   Ebd. [Hervorhebungen im Originaltext].

ßige. Es ist einfach nicht wahr, dass die Kirchen sich leeren, aber Religion boomt.«[484]

Haben die Kirchen auch an »gesellschaftlicher Bedeutung, Weltdeutungskompetenz und an der Fähigkeit zur sozialen Kontrolle«[485] eingebüßt, so besitzen sie, wie Pollack beobachtet, trotz schwindender Mitgliederzahlen immer noch eine »enorme Tradierungskraft«[486]. Nach wie vor vermögen sie »religiöse Energien zu binden, religiöse Bedürfnisse zu befriedigen und religiöse Impulse zu bieten«[487]. Demgegenüber blieben »die außerkirchlichen religiösen Gegenbewegungen [...] marginal. Sie sind ein Minderheitenphänomen, stark fluktuierend, strukturell schwach und vielfach selbst so konventionell wie das Gegenüber, von dem sie sich absetzen wollen«[488]. Außerkirchliche, nicht institutionell gelebte Religiosität bleibt damit ein Phänomen am Rande des religiösen Feldes. Religiöse Erfahrungen spielen sich »vor allem *innerhalb institutionalisierter Religionsformen* ab. Religiosität ist weithin immer noch kirchlich bestimmt«[489]. So vollziehen sich Prozesse der Individualisierung und Pluralisierung vor allem innerhalb, nicht außerhalb der Kirchen.[490] Den Beobachtungen Pollacks zufolge sind es »eher die kirchlich Engagierten, die Erfahrungen überhaupt als religiöse identifizieren oder empfinden«[491].

Vor allem Kirchenmitglieder mit einem mittleren Verbundenheitsgrad zur Kirche zeigten dabei ein Interesse für nicht-christliche Religionen oder alternative religiöse Praktiken und somit synkretistische Tendenzen. Die Teilnahme an den Kasualien oder dem Weihnachtsgottesdienst und der Glaube beispielsweise an Wiedergeburt oder den Einfluss der Sterne schlössen sich dabei keineswegs aus. In gewisser Weise gehören die religiösen Alternativen mittlerweile sogar dazu, sind selbst ›konventionell‹ geworden.[492] »*Synkretismus und Konventionalität* schließen sich insofern keineswegs aus, sondern konvergieren geradezu.«[493] Im Gegensatz dazu neigten weder die kirchlich

---

484   Detlef Pollack, Entzauberung oder Wiederverzauberung der Welt? Die Säkularisierungsthese auf dem Prüfstand, in: Eckhardt von Vietinghoff/Hans May (Hrsg.), Zeitenwende – Wendezeiten, Hannover 1998, 137.

485   Pollack, Säkularisierung, 141.

486   Ebd.

487   Ebd.

488   Ebd.

489   Karle, Kirche im Reformstress, 56 [Hervorhebung im Originaltext].

490   Vgl. a. a. O., 59.

491   A. a. O., 56.

492   Pollack, Entzauberung oder Wiederverzauberung der Welt?, 139.

493   Karle, Kirche im Reformstress, 59 [Hervorhebungen im Originaltext].

Hochverbundenen noch konfessionslose Menschen zu Synkretismusaussagen.[494] Sind auch der Markt und das Interesse an außerkirchlichen Formen von Religiosität gewachsen, so kompensiere diese Entwicklung keineswegs den Rückgang traditioneller Kirchlichkeit.

> »Explizite und implizite Religiosität, kirchliche Praxis und individueller Glaube gehören eng zusammen. Mit der Kirchendistanz sinkt auch die individuelle Spiritualität. Noch immer ist Religiosität vor allem kirchlich definiert. Wenn Kirchen an gesellschaftlicher Bedeutung verlieren, tut dies auch die Religion.«[495]

Individuelle Religiosität, traditionelles Christentum und Kirche sind in der Gegenwart nach wie vor eng miteinander gekoppelt. »Die entscheidenden religiösen Veränderungen der Gegenwart scheinen sich innerhalb der Kirchen zu vollziehen.«[496] Statt zu verschwinden haben sich vielmehr die Form(en) christlicher Religiosität und Kirchlichkeit verändert. Sie haben »den veränderten Lebensumständen der Menschen entsprechend, ein neues Gepräge und neue Formen« angenommen, werden individuell und autonom gestaltet und gelebt: »Nicht Abbruch, sondern Phänomene des Wandels kamen zum Vorschein«[497]. Ist es im Unterschied zu den anderen Teilsystemen der funktional differenzierten Gesellschaft jeder und jedem selbst überlassen, ob und wie sie oder er am Religionssystem partizipieren möchte, so stellen für die Mehrheit der Kirchenmitglieder »Religion und Kirche einen Lebenshintergrund dar, der ab und zu aktiviert wird, meist aber ausgeblendet bleibt«[498]. Das Weihnachts-Christentum ist wohl der eindrücklichste Beweis dafür. Sicherlich hat die von Weihnachten her bestimmte Religiosität als spezifisch neuzeitliches Phänomen moderner Christlichkeit seinen wesentlichen Ort im Rahmen der Privatsphäre, der individuellen Suche nach Orientierung und Sinn im Leben. Es hat sich in seiner Festkultur aus dem traditionellen Rahmen vormoderner Christlichkeit gelöst und eigene Deutungen und Gestaltungsformen entwickelt. Gleichzeitig ist das Weihnachtsfest auch in seiner gegenwärtigen Gestalt, seiner Symbol- und Bilderwelt, im Wesentlichen im Kontext der kirchlich-christlichen Tradition verortet. Moderne Christlichkeit als von Weihnachten her bestimmte Religiosität ist schon ihrem Ursprung nach christlich geprägt und darin keineswegs unkirchlich.

---

[494] Vgl. Pollack, Entzauberung oder Wiederverzauberung der Welt?, 138.
[495] Karle, Kirche im Reformstress, 61.
[496] Pollack, Entzauberung oder Wiederverzauberung der Welt?, 138.
[497] Kretzschmar, Mitgliederorientierung und Kirchenreform, 153 und 160.
[498] Vgl. Karle, Kirche im Reformstress, 31 und 60.

Das Weihnachts-Christentum ist im Wesentlichen ein Phänomen *distanzier-ter Kirchlichkeit*.[499] Es bewegt sich im Rahmen volkskirchlicher Strukturen und bildet die markanteste und vor allem regelmäßige Schnittstelle zwischen Individualreligiosität und »offiziellem Christentum«[500].

Wie Frieder Harz betont, ist es im Kontext modernen Christentums vorrangig die »Suche nach dem einen Gott, der einen in seinem Leben begleitet«[501], die für eine große Zahl von Menschen im Mittelpunkt ihrer Religiosität und ihres Glaubens stehe:

> »Hohe Akzeptanz finden Gottesdienste, in denen einem ganz persönlich Gottes Segen für das Leben zugesprochen wird. Taufen, Konfirmationen, Trauungen erfahren steigende Wertschätzung [...] Zeitgenossen suchen die Spuren, Zeichen und Symbole der begleitenden Nähe Gottes mitten im persönlichen Leben, Zeichen der Hoffnung auf Gelingen, Heil und Frieden.«[502]

Dabei sind zum einen die einmaligen Wendestellen, die Uneindeutigkeiten und Kontingenzerfahrungen des menschlichen Lebens ›affin‹ für die Suche nach Gott, nach konkreten Inhalten und Antworten, für religiöse Deutungen und rituelle Bearbeitungen. Beispielhaft dafür sind die Kasualien, die an den Übergangspassagen des Lebens angesiedelt sind, diese bewusst gestalten, bearbeiten und feiern.[503] Zum anderen sind es auch die wiederkehrenden Feste, allen voran Weihnachten, die nachdenklich und ›besinnlich‹ werden lassen. Weihnachten ist für die Mehrheit (spät-)moderner Christinnen und Christen *der* Anlass, sich mit existenziellen und religiösen Fragen und Themen zu beschäftigen, in die Kirche zu gehen und in der besonderen Atmosphäre und den vertrauten Symbolen, Ritualen und Bildern des Festes und seiner Tradition Religiosität in der Gemeinschaft mit anderen ›öffentlich‹ zum Ausdruck zu bringen, zu gestalten und zu erleben. »Religion ist immer an Bedingungen des Sinnlichen gebunden. Sie bedarf besonderer Orte und Zeiten und einer anregenden Atmosphäre, um gedeihen zu können.«[504] Zweifelsohne ist die Advents- und Weihnachtszeit eine Zeit von besonderer religiöser Anschlussfähigkeit und ›Produktivität‹ und damit auch im Hinblick auf kirchliches Leben von besonderer (religiöser) Bindekraft.

---

499 Vgl. Morgenroth, Weihnachts-Christentum, 16 [Hervorhebung A.H.].
500 Vgl. a. a. O., 11 f.
501 Harz, Dem Weihnachtschristentum auf der Spur, 28.
502 Ebd.
503 Vgl. Karle, Kirche im Reformstress, 26.
504 Karle, Die markante Physiognomie der Religion, 314.

»Die Mehrheit der Christen bleibt der engen Kirchlichkeit fern – doch ein Drittel von ihnen geht einmal im Jahr in den Gottesdienst – *an Weihnachten*. Die Mehrheit der Christen nutzt nicht das Predigtangebot der Kirche, sondern beteiligt sich auf andere Weise an der öffentlichen Inszenierung von Religion, in Konzerten, Andachten, privater Lektüre – *vor allem an Weihnachten*.«[505]

Im Unterschied zu den Kasualien ist das Weihnachtsfest nicht an den zentralen, in der Regel einmaligen Passageriten individuellen Lebens angesiedelt, sondern bietet in seiner regelmäßigen, alljährlichen Wiederkehr die Gelegenheit und den Raum, sich mit religiösen Themen und Fragen des eigenen Lebens und konkret mit der (weihnachtlichen) Botschaft des Evangeliums, den Aussagen und Inhalten des christlichen Glaubens auseinanderzusetzen. In diesem Sinne bildet das Fest im Rahmen der Suche nach Gott im Leben, nach ›Erfahrungen des ganz Anderen‹ ein festes Ritual. Es ist für viele Menschen zu *dem* zentralen am Jahresrhythmus orientierten »Kasus« innerhalb individueller, privat und kirchlich gelebter Religiosität geworden.[506]

2 Das Weihnachtschristentum: Symbolisches Christentum und atmosphärische Festreligion?!

Weihnachten ist als das zentrale Fest in den Mittelpunkt christlicher Religiosität und Volkskirchlichkeit gerückt. Für Matthias Morgenroth geht mit dieser Entwicklung hin zum Weihnachtschristentum als der ›typisch‹ (spät-) modernen Form religiöser Praxis und Kirchenbindung nicht nur ein äußerlicher Wandel im Kontext moderner Christlichkeit und Volkskirchlichkeit einher. Vielmehr erkennt er im Phänomen des Weihnachtschristentums auch einen generellen Paradigmenwechsel christlicher Religiosität und des Christentums insgesamt.[507] Mit der Fokussierung auf das Weihnachtsfest habe die im Zuge der Moderne individualisierte christliche Religiosität sowohl äußerlich im Hinblick auf die öffentliche religiöse Kommunikation und Frömmigkeitspraxis als auch inhaltlich ihren Bezugspunkt gewechselt. »Es ist die Krippe und nicht mehr das Kreuz, die im Mittelpunkt der Weihnachtsreligiosität steht.«[508] Im Zuge der Moderne seien nicht mehr Geburt oder ›Schicksal‹,

---

[505] Morgenroth, Weihnachts-Christentum, 15.

[506] Vgl. Konrad Merzyn, Alle Jahre wieder – Praktisch-theologische Erwägungen zur Predigt an Heiligabend, in: EvTh 73 (2013), 7.

[507] Vgl. Morgenroth, Weihnachts-Christentum, 12.

[508] A. a. O., 130.

sondern die individuelle Entscheidung mehr und mehr zum bestimmenden Faktor hinsichtlich des eigenen Lebensweges und seiner Gestaltung, vor allem auch im Hinblick auf die Konstruktion eines individuellen Werte- und Sinnhorizontes, geworden.[509] Nicht mehr Herkunft, Stand oder soziale Zugehörigkeit entscheiden über den Lebensweg, stattdessen obliegt es der Freiheit und zugleich der damit verbundenen Eigenverantwortlichkeit des Individuums, das eigene Leben sinnvoll zu gestalten:

> »An die Stelle des einheitlichen Leitsinns ist die Vielheit getreten: der *eine* Sinn zerfällt in viele, die *eine* Lebensmöglichkeit in unbegrenzte, das eine Weltbild in *eins unter anderen*. Das Gegenstück zur Vielheit ist der vereinzelte Einzelne: das *Individuum*, das sich aus den Bausteinen des zerstückten Sinns selbst einen neuen »basteln« muss und damit wiederum die Pluralisierung der Lebensstile vorantreibt [...] Die Lebenswege der Menschen verselbständigen sich zunehmend gegenüber den Bedingungen und Bindungen ihrer Herkunft. Individualisierung bezeichnet die Freisetzung in etwas, das noch gar nicht bekannt ist, in eine neue Unmittelbarkeit zu Leben, Welt und Gesellschaft, zu der sich nun der Einzelne jenseits der gesellschaftlich vorstrukturierten Muster verhalten muss. Menschen werden in bislang unbekannten Maße in die Pflicht genommen, ihre Existenz in der Welt sinn-voll [sic!] zu begreifen, ihr Leben zu *führen*.«[510]

Damit sind auch die Antworten auf die existenziellen Fragen nach dem Sinn und der Einheit, nach Orientierung, Identität und (Zusammen-)halt im eigenen Leben vielfältig geworden. Die früher eindeutigen Antworten auf die ›großen‹ religiösen Fragen und Themen nach dem Sinn der eigenen Existenz, ihrem Sein und Werden und die Deutung und Integration der persönlichen Erfahrungen in einen einheitlichen, umfassenden Sinnzusammenhang seien vielfältiger, die Suche nach ›Menschwerdung‹ und Menschsein, nach dem, was das eigene Leben grundlegend ausmacht und leitet, Sache des Einzelnen geworden.[511] Im Zuge der Aufgabe der eigenen ›Menschwerdung‹, der Frage nach dem, was das Leben und das Menschsein im Hier und Jetzt mit all seinen Facetten ausmacht, habe sich, so Morgenroth, auch der inhaltliche Fokus des Christentums verändert. Weihnachten mit seiner Botschaft von Geburt, Anfang und Leben ist in den Mittelpunkt gerückt.[512]

Doch nicht nur im Kontext individueller Sinnsuche, sondern auch vor dem Hintergrund des Umgangs mit der Thematik von Sterben und Tod in der spät-

---

[509] Vgl. a. a. O., 131 f.
[510] A. a. O., 132.
[511] Vgl. a. a. O., 133 f.
[512] Vgl. a. a. O., 128.

modernen Gesellschaft erscheint für Morgenroth die große Popularität des Weihnachtsfestes als logische Konsequenz. Mit der sozialen Verdrängung des Todes in der Moderne an den Rand der Gesellschaft und sogar aus dem privaten Umfeld der oder des Einzelnen heraus habe unweigerlich auch die christliche Todes- und Auferstehungsthematik und das Symbol des Kreuzes an Bedeutung verloren.[513] »Weil in der nach-modernen Situation jeder für sich selbst aufgerufen ist, seine einzelnen Leben*erfahrungen* sinnhaft zu integrieren, so dass eine erzählbare Biografie entsteht«[514], trete unter den Bedingungen und Anforderungen der Moderne hinsichtlich Identität, Lebensdeutung und -gestaltung unweigerlich eine vom Leben her bestimmte Religiosität und Sinnsuche in den Vordergrund. Da mit dem Tod schlicht keine Erfahrungen zu machen seien, habe dieser mit der Individualisierung der Lebenswege und darin auch der Religiosität für die einzelnen Individuen »seinen festgeschriebenen, gesellschaftlich vermittelten, allgemein akzeptierten Sinn«[515] verloren. An die Stelle des Kreuzes ist nun die Krippe ins Zentrum moderner christlicher Religiosität gerückt:

> »Karfreitag und Ostern haben daher mit denen mit ihnen verbundenen Geschichten nur noch wenig Bedeutung mehr für das gegenwärtige Leben, *das sich nicht mehr vom Tod her verstehen lässt.* Das Weihnachts-Christentum denkt stattdessen vom Anfang her, von der Geburt, es denkt vom Leben her, nicht vom Tod, es denkt für ein Leben diesseits des Himmels. Es richtet den Blick auf die Krippe, auf die sozialen Beziehungen, die unser Leben ausmachen, und auf die Verhältnisse, in denen wir uns einzurichten haben, es denkt vom Menschsein her, wie es Jesus von Nazareth, der Christus von Bethlehem, vorgelebt hat, von der Wiege bis zur Bahre – und *nur vielleicht* darüber hinaus.«[516]

Mit dem »Abschied vom Kreuz«[517] ist auch die theologische Frage nach Schuld, Sünde und Vergebung und ewigem Leben im Kontext spätmoderner Christlichkeit in den Hintergrund getreten. Es geht im Angesicht der Krippe um das Diesseits, weniger um ein (potenzielles) Leben darüber hinaus oder die Frage nach Heil und Erlösung. In der weihnachtlichen Geschichte von Menschwerdung und Inkarnation findet nach Morgenroth die individuelle Suche nach Sinn, Identität und Orientierung ihren thematischen Bezugspunkt: »Die als Aufgabe spürbar gewordene Notwendigkeit der Individuation, der Mensch-

---

[513] Vgl. a. a. O., 136 und 139 f.
[514] A. a. O., 139 [Hervorhebung im Originaltext].
[515] Ebd.
[516] A. a. O., 141 [Hervorhebungen im Originaltext].
[517] A. a. O., 130.

werdung, der heiligen Individualität findet im Weihnachtsfest ihren traditionellen thematischen Widerpart. Die Menschwerdung wird gefeiert.«[518] Dabei seien es mit Blick auf die eigene Existenz nicht zuletzt auch die familiären und sozialen Beziehungen, die im Kontext von Weihnachten im Zentrum stehen. Die Familie stelle nicht nur den Kommunikationsrahmen und den wesentlichen Ort der Weihnachtsfeierlichkeiten. Sie wird, so Morgenroth, mit Blick auf die Krippe selbst zum inhaltlichen Bezugspunkt und Thema weihnachtlicher Religiosität, gefeiert und verehrt: »An Weihnachten feiert sich die soziale Einheit der Familie selbst und inszeniert ihren eigenen Ursprungsmythos, indem sie zusammenkommt, ihre eigene Familientradition pflegt und auf eine Familie blickt, die die ›heilige‹ Familie genannt wird.«[519]

Im Bild der Heiligen Familie an der Krippe fänden die wesentlichen Vorstellungen von Familie und ihren Beziehungen, das Bild familiärer Liebe, Intimität und Nähe, das seit Anbeginn der Moderne unser Ideal bestimmt, ihr wesentliches Spiegelbild. Im Motiv der »Heiligen Familie«[520] fände die moderne Utopie von Intimität und Liebe, die moderne Suche nach Erfüllung und dem »Heiligen« in den zwischenmenschlichen Beziehungen ihre Verkörperung.[521] Im modernen Weihnachtschristentum und der gegenwärtigen Gestalt des Weihnachtsfestes zeige sich, so Morgenroth, was Menschen letztlich im Fest, aber auch in religiöser Hinsicht und im Leben insgesamt ›heilig‹ ist: Die familiären Beziehungen, die Frage nach dem eigenen Sein und Werden, der Wunsch nach einem gelingenden Leben, nach Trost und Begleitung, Einheit und Sinn.[522] Im Rahmen der Individualisierung und Privatisierung »in Glaubensfragen«[523] findet das, was Menschen in ihrem Innersten bewegt, im Kontext von Advent und Weihnachten ›alle Jahre wieder‹ symbolische Anknüpfungspunkte und Ausdrucksmöglichkeiten, um Religion und Religiosität öffentlich und gemeinschaftlich kommunizieren und leben zu können:

> »Die mit der modernen Welt einhergehende Individualisierung der Religion, die zu einer Wendung nach innen, zu einer schwer formulierenden inneren religiösen Gestimmtheit führt, findet in der festlich-atmosphärischen Religionspraxis eine Möglichkeit, kommunizierbar und darstellbar zu werden.«[524]

---

[518] Vgl. Morgenroth, Weihnachts-Christentum, 136.

[519] A. a. O., 156.

[520] Ebd.

[521] Vgl. ebd.

[522] Vgl. a. a. O., 127.

[523] A. a. O., 21.

[524] A. a. O., 128.

In diesem Sinne ist das moderne Weihnachts-Christentum für Morgenroth im Wesentlichen eine Fest- statt eine Glaubensreligion. Es lebe entscheidend von den »einprägsamen Stimmungen und Eindrücken der Zeit und der Geschichte von der Geburt zu Bethlehem«[525]. Weihnachtsreligiosität ist, so Morgenroth, geprägt und bestimmt von den Symbolen und Atmosphären der Zeit, weniger von Bekenntnissen.[526] Das Wesentliche der Weihnachtszeit bewege sich »dem nach nicht auf der reflexiven Ebene [...] Die vielfältige symbolische Kommunikation der Weihnachtszeit verdichtet sich in eigentümlichen Weihnachtsstimmungen und Atmosphären«[527].

Gerade in den Symbolen und Ritualen und der feierlichen Praxis des Weihnachtsfestes fände nach Morgenroth die höchst individualisierte und privatisierte, auf die Erfahrungen des eigenen Lebens bezogene Religiosität der Gegenwart trotz ihrer »Wendung nach innen«[528] kommunikative Ausdrucksmöglichkeiten vor, um sich gemeinschaftlich feiern zu lassen: »Die atmosphärische Festreligion ist eine *symbolische* Kommunikation des Evangeliums und eine ästhetische Interaktion religiöser Subjekte.«[529] In der symbolischen Feier des Festes und seinen rituellen Vollzügen können Menschen sich ›leibhaftig‹ und unmittelbar »einschwingen«[530] in die besondere, festliche Atmosphäre des ›Heiligen‹, die Welt so mit anderen Augen wahrnehmen, sie sinnvoll und sinnhaft erfahren, das ›Heilige‹ und Andere spüren und erleben.[531] Das Weihnachts-Christentum ist somit ein »*symbolisches Christentum*«[532]. Moderne Weihnachtsreligiosität suche und gestalte in den weihnachtlichen Symbolen Erfahrungen und Spuren des ›Anderen‹, des ›Heiligen‹ im eigenen Leben und der persönlichen Lebenswelt. Symbole rufen Stimmungen und Atmosphären hervor, die Menschen in ihrem Innersten regelrecht ergreifen und »packen«[533]. Symbole verweisen auf das ›Heilige‹, an eine tiefere Bedeutung, ohne es selbst zu sein, erschaffen und transportieren Emotionen und ermöglichen sinnliche Erfahrungen. Sie lassen Raum für eigene Erfahrungen, Vorstellungen und individuelle Aneignungen. Jede und jeder kann sich über die Symbolwelt in die christliche Tradition einklinken,

---

[525] A. a. O., 11.
[526] Vgl. a. a. O., 21 und 135.
[527] a. a. O., 143.
[528] A. a. O., 128.
[529] A. a. O., 142.
[530] A. a. O., 145.
[531] Vgl. a. a. O., 142 f.
[532] Vgl. a. a. O., 143.
[533] Vgl. a. a. O., 145.

ohne sich selbst untreu zu werden.[534] Symbole bieten Spielraum für eigene Interpretationen und Deutungen.

>»Die symbolische Form der Feier und das Einstimmen in eine symbolisch aufgeladene Festatmosphäre ermöglicht die Integration unterschiedlichster Menschen mit unterschiedlichem religiösen Wissen, mit unterschiedlichen individuellen Glaubensbekenntnissen und Lebensstilen. Denn Symbolik ist eine Ausdrucksweise, in der die zum Ausdruck gebrachte Erkenntnis offen bleibt für verschiedene Weisen der Anerkenntnis und Aneignung, für kognitive wie für affektive Zugänge, für ganz verschiedene Verständnismöglichkeiten der Angesprochenen und Miterlebenden.«[535]

Das weihnachtliche Brauchtum, der Umgang mit der Symbol- und Bilderwelt des Festes wird dabei von Morgenroth eher als »auf das Christentum bezogene Lebens- und Weltdeutung«[536] denn als Ausdruck des Bekenntnisses zum inkarnierten Gott verstanden. An Weihnachten »spielen«[537] Menschen mit den Symbolen und Motiven der biblischen Erzählung vom Kind in der Krippe und der christlichen Tradition. Sie identifizieren sich »mit den Geschichten und Bildern der Religion«[538], tauchen in diese ein und lassen sich berühren.[539]

Mit Blick auf das von Morgenroth beschriebene ›Phänomen des Weihnachts-Christentums‹ plädiert Stefan Böntert dafür, dessen Ritualisierungen und Inszenierungen der Zeit nicht als »Verfallserscheinungen des theologischen Kerns«[540] von Weihnachten zu betrachten. Vielmehr gelte es, diese als

>»gestaltgewordenen Ausdruck einer gegenwärtig weitgehend segmentierten Religiosität, die sich schillernd zwischen der Suche nach persönlichem Lebenssinn, nach sozialer Integration, verstärkter Ritenfreudigkeit und wachsender Sensibilität für Inszenierung und Ästhetik sowie verschwimmender Beliebigkeit hin und her bewegt,«[541]

an- und wahrzunehmen. Die Rituale und Symbole seien gewissermaßen »religiöse Fahrzeuge hinein in die bergende, heilende und heile Welt des Göttlichen, das allerdings noch kein konkret erkennbares Angesicht trägt«[542].

---

[534] Vgl. a. a. O., 136 und 142.

[535] A. a. O., 143.

[536] A. a. O., 32.

[537] A. a. O., 147.

[538] A. a. O., 149.

[539] Vgl. a. a. O., 151.

[540] Stefan Böntert, Vom Himmel hoch, da kommt nichts her?: Erkundungen zu der Kunst, an Weihnachten Gottesdienst zu feiern, in: LJ 54 (2004), 239.

[541] Ebd.

[542] Ebd.

Hier stellt sich jedoch die Frage nach dem inhaltlichen Gehalt des Weihnachtschristentums und seiner Symbole. So sieht Hans Späth gerade in der Fokussierung und Ausrichtung auf das sinnliche und ästhetische Erleben, dem Ergriffensein von Stimmungen und Atmosphären, im Kontext der von Morgenroth beschriebenen Weihnachtsreligiosität die Gefahr einer Ästhetisierung des Christentums, die christliche Religiosität und Glauben letztlich lediglich auf Genuss und angenehme Verträglichkeit reduziere.[543]

Was ist mit dem, wie Böntert es bezeichnet, »theologischen Kern« von Weihnachten, wenn man das Weihnachts-Christentum im Wesentlichen als symbolische Stimmungsreligiosität wahrnimmt? Was ist mit der Geschichte von der Geburt zu Bethlehem, die Morgenroth selbst im Mittelpunkt moderner Christlichkeit sieht?

»Religiöse Kommunikation kann sich in Bildern, Riten und Symbolen auch indirekt äußern und Unbestimmtheit zulassen.«[544] Gleichzeitig kann Religiosität und so auch das Weihnachtschristentum in seiner Symbolik und seiner Inszenierung, in seiner rituellen Form und Gestalt, nicht ohne konkrete Inhalte, ein klares Wort und differenzierte Deutungsperspektiven bestehen. Zweifelsohne entlaste eine Ästhetisierung der Religion diese, wie Karle schreibt, von der »komplizierten Frage nach ihren Inhalten« und komme den »spätmodernen Bedürfnissen nach Genuss und Wohlgefühl« entgegen.[545] Allerdings könne religiöse Kommunikation letztlich nicht ohne inhaltliche Reflexion auskommen, ohne dabei ihren eigentlichen Kern und das ihr eigene (sprachliche) Charakteristikum der Leitunterscheidung zwischen Transzendenz und Immanenz zu verlieren.[546] Die Gefahr religiöser Sinn- und Identitätssuche liege dort, so Fechtner, »wo sie sich auf das eigene Ich fixiert, sie also nur noch egomanisch um sich selbst kreist und sich darin zurückzieht. Wo Selbstsuche kein Gegenüber mehr kennt, da dreht sie gleichsam hohl«[547]. Weihnachten als das *Christ*fest erinnert an das Kommen Gottes in die Welt. Die weihnachtlichen Bilder und Motive, die biblischen Erzählungen und Symbole, die Rituale und die Liturgie des Weihnachtsgottesdienstes rufen diese Botschaft wach. Auch an Weihnachten ist religiöse Kommunikation »immer auf konkrete Inhalte, Rituale und Sozialformen bezogen«[548]. Wesentliches

---

[543] Vgl. Späth, Krippe und Kreuz, 178.

[544] Karle, Kirche im Reformstress, 67.

[545] A. a. O., 66

[546] Vgl. ebd.

[547] Kristian Fechtner, Späte Zeit der Volkskirche. Praktisch-theologische Erkundungen [Praktische Theologie Bd. 101], Stuttgart 2010, 30.

[548] A. a. O., 29.

Kommunikationsmedium ist dabei der gemeinsame Glaube, der sowohl Erleben als auch Handeln und damit letztlich Reflexion einschließt.[549] Religiöse Kommunikation braucht anschauliche Bilder und ästhetische Formen, emotionales und sinnliches Erleben. Zugleich lebt sie ganz entscheidend von konkreten Inhalten, der Rede von Gott, seinem Wort und der Botschaft des Evangeliums. Gerade darin eröffnet sie neue, tragfähige Perspektiven und Deutungshorizonte für die Frage nach der individuellen Existenz und die ›typisch moderne‹ Suche nach Sinn und Orientierung.[550] Vermögen christliche Religion und Kirchen auch keine eindeutigen und allgemeingültigen Antworten mehr auf die individuellen Fragen des Lebens zu geben, so bieten sie nach wie vor anschlussfähige Inhalte und Aussagen, Deutungs- und Sinnangebote, die helfen können, individuelle Antworten zu finden.[551]

---

[549]   Vgl. Dinkel, Was nützt der Gottesdienst?, 99 f. und 112 f.
[550]   Vgl. Karle, Die markante Physiognomie, 314.
[551]   Vgl. Fechtner, Späte Zeit der Volkskirche, 31.

IV Aspekte moderner Weihnachtsreligiosität

Weihnachten wird von den meisten Menschen als eine besondere, aus dem Rest des Jahresverlaufs herausgehobene Zeit erfahren. Neben seiner »kalendarischen Verlässlichkeit«[552] sind es vor allem die kollektive Ergriffenheit vom Fest und seine allgemeine Relevanz, die die besondere Stimmung der Zeit (mit-)grundieren. In seiner regelmäßigen Wiederkehr und Beständigkeit, insbesondere aber durch seine Universalität, mit der das Fest bereits die ganz normale Alltagswelt jeder und jedes Einzelnen berührt, prägt Weihnachten in seiner ›Andersartigkeit‹ das Zeitempfinden und mit ihm die Stimmungen und Emotionen von Menschen.[553] Alle feiern zur gleichen Zeit Weihnachten, der Alltag macht eine Pause. Alles ist geschmückt und festlich erleuchtet, auf den Straßen wird es ruhig und leer. Die Advents- und Weihnachtszeit ist eine ›andere Zeit‹ mit einer besonderen Stimmung und Atmosphäre, einer besonderen äußeren und inhaltlichen Prägung. Sie ist Zeit der Vorbereitung und des Wartens auf das herannahende Weihnachtsfest. Mit Beginn des Heiligabends hat diese Zeit, so signalisieren es nicht nur die Adventskalender und -kränze, ein Ende. Alle 24 Türchen sind geöffnet, die vier Kerzen schon weit heruntergebrannt, die Vorbereitungen sind getroffen. Nun kann die Arbeit ruhen, die Hektik sich legen und das ersehnte Weihnachtsfest beginnen. Dieses Kapitel möchte der besonderen Stimmung von Advent und Weihnachten als anderer und besonderer Zeit im Gegenüber zum Alltag nachspüren. Dabei steht zunächst die festtheoretische Sichtweise auf Weihnachten im Mittelpunkt, bevor sich der (theologische) Blick auf die Adventszeit als liturgische Zeit und im Anschluss daran auf den Heiligabendgottesdienst gewissermaßen als ›Eingangsportal‹ zum Weihnachtsfest richtet.

---

[552] Merzyn, Alle Jahre wieder, 7.
[553] Vgl. Ebd.

1 »Auszeit vom Alltag«: Weihnachten in festtheoretischer Perspektive

In einer Zeit der »Unzeitigkeit«[554], in der »Jahreszeiten zerdehnt, Zeitmarkierungen verschliffen und verschlissen«[555] werden, in der alles immer verfügbar zu sein scheint und zu jeder Zeit erledigt werden kann, bilden Feste institutionalisierte Fixpunkte und Orientierungsmarker innerhalb des Jahresverlaufs. Neben den individuellen, Biografie bezogenen Feiern, wie den Geburtstagen oder den Kasualien, sind es nach wie vor die großen kirchlichen Jahresfeste und allen voran Weihnachten, die regelmäßig im privaten und gesamtgesellschaftlichen Rahmen feierlich begangen werden. Unser Jahr ist strukturiert in eine feste, »kulturell eingefasste« und nach wie vor »in wesentlichen Grundzügen kirchlich-religiös geprägte«[556] Folge von Festen, welche alljährlich wiederkehrend zu ›ihrem‹ konkreten Anlass und ihrer jeweiligen Zeit gefeiert werden. Die Feste des Kirchenjahres verleihen dabei dem Jahr eine Ordnung »liturgischer Zeit«[557], die sich anhand der verschiedenen christlichen Festzeiten und kirchlichen Feiertage gliedert. In seiner liturgischen Ausrichtung stellt damit der kirchliche Festkalender dem bürgerlichen Jahreskalender einen anderen Rhythmus und eine andere Struktur entgegen. Er hebt sich vom ›normalen‹ Jahresverlauf ab. Das Kirchenjahr beginnt mit dem ersten Advent, da, wo das bürgerliche Jahr bereits seinem Ende entgegengeht. Entgegen der Allzeitverfügbarkeit und den damit verbundenen Unbestimmtheitserfahrungen der Moderne entziehen sich Feste in ihrem an Kasus und Zeit gebundenen Zyklus nahezu jeder Verfügbarkeit, sie sind ›verlässlich‹ und beständig. Sie kommen, wenn es an der Zeit ist, ohne an besondere Bedingungen gebunden oder durch äußere Einflüsse kontrollierbar zu sein. In ihrer Bindung an einen beständigen Anlass, die damit verbundene Regelmäßigkeit und immer gleiche Abfolge stellen die kirchlichen Feste dem oftmals als linear und irreversibel empfundenen Jahresverlauf und der biografischen Lebenszeit von Menschen eine andere, eine zyklische »Zeitweise« an die Seite.[558] Feste haben ›ihre Zeit‹, die von einem tieferen Ursprung her, nicht aus persönlicher Befindlichkeit oder individuellen Bedürf-

---

[554] Fechtner, Im Rhythmus des Kirchenjahres, 12.

[555] Ebd.

[556] Vgl. ebd.

[557] Vgl. Kirchenjahr erneuern. Gottesdienstliche Praxis im Rhythmus des Jahreskreises, hrsg. von der Liturgischen Konferenz der EKD 2005, online unter URL: www.ekd.de/liturgische_konferenz/download/TB-3-Kirchenjahr.pdf [abgerufen am 01.11.2012].

[558] Vgl. Fechtner, Im Rhythmus des Kirchenjahres, 13.

nissen erwächst.[559] Sie strukturieren die Zeit und verleihen so nicht zuletzt dem Leben einen beständigen Rhythmus. Sie bieten in der Linearität des Alltags, seinem stetigen Fortschreiten und seinem Verlauf, Verlässlichkeit und Orientierung und sorgen für Halt und Stabilität. Den gesellschaftlichen und persönlichen Umbrüchen, Entscheidungszwängen und ständigen Veränderungen des Alltags stehen die Feste des kirchlichen (und säkularen) Festkalenders mit ihren klar abgegrenzten Zeiten und Anlässen als »stabile Größen« gegenüber.[560]

Feste ermöglichen eine neue Perspektive auf die Zeit und das Leben, sie ermöglichen Erfahrungen des ›Anderen‹, indem sie sich nicht nur in ihrem Rhythmus, sondern auch in ihrer Art und ihrer Form des Handelns deutlich vom Alltagshandeln und -erleben unterscheiden. Feste sind, wie bereits von Schleiermacher formuliert, »Unterbrechungen des Lebens«[561], deren Kern nicht Tätigkeit und Produktivität, sondern »darstellendes Handeln«[562] ausmacht. Sie sind »Moratorien des Alltags«[563] und gleichzeitig eng auf die individuelle und gemeinschaftliche Alltagswirklichkeit und das damit verbundene subjektive und kollektive Leben und Erleben von Menschen bezogen. Das Festliche ist in dieser Funktion weniger integraler Bestandteil, sondern vielmehr ein Gegenüber zum Alltag und seinen (Zeit-)Erfahrungen. Ebenso wie das alltägliche Handeln sind Feste »grundsätzlich eigenständiger Erfahrungs- und Wirkungsbereich des menschlichen Lebens«[564]. Im Gegenüber zum Einerlei der Arbeit, den Kontingenzen und Verpflichtungen des Alltäglichen begehen sie »das Besondere«[565]. Feste sind sowohl in individueller als auch in gemeinschaftlich-sozialer Hinsicht »Gegenbilder« oder »Ergänzungen«[566], in denen all das zum Ausdruck kommen kann, was im

---

[559]   Vgl. hierzu Joachim Kunstmann, Fest/Feiern/Event, in: Kristian Fechtner et al. (Hrsg.), Handbuch Religion und populäre Kultur, Stuttgart 2005, 52–62.

[560]   Vgl. Peter Cornehl, Christen feiern Feste. Integrale Festzeitpraxis als volkskirchliche Gottesdienststrategie, in: PTh 70 (1981), 220.

[561]   Rössler, Unterbrechungen des Lebens, 35.

[562]   Ebd.

[563]   Odo Marquard, Moratorium des Alltags. Eine kleine Philosophie des Festes, in: Walter Haug/Rainer Warning (Hrsg.), Das Fest [Poetik und Hermeneutik Bd. 14], München 1989, 684.

[564]   Winfried Gebhardt, Der Reiz des Außeralltäglichen. Zur Soziologie des Festes, in: Bernhard Casper/Walter Sparn (Hrsg.), Alltag und Transzendenz. Studien zur religiösen Erfahrung in der gegenwärtigen Gesellschaft, Freiburg im Breisgau 1992, 72.

[565]   Kunstmann, Fest/Feiern/Event, 53.

[566]   Vgl. Angelika Berlejung, Heilige Zeiten. Ein Forschungsbericht, in: Martin Ebner et al. (Hrsg.), Das Fest: jenseits des Alltags [JbTh 18], Neukirchen-Vluyn 2004, 15 und

Alltag aufgrund von Verpflichtungen und dem Zwang zur Funktionalität ausgeblendet bleiben muss.[567] Sie sind gesellschaftlich konstituierte und zumindest in zeitlicher Hinsicht institutionalisierte (Zeit-)Räume jenseits von Zweckrationalismus, Produktivität und Funktionalität. Darin sind sie, so Jan Assmann, »Orte des Anderen«[568] für die unterdrückten Emotionen und Erfahrungen, Gedanken und Überlegungen, die im Alltag keinen Platz haben oder gar kontraproduktiv sind, ohne die das menschliche Leben jedoch auf Dauer verkümmert.[569] Feste ermöglichen es, aus dem Alltag zurückzutreten, ihn sozusagen mit Abstand zu betrachten, Gegenwärtiges, aber auch Vergangenes anzuschauen und zu reflektieren. Damit tragen sie ganz entscheidend zur »individuellen und kollektiven Bewältigung des Alltags«[570] bei. In dieser Distanz und gleichzeitigen Bezogenheit auf das Alltägliche öffnen sie den Blick über die Alltagswelt hinaus auf ein mögliches ›Mehr‹, lassen etwas ›Anderes‹ und ›Außeralltägliches‹ erahnen und wiederum diese Erfahrung für den Alltag mitnehmen. Feste sind damit gleichermaßen Widerspruch und Zustimmung zur Welt; Widerspruch, weil sie auf das ›Andere‹ jenseits der Alltagswelt verweisen und die alltäglich erlebte Realität somit in Frage stellen; Zustimmung, weil, wie sich exemplarisch in Schleiermachers »Weihnachtsfeier« zeigt, im Fest und seiner gemeinsamen Feier eine tiefe Freude nicht nur am Fest, sondern am Leben selbst spürbar wird. Feste bejahen das Leben und unsere alltägliche Welt und verweisen gleichzeitig auf ihre Unverfügbarkeit und Begrenztheit.[571] Sie lassen Menschen »in Bewegung geraten«[572], sind Angebote, aus der linearen, eindimensionalen Sphäre des Alltags auszutreten, Auszeiten vom gewöhnlichen Gang der Dinge zu nehmen und Abstand zur alltäglichen Welt zu gewinnen:

> »Alle Lebewesen leben ihr Leben; der Mensch lebt sein Leben nicht nur, sondern er verhält sich auch noch zu ihm, und das kann er nur, weil er auf Distanz geht zu seinem Leben. Zum Menschen gehört immer beides: dass er sein

---

Kunstmann, Fest/Feiern/Event, 53.

[567] Vgl. Jan Assmann, Der zweidimensionale Mensch: das Fest als Medium des kollektiven Gedächtnisses, in: Jan Assmann/Theo Sundermann (Hrsg.), Das Fest und das Heilige. Religiöse Kontrapunkte zur Alltagswelt, Gütersloh 1991, 13.

[568] Vgl. ebd.

[569] Vgl. a. a. O., 13 und 18.

[570] Gebhardt, Der Reiz des Außeralltäglichen, 72.

[571] Vgl. Morgenroth, Heiligabend-Religion, 29.

[572] Vgl. Karl-Heinz Bieritz, Der Text, die Predigt und die Zeit. Prolegomena zu einer Adventspredigt, in: Peter Cornehl/Martin Dutzmann/Andreas Strauch (Hrsg.), »...in der Schar derer, die da feiern«. Feste als Gegenstand praktisch-theologischer Reflexion, Göttingen 1993, 80.

Leben lebt, und dass er auf Distanz geht zu seinem Leben. Darum [...] braucht und hat er das Fest. Sein Leben leben: das ist beim Menschen sein All-tag. Auf Distanz gehen zu seinem Leben: das ist beim Menschen das Fest.«[573]

Das Festliche gehört demnach notwendigerweise ebenso zur *condicio huma-na*, zur Natur des Menschen, wie die alltägliche Sorge für den Lebensunter-halt, das Bestreiten des Alltags.[574] »Das Fest intensiviert, was im Alltag redu-ziert wird, der Alltag wiederum braucht, was im Fest suspendiert wird«.[575] Menschliches Leben ist somit immer »ein Leben in zwei Zeiten«[576]. Wir leben in der Zweidimensionalität der Zeit des Alltags und der Zeit des Festes.

Erst das Bewusstsein dieser »Dialektik von außeralltäglichem und all-täglichem Handeln«[577] macht es möglich, das Festliche in seiner Bedeutung als Bewältigung des Alltags angemessen wahrzunehmen. Darüber hinaus plädiert Gebhardt für eine Differenzierung zwischen den Begriffen ›Fest‹ und ›Feier‹. Dienten beide ›Formen des Festlichen‹ als Unterbrechung des Alltags gleichermaßen seiner Bewältigung, so täten sie dies jedoch auf qualitativ unterschiedliche Weise: »Das Fest hilft, den Alltag zu bewältigen, indem es ihn auf Zeit aufhebt. Die Feier hilft, den Alltag zu bewältigen, indem es ihn bewußt macht.«[578]

Der Begriff des Festes steht für Gebhardt im Wesentlichen für ein emotio-nales und affektiv-spontanes Geschehen, was sich vor allem in seinem sozia-len Charakter begründe: »Das Fest ist der soziale Ort, an dem rein aktuelles, spontanes, emotionales Verhalten, das sich im Grenzfall bis hin zur Ekstase steigern kann, nicht nur sozial erlaubt, sondern sogar gewünscht ist.«[579] Feste heben das Alltägliche auf und befreien damit die Beteiligten von den Ver-pflichtungen und der Last ihres Alltags.[580] Oftmals würden dabei die gelten-den Ordnungen außer Kraft gesetzt, Verstöße gegen diese sogar ausdrücklich gewünscht oder zumindest toleriert. »So stellt sich das Fest als die zeitweilige Aufhebung der alltäglichen Wirklichkeit«[581] dar, als Flucht und Erholung vom Alltag und Möglichkeit, diesen zumindest für einen begrenzten Zeitraum zu vergessen. Spontaneität und Ausschweifungen, wie beispielsweise im Kar-

---

[573] Marquard, Moratorium des Alltags, 685.
[574] Vgl. a. a. O., 684.
[575] Assmann, Der zweidimensionale Mensch, 16.
[576] A. a. O., 17.
[577] Gebhardt, Der Reiz des Außeralltäglichen, 73.
[578] A. a. O., 72.
[579] Gebhardt, Der Reiz des Außeralltäglichen, 73.
[580] Vgl. Dinkel, Was nützt der Gottesdienst?, 195.
[581] Gebhardt, Der Reiz des Außeralltäglichen, 73 f.

neval, bis hin zur Ektase sind erlaubt. In der Gemeinschaft verlässt man das Alltägliche, lässt seine geltenden Regeln und Ordnungen hinter sich und begibt sich kollektiv in die andere Wirklichkeit des Festes. Emotionen können sowohl individuell als auch gemeinschaftlich gestaltet und erfahren sowie expressiv zum Ausdruck gebracht werden. Als ›typische‹ Elemente des Festes sieht Gebhardt dabei Musik, Licht, Tanz, Verkleidungen u.v.m. In diesem Gemeinschaftscharakter und der emotionalen Ausrichtung des Festes ließen sich zudem Phänomene der »Entdifferenzierung und Entspezialisierung«[582] erkennen. So biete das Fest in seiner Distanz zum Alltag für die Individuen die Möglichkeit, die für die funktional differenzierte Gesellschaft der Moderne typische und notwendige Aufsplitterung ihrer Person und Identität im Kontext der jeweiligen Funktionssysteme zu überwinden.[583] Im Fest geht es nicht um das angemessene Ausfüllen von Rollen und Erwartungen, um Funktionalität und Zweck, hier kann die individuelle Person und Persönlichkeit über alle Rollen und Positionen hinaus in ihrer Gänze gezeigt und gelebt, Einzigartigkeit und Ganzheit erfahren werden.[584] Als soziale Veranstaltungen sind Feste dementsprechend nicht nur wichtiger Bestandteil für die individuelle Identitätskonstruktion, sondern tragen auch zur Stärkung der Identität der feiernden Gemeinschaft insgesamt bei.[585]

Als Feier bezeichnet Gebhardt »ein weitgehend bewußt gewolltes und reflektiertes, also rationales Geschehen«[586], dem eine bewusste Vorstellung, ein bestimmter (gemeinschaftlicher) Ursprung oder ein definiertes Weltbild zugrunde liege.

> »Die Feier macht den an ihr beteiligten Individuen das Woher, Warum und Wozu ihres Lebens, ihrer Gruppe oder der Institution, der sie – immer oder nur partiell – angehören bewußt, reflektiert Herkunft, Bedeutung, Aufgabe und Zukunft von Individuum, Gruppe und Institution, rechtfertigt sie so in ihrem Bestand und repräsentiert sie nach innen und außen als sinnvoll.«[587]

Im Gegensatz zu Ausgelassenheit und Emotionalität des Festes beinhaltet die feierliche Handlung als »bewußt vollzogener Glaubensakt«[588] Ruhe, Besinnung und Besinnlichkeit, Kontemplation und Nachdenken. Symbole, Ritu-

---

[582] A. a. O., 74.
[583] Vgl. a. a. O., 74 f.
[584] A. a. O., 75.
[585] Vgl. ebd.
[586] Ebd.
[587] Ebd.
[588] A. a. O., 76.

ale, Lesungen seien daher ihre besonderen Elemente. Zudem folge die Feier streng einer durch eine normative Instanz (z.b. die Tradition oder Dogmen) geregelten zeitlichen Abfolge mit festgelegten Inhalten und Verhaltensabläufen mit eindeutigem Beginn und Ende.[589] Sie erinnere an das ›Wesentliche‹ und ›Grundierende‹, an ein fundamentales Welt- und Wertverständnis, die gemeinsame Tradition und ihre Bedeutung für die individuelle und gemeinsame Gegenwart und Zukunft, wolle historische Kontinuität und kulturelle Einheit stiften und bewahren.[590] »Die Feier ist nun der soziale Ort, an dem den Menschen diese Ideen, Werte und Weltbilder bewußt werden oder bewußt gemacht werden, an dem er sich der persönlichen Ziele und Zwecke seines Lebens vergewissern kann.«[591] Traditionen und Weltvorstellungen stellen als »außeralltäglich begründete[n] Fixpunkte im alltäglichen Leben jene Handlungsvorgaben und Orientierungen zur Verfügung«[592], die Menschen brauchen, um sich zurechtzufinden, ihr Leben sinnvoll und sinnhaft zu leben und zu erfahren. In Erinnerung an eben dieses ›Grundlegende‹ lässt sich das eigene und gesellschaftliche Handeln einordnen, Bestätigung kann erfahren werden. »In diesem Sinne ist«, so Gebhardt, die Feier »der soziale Ort der Wertesetzung und der Wertebestätigung«[593] und somit zugleich auch Ort individueller und gemeinschaftlicher Sinnstiftung. In Distanz zum Alltag schaffe sie Raum, über die Bedeutung des eigenen Lebens, aber auch der umgebenden Welt und Umwelt nachzudenken. »Feiern helfen den Alltag zu bewältigen, indem sie ihn bewußt machen und ihn als sinnvolles Geschehen vor Augen führen und ins Bewußtsein heben.«[594] In ihren Texten, den Symbolen und rituellen Handlungen dienen Feiern nicht nur der individuellen Identitätskonstruktion, sondern vor allem auch der »Überlieferung und Vergegenwärtigung von kulturellem Sinn«[595] und stärken so das Kollektivbewusstsein einer Gemeinschaft, indem sie an das diese fundierende ›Grundlegende‹ und ›Wesentliche‹ erinnern.[596]

Wie Gebhardt auch selbst einräumt, handelt es sich bei der Unterscheidung von Fest und Feier um sehr »idealtypische Konstruktionen«[597]. In der

---

[589]   Vgl. Gebhardt, Der Reiz des Außeralltäglichen, 76.

[590]   Vgl. ebd.

[591]   A. a. O., 77.

[592]   Ebd.

[593]   A. a. O., 76.

[594]   Dinkel, Was nützt der Gottesdienst?, 195.

[595]   Isolde Karle, Pfarrberuf als Profession. Eine Berufstheorie im Kontext der modernen Gesellschaft, Gütersloh 2001, 224.

[596]   Gebhardt, Der Reiz des Außeralltäglichen, 78.

[597]   A. a. O., 79.

Realität vermischen sich Festliches und Feierliches »im Spannungsfeld von Ordnung und Chaos, Organisation und Spontaneität, Tradition und Innovation, Sinngebung und Sinnlichkeit«[598] auf unterschiedliche Weise. Festzeit ist emotionale und zugleich besinnliche, sinnhafte Zeit. Feste und Feiern sind »Transzendierungen des Alltags«[599]. Sie sind, ähnlich den ›kleinen Fluchten‹ wie Kinobesuche oder Urlaube[600], »notwendige Entlastungen«[601] von den Rationalitäten oder Zweck-Mittel-Relationen der alltäglichen Abläufe. Sie unterbrechen die Routine und repräsentieren das Transzendente, das ›Andere‹ und Tieferliegende und Besondere jenseits des Alltags. Als (religiöse) »Kontrapunkte zur Alltagswelt«[602] schaffen sie Orientierung und Stabilität, »schenken Ruhe, Freude und Entspannung, befriedigen also menschliche Grundbedürfnisse«[603], bieten sinnlich-expressive Ausdrucks- und (Er-)Lebensräume für große Emotionen. Gleichzeitig halten sie Erinnerungen lebendig und bilden so wesentliche Grundbausteine für die individuelle und gemeinschaftliche Identitätskonstruktion.

Feste fungieren darüber hinaus als »Medium des kulturellen Gedächtnisses«[604]. »Im kulturellen Gedächtnis bewahren Gruppen oder Gesellschaft ihre fundierenden Vergangenheiten auf, die die Identität der erinnernden Gruppe sicherstellen.«[605] Im Gegenüber zum »kommunikativen Gedächtnis« des alltäglichen Handelns, das im Wesentlichen der »Konstitution von Gleichzeitigkeit« und der »Orientierung im sehr viel engeren Horizont der ›Tagesordnung‹ des Alltagslebens«[606] diene, bewahre das »kulturelle Gedächtnis« die Erinnerung an die gemeinsame Geschichte, die der Gemeinschaft und ihrem Alltag zugrunde liegt. Dabei gehe es weniger um Fakten, sondern um die »erinnerte Geschichte«[607]. Das Zeitmuster des kulturellen Gedächtnisses

---

[598] Ebd.

[599] Assmann, Der zweidimensionale Mensch, 17.

[600] Vgl. Wilhelm Gräb, Religion als Deutung des Lebens. Perspektiven einer praktischen Theologie gelebter Religion, Gütersloh 2006, 74 f.

[601] Vgl. Marquard, Moratorium des Alltags, 687.

[602] Siehe Jan Assmann/Theo Sundermann, Das Fest und das Heilige. Religiöse Kontrapunkte zur Alltagswelt, Gütersloh 1991.

[603] Jochen Rexer, Entwicklung des liturgischen Jahres in altkirchlicher Zeit, in: Martin Ebner et al. (Hrsg.), Das Fest: Jenseits des Alltags [JbTh 18], Neukirchen-Vluyn 2004, 279.

[604] Vgl. Assmann, Der zweidimensionale Mensch, 13. Assmann unterscheidet semantisch nicht, wie Gebhardt, zwischen Feier und Fest.

[605] Dinkel, Was nützt der Gottesdienst?, 199.

[606] Assmann, Der zweidimensionale Mensch, 21.

[607] Jan Assmann, Das kulturelle Gedächtnis. Schrift, Erinnerung und politische Identität in frühen Hochkulturen, München ⁶2007, 52.

und seines Mediums des Festlichen ist demnach die Ungleichzeitigkeit, der Rückblick und die Erinnerung an die Ursprünge und das Wesentliche. »Das kulturelle Gedächtnis richtet sich auf Fixpunkte in der Vergangenheit. An ihm vermag sich Vergangenheit nicht als solche zu erhalten. Vergangenheit gerinnt hier vielmehr zu symbolischen Figuren, an die sich die Erinnerung heftet.«[608] In dieser ›symbolischen‹ Erinnerungs- und Bewahrungsfunktion ist das kulturelle Gedächtnis sowohl für die individuelle als auch die gemeinschaftlich-soziale Identitätsbildung und Sinn- und Wertkonstruktion unerlässlich:

> »Ohne Vergangenheit ist es weder Individuen noch sozialen Gruppen möglich, ein komplexes Selbstbild mit normativen Erwartungen aufzubauen. Erst eine ›gemeinsam bewohnte Vergangenheit‹ ermöglicht es Individuen ›wir‹ zu sagen und über die normative und formative Kraft von lebendig erinnerten Geschichten Zugehörigkeit und Identität zu entwickeln. Alle Gemeinschaften leben aus fundierenden Geschichten, ›aus denen sie die Ordnung und Richtung ihres Handelns beziehen‹, aus Geschichten, die Erwartungen strukturieren und ein differenziertes Licht auf Gegenwart und Zukunft werfen. Erinnerung und Identität sind kulturell mithin engstens miteinander gekoppelt.«[609]

Entstehen Vergangenheit, Erinnerungen und Traditionen keineswegs urwüchsig aus sich selbst oder gar der Natur heraus, so sind diese Inhalte des »kulturellen Gedächtnisses« in ihrer Darstellung, Organisation und Bedeutsamkeit »kulturelle Schöpfung und anspruchsvolle soziale Konstruktion«[610]. Sie unterliegen daher in höchstem Maße den äußeren gesellschaftlich-sozialen und kulturellen Rahmenbedingungen und ihren wechselnden Bedürfnissen.[611] Daher bedarf das kulturelle Gedächtnis, »das über die Erinnerung der Zeitzeugenschaft hinausgeht [...], einer institutionalisierten Mnemotechnik, einer ausgeprägten und differenzierten Erinnerungskultur«[612]. Ändern sich die Rahmenbedingungen, so gerät auch die Erinnerung in Gefahr, wenn unter den neuen Bedingungen verschwunden ist, was »die Erinnerung an das Alte stützt und trägt«[613]. So ist vor allem die Entwicklung der Schrift zu einem überlebenswichtigen Faktor für das kulturelle Gedächtnis geworden. Erst durch schriftliche Aufzeichnungen ist es möglich geworden, Erinnerun-

---

[608] Assmann, Das kulturelle Gedächtnis, 52.
[609] Karle, Der Pfarrberuf als Profession, 224.
[610] Assmann, Das kulturelle Gedächtnis, 48.
[611] Karle, Der Pfarrberuf als Profession, 224.
[612] Ebd.
[613] A. a. O., 225.

gen und »kulturellen Sinn«[614] über die Erzählungen von Zeitzeugen und die Epochengrenzen hinweg zu bewahren, die Kommunikation von Erfahrungen über diese Grenzen hinweg auszudehnen.[615] Ein Beispiel hierfür ist der Kanon der biblischen Texte des Alten und Neuen Testaments. Nur durch die Entwicklung der Schriftkultur und dem daraus entstehenden »extraterritorialen *geistigen Raum*«[616] wurde es für das Volk Israel überhaupt möglich, die religiöse Tradition und Erinnerung auch jenseits der eigentlichen Heimat zu bewahren. Nur so ist es uns heute letztlich auch möglich, uns an die ›christlichen Wurzeln‹ von Weihnachten zu erinnern. Erst in schriftlicher Form lässt sich »die kommunikative Erinnerung der Zeitzeugen in kulturelle, institutionell geformte und gestützte Erinnerung [...] transformieren«[617] und an nachfolgende Generationen übermitteln.

Das kulturelle Gedächtnis in solch einer verfestigten Form kann dabei auch in Konflikt zur aktuellen gesellschaftlichen Realität geraten. »Es gibt durchaus Erinnerungen, die kontrapräsentisch, d. h. Gegenwart-relativierend [...] sind.«[618] In diesem Sinne kann das kulturelle Gedächtnis im Rückblick und der Auseinandersetzung und Auslegung der vergangenen Erfahrungen und Erinnerungen Kritik am Bestehenden und Gegenwärtigen offenlegen, andere Perspektiven und mögliche Alternativen hinsichtlich der Verhältnisse im Hier und Jetzt aufzeigen.[619]

> »Das kulturelle Gedächtnis ist aber nicht ›nur Alternative zur Gegenwart‹, sondern enthält in sich Alternativen, die immer wieder neu zur eigenen Überzeugungswelt – dem christlichen Glauben – in Beziehung gesetzt werden müssen. Durch die Kanonisierung und Multiperspektivität biblischer Texte ist das kulturelle Gedächtnis intern pluralistisch und verweisungsreich und stimuliert permanent eine lebendige Auslegung seiner selbst.«[620]

Hier bietet sich der Vergleich des kulturellen Gedächtnisses mit dem biologischen Immunsystem des menschlichen Körpers an.[621] Ähnlich wie durch das Zusammenspiel »ortsfester und beweglicher Zellen«[622] im biologischen Körper dessen Identität aufgebaut und durch stetige Reproduktion

---

[614] Ebd.
[615] Vgl. ebd.
[616] Ebd. [Hervorhebungen im Originaltext].
[617] Karle, Der Pfarrberuf als Profession, 225 f.
[618] Assmann, Das kulturelle Gedächtnis, 80.
[619] Vgl. Karle, Pfarrberuf als Profession, 226.
[620] Ebd.
[621] Vgl. Assmann, Das kulturelle Gedächtnis, 140.
[622] Ebd.

aufrecht erhalten werde, so werde auch soziale Identität durch Interaktion aufgebaut und reproduziert. Dies geschehe im Wesentlichen durch »Zirkulation«[623]:

> »Was durch solche Bewegung zirkuliert wird, ist der in gemeinsamer Sprache, gemeinsamem Wissen und gemeinsamer Erinnerung artikulierte *kulturelle* Sinn, d. h. der Vorrat gemeinsamer Werte, Erfahrungen, Erwartungen und Deutungen, der die ›symbolische Sinnwelt‹ bzw. das ›kulturelle Gedächtnis‹ einer Gesellschaft bildet. Dieses Gedächtnis muss nicht nur instituiert, es muß vor allem *in Gang gehalten* werden. Und diese Inganghaltung geschieht durch Zirkulation.«[624]

Diese Zirkulation des kulturellen Gedächtnisses habe ihren Ort logischerweise nicht in der auf Zweck und Gleichzeitigkeit orientierten effizienten Alltagskommunikation, sondern in der »zeremoniellen Kommunikation«[625] des Festes. Mit der zeremoniellen Kommunikation schaffe sich das kulturelle Gedächtnis einen eigenen, institutionalisierten »Kommunikationsraum, der der Zirkulation des kulturellen Sinns zum Zwecke der ›Inganghaltung‹ der Gruppenidentität vorbehalten ist«[626]. Da kultureller Sinn und kulturelles Gedächtnis eben nicht aus sich selbst heraus entstehen und sich reproduzieren können, bedürften sie der Inszenierung durch eigene Kommunikationsformen, nämlich der Riten.[627] Ihre Funktion sei es, das »Immunsystem der Gruppe in Gang zu halten, indem sie den Teilnehmern Anteil am identitätsrelevanten Wissen geben«[628]. Als institutionalisierte »Organisationsformen des kulturellen Gedächtnisses«[629] sorgen insbesondere die kirchlichen Feste und ihre Rituale für Stabilität und Kontinuität, Identität, Orientierung und ›Sinn‹ sowohl auf individueller Ebene als auch innerhalb menschlicher Kultur und Gemeinschaftlichkeit:

> »Religion hat [damit] eine anachrone Struktur, das heißt, sie hält innerhalb der Kultur, die das Heute gestaltet, ›das Gestern gegenwärtig, das nicht vergessen werden darf‹. Es ist insofern eine grundlegende kulturelle Funktion der Religion, ›Ungleichzeitigkeit herzustellen‹ und ›durch Erinnern, Vergegenwärtigen und Wiederholen Ungleichzeitiges zu vermitteln‹ [...] Der Festkalender des Kirchenjahres und die mit ihm verbundene sonntägliche Feier

---

[623]   Assmann, Der zweidimensionale Mensch, 23.
[624]   A. a. O., 23 f. [Hervorhebungen im Originaltext].
[625]   A. a. O., 24.
[626]   Ebd.
[627]   Vgl. ebd.
[628]   Assmann, Der zweidimensionale Mensch, 24.
[629]   Karle, Der Pfarrberuf als Profession, 229.

des Gottesdienstes sind Formen des kulturellen Gedächtnisses, die die Zeit strukturieren und rhythmisieren und ihr Sinn und Bedeutung geben.«[630]

Im Gegensatz zu den Handlungen und Routinen des Alltags, die vorrangig auf das ›was‹, auf die Erfüllung eines bestimmten Zweckes ausgerichtet sind, steht bei Symbolen und vor allem bei rituellen Handlungen die äußere Form der Darstellung, das ›wie‹ im Mittelpunkt.[631]

> »Da Routinisierung den Handelnden davon entlastet, über andere Wege zur Erreichung des Ziels nachzudenken, bewirken sie eine Sinnentleerung des Handelns. Riten dagegen sind Handlungsschematisierungen im Hinblick auf einen Sinn, den sie im Vollzug selbst zur Darstellung bringen.«[632]

In den festlichen Symbolen, dem Vollzug der Rituale und ihrer expressiven Form kommt ein tieferer Sinn zum Ausdruck. »Ein Ritual«, so fasst Joachim von Soosten zusammen, »ist immer eine Investition in Bedeutsamkeit«[633]. In diesem Sinne bezeichnet Werner Jetter das Ritual auch als »Ursprache der Religion«[634]. Indem Rituale an das ›Alte‹ und ›Geschichtliche‹ erinnern und es auch unter den sich wechselnden Gegebenheiten und eventuellen Neuerungen weiter fortleben lassen, bilden sie in ihrer Beständigkeit und Vertrautheit ein kollektives, psychosoziales »Vertrauenskapital«[635]. Sie binden die individuellen und gemeinschaftlichen Erfahrungen und Emotionen von Menschen an diese Erinnerungen, schaffen ein Gefühl der Zugehörigkeit, von Zukunftsvertrauen und Sinn. Das Weihnachtsfest ist wohl das beste Beispiel dafür. Auch die Weihnachtszeit ist Festzeit und damit gewissermaßen ›heilige Zeit‹. Die Advents- und Weihnachtszeit ist Zeit einer feierlichen und außergewöhnlichen Stimmung, die bereits den (vorweihnachtlichen) Alltag selbst unter das Licht des bevorstehenden Festes stellt, ihm eine besondere Erlebensintensität und -qualität verleiht. In seinen Symbolen und Ritualen, der Musik, seinen Texten und Geschichten verknüpfen sich sinnliches Erleben und Besinnung auf das ›Wesentliche‹. An Weihnachten bietet sich Raum und Gelegenheit, aus den Routinen des Alltags auszusteigen, in Distanz zu

---

[630] Ebd.

[631] Vgl. Assmann, Der zweidimensionale Mensch, 16 sowie Werner Jetter, Symbol und Ritual. Anthropologische Elemente im Gottesdienst, 2., durchgesehene Auflage, Göttingen 1986, 116 f.

[632] Assmann, Der zweidimensionale Mensch, 16.

[633] Joachim von Soosten, Riskante Rituale. Weihnachtskult und Kindheitsroman, in: PTh 88 (1999), 475.

[634] Jetter, Symbol und Ritual, 93.

[635] Axel Michaels, Wozu Rituale?, in: Spektrum der Wissenschaft Spezial 1 (2011), 9.

ihm zu treten und das eigene Leben mit anderen Augen wahrzunehmen, es sinn-voll und einheitlich zu betrachten. Hier finden sich Anknüpfungspunkte für Besinnung, für die Frage danach, was das Leben, das ›Menschwerden und Menschsein‹ in seiner gesamten Bandbreite ausmacht, die (religiöse) Perspektive eines ›Mehr‹ im Leben. ›Alle Jahre wieder‹ erinnert das Weihnachtsfest mit seinen Symbolen und Ritualen Christinnen und Christen an die besondere Botschaft von der Geburt Christi, an das Kommen Gottes in die Welt und hält damit das Gedächtnis an die Nähe Gottes als ›Urgrund‹ ihres gemeinschaftlichen Glaubens wach und lebendig.

2 Die Adventszeit: Vorbereitung und Hoffnung auf das Kommen Gottes in die Welt

An Weihnachten feiern Christinnen und Christen auf der ganzen Welt die Geburt Jesu Christi. Sie gedenken der »bestimmten geschichtlichen Wirklichkeit«[636] des Kommens Gottes in diese Welt und erinnern sich in der Gemeinschaft ihres Glaubens dabei immer wieder neu an die Zukunftsmächtigkeit dieses Geschehens und die damit verbundene Hoffnung.

> »Nirgendwo sonst in der Welt der Religionen«, so Jürgen Moltmann, »wird Gott mit der Hoffnung auf menschliche Zukunft verbunden. Der Gott, der im Himmel ist, der Gott, der von Ewigkeit zu Ewigkeit derselbe ist, der ist bekannt. Aber ein Gott der Hoffnung, der vor uns ist und uns voran geht, den gibt es nur in der Bibel. Gott, der nicht nur ›ist‹ und nicht nur ›war‹, sondern der auch ›kommt‹, ja der uns aus der Zukunft entgegenkommt, das ist neu«[637].

Im Blick auf das in den Evangelien geschilderte Leben und Wirken Jesu Christi sprächen Gläubige dabei nicht von einer »Zukunft an sich und überhaupt«, sondern »in ihrer Hoffnung sprechen Christen von Jesus Christus und seiner Zukunft«[638]. Ihre Zukunftserwartungen begründen sich in der Erinnerung an Christi Kommen, seine Geburt und sein Leben, aber auch seinen Tod und die Auferstehung in die Gemeinschaft Gottes.[639] An Weihnachten ist Gott

---

[636] Jürgen Moltmann, Der Gott der Hoffnung [Vortrag vom 10.01.2007 an der Augustana-Hochschule Neuendettelsau], online unter URL: http://www.augustana.de/newsletter/Nummer10/Juergen%20Moltmann,%20Der%20Gott%20der%20Hoffnung.pdf [abgerufen am 15.02.2013], 2.

[637] A. a. O., 1.

[638] A. a. O., 2.

[639] Vgl. ebd.

in Jesus Christus bereits in die Welt gekommen, um ›seine‹ Menschen in die Zukunft seines Reiches zu führen. Die Erinnerung an seine Existenz in dieser Welt ruft das Versprechen, die Zukunftsverheißung Gottes unter dem Wort »Siehe ich mache alles neu« (Offb 21, 5) wach.[640] Der Gott der Hoffnung, so Moltmann, ist ein Gott der ›seine‹ Menschen auf ihrem Weg und in ihrem Leben begleitet. Er ist Weggefährte und Leidensgenosse, der in Erfüllung seines Bundes seinem Volk bereits aus seiner Zukunft entgegenkommt, um ihm auf dem Weg in sein Reich voranzugehen.[641] Gott ist nahe gekommen und das Bewusstsein seiner Nähe und Gegenwart nährt die Hoffnung auf die verheißene Zukunft in der Erlösung und dem ewigen Leben in Gottes Reich, die »Zukunft Christi«[642], die bereits jetzt ›im Kommen‹ ist. Christliches Leben ist damit, »Leben im Advent«[643], im Bewusstsein des gekommenen und der Erwartung des kommenden Gottes.

Die Adventszeit als dem Weihnachtsfest vorgelagerte Zeit macht dieses Hoffen und Warten, die Zukunftsperspektive des christlichen Glaubens, explizit zum Thema. Dies zeigt sich auch in ihrer historischen Entwicklung deutlich. Im antiken Sprachgebrauch umfasste das lateinische Wort *adventus* (zu *advenire*: ankommen) zunächst ganz allgemein die Ankunft und Anwesenheit von Würdenträgern, Amtsinhabern, Königinnen und Königen oder auch einer Gottheit an einer Kultstätte oder in einem Tempel.[644] Mit der Übertragung dieses Begriffs in den christlichen Kontext verengte und konkretisierte sich dessen Bedeutung. *Adventus* oder deutsch Advent bezeichnete in der Sprachwelt des Christentums, ähnlich wie die altgriechisch-neutestamentlichen Begriffe παρουσία und ἐπιφάνεια, das Erscheinen und die Ankunft Christi in der Welt.[645] Die ersten Anfänge einer »selbständigen Adventszeit«[646] finden sich gegen Ende des 5. Jahrhunderts in Spanien und Gallien.[647] Ursprünglich war die Adventszeit als Fasten- und Bußzeit auf das Tauffest Epiphanias als »Fest der Erscheinung des Herrn« eingeführt worden. Mit der zunehmenden Verbreitung und dem Bedeutungszuwachs von Weih-

---

[640] A.a.O, 1.

[641] Vgl. ebd.

[642] A. a. O., 2.

[643] A. a. O., 9.

[644] Vgl. J. Neil Alexander, Art.: Advent, RGG 1, Tübingen ⁴1998, Sp.126.

[645] Vgl. Karl-Heinrich Bieritz, Das Kirchenjahr. Feste, Gedenk- und Feiertage in Geschichte und Gegenwart, München 1987, 179.

[646] Hermann Kirchhoff, Christliches Brauchtum. Feste und Bräuche im Jahreskreis, München 1995, 17.

[647] Vgl. Heim, Volksbrauch im Kirchenjahr heute, 10.

nachten entwickelte sich die Adventszeit zur Fastenzeit in Vorbereitung auf das Geburtsfest Jesu Christi am 25. Dezember.[648] In freudiger Erwartung der Geburt Christi sollten sich die Gläubigen, ähnlich wie in der vorösterlichen Fastenzeit, in den Wochen vor Weihnachten mit Buße und Fasten geistig auf das Fest vorbereiten und einstimmen.[649] Dabei variierte die Anzahl der Adventssonntage und somit der Fastenwochen. Bis ins 6. Jahrhundert hinein schwankte die Dauer des Advents zwischen vier und, vermutlich in Anlehnung an die 40 Fastentage vor Ostern, sechs Wochen. Erst Papst Gregor I. legte im Rahmen seines Pontifikats (590-604 n. Chr.) die verbindliche Zahl von vier Adventssonntagen einheitlich fest. Heute beginnt die Adventszeit mit dem vierten Sonntag vor dem 25. Dezember und markiert zugleich den Anfang des neuen Kirchenjahres. Sie endet mit dem Sonnenuntergang am 24. Dezember, dem Beginn des Heiligabends.[650]

Bis ins 20. Jahrhundert hinein stand der Advent insbesondere in der katholischen Kirche ganz im Zeichen der Buße und des Fastens. Er galt als »geschlossene Zeit«[651], in der weder feierliche Hochzeiten vollzogen werden noch sonstige öffentliche oder private »geräuschvolle Festgelage«[652] oder Tanzveranstaltungen stattfinden durften. Im evangelischen Kontext hingegen verschwand der Brauch des adventlichen Fastens und der Buße über die Jahrhunderte hinweg mehr und mehr. Stattdessen überwog das »weihnachtlich freudige Ankunftsmotiv«[653], welches sich nicht zuletzt auch im adventlichen Brauchtum wie dem Adventskranz und dem Adventskalender und ihrer Entstehung widerspiegelt.

---

[648] Vgl. Tina Peschel, Zur Geschichte der Adventskalender, in: dies. (Hrsg.), Adventskalender – Geschichte und Geschichten aus 100 Jahren, Husum 2009, 9.

[649] Vgl. ebd. und Heim, Volksbrauch im Kirchenjahr, 10.

[650] Vgl. Peschel, Zur Geschichte der Adventskalender, 9. Die Angaben hinsichtlich der Datierung der vierwöchigen Adventszeit unterscheiden sich in der Literatur. Nach meinen Recherchen überwiegt die auch von Peschel genannte Rückführung auf Papst Gregor I. und das 6. Jahrhundert, der ich mich angeschlossen habe. Weber-Kellermann datiert die endgültige Festlegung allerdings erst auf die Kirchenversammlung von Aachen im Jahre 826, vgl. Weber-Kellermann, Das Weihnachtsfest, 13 f. Die Verfasser des RGG-Artikels ›Advent‹ verweisen ebenfalls auf Belege, die für die Vierzahl seit dem 6. Jahrhundert sprechen, stellt aber eine eindeutige Festlegung der vier Adventssonntage von Rom aus erst seit dem 11. Jahrhundert fest, Alexander, Art.: Advent, Sp.126.

[651] Vgl. Auszug aus dem Amtsblatt der Diözese Augsburg 1930, 52–54 online unter URL: http:// www.bistum-augsburg.de/index.php/bistum/layout/set/print/Hauptabteilung-VI/Glaube-und-Lehre/Glaubenslehre/Glaubensfragen/Fastenzeit-frueher-und-heute [abgerufen am 01.11.12]

[652] Ebd.

[653] Peschel, Zur Geschichte der Adventskalender, 9.

Ebenso wie die anderen uns bekannten Weihnachtsbräuche haben auch der Adventskranz und der Adventskalender ihren Entstehungsort in der familien- und kindheitsorientierten Welt des modernen Bürgertums am Beginn des 19. Jahrhunderts. Von Anfang an waren sie vor allem im protestantischen Kontext in verschiedensten Formen fester Bestandteil des familiären Brauchtums. Dies lag vor allem in der unterschiedlichen kirchlichen Ausgestaltung der Adventszeit innerhalb der beiden Konfessionen begründet. In der katholischen Kirche gehörten auch an den Werktagen Bibellesungen und die morgendlich stattfindenden Rorate- oder »Engel«-Messen, meist zu Ehren Marias, zur adventlichen Kirchenliturgie dazu. Auch auf evangelischer Seite gab es tägliche Adventsandachten. Diese wurden zwar durchaus in einer gewissen liturgieähnlichen Ordnung mit Lesungen, gemeinsamem Singen und Gebeten abgehalten, fanden jedoch in der Woche meist zu Hause in der eigenen Stube statt.[654] Dabei entstanden im Rahmen dieser heimischen Feierlichkeiten im protestantischen Bereich vielfach eigene Bräuche und Traditionen, die gerade auch mit der im ausgehenden 18. Jahrhundert entstehenden bürgerlich-heimischen Familienweihnacht gut harmonierten. Die christlichen Bräuche passten sich in ihren Kontext ein, wurden teilweise weiterentwickelt und neue Traditionen entstanden.[655] In seiner bürgerlichen Ausgestaltung als Familien- und Geschenkefest bedeutete Weihnachten gerade für die Kinder ein besonderes Freudenfest. Bei den Kleinsten standen die Geschenke und die anderen Aufmerksamkeiten im Mittelpunkt adventlicher Vorfreude. Die modernen familiären Adventsbräuche wie der Adventskranz und der Adventskalender sollten diese Freude auf das Weihnachtsfest anregen. Sie inszenierten und inszenieren nach wie vor die Zeit als zielgerichtete, lineare Zeit bis zum Fest und sind »Zeitmesser«, die nicht zuletzt Antwort auf die kindlich-ungeduldige Frage »Wie lange noch?«[656] geben. In diesem Sinne erfüllten sie gerade in ihrer Entstehungszeit auch eine pädagogische Funktion: Sie sollten die Ungeduld der Kinder dämpfen, ihnen die christlich-religiöse Bedeutung von Advent und Weihnachten vergegenwärtigen und sie so zu Artigkeit, gutem Verhalten und Frömmigkeit anhalten.[657]

Die Ursprünge des Adventskranzes finden sich im protestantisch geprägten Norddeutschland, im so genannten »Rauhen Haus« in Hamburg. Dort hatte der Theologe und Begründer der »Inneren Mission« Johann Hinrich Wichern

---

[654] Vgl. Esther Gajek, Adventskalender. Von den Anfängen bis zur Gegenwart, München 1996, 10.

[655] Vgl. Peschel, Zur Geschichte der Adventskalender, 9.

[656] Vgl. a. a. O., 9 f. und Morgenroth, Weihnachts-Christentum, 218.

[657] Vgl. Weber-Kellermann, Das Weihnachtsfest, 45.

(1808–1881) angesichts der großen Kinderarmut und der verbreiteten Verwahrlosung von Waisen und Kindern der ärmeren Schichten eine vergleichsweise moderne Erziehungsanstalt gegründet. Die Kinder sollten verteilt auf verschiedene Hausfamilien aufwachsen und entsprechend eines christlichen, von Liebe und Fürsorge geprägten Menschenbildes zu einem sittlichen Leben im Glauben erzogen werden.[658] Um diesen Kindern die vierwöchige Adventszeit als Vorbereitung auf Weihnachten nahezubringen, ließ Wichern erstmals 1839 im Betsaal des »Rauhen Hauses« einen hölzernen Kronleuchter aufhängen, der mit insgesamt 28 Kerzen bestückt war. Für jeden Werktag gab es dabei eine kleine rote Kerze, vier große weiße Kerzen standen jeweils für einen der vier Adventssonntage. Vom ersten Adventssonntag an wurde täglich im Rahmen der gemeinsamen Adventsandacht zusätzlich zu den Lesungen und dem gemeinsamen Singen eine Kerze angesteckt, um das Näherrücken des Weihnachtsfestes zu versinnbildlichen. Erst in späteren Jahren wurde der Leuchter zusätzlich mit Tannenzweigen geschmückt.[659] In dieser Gestalt verbreitete sich der Adventskranz über die von Wichern ausgebildeten Diakone zunächst im engeren Rahmen der »Inneren Mission«. Von dort aus gelangte er schließlich in den Bereich des evangelischen Bürgertums. Mit dem Ersten Weltkrieg breitete sich der Brauch des Adventskranzes von der norddeutschen bürgerlich-protestantischen Mittel- und Oberschicht über die Kriegslazarette und die deutschen Jugendbewegungen sowohl schicht- als auch konfessionsübergreifend über das ganze Land aus.[660] Bis heute findet der Adventskranz in seiner kleineren Form als Tannenkranz mit den vier Kerzen für die Adventssonntage einen festen Platz in nahezu jeder Familie.[661]

Der ›traditionelle‹ Adventskalender orientierte sich zeitlich gesehen nicht am Anfang der Adventszeit und somit am Kirchenjahr, sondern mit seinem Beginn am 01. Dezember an der Zählweise des bürgerlichen Kalenders. Im 19. Jahrhundert begannen immer mehr Mütter und Väter damit, sich Zählhilfen auszudenken, um ihren ungeduldig wartenden Kindern »die Zeit bis Weihnachten vor Augen zu führen«[662]. Dabei finden sich Belege für die ersten

---

[658]   Vgl. Hermann Bausinger, Der Adventskranz. Ein methodisches Beispiel, in: Martin Scharfe (Hrsg.), Brauchforschung [Wege der Forschung Bd. 627], Darmstadt 1991, 230 und Weber-Kellermann, Das Weihnachtsfest, 43.

[659]   Vgl. Bausinger, Der Adventskranz, 231.

[660]   Vgl. a. a. O., 234 f.f, Weber-Kellermann, Das Weihnachtsfest, 43 f. und Morgenroth, Weihnachts-Christentum, 219.

[661]   Vgl. Weber-Kellermann, Das Weihnachtsfest, 44 und Morgenroth, Weihnachts-Christentum, 219.

[662]   Esther Gajek, Adventskalender und Weihnachtskrippe, in: Werner Unseld (Hrsg.),

selbstgebastelten Adventskalender in den evangelisch-pietistischen Kreisen des Bürgertums. Bald entstanden verschiedenste Formen von Adventskalendern: Adventsbäumchen, auf die jeden Tag eine Papierfahne mit einem biblischen Spruch aufgesteckt werden konnte, Adventsuhren, deren Zeiger täglich ein Feld vorrückten, kleine Bildchen mit biblischen Motiven, von denen jeden Abend eines mehr über das Bett gehängt werden durfte oder schlichte Kreidestriche an der Zimmertür, von denen Tag für Tag einer weggewischt werden konnte.[663] Die ersten gedruckten Kalender mit Türchen für jeden Tag entstanden zu Beginn des 20. Jahrhunderts in München. Sie verbanden die gedankliche Vorbereitung und das Warten auf das Fest mit dem Aspekt des Schenkens. Fanden sich bei den früheren Kalendern hinter den Türen mehrheitlich kleine, weihnachtliche Bildchen, so beinhalteten die späteren Schokoladen- und Spielzeugkalender ›richtige‹ Geschenke, die die Zeit auf Weihnachten versüßen und verkürzen sollten. Die Parallelen zur Entwicklung von Weihnachten als modernem Familien- und Geschenkefest sind auch hier deutlich zu sehen. Auch der Adventskalender enthält dabei ein pädagogisches Moment: Die Adventszeit wird als Wartezeit auf Weihnachten inszeniert, die nur Schritt für Schritt voranschreitet. Weihnachten rückt näher und zugleich muss man sich noch gedulden, bis es endlich soweit ist. Jeden Tag darf nur ein Strich weggewischt, ein Türchen geöffnet oder ein Geschenk entnommen werden.[664] Gleichzeitig erinnerten die weihnachtlich-religiösen Motive der älteren Adventskalender an die biblische Weihnachtsgeschichte und sollten so den Kindern den ›eigentlichen‹ Sinn des Festes und seiner Vorfreude vor Augen führen.

Adventskranz und Adventskalender machen die Adventszeit als Zeit der Vorfreude, der Erwartung und Vorbereitung auf Weihnachten sinnlich erfahrbar. Sie lassen die Zeit als auf das Fest gerichtete Zeit erfahren. Adventskranz und Adventskalender spitzen die Zeit zu, inszenieren ein »gezieltes Hinleben«[665] auf den Heiligabend. In seiner täglichen Veränderung deutet insbesondere der Adventskalender auf das Näherrücken des Weihnachtsfestes als Höhepunkt und Erfüllung aller adventlichen Erwartungen hin.[666] Die Adventszeit und ihr Brauchtum erinnern daran,

---

»... Zur Krippe her kommet«. Evangelische Weihnachtstraditionen im Wandel, Ludwigsburg 2005, 57.

[663] Vgl ebd. und dies., Adventskalender, 9–23.

[664] Vgl. Gajek, Adventskalender, 11.

[665] Morgenroth, Weihnacht-Christentum, 146.

[666] Vgl. a. a. O., 219.

»dass Gottes Sein bei uns angekommen ist (in der einmaligen Geburtsgeschichte des Christus zu Bethlehem) und immer wieder ankommt (in der
bewussten Öffnung für das Heilige in der Adventszeit, in dem Hören auf die
biblische Geschichte, d. h. das Wort Gottes). Dass Gott ein Kommender ist [...]
wird dabei allerdings nicht nur im Sprachereignis greifbar, sondern auch
in der symbolischen Gestaltung von Zeit, von hell und dunkel, von Warten
und Hoffen sowie im gestischen Nachvollzug spürbar«[667].

3 Der Heiligabendgottesdienst: ›Eingangsportal‹ zum Weihnachtsfest

Der alljährliche Besuch des Heiligabendgottesdienstes bildet in vielen Familien den Auftakt der gemeinsamen Weihnachtsfeierlichkeiten. Der Kirchgang
markiert und inszeniert gewissermaßen den Übergang von der ›einen‹ in die
›andere‹ Zeit. Mit dem Eintritt in den feierlich geschmückten Kirchenraum
übertreten Menschen sinnbildlich die Schwelle von der Alltagswelt in die
Welt des Festes. Sie tauschen den alltäglichen Raum und die Alltagszeit ganz
bewusst gegen einen »heiligen Ort« und die »irgendwie zeitlose« Zeit des
Festes.[668]

Für Konrad Merzyn ist »das Phänomen des Heiligabendgottesdienstes [...]
ein singuläres«[669]. Alljährlich zählt allein die evangelische Kirche deutschlandweit etwa 9 Millionen Besucher in den Gottesdiensten zu Heiligabend, so
viele wie an keinem anderen Tag des Jahres.[670] Nicht nur auf kirchlicher Seite
hat sich das Weihnachtsfest in der heutigen Zeit vorwiegend auf den Heiligabend vorgelagert. Wurde in vormoderner Zeit der Heiligabend als Vorabend
von Weihnachten am 25. Dezember noch der Adventszeit zugerechnet, so ist
er im Bewusstsein der meisten Menschen heute zum ›eigentlichen‹ Festtag
geworden.[671] Einen möglichen Grund für die zeitliche Vorverlagerung von

---

[667]   Morgenroth, Weihnacht-Christentum, 224.

[668]   Vgl. a. a. O., 211.

[669]   Merzyn, Alle Jahre wieder, 6.

[670]   Die Zahlen schwanken seit 2007 immer zwischen 35 und 37 % aller Mitglieder
der evangelischen Kirche, die hier genannten Zahlen stammen von 2009. Informationen online unter URL: http://www.ekd.de/statistik/zahlen_fakten.html [abgerufen am
04.06.2012].

[671]   Vgl. Birgit Jeggle-März, Weihnachten feiern in postsäkularer Zeit. Chance der Begegnung mit dem Heil Gottes, in: Diak. 39 (2008), 392 f. sowie Axel Bernd Kunze, Weihnachten in der Gemeinde – eine liturgische und theologische Herausforderung, in: BiLi
82 (2009), 191 und Fechtner, Im Rhythmus des Kirchenjahres, 72.

Weihnachten auf den Heiligabend sieht Fechtner in der für die »lebensweltliche Dramaturgie« der Spätmoderne typischen »Logik der Vorzeitigkeit«[672]. So unterliege auch das Weihnachtsfest den äußeren und inneren Bedingungen der gegenwärtigen Gesellschaft mit ihrer Tendenz zur Erlebnisorientierung und zur Allzeitverfügbarkeit, dem stetigen Bedürfnis nach Ästhetisierung und Verfestlichung der alltäglichen Welt.[673] Die Adventszeit ist wahrnehmungs- und erfahrungsgemäß in gewisser Weise selbst schon Fest-Zeit. Sie ist zur ›Vorweihnachtszeit‹, zur Zeit des Besonderen und Anderen, vor dem ›eigentlichen‹ Fest selbst geworden. Mit der Akzentverschiebung weg von einer Buß- und Fastenzeit hin zu einer Zeit freudiger Erwartung haben die vier Wochen des Advents in der Moderne eine zunehmende ›Verweihnachtlichung‹ erfahren. Weihnachten wird auf Heiligabend zugespitzt und endet gefühlsmäßig, »wenn es streng genommen erst beginnt«[674]. Die beiden Weihnachtsfeiertage werden von vielen Menschen heute eher als eine Art ›Nachklang‹ zum Weihnachtsfest, denn als ›vollwertige‹ Festtage wahrgenommen. Auch in Bezug auf das kirchliche Teilnahmeverhalten konzentriert sich das Fest immer mehr auf den Heiligabend.

In der volkskirchlichen Wahrnehmung sind die Heiligabendgottesdienste *die* Weihnachtsgottesdienste unserer Zeit.[675] Gezielt wird an diesem Tag ein kirchliches Angebot der religiösen Inszenierung des individuellen und sozialen Lebens gewählt. Menschen kommen an Heiligabend in den Gottesdienst, um Weihnachten kirchlich zu begehen. Sie kommen, um den vertrauten biblischen Texten und der weihnachtlichen Predigt zu lauschen, die altbekannten Lieder zu hören und zu singen und sich in der bekannten Liturgie und dem Glanz der Lichter und Kerzen auf das Fest einzulassen und einzustimmen. Der Kirchenraum ist schon seiner Bestimmung nach ›Ort für das Andere‹. Er »setzt die, die drinnen sind, in einen spezifischen Kontext, in ein anderes Licht. Wer ein Gotteshaus betritt, tritt ein in einen Raum, der auf Gott bezogen ist. Durch diese Beziehung zur Transzendenz repräsentiert der Kirchenraum das Andere«[676]. In diesem Sinne ist der Kirchenraum der Ort

---

[672]   Ebd.

[673]   Vgl. ebd.

[674]   Als Beispiel für die atmosphärische Verfestlichung der Adventszeit nennt Fechtner die Weihnachtsmärkte, die insbesondere im städtischen Umfeld gegenwärtig eine große Konjunktur erfahren, Fechtner, Im Rhythmus des Kirchenjahres, 72 f., vgl. auch Fuchs, Heiligabend, 24.

[675]   Vgl. hierzu Fechtner, Im Rhythmus des Kirchenjahres, 71 f.

[676]   Jula Elene Well, Ressourcen stärken. Seelsorge für Eltern letal erkrankter Kinder, Leipzig 2013, 253 in Bezugnahme auf Franz-Heinrich Beyer, ›Gebaute‹ Geborgenheit? Beobachtungen zur Bedeutung von architektonischen Räumen, insbesondere von Sakral-

für das Heilige schlechthin. Kirchen sind »exemplarische Orte der Präsenz Gottes in der Welt, die zur Begegnung mit Gott einladen«[677]. Sie sind Räume für Emotionen und die bewusste Besinnung auf das ›Andere‹, auf Gott und den Glauben.[678] Im weihnachtlichen Kirchenbesuch können die Gottesdienstteilnehmerinnen und -teilnehmer das ›Heilige‹ und Transzendente spüren, angeregt, besinnlich und offen werden für Gott und das ›Andere‹ inner- und außerhalb dieser Welt.

Im festlich geschmückten Kirchenraum und der Feier des Gottesdienstes mit seiner Liturgie, den Liedern und biblischen Lesungen findet die private und individualisierte Religiosität sowohl einen expliziten, ästhetisch gestalteten, stimmungsvollen Raum, rituelle Ausdrucks- und gemeinschaftliche Kommunikationsmöglichkeiten als auch dezidiert religiöse Inhalte, konkrete Erzählungen, Deutungsangebote und Themen für die Begegnung und Beschäftigung mit dem ›Heiligen‹, für die im Alltagsleben nur wenig Zeit bleibt.[679] Der Gottesdienst ist schon rein- äußerlich Ort für die »Transzendierung des Alltags«[680]. Er ist mit seiner liturgischen Gestaltung, mit der Musik, der rituellen Abfolge, den Kerzen und Lichtern in der Dunkelheit kompositorisches und ästhetisches »Kunstwerk«[681] und öffnet in seiner besonderen Atmosphäre das Bewusstsein für das ›Heilige‹. Gleichzeitig macht der Heiligabendgottesdienst mit der lukanischen Weihnachtsgeschichte das ›Vertraute‹, die christliche Tradition und Botschaft des Evangeliums vom Kommen Gottes in die Welt zu seinem Gegenstand. Die christlichen Inhalte der Lesungen und der Predigt, die weihnachtliche Sprach- und Bilderwelt, berühren Themen, die Menschen existenziell angehen. Sie bringen zum einen das ›Menschsein‹ selbst in all seinen Facetten zur Sprache. Zum anderen eröffnet das Hören des Wortes Gottes neue Deutungshorizonte, andere Sichtweisen und Perspektiven auf das Leben. Der Gottesdienst richtet den Blick gezielt auf das ›Andere‹ und Transzendente, das verbindende ›Mehr‹, das eben dieses individuelle Leben grundiert.[682] Der Gottesdienst ist in dieser Verbindung aus Ästhetik und religiöser Kommunikation gewissermaßen selbst christliches

---

räumen. Ernst Rüdiger Kiesow zum 09. Januar 2001, in Stefan Schröder/Werner Posner (Hrsg.), Geborgenheit. Ein Lesebuch – nicht nur für Menschen in sozialen Berufen, Herne 2001, 129–143, 140.

[677]   Isolde Karle, Seelsorge en passant: Urbanität, Individualität und Cityseelsorge, in: PrTH 41/2006, 223 zit. in: Well, Ressourcen stärken, 254.

[678]   Vgl. Morgenroth, Weihnachts-Christentum, 211.

[679]   Vgl. a. a. O., 212 .

[680]   Assmann, Der zweidimensionale Mensch, 17.

[681]   Vgl. Dinkel, Was nützt der Gottesdienst?, 204.

[682]   Vgl. auch Josuttis, Weihnachten – das Fest und die Predigt, 91 ff.

Fest. Er ist »Unterbrechung des Lebens«[683], indem er es ermöglicht, aus dem Alltag zurückzutreten, mit dem ›Anderen‹, mit Gott in Beziehung zu treten, sich zu besinnen und die Welt und das Leben aus einer anderen Perspektive heraus zu betrachten. Der Gottesdienst bewältigt die alltägliche Wirklichkeit, indem er diese religiös bearbeitet und Sinn- und Deutungsangebote für die Erfahrungen des Alltags anbietet. Er eröffnet gleichermaßen Raum für sinnliches Erleben und unmittelbares Ergriffensein vom Heiligen sowie zum Nachdenken und für Reflexion. Dem Heiligabendgottesdienst scheint in diesem Zusammenhang zu gelingen, was sonst nahezu unmöglich scheint: Er ebnet die Unterschiede zwischen Besucherinnen und Besuchern, ob treues Kirchenmitglied oder nicht, arm oder reich, alt oder jung, gebildet oder weniger gebildet, ein.[684] Alljährlich vermag er die verschiedensten Menschen zu erreichen. »Entgegen der sonst dominanten Tendenz zur Pluralisierung hat der Heiligabendgottesdienst eine integrative Funktion, bevor er überhaupt erst begonnen hat.«[685] Dort finden sich Menschen mit unterschiedlichsten religiösen Überzeugungen, Frömmigkeitsstilen, persönlichen Hoffnungen und Erwartungen unter der gleichen Botschaft, den gleichen Festsymbolen und -ritualen im Kirchenraum zusammen.

Der Heiligabendgottesdienst ist das seelische, stimmungsmäßige und vor allem kommunikativ-soziale ›Eingangsportal‹ für die späteren, intimen Feierlichkeiten im geschlossenen Rahmen des eigenen Zuhauses.[686] Er ist für viele Menschen ein fester Bestandteil ihrer persönlichen und familiären »Festliturgie«[687]. Als solcher soll er, wie Merzyn in Interviews mit Besucherinnen und Besuchern des Heiligabendgottesdienstes beobachtet hat, vertraut und wiedererkennbar sein und die besondere Atmosphäre und Botschaft des Festes vermitteln.[688] Genau wie die familiäre Gestaltung der Weihnachtsfeierlichkeiten werde der Heiligabendgottesdienst von den meisten Besuchern »primär als ein mehr oder weniger stimmiges Ganzes wahrgenommen«[689] und sei dabei mit ganz konkreten Vorstellungen und normativen Erwartungen hinsichtlich seiner Bestandteile und der ›richtigen‹ Abläufe verbunden. In diesem Zusammenhang stellte Merzyn bei den befragten Besucherinnen und

---

[683] Rössler, Unterbrechungen des Lebens, 35.

[684] Vgl. Schulz, Die Kirche voller Weihnachtschristen, 6 f.

[685] Merzyn, Alle Jahre wieder, 8; vgl. auch Cornehl, Christen feiern Feste, 222 sowie Schulz, Die Kirche voller Weihnachtschristen, 7.

[686] Vgl. Fechtner, Im Rhythmus des Kirchenjahres, 72.

[687] Vgl. Fuchs, Heiligabend, 159.

[688] Vgl. Merzyn, Alle Jahre wieder, 11.

[689] Ebd.

Besuchern des Heiligabendgottesdienstes durchgängig eine »ausgesprochen konservative«[690] Haltung im Hinblick auf die Gottesdienstliturgie fest. Neben der Auswahl der Lieder und der Lesung der lukanischen Geburtsgeschichte beziehe sich dies vor allem auf die Erwartung einer möglichst ›klassischen‹ Predigt:

> »Experimente, neue Gestaltungsformen, inhaltliche Wagnisse: Derartige Versuche werden prospektiv abgelehnt und retrospektiv (falls überhaupt je erlebt) in der Regel negativ bewertet als Abweichung von »der Tradition«, von dem »was an Heiligabend einfach dazugehört«, was man von klein auf zu kennen glaubt.«[691]

Der Heiligabendgottesdienst als Auftakt von Weihnachten soll in der Regression und seinen immer gleichen Abläufen die ›uralten‹ Traditionen bewahren und aufleben lassen, eine Atmosphäre von Vertrautheit, Geborgenheit und Ursprünglichkeit vermitteln. Weihnachten soll sein, wie man es sich idealtypisch vorstellt. Das gilt auch und vielleicht ganz besonders für den Heiligabendgottesdienst als (familien-)liturgischem Beginn des Festes. Der weihnachtliche Gottesdienst soll nach Möglichkeit sein, »wie er immer ist«[692]. Tradition und Kontinuität zählen, Veränderungen oder Innovation sind unerwünscht. Auffälligerweise zeichnete sich dabei bei den von Merzyn interviewten Personen durchweg eine gewisse »Grundspannung zwischen einem allgemeinen, familiär bzw. kulturell überlieferten Bild ›des Gottesdienstes‹ und der Erfahrung des konkreten liturgischen Vollzugs«[693] ab.

> »Auf der Ebene des sprachlichen Ausdrucks verbindet sich das (familiär bzw. kulturell) überlieferte Bild eines ›richtigen Heiligabendgottesdienstes‹ mit Vorstellungen von Tradition und historischer Dignität (im positiven Fall) oder aber (in negativen Fällen) mit Begriffen wie ›neumodisch‹, ›modern‹ und ›Zeitgeist‹.«[694]

Dieses wahrgenommene Spannungsverhältnis zwischen Erwartung und Erleben sorge letztlich für die konservative Haltung insbesondere auf Seiten der jüngeren Generation gegenüber dem Heiligabendgottesdienst und seiner Gestaltung. Ähnlich wie bei den Bräuchen und Traditionen der familiären Weihnachtsfeier im eigenen Zuhause stehe beim Besuch des Heiligabendgottesdienst die Bestätigung eines bestimmten ›richtigen‹ und ›traditionellen‹

---

[690] Merzyn, Alle Jahre wieder, 13.
[691] Ebd.
[692] vgl. hierzu Kunze, Weihnachten in der Gemeinde, 188.
[693] Merzyn, Alle Jahre wieder, 13.
[694] A. a. O., 14.

Bildes des Gottesdienstes im Mittelpunkt. Bestehe im Rahmen anderer Gottesdienste prinzipiell große Offenheit oder sogar der ausdrückliche Wunsch nach gestalterischer Innovation, so gelte dies für den Heiligabend nicht. Die immer gleichen Texte und Lieder, sogar inhaltlich ähnliche Bausteine innerhalb der weihnachtlichen Predigt würden von den Befragten keineswegs als langweilig beschrieben. Vielmehr würden gerade formale und inhaltliche Abweichungen vom Vertrauten und Erwarteten an diesem Tag als Enttäuschung und Störung empfunden.

> Als »Konstanten der liturgischen Gestaltung erweisen sich dabei bekannte Weihnachtslieder (Stille Nacht, O du fröhliche, ...) und Bibeltexte (lukanische Geburtsgeschichte, alttestamentliche Weissagungen) sowie die weihnachtlich-konventionelle Dekoration des Kirchenraumes (Kerzen, Krippe, Tannenbaum)«[695].

Eine ungewöhnliche Liedauswahl, eine verfremdete Darstellung der lukanischen Weihnachtsgeschichte oder eine besonders innovative Predigtform würden hingegen mehrheitlich negativ bewertet, oft sogar rundheraus abgelehnt. »Es gilt: ›Keine Experimente‹ als Grundregel der Vorerwartungen!«[696]

Mit Blick auf die Beobachtungen Merzyns scheinen sich an Heiligabend Gottesdienst und Familienfest in gewisser Hinsicht zu verschränken.[697] Der Heiligabendgottesdienst als öffentliches Element gelebter Religiosität ist wesentlicher Baustein der familiären Liturgie und des privat und familiär ausgerichteten Festes. Er markiert nach der langen Zeit des Wartens und der Vorbereitung den offiziellen Beginn des Festes und seiner Feierlichkeiten und inszeniert den Übergang von der öffentlichen Sphäre der Advents- oder ›Vorweihnachtszeit‹ in die private häusliche Weihnachtswelt, zu der in der Regel nur die engsten Familienmitglieder, meist noch nicht einmal gute Freunde, Zutritt haben.[698] Ebenso wie das spätere Familienfest soll auch der Heiligabendgottesdienst als Auftakt von Weihnachten in seinen Abläufen vertraut sein, dem ›richtigen‹ Bild entsprechen und zu einem insgesamt stimmigen und ›gelingenden‹ Fest beitragen. Darüber hinaus erinnert der Heiligabendgottesdienst an die ›eigentliche‹ Bedeutung des Festes, den Grund, warum man überhaupt zusammenkommt. Er lässt besinnlich werden, öffnet den Blick für das ›Andere‹, das an Weihnachten gefeiert wird. Die Feier des Gottesdienstes gestaltet nicht nur äußerlich und emotional, sondern zugleich

---

[695]   A. a. O., 16.
[696]   Merzyn, Alle Jahre wieder, 14.
[697]   Vgl. Fechtner, Im Rhythmus des Kirchenjahres, 72.
[698]   Vgl. Fuchs, Heiligabend, 14.

auch gedanklich die Einstimmung und den Übergang in die besondere und andere Welt des Weihnachtsfestes.

4 Familienritual Weihnachten

Die gemeinsamen Feierlichkeiten des Heiligabends im heimischen Wohnzimmer bilden in den meisten Familien den unumstrittenen Höhepunkt und ›Hauptakt‹ des Weihnachtsfestes. Großeltern, Eltern, Kinder und Enkel, Menschen, die vielleicht in dieser Konstellation das ganze Jahr über kaum zusammenkommen, finden sich an Heiligabend in gewohnter Runde im heimatlichen Wohnzimmer ein, um im Lichterglanz des Weihnachtsbaumes das Fest miteinander zu verbringen, gemeinsam zu essen, zu reden, einander zu beschenken, zu lesen und zu singen. Sämtliche Vorbereitungen laufen auf diesen Abend hin, die ›Liturgie‹ ist meist im Voraus sorgfältig geplant und allen Teilnehmenden bekannt.

Das familiäre Weihnachtsritual hat seinen Ort für die Inszenierung vorwiegend im feierlich-geschmückten Wohnzimmer, in der Geborgenheit und der sowohl räumlichen als auch personellen Abgeschlossenheit des Weihnachtszimmers des eigenen Zuhauses. Mit seinem besonderen Schmuck, den Lichtern, der Musik, den vertrauten Handlungen, Gesten und Traditionen und der daraus entstehenden Atmosphäre ist es das Zentrum von familiärer Intimität und zwischenmenschlicher Nähe, Raum für Feierlichkeit und Besinnlichkeit. Gemeinsam zieht man sich in diese andere, ›heilige‹ Welt des Festes zurück, die Alltagswelt muss draußen bleiben.[699]

> »Im Abstand zum Alltag feiert sich die Familie im Weihnachtsfest, indem sie dieses gemeinsam begeht. Festliche Familienrituale sollen vor allem die charakteristischen Merkmale familiärer Gemeinschaftlichkeit wie Einheit, Zusammenhalt, Intimität, Gemeinsamkeit, Solidarität und Integration in besonderer Weise darstellen, gewährleisten und fördern.«[700]

In diesem Sinne ist Weihnachten sowohl das Fest der Familie als auch ein Fest für die Familie. Mit ihrem Weihnachtsritual suchen Familien Jahr für Jahr vereint unter einer gemeinsamen Geschichte ihre Imaginationen familiären Glücks zu realisieren. Das Weihnachtsfest, seine Geschichte, sein Brauchtum und seine Symbolwelt werden zur innerfamiliären ›Bühne‹ für die Inszenie-

---

[699] Vgl. Morgenroth, Weihnachts-Christentum, 215.
[700] Christoph Wulf et al., Einleitung, in: dies., Das Glück der Familie, Ethnographische Studien in Deutschland und Japan, Wiesbaden 2011, 41.

rung und Bekräftigung der geteilten Träume und Vorstellungen von Familie, Zuhause und privater Welt, vor allem aber für die Vergewisserung und Versicherung familiärer Gemeinschaftlichkeit und Identität.

Dabei ist das Weihnachtsritual als familiäre Inszenierung sowohl sakrosankt als auch paradox. Sakrosankt ist es, weil das Ritual in seiner bestehenden Tradition das Wesentliche familiärer Gemeinschaftlichkeit, nämlich die Erfahrung von Zusammengehörigkeit und Einheit, inszeniert: »Weihnachten ist das Fest der Familie, weil es über Orte, Zeiten und Personen hinweg einen rituell abgesicherten Bestand von Erfahrungen ›heilig‹ spricht, der das Glück der Familie verbürgen soll.«[701] Daher dürfe und könne das Ritual nicht ohne Grund verändert werden, ohne zwangsläufig das Gelingen des Festes zu gefährden.[702] Paradox sei die weihnachtliche Inszenierung zum einen, weil hier versucht werde, die individuellen und generationsbedingten Lebenswelten, Emotionen und Wahrnehmungen unter einer vermeintlich uralten Tradition und den Ritualen als gemeinsamen Handlungsformen zu integrieren und damit »eine kontingente Ordnung als mythisch und natürlich darzustellen«[703]. Zum anderen werde Weihnachten als »Fest der Generativität«[704] gestaltet und begangen, indem im Zusammentreffen der verschiedenen Generationen die familiäre Zusammengehörigkeit und darin explizit die Gleichheit ihrer Mitglieder zelebriert werde. Paradoxerweise bestehe in der Praxis jedoch entgegen dieser proklamierten Gleichheit (zumindest unbewusst) eine asymmetrische Konstellation hinsichtlich ›Eingeweihtheit‹ und Anteil der einzelnen Generationen an der Festinszenierung.[705] Denn Weihnachten ist, das stellen Maurice Baumann und seine Kollegen angesichts ihrer Interviewstudie zum Familienritual Weihnachten fest, auch heutzutage in den meisten Familien im Wesentlichen das Fest für die Kinder. Dementsprechend lasse sich an Weihnachten eine ›idealtypische‹ Rollenverteilung erkennen: Die Eltern sind Organisatoren und Verantwortliche für das Arrangement und die Durchführung des Festes. Sie sind ›Verwalter‹ und Hauptverantwortliche des Rituals und in dieser Funktion in gewissem Maße auch ›Geheimnisträger‹. Die Kinder bilden bis weit ins Jugendalter hinein das »privilegierte Zielpublikum«[706] der Feierlichkeiten, sie stehen im Mittelpunkt. Sie dürfen in einem bestimmten Rahmen selbst aktiv an der Gestaltung der Feierlichkeiten mitwirken,

---

[701] Ebd.
[702] Ebd.
[703] Ebd.
[704] Ebd.
[705] Ebd.
[706] Baumann, Ritualisierung und Religiosität, 28.

ohne jedoch im gleichen Maße wie die Eltern Erwartungen, Verpflichtungen oder der Verantwortung für das Gelingen des Festes zu unterliegen. Die anwesenden Großeltern wohnen vor allem als »Ehrengäste«[707] dem Heiligabend bei. Als »ehemalige Verantwortliche« verkörpern sie dabei die Bewahrung und vor allem Weitergabe der Tradition und somit eine gewisse Kontinuität (und Autorität) innerhalb der familiären Weihnachtsfeierlichkeiten.[708]

Das Zusammentreffen der verschiedenen Generationen mit ihrer zumeist klaren Rollenverteilung, das gemeinsame Essen, der Baum und die anschließende Bescherung – das »Grundszenario« des weihnachtlichen Rituals ist bei nahezu allen Familien das gleiche.[709] Und doch wird es von Familie zu Familie, nicht zuletzt innerhalb der gleichen Familie, von Jahr zu Jahr immer wieder anders interpretiert, akzentuiert und angepasst: »Dieses Grundszenario wird ergänzt und abgeändert, sodass Weihnachten in jeder Familie und jeder Generation neu, auf einzigartige und kreative Weise gestaltet wird.«[710] Hier verbinden sich religiöse und spezifisch moderne Traditionen und gesellschaftlich-soziokulturelle Entwicklungen und Rollenmuster, die sich wiederum ihrerseits mit der individuellen Familiengeschichte und den daraus entwickelten innerfamiliären Traditionen vermischen.[711] Das Grundszenario verleiht dem familiären Weihnachtsfest eine gewisse Stabilität und Kontinuität, indem es einen rituellen Rahmen, die ›traditionellen‹ Bausteine für die Feierlichkeiten liefert, aus denen sich gleichzeitig jedes Jahr aufs Neue das ganz individuelle und eigene Familienritual in verschiedenen Variationen komponieren lässt.[712] Diese (Neu-) Kompositionen werden von den glücklichen und traurigen Ereignissen der eigenen Familiengeschichte gleichermaßen inspiriert. »Sie bewirken neue Formen des Rituals und tragen zu seiner Plastizität bei.«[713] Verändert sich die Familiengeschichte, so verändert sich auch das Ritual. Todesfälle, Konflikte, Scheidungen oder die Geburt eines Kindes und damit die Verschiebung des Generationengefüges, aber auch kleinere Veränderungen und die zeitliche Entwicklung innerhalb der familiären Biografie erfordern immer wieder neue Variationen und einen kreativen Umgang mit dem Ritual Weihnachten.[714] Immer wieder ähnlich und vielfach

---

[707] Ebd.
[708] Ebd.
[709] Vgl. ebd.
[710] Vgl. a. a. O., 27 f.
[711] Vgl. a. a. O., 28.
[712] Vgl. ebd.
[713] Ebd.
[714] Vgl. a. a. O., 33 ff.

doch ›irgendwie neu‹ entwickelt sich über die Jahre hinweg die ganz eigene, familienspezifische Liturgie des Weihnachtsfestes.[715]

In dieser Verbindung aus Kontinuität und Wandel ist das familiäre Weihnachtsritual ein entscheidender Baustein dessen, was Baumann als »Familiengeist« bezeichnet.[716] Die sozialen und familiären Traditionen sind es, die die stabilen Elemente dieses Rituals ausmachen. Doch seine eigentliche Ausgestaltung beruht vor allem auf den unterschiedlichsten familiären und individuellen Erfahrungen, Ereignissen und Geschichten des vergangenen Jahres, die auf der Weihnachtsbühne des Festes zum Ausdruck kommen und gemeinschaftlich inszeniert werden.[717] An Weihnachten kommen die verschiedenen Generationen und Personen mit ihren unterschiedlichen Erfahrungen und Geschichten zusammen. Das Fest verbindet »Alltagswelten, die sonst auseinandergehen«[718], und vereint so unter dem gemeinsamen Weihnachtsritual die verschiedenen, individuellen Lebenswelten in dem Gefühl und Bewusstsein kollektiver Zusammengehörigkeit. In ihrer Herausgehobenheit aus der Alltagswelt lässt die rituelle Ausgestaltung des Festes Familienstrukturen bewusst werden, die sonst im Alltagsleben der Individuen meist unbewusst bleiben. Gleichzeitig verweisen die Weihnachtsfeierlichkeiten in ihrer ›traditionellen‹ Inszenierung auf die Rolle, die Beziehungen und die Bedeutung jeder und jedes Einzelnen in diesem Ganzen und tragen darin entscheidend zur Stabilität und Kohärenz des Systems Familie bei.[719] Familienweihnacht bedeutet Besinnlichkeit und Besinnung auf das ›Andere‹ und Wesentliche, auf den »heiligen Rahmen«[720] aus Erinnerungen, Erzählungen, Erfahrungen und Emotionen, aber auch Wünschen, Normen und Idealen, der die gemeinschaftlich-familiäre und so letztlich auch die individuelle Welt fundiert und zusammenhält. In diesem Sinne ist Weihnachten das Fest der *und* für die Familie, »weil sie [die Familie, Anm. A. H.] ihre besondere, d. h. ihre spezifische heilige rituelle Form inszeniert, in der sie ihr familiäres Glück intendiert«[721]. In seiner oft über Jahre und Generationen beständigen Ordnung und seinem geradezu liturgischen Ablauf gestaltet, begeht und bewahrt das Fest mit seinen Ritualen und Traditionen dieses ›Heilige‹ in und für die jeweilige Familie. Dabei nimmt das familiäre Weihnachtsfest zugleich

---

[715] A. a. O., 27 f.
[716] A. a. O., 42.
[717] Ebd.
[718] A. a. O., 27.
[719] A. a. O., 27 und 45.
[720] Wulf et al., Einleitung, 40.
[721] Ebd.

in seiner Ausgestaltung die verschiedenen Facetten und Fragmente der familiären Geschichte auf, bringt die Erlebnisse und Erfahrungen der einzelnen zusammen und integriert sie zu einem intergenerationellen gemeinschaftlichen Gefüge.[722]

Auf der weihnachtlichen Bühne interpretieren und reflektieren Familien die Erzählfragmente ihrer Familiengeschichte, indem sie inspiriert von den gemeinsamen und individuellen Geschichten und Erfahrungen kreativ ihr Weihnachtsritual, ihr individuelles ›Weihnachtsstück‹ gestalten.[723] Im vertrauten Rahmen des Festes und seiner rituellen Inszenierung entstehen dabei abseits der Routinen des Alltags Anlässe und Gelegenheiten zum Nachdenken, für die Interpretation und Reflexion dieser Familiengeschichte. Das weihnachtliche Familienritual mit seinen vertrauten Symbolen und Handlungen schafft den Rahmen für die Auseinandersetzung und den Umgang mit elementaren Grundfragen (wie z. B. Tod und Verlust, Streit und Versöhnung). Es eröffnet einen Raum für Gefühle der Zusammengehörigkeit, der Gemeinsamkeit und Kohärenz, für die Frage nach individueller und familiärer Identität, nach Sinn und so letztlich auch für gemeinschaftlich und individuell gelebte Religiosität. Im Weihnachtsritual wird Zeit strukturiert, werden gemeinschaftliche und einzelne Ereignisse, Brüche und Kontinuitäten gleichermaßen, gedeutet und bewältigt, Beziehungsstrukturen geklärt und gefestigt. Es bietet Gelegenheit für familiäre und individuelle Bilanzierung und ermöglicht so die Reflexion, (Neu-)Konstruktion und Deutung der eigenen und der gemeinsamen familiären Geschichte und Identität.[724] Vergangenheit, Gegenwart und Zukunft kommen in den Blick. In der Verbindung aus diesem familiären Gedächtnis und den neuen Erinnerungen und Erzählungen werden das innerfamiliäre biografische (Weihnachts-)Mosaik und die »kulturelle Identität«[725], die gemeinsamen Erinnerungsmuster, Sinndeutungen und Traditionen der Familie immer weiter fortgeschrieben und in einer übergreifenden und tiefergehenden Dimension jenseits der individuellen Alltagserfahrungen verortet:

> »Das Ritual bewirkt und lässt das Eindringen einer alternativen Welt zu, die die gebräuchlichen und anonymen Gewohnheiten sublimiert. Es verankert

---

[722] Vgl. Baumann, Ritualisierung und Religiosität, 42.

[723] Vgl. ebd. sowie Morgenroth, Weihnachts-Christentum, 155 f.

[724] Vgl. Baumann, Ritualisierung und Religiosität., 43.

[725] Wulf/Suzuki/Zirfas, Die Familie, das Glück und das Fest. Eine thematische und methodische Einleitung, in Christopher Wulf et al., Das Glück der Familie. Ethnographische Studien in Deutschland und Japan, Wiesbaden 2011, 17.

den Alltag in einer tieferen Dimension und zeigt dadurch, worin sein Grund besteht. Das intergenerationelle System wird in ein neues Licht gestellt.«[726]

In diesem Sinne ist das Familienritual Weihnachten nicht zuletzt eine der entscheidenden Konstituenten in der Konstruktion von Familiengeist und -geschichte.[727] Die familiäre Weihnachtsfeier ermöglicht nicht nur gemeinschaftliche und individuelle Selbstinterpretation, sondern vor allem auch Selbstdarstellung und stetige Weiterentwicklung der familiären Identität vor dem Horizont ihres Familiengeistes und insbesondere ihrer inneren normativen Grundwerte. Im weihnachtlichen Familienritual schwingt nicht nur die reale Familiengeschichte mit. Es ist zugleich stark von den gemeinsamen und gesellschaftlichen Vorstellungen inspiriert, wie Familie sein sollte und wie sie sich selbst versteht. So spielen gemeinschaftliche Wertvorstellungen von Familie und Welt, die Sehnsucht nach familiärer Eintracht, Liebe, Geborgenheit und Harmonie, der Wunsch nach heiler Familie in der Inszenierung der weihnachtlichen Privatwelt eine wesentliche Rolle. An Weihnachten, so formuliert Utz Jeggle durchaus ironisch, tritt die Familie so wie sie sein sollte und gerne wäre wohl »am unverhülltesten«[728] zu Tage. In gemeinschaftlicher ›Produktion‹ bemühe man sich um das Ideal der glücklichen und heilen Familie, das sonst so im Alltag nicht zum Ausdruck komme und dementsprechend die Beteiligten alle Jahre wieder zum Fest herausfordere damit umzugehen.[729]

> »Denn Familie ist auch immer das, was sie nicht ist, nämlich die gute heile Welt, der sichere Hafen und der Ort der absoluten Geborgenheit. Das zeigt sich gerade im Weihnachtsfest, das die Hoffnungen und Versprechungen in einem stabilen, heiligen und rituellen Rahmen aufheben möchte, indem es keine Enttäuschungen und kein Fehlverhalten geben darf. Denn die modernen Familien sind für Sinn und Heil selbst verantwortlich.«[730]

Hierzu passt die Beobachtung Baumanns, dass trotz der oftmals gerade im Vorfeld des Weihnachtsfestes sehr präsenten Enttäuschungen und Konflikte innerhalb der Familiengeschichte im familiären Weihnachtsritual selbst nahezu nie Konflikte auftauchen: »Besinnlichkeit, Harmonie und Solidarität und diffuse Religiosität überwuchern die Ritualszene, obschon es sonst in den Erzählfragmenten der Familiengeschichte von Konflikt-, Konkurrenz-, Ge-

---

[726] Baumann, Ritualisierung und Religiosität, 28.
[727] Vgl. a. a. O., 42.
[728] Jeggle, Schöne Bescherung, 278.
[729] Ebd.
[730] Wulf et al., Einleitung, 42.

fühllosigkeits- und Bitterkeitsanekdoten wimmelt.«[731] Dennoch ist das Weihnachtsfest für viele Menschen nicht, wie man nun vielleicht glauben mag, eine »nostalgische Oase«[732] kindlich-familiärer Glückseligkeit. So werden oftmals in der weihnachtlichen Inszenierung von Familienglück und familiärer Gemeinschaft eben genau die Dinge schmerzlich bewusst, die nicht sind, wie sie sein sollten. Nicht selten treffen an Weihnachten die mit dem Fest verbundenen hohen Erwartungen und Emotionen, das Familienideal und die familiäre Realität in besonderer Weise aufeinander und fordern die Beteiligten zum Umgang und zur Bewältigung dieser Widersprüche heraus. Weihnachten zu feiern bedeutet für die meisten weder kitschige Verklärung noch scheinheilige »Überzuckerung« von Familie, sondern verlangt vor dem Hintergrund der eigenen Grundwerte immer wieder die bewusste Konfrontation und aktive Auseinandersetzung gerade auch mit den prekären Momenten der eigenen Familiengeschichte.[733] Das Weihnachtsfest mit seinem Grundszenario wird dabei in der Abgeschiedenheit der privaten Weihnachtswelt alljährlich zum Ankerpunkt für die familiäre Selbstreflexion, die gemeinsame ›Arbeit‹ an der Familienbiografie und -identität. Es bietet Gelegenheit und Raum für den gemeinschaftlichen Umgang mit der Familiengeschichte, den Erinnerungen, Idealen und Wünschen und ist gleichermaßen Ort für die Bearbeitung von Konflikten, Brüchen und schmerzvollen Erfahrungen.

Die familiäre Weihnachtsfeier ist insofern kein hohles, leeres Ritual. Sie ist in ihrer rituellen Inszenierung und Ausgestaltung vielmehr überaus komplex, vielschichtig und wandelbar. Gerade in seiner Mischung aus Tradition und Kreativität schafft das weihnachtliche Familienritual Möglichkeiten, die unterschiedlichen Individualbiografien zu einem einheitlichen Ganzen zu verbinden, Vergangenheit, Gegenwart und Zukunft der Familie in den Blick zu bringen und so in Herausforderung zur ständigen Reflexion und Reaktion auf Veränderungen familiäre und individuelle Identität zu konstituieren.[734] Zusammenfassend identifizieren Wulf et al. in Bezug auf das familiäre Weihnachtsritual insgesamt sechs wesentliche Funktionen:

> »*liminale*, durch eine Abschließung gegenüber außen und eine Konzentration auf das Innen der Familie, *zeitlich-räumliche*, durch die Gestaltung eines außerordentlichen Rahmens und besonderer Ordnungen, *soziale*, durch die Erneuerung und Etablierung einer neuen gemeinsamen Identität, *kulturelle*, durch die Verschwendung im Schenken und Essen im Fest gegenüber

---

[731] Baumann, Ritualisierung und Religiosität, 28 f.
[732] Vgl. a. a. O., 25.
[733] Vgl. a. a. O., 36.
[734] Vgl. a. a. O., 42.

der Leistung und Arbeit im Alltag, *körperliche* durch eine besondere Nähe und Emotionalität und *subjektive*, durch eine spezifische Ausgestaltung des Abends«[735].

Darüber hinaus besitze das familiäre Weihnachtsfest in seiner Gestalt als *Ritual* zumindest implizit immer auch eine religiöse Dimension, die vor allem durch die drei Merkmale Unbestimmtheit, Distanz zur Kirche sowie Atmosphäre und Stimmung gekennzeichnet ist.[736] So handele es sich bei der familiären Weihnachtsreligiosität oftmals um eine sehr diffuse und schwebende, ambivalente Form von Religiosität, bei der sich Religiöses und Nichtreligiöses, Ästhetik, Mystisches und Überzeugung miteinander vermengen. Einerseits spielten bei der familiären Festgestaltung die christliche Weihnachtserzählung und die mit dieser verbundenen Symbole und Rituale mitunter eine große Rolle, andererseits hätten Christentum und Kirche mit ihren Traditionen nur wenig Einfluss auf die tatsächliche Feierpraxis:

> »Elemente der christlichen Traditionen geben Impulse, werden aber als solche kaum zelebriert. Die gelebte Religiosität hat sich von ihrem Ursprung distanziert und weist auf eine Art von Religion, die sich gegenüber der Tradition, die sie initiiert hat, verselbstständigte.«[737]

In ihrem Kontext gehe es im Wesentlichen um Solidarität, Nähe und Gemeinschaft, um (Liebes-)Beziehungen, die Erfahrung menschlicher Wärme, um Kommunikation und Emotionalität, weniger um Bekenntnisse oder religiöse Überzeugungen.[738] Nicht selten werde diese vermeintlich ›neue‹ Religiosität gerade als eine Alternative zur zumeist als fremd empfundenen kirchlich-religiösen Praxis aufgefasst, deren Gestaltung nicht den in religiösen Fragen ausgewiesenen professionellen Expertinnen und Experten, sondern vielmehr dem selbstständigen Handeln der einzelnen Familienmitglieder und der Familie als Gemeinschaft unterliege. Familien verwendeten religiöse Symbole in der Regel immer dann, »wenn es um einen reflexiven Sinnstiftungsprozess geht, der sie selbst als Familie betrifft«[739]. Familienreligiosität ist damit keine abstrakte Größe, sondern eine lokal und konkret an eine bestimmte Gruppe, die jeweilige Familie gebundene kommunikative und emotionelle Praxis.[740]

---

[735] Wulf et al., Einleitung, 40, in Bezug auf Jörg Zirfas, Pädagogik und Anthropologie, Stuttgart 2004 [Hervorhebungen im Originaltext].

[736] Baumann, Ritualisierung und Religiosität, 51.

[737] Ebd.

[738] Vgl. a. a. O., 52 f. .

[739] Wulf et al., Einleitung, 42.

[740] Vgl. Baumann, Ritualisierung und Religiosität, 53.

»Das Zusammensein, die Solidarität und menschliche Wärme sind Zeichen der oft unausgesprochenen Religiosität, die das Familienfest durchdringt und trägt. Sie gibt ihm einen Hintergrund und eine Basis, die das Ritual ins Licht einer symbolischen Deutung stellen, sie zieht sich wie ein Hauptfaden durch die rituelle Inszenierung, sie gibt ihr eine spezifische Qualität.«[741]

Vor allem die Stimmung und die Atmosphäre, insbesondere aber das gemeinschaftliche Erlebnis und die geteilte Erfahrung, die kollektive, emotional aufgeladene und aktiv handelnde Praxis seien dabei entscheidend für das familiäre religiöse Erleben[742]:

»Obschon sie [die weihnachtliche Religiosität, Anm. A.H.] bewusst von ihrer christlichen Herkunft weiss [sic!], entfaltete sie sich in einem ganz anderen Deutungshorizont. Die weihnachtliche Religiosität bildet eine nebelhafte und verschwommene Grösse [sic!], die sich überhaupt nicht konzeptuell, sondern eher affektiv und emotional entwickelt. Sie ist keine individuelle Angelegenheit. Sie geht aus der Gruppe hervor. Sie ist mit einer geteilten Intimität verbunden; wird mit Zugehörigkeitsgefühl buchstabiert. Sie vertritt keine Botschaft und ist ein spontanes Produkt einer Gemeinschaft. Sie entsteht dort, wo eine gemeinsame rituelle Praxis Personen und Generationen verbindet. Die Religiosität weiss [sic!] sich keiner bestimmten Tradition verpflichtet. Sie ist eine gemeinschaftliche Erfahrung, die sicher mit christlich-traditionellen Symbolen, Figuren und Bräuchen gestaltet wird. Doch bekommen diese Elemente eine neue Bedeutung; sie verwandeln sich in kulturelle Objekte, die nun im Dienste einer neuen Religiosität stehen.«[743]

Weihnachten und so auch die familiäre Weihnachtsreligiosität bewegen sich fraglos im Rahmen der Privatwelt. Nichtsdestotrotz gehört, so lässt sich kritisch gegen Baumann einwenden, für viele Familien nicht nur der Besuch des Heiligabendgottesdienst zum verbindlichen Programm des Festes dazu, auch die liturgische Gestalt der häuslichen Heiligabendfeier ist als Zentrum religiöser familiärer Praxis zumindest in groben Zügen von der kirchlichen Tradition inspiriert. Nicht selten ist die weihnachtliche Familienliturgie dabei eher als Symbiose aus christlich-kirchlicher Tradition und bürgerlichem Familienbrauchtum als in tatsächlicher Opposition zu Christentum und Kirche zu sehen.

---

[741] Ebd.
[742] Vgl. a. a. O., 55.
[743] Baumann, Ritualisierung und Religiosität, 55.

5 »Kindheitsroman« Weihnachten

Jede und jeder kann etwas von sich erzählen. Wir wissen einiges über uns zu berichten, über unsere Kindheit und das Erwachsenwerden, die prägenden Erlebnisse und Erfahrungen im Elternhaus, in der Schule oder dem Freundeskreis.[744] Wir sprechen über unsere beruflichen Qualifikationen und von unseren Plänen und Wünschen, unseren Sorgen, Nöten und Ängsten. Wir bekommen mehr oder weniger offen und ehrlich zu hören, was andere über uns denken, wie sie uns und unser Leben betrachten, wer und wie wir in ihren Augen sind oder vielleicht sein sollten.[745] Wir wissen viel über uns selbst und bekommen einiges von anderen über uns mitgeteilt. Doch nichtsdestotrotz beschäftigt die meisten Menschen immer wieder die Frage, wer sie eigentlich ›wirklich‹ sind.[746] So geht es uns auch bei den Erzählungen über uns selbst und unser Leben nicht nur um eine bloße »Auflistung von Fakten oder um die Aneinanderreihung von Ereignisfolgen«[747]. Vielmehr bemühen wir uns in unseren Geschichten zumindest implizit immer auch um eine Deutung des Erzählten. Wir versuchen zu erklären, zu begründen und nachzuvollziehen, warum die Dinge sich so entwickelt haben, wie sie sind. Wir erzählen Begebenheiten aus unserem Leben, machen uns dabei unsere eigene Lebensgeschichte in ihrer Gänze und ihrem Verlauf bewusst, blicken auf Vergangenes und Gegenwärtiges und verhalten uns »dabei immer deutend zu uns selbst.«[748]

Menschen suchen nach dem Sinn des Erlebten, von positiven und negativen Erfahrungen gleichermaßen. Sie versuchen diese zu verstehen und zu interpretieren, in einen größeren Kontext einzubinden und so die Einzelerfahrungen und ihr Leben insgesamt zu einem sinnhaften Ganzen zu ordnen. Sie schaffen Kontinuität und Sinn, indem sie die verschiedenen Aspekte zusammenführen und schreiben so die Geschichte ihres Lebens immer weiter fort. Immer wieder stellen sich Menschen die ›großen‹ Fragen nach Sinn, ihrem Sein und Werden. Wer war ich, wer bin ich und wer und vor allem wie möchte ich sein? Wie sehe ich mich und wie sehen mich die Anderen? Wo stehe ich gerade und wo möchte ich hin?[749] Mögen uns heutzutage

---

[744] Vgl. Gräb, Religion als Deutung des Lebens, 46 f.

[745] Vgl. ebd.

[746] Vgl. Wilhelm Gräb, Lebensgeschichten, Lebensentwürfe, Sinndeutungen. Eine Praktische Theologie gelebter Religion, Gütersloh 1998, 63.

[747] Gräb, Religion als Deutung des Lebens, 48 und ders., Lebensgeschichten, 63.

[748] Gräb, Lebensgeschichten, 63.

[749] Vgl. ebd.

die Frage nach unserem ›wahren Selbst‹, die ständige Beschäftigung und Auseinandersetzung mit unserer Person und Persönlichkeit als ›normaler‹ und geradezu existenzieller Bestandteil unseres Daseins erscheinen, so ist die Suche nach der eigenen Identität entgegen der gängigen Wahrnehmung ein ausgesprochen modernes Phänomen.[750]

Die Frage nach der eigenen Lebensgestaltung, der persönlichen Identität und Individualität, nach Sinn und Bedeutung des eigenen Lebens, ist für die meisten Menschen mal mehr, mal weniger präsent. Sie bricht auf und findet Anknüpfungspunkte zu den besonderen Zeiten im Leben. Dabei sind es oft die Ausnahmezustände, die »Einbruchs-, Umbruchs- und Durchbruchserfahrungen«[751]. Es sind die Momente, an denen wir vor »Umbrüchen und Abbrüchen in unserer Lebensgeschichte stehen«[752], die aufgrund der damit verbundenen besonders präsenten Erfahrungen von Kontingenz zu Reflexion und Deutung herausfordern, »die nach Einordnung, ›Verarbeitung‹, nach Normalisierung rufen«[753]. Gleichzeitig sind es aber auch die alljährlich wiederkehrenden kleineren, weniger einschneidenden Auszeiten vom Alltag, die besonderen Gelegenheiten und Anlässe im Jahr, in denen Menschen die Suche nach dem ›wahren‹ Selbst, dem Sinn und der Sinnhaftigkeit ihres persönlichen Lebens bewusst (wieder) aufnehmen und versuchen, Anknüpfungs- und Fixpunkte sowie Einheitlichkeit und Orientierung zu finden. Gerade das Weihnachtsfest und seine Zeit werden dabei zu einem wesentlichen Anlass und Anknüpfungspunkt für den Blick auf und die Beschäftigung mit der eigenen Biografie. So bieten die Weihnachtsfeste zum einen in ihrer regelmäßigen Wiederkehr zum Jahresende einen Fixpunkt im Jahresverlauf, der in seiner außeralltäglichen Stimmung und Atmosphäre besonders zur Reflexion und Bilanzierung, zur Beschäftigung mit der eigenen Gegenwart, Vergangenheit und Zukunft einlädt. Vor allem die weihnachtlichen Kindheitserinnerungen spielen dabei eine nicht unerhebliche Rolle. Zum anderen finden viele Menschen gerade in der weihnachtlich-christlichen Sprachwelt des Evangeliums mit ihren Motiven und Symbolen anschlussfähige, religiöse Sprach-, Kommunikations- und Deutungsmuster für ihre lebensgeschicht-

---

[750] Vgl. Karle, Seelsorge in der Moderne, 143–145.

[751] Gräb, Lebensgeschichten, 66.

[752] A. a. O., 63.

[753] Kohli, Normalbiografie und Individualität: zur institutionellen Dynamik des gegenwärtigen Lebenslaufregimes, in: Jürgen Friedrichs/Deutsche Gesellschaft für Soziologie (DGS) (Hrsg.), Technik und sozialer Wandel: 23. Deutscher Soziologentag 1986: Beiträge der Sektions- und Ad-oc-Gruppen, Opladen 1987, 433.

lichen Erfahrungen und Emotionen und einen tragfähigen Sinnhorizont für ihre Suche nach Identität und Orientierung.[754]

In der Advents- und Weihnachtszeit betreiben Menschen Rück- und ›Innenschau‹, reflektieren ihr Leben und ziehen Bilanz.[755] Sie ziehen sich zurück, wünschen sich Zeit für die Besinnung auf das Wesentliche. Dabei rückt an Weihnachten nicht nur die Familiengeschichte, sondern auch die eigene, ganz individuelle Lebensgeschichte in den Blick. Weihnachten ist verbunden mit den verschiedensten Emotionen, Erfahrungen, Einstellungen und Erlebnissen und nicht nur im familiären Gedächtnis, sondern ebenso fest in der persönlichen Biografie verankert: Was hat sich vom letzten Fest bis zu diesem verändert? Was ist im Laufe des Jahres passiert? Wo befand ich mich damals und wo stehe ich heute? Wie ist meine private, berufliche, familiäre Situation? Vielleicht formiert sich auch der Gedanke oder sogar die Gewissheit, dass am nächsten Weihnachtsfest alles anders sein wird. An Weihnachten kommen die verschiedensten Einzelerfahrungen und -aspekte sowie das Leben in seiner Gänze in den Blick. Die Weihnachtsfeste sind »verdichtete Punkte der Biografie, an denen Entwicklungen abgelesen, Veränderungen ermessen«[756] werden können. Sie markieren in regelmäßigem Abstand wesentliche Eckpunkte der eigenen Biografie, zeichnen das Leben in seinem kontinuierlichen Verlauf mit allen Höhen und Tiefen nach, stiften Ordnung und Einheitlichkeit und somit letztlich auch Sinn und Identität.[757] »Im Vergleich der Weihnachtsfeste werden die Umrisse einer Biografie sichtbar.«[758]

In diesem Kontext sind es für viele Menschen gerade auch die unvergessenen Feste der Kindheit, die die Gedanken, Erinnerungen und Sehnsüchte in Bezug auf Weihnachten prägen.[759] Wehmütig denken viele Erwachsene an die Weihnachtsfeste ihrer Kindheit zurück und äußern ihre Enttäuschung über ein Weihnachten, das heute nicht mehr so ist, ›wie es früher war‹.[760] Dabei sind jedoch die als bedeutsam erinnerten Kindheitserlebnisse und -erfahrungen und auch die biografischen Erinnerungen im Allgemeinen aus Sicht der Forschung keineswegs zwangsläufig identisch mit den tatsächlichen Erfahrungen und Erlebnissen unseres Lebens. Karle verdeutlicht dieses Phänomen in Anlehnung an Alois Hahn durch die Unterscheidung zwischen

---

[754] Vgl. Zimmermann, Das Wunder jener Nacht, 203.
[755] Vgl. Merzyn, Alle Jahre wieder, 12 sowie Morgenroth, Weihnachts-Christentum, 228 f.
[756] Zimmermann, Das Wunder jener Nacht, 201.
[757] Vgl. a. a. O., 10.
[758] A. a. O., 202.
[759] Vgl. a. a. O., 201 f.
[760] Vgl. von Soosten, Riskante Rituale, 479.

»Lebenslauf« und »Biografie«.[761] Beinhaltet der Lebenslauf die unendliche Zahl der Gesamtheit aller Erfahrungen, Erlebnisse und Emotionen eines Menschen, so macht die Biografie hingegen den Lebenslauf in Form einer »stets *selektiven Vergegenwärtigung*« selbst zum Thema, »denn die Totalität des Ereignisstroms Lebenslauf ist nicht beobachtbar, sie ist nicht einmal erlebbar«[762]. Würde der Lebenslauf als Biografie betrachtet, so kämen nicht seine unfassbare Gänze, sondern vielmehr Einzelaspekte in den Blick, die nach »*systeminterner* Logik«[763] zu einem neuen Ganzen verknüpft werden. In selektiver Auswahl und systematischer Verknüpfung »entsteht eine biografische ›Meta-Erzählung‹, die lebensgeschichtlich relevante Ereignisse zu einer Biografie verdichtet«[764]. Diese muss jedoch nicht unbedingt mit den tatsächlichen Abfolgen des Lebenslaufes übereinstimmen. Demzufolge stellen unsere Erinnerungsfolgen, und dabei nicht nur die Kindheiterlebnisse und -erfahrungen, keine realen Abbildungen der ›wirklichen‹ Geschehnisse, sondern vielmehr Konstruktionen von Wirklichkeit, von Biografie und damit letztlich auch von Identität dar. Bedingt durch die Komplexität des Lebenslaufes entstehen in seiner selektiven Vergegenwärtigung neue Zusammenhänge und Verknüpfungen, die eben diese Komplexität reduzieren und den Lebenslauf so als ›biografische Konstruktion‹ für das Individuum überhaupt erst verfügbar machen. Nur über diese »Fiktion biographischer Repräsentation« wird der Lebenslauf überhaupt erst als Wirklichkeit zugänglich.[765] Biografie und auf diese bezogene Selbstbeschreibungen und -reflexionen sind somit immer *fiktionale* Konstrukte und (Re-)Produktionen, niemals Abbildungen des Lebenslaufes oder gar des ›wahren Selbst‹ in seiner Gänze. Stattdessen sind sie als selektiv zusammengesetzte und damit im Wesentlichen als fiktionale ›Lebensgeschichten‹ zu verstehen. Sie reduzieren Komplexität, indem sie nach bestimmten Regeln versuchen, die relevanten Ereignisse zu einer kohärenten und kontinuierlichen Abfolge miteinander zu verknüpfen und so dem eigenen Dasein trotz aller Widersprüchlichkeiten Einheitlichkeit, Ordnung und Sinn zu verleihen, Stabilität und Orientierung zu schaffen.

---

[761] Vgl. Karle, Seelsorge in der Moderne, 153.

[762] Ebd. [Hervorhebungen im Originaltext].

[763] Ebd. [Hervorhebung im Originaltext].

[764] A. a. O., 154.

[765] Vgl. Karle, Seelsorge in der Moderne, 154 in Bezugnahme auf Alois Hahn, Familie und Selbstthematisierung, in: Kurt Lüscher/Franz Schutheis/Michael Wehrspaun (Hrsg.), Die »postmoderne« Familie. Familiale Strategien und Familienpolitik in einer Übergangszeit, Konstanz ²1990, 172.

»Biographie ist keine Photographie des Lebens, sondern eine reflexive Form der Selbstbeobachtung, die mit komplexitätsreduzierenden Mustern und Regeln versucht, dem eigenen Leben Sinn und Ordnung zu verleihen. Ordnung entsteht allerdings erst durch Auswahl und Vereinfachung.«[766]

Biografien sind demnach nichts natürlich Gegebenes oder gar starre Gebilde, sondern vielmehr lebendige, prozesshaft hergestellte Konstrukte und Interpretationen. Sie sind ›Lebens*geschichten*‹, die in ständiger Betrachtung und Bearbeitung neu zusammengefügt, immer wieder um- und fortgeschrieben werden. Unsere Biografie ist »eine von vielen Lebensgeschichten, die als Interpretationen aus der Fülle dessen, was wir erlebt haben zu erzählen möglich ist«[767]. Dabei ist das, was in diese ›Lebensgeschichte‹ eingefügt wird, was als ›erinnerungsrelevant‹ ausgewählt wird, im Wesentlichen von den vorgefassten Sinnzusammenhängen und Deutungshorizonten sowie den gängigen Sprachmustern bestimmt, die die umgebende Gesellschaft als soziale Gruppe bereitstellt.[768] Denn um sprachfähig hinsichtlich seiner eigenen Biografie und seiner Identität zu sein und Resonanz von den anderen Gruppenmitgliedern erhalten zu können, muss das Individuum dazu in der Lage sein, sich in einem gemeinsamen kommunikativen Rahmen aus Sprachmustern und Ausdrucksformen den anderen verständlich zu machen. Biografische Konstruktion erfolgt demzufolge nicht abgeschlossen im Inneren des Individuums, sondern ist immer auch in enger kommunikativer Beziehung zur Gesellschaft zu sehen.

Auch die als real empfundenen Geschichten und Erfahrungen der Kindheit und die Erinnerung daran, wie es ›früher und eigentlich‹ war, sind dementsprechend mehr als »Kindheitsroman«[769] zu betrachten, als dass sie die tatsächliche Wirklichkeit abbilden. Sie sind das Resultat einer selektiven Mischung, einer *fiktionalen* Zusammenstellung aus eigenen Erfahrungen, den Geschichten der Anderen über unsere Kindheit und den persönlichen und ebenso der an uns herangetragenen Vorstellungen der anderen von Kindsein und Kindheit.[770] Reale Kindheitserlebnisse und -erfahrungen verbinden sich über die Jahre hinweg mit den erzählten Geschichten unserer Nächsten, die jede und jeder zu ihrem und seinem ganz persönlichen »Kindheitsroman« zu-

---

[766] Karle, Seelsorge in der Moderne, 154.

[767] Jürgen Lott, Erfahrung - Religion - Glaube. Probleme, Konzepte und Perspektiven religionspädagogischen Handelns in Schule und Gemeinde. Ein Handbuch, Weinheim 1991, 200, zit. in: Karle, Seelsorge in der Moderne, 155.

[768] Vgl. Karle, Seelsorge in der Moderne, 155.

[769] Von Soosten, Riskante Rituale, 474.

[770] Vgl. a. a. O., 476–479.

sammenfügt. Mit zunehmendem zeitlichen Abstand werden sie in der Wahrnehmung und dem Bewusstsein des Individuums zu einem realen Geschehen, zu eigenen und ›wahren‹ Erinnerungen der persönlichen Biografie.[771] Gerade auch mit Blick auf das Weihnachtsfest spielen dabei nicht zuletzt die mit ›Kind‹ und ›Kindheit‹ verbundenen Imaginationen, die keineswegs immer auch der reellen Lebens- und Gefühlswelt von Kindern entsprechen, eine nicht unerhebliche Rolle. »Ungebrochene Einfalt, Unmittelbarkeit, Erlebnisintensität, Unschuld, Eindeutigkeit, Staunen: dafür steht in der geläufigen Vorstellung meistens das ›Kind‹.«[772] An Weihnachten rückt dieses »imaginierte Kind, das imaginative Gefühl von Kindheit«[773], das auf den vermeintlich ›ureigenen‹ Kindheitserfahrungen und -erlebnissen des persönlichen Lebensromans beruht, ins Zentrum der erwachsenen Erinnerung. Dabei ist es vor allem die weihnachtliche Geschichte vom neugeborenen Kind in der Krippe, in der »der Kindheitsroman seine Geschichte, einen Anlaß und seinen Bezug [findet], die ihm Nahrung gibt und die seine Bedeutung verstärkt und vergrößert«[774].

Seit dem 19. Jahrhundert hat sich das Bild vom Kind in der Krippe mit dem bürgerlichen Familienideal und seinem Weihnachtsritual verflochten.[775] Es ist das Fest von Liebe und Nähe, von Familie, Geborgenheit und Zuhause, bei dem schon in der biblischen ›Ursprungsgeschichte‹ des Festes ein neugeborenes Kind im Mittelpunkt steht. Das Bild des Kindes in der Krippe wird für manche Menschen zum Anknüpfungs- und inhaltlichen Bezugspunkt für die »Suche nach der verlorenen Kindheit«[776]. Sie sehnen sich danach, an Weihnachten das Fest selbst und die Welt insgesamt wieder mit Kinderaugen wahrzunehmen, sie so zu erleben, wie es einmal war. Die von der weihnachtlichen Erzählung (mit-)geprägten traditionellen weihnachtlichen Rituale und Motive sowie die liturgische Ausgestaltung des Festes, werden dabei zu »symbolischen Möglichkeiten«[777], mittels derer der Rückgang in die innerliche Kindheit, das kindlich-intensive Erleben des Festes möglich wird. Bewusst werden beispielsweise die weihnachtlichen Bräuche und Traditionen der Kindheitsweihnacht als weihnachtliches Ideal auch in der Gestaltung des eigenen Familienfestes beibehalten und oft unverändert fortgeführt. Störun-

---

[771] Vgl. a. a. O., 477.
[772] A. a. O., 478.
[773] A. a. O., 479.
[774] A. a. O., 481.
[775] Vgl. ebd.
[776] Vgl. a. a. O., 479.
[777] A. a. O., 480.

gen oder Veränderungen sorgen dabei oftmals für Ablehnung, Enttäuschung und Konflikte. Dass bei all dieser Emotionalität und den großen Erwartungen Enttäuschungen und auch Trauer und Schmerz nicht ausbleiben, liegt auf der Hand. Gerade diejenigen Aspekte der Erinnerung werden oftmals besonders ›betrauert‹ und verklärt, »die im Verlauf der weiteren Biografie verloren gegangen sind«[778]. Gleichzeitig liegt gerade in der nicht selten prekären Konfrontation zwischen dem weihnachtlichen Kindheitsroman und der aktuellen ›Erwachsenenrealität‹ im Weihnachtsfest die besondere Chance für die Vergegenwärtigung und ›Bearbeitung‹ der ganz persönlichen Lebensgeschichte. So erfüllt die nostalgische, oft geradezu verklärend-idealisierende Erinnerung nicht zuletzt eine entscheidende Funktion im Hinblick auf individuelle Identitätsvergewisserung und innere Stabilität. Denn gerade im reflektierenden Blick auf die eigene Kindheit können sich die vergangenen und gegenwärtigen Lebenssituationen, Erlebnisse und Erfahrungen, Vorstellungen und Hoffnungen berühren und miteinander ins Gespräch kommen und sich neue Sichtweisen erschließen. Hier eröffnen sich ›aus der Vergangenheit heraus‹ Möglichkeitsspielräume und andere Denkrichtungen in Bezug auf das gegenwärtige und zukünftige Leben[779]:

> »Erinnerungen an längst vergangene Lebenslagen und Erlebnismuster werden berührt, Erwartungen und Wünsche drängen sich auf, Zukunftsängste und Eigensinn, alles das, was im Alltag des Jahres vielleicht kaum Ort und Zeit findet. Es vollzieht sich Arbeit an der seelischen Gestimmtheit, in der Gegenwärtiges, Zukünftiges und Vergangenes miteinander in Austausch treten können, also die ›communicatio idiomatum‹ der drei Zeiten der eigenen Biographie, wie man mit einem alten Ausdruck sagen kann: die Suche nach der verlorenen Kindheit, die Wiederholung alter Erlebnismuster, der mögliche Protest gegen den Goldrahmen, in den die Bilder der Vergangenheit eingefasst worden sind, und, im Rückgang auf die Vergangenheit, der Suche nach der verlorenen Kindheit, zugleich die Suche nach dem eigenen Lebensweg, meiner Zukunft, die nicht nur die Neuauflage alter Erlebnismuster bedeutet.«[780]

Gerade weil Weihnachten so eng mit der eigenen Lebensgeschichte verbunden ist, werden hier Veränderungen besonders deutlich spürbar. Das erste Weihnachtsfest mit dem neugeborenen Kind, das letzte mit dem nun im Laufe des Jahres verstorbenen Vater, das Weihnachten, an dem die Mutter so krank

---

[778] Zimmermann, Das Wunder jener Nacht, 201.
[779] Vgl. von Soosten, Riskante Rituale, 481 und 488.
[780] A. a. O., 480.

war[781] – meist sind es die besonders einschneidenden Weihnachtsfeste und die damit verbundenen positiven oder negativen Erlebnisse und Emotionen, die in Erinnerung bleiben, die die Sinnsuche und die Gefühlswelt nachhaltig prägen und sich tief in den persönlichen ›Lebensroman‹ einschreiben.

Weihnachtszeit ist ›besinnliche‹ Zeit. Sie bietet Anlass und Gelegenheit zurückzublicken, aber auch das Hier und Jetzt zu betrachten und den Blick auf die Zukunft zu richten. Dabei spielt nicht zuletzt auch die Zeit im Jahresverlauf, an die das Fest angelagert ist, eine Rolle. Konrad Merzyn und Matthias Morgenroth verweisen mit Blick auf die weihnachtliche Sehnsucht nach Besinnlichkeit auf die enge Verbindung zwischen Weihnachten und dem Jahreswechsel des bürgerlichen Kalenders. Für die meisten Menschen gehören sowohl gefühlsmäßig als auch atmosphärisch Weihnachten und Jahreswechsel unmittelbar zusammen.[782] Mit dem Heiligabend ändert sich das Zeitempfinden der Menschen.[783] Es ist endlich soweit: Die Wartezeit ist vorbei und die ›andere Zeit‹, die heilige, zeitlose und allumfassende Zeit der Besinnlichkeit und Ruhe des Festes bricht an. Mit dem Heiligabend beginnt die Auszeit vom hektischen Alltag, der nun vielerorts bis zum neuen Jahr, oft sogar bis nach Epiphanias, pausiert. Die wenigen Tage zwischen Weihnachtsfest und dem Beginn des neuen Jahres werden von den meisten als »irgendwie zeitlose Zeit«[784] empfunden. Viele Menschen haben frei und nutzen die Zeit für Freunde und Familie oder besondere Unternehmungen. Firmen machen in Bilanzierung des alten und in Vorbereitung auf das neue Jahr Inventur, Schulen sind geschlossen. Die Zeit nach Weihnachten ist die Zeit ›zwischen den Jahren‹, eine Art ›Schwebezustand‹ zwischen dem alten und dem neuen Jahr, eine Zeit von »eigener Qualität«[785]. Ebenso wie Weihnachten »fällt sie aus dem Rahmen des linearen Zeitstrahls. Sie markiert ein Interim«[786], bevor es von der Fest- wieder in die Alltagszeit zurückgeht. Das ›Alltags-Jahr‹ endet, so suggeriert nicht zuletzt auch der eigens für die Weihnachtszeit entwickelte »Zeitmesser« Adventskalender, bereits mit dem 24. Dezember.[787] Mit der weihnachtlichen Gelegenheit zur Besinnung rücken im Zuge des anstehenden Jahreswechsels auch die Zukunft, das Mögliche und Neue in den Blick. »In der sogenannten Zeit zwischen den Jahren verdichten sich für viele Men-

---

[781]   Vgl. Zimmermann, Das Wunder jener Nacht, 10.
[782]   Vgl. Morgenroth, Weihnachts-Christentum, 218.
[783]   Vgl. ebd.
[784]   Ebd.
[785]   A. a. O., 224.
[786]   A. a. O., 225.
[787]   Vgl. a. a. O., 218 und 224.

schen besondere Empfindungen und Stimmungen zu einer Atmosphäre der Bilanzierung [...] und des Neubeginns«[788]. Nicht nur auf individueller, sondern vor allem auch auf gesamtgesellschaftlich-kultureller Ebene ist diese Zeit dementsprechend eng mit der besonderen »Jahreswechselstimmung«[789], dem verbreiteten Empfinden und Wunsch eines alljährlichen und allgemeinen »Neuanfangs« verbunden.[790]

Nicht zuletzt in der besonderen, herausgehobenen und emotional hoch besetzten Atmosphäre des Weihnachtsfestes und seiner Zeit finden die Fragen nach Identität und Sinn jenseits des Alltags einen Raum. Hier zeigt sich, was Zimmermann als »lebensgeschichtliche Dimension«[791] des Weihnachtsfestes identifiziert:

> »Zu Weihnachten wird verglichen, und im Vergleich der Feste kommen Ausschnitte der eigenen Geschichte in den Blick, kann das Leben für einen Moment betrachtet werden, wachsen ihm in dieser Betrachtung Deutungen zu, werden Fragen deutlich, erscheinen Einzelaspekte der Biographie in einem neuen Sinnzusammenhang.«[792]

Gleichzeitig lässt sich gerade am »Kindheitsroman« das identifikatorische Potenzial des religiösen Festes Weihnachten erkennen. So sind es nicht zuletzt auch die Themen, die Symbole und Motive sowie die Figuren des Festes, wie eben das Kind in der Krippe, die anschlussfähig für die Frage nach der eigenen Lebensgeschichte sind und mehr oder weniger explizit als Sinn- und Identifikationspotenzial im Blick auf das eigene Leben herangezogen werden: Menschen »greifen Einzelmotive aus der Geschichte heraus und bringen sie in einem gleichsam assoziativen Akt in lockere Verbindung zur eigenen Lebenserfahrung«[793]. Umgekehrt fließt in das weihnachtliche Ritual die eigene Lebensgeschichte mit all ihren Entwicklungen, Fragen und Themen ein und verleiht dem Weihnachtsfest im Zusammenspiel von Tradition und Kreativität sein individuelles Profil.[794] In seiner einzigartigen Gestalt vermag so das Fest mit seiner Geschichte, seinen Motiven, Bildern, Traditionen und Ritualen auf unterschiedlichste Weise existenzielle Fragen und Themen zu berühren, Ereignisse zu deuten und mitunter neue Perspektiven und Deutungshorizonte im Blick auf das eigene Leben zu eröffnen.

---

[788] Merzyn, Alle Jahre wieder, 6.
[789] A. a. O., 11.
[790] Vgl. a. a. O., 12.
[791] A. a. O., 9 und 201–204.
[792] A. a. O., 10.
[793] A. a. O., 45.
[794] Vgl. a. a. O., 204.

B DIE QUALITATIV-EMPIRISCHE STUDIE

EINLEITUNG

Unter den veränderten und sich stetig verändernden Bedingungen der modernen Welt hat sich vieles an Neuerungen rings um das originär christliche, ›klassisch-theologische‹ Hochfest Weihnachten angelagert.[1] Neue Traditionen und Bilder sind entstanden und haben das ›alte‹ kirchliche und christlich-religiöse Brauchtum und seine Symbole neu- integriert, umgedeutet oder manchmal sogar gänzlich neu-interpretiert. In der Verschränkung zwischen moderner Lebenswelt, ihren Anforderungen, Idealen und Wertvorstellungen mit der christlichen Tradition hat das Weihnachtsfest nicht nur sein ganz ›eigenes, spezifisch-modernes Profil‹ gewonnen.[2] Es ist ins Zentrum moderner Christlichkeit und Volkskirchenpraxis insgesamt gerückt.[3]

Dabei zeichnet Morgenroth im Blick auf das Weihnachtschristentum das Bild einer tendenziell säkularisierten Stimmungsreligiosität, die weniger von der gedanklichen Beschäftigung und dem eindeutigen Bezug auf die christlichen Inhalte und die ›traditionelle‹ Botschaft von Weihnachten bestimmt ist. Stattdessen ›lebe‹ die moderne Weihnachtsreligiosität als Stimmungsreligiosität im Wesentlichen vom Erleben des ›Heiligen‹ im »Spiel« mit Symbolen, von ästhetisch-religiösen Interaktions- und Ausdrucksformen und daraus resultierend dem emotional-sinnlichen Ergriffenwerden von der besonderen, feierlichen Atmosphäre des Festes. Thematisch stehe unter dem Dictum der Menschwerdung die Frage nach der Individualität, dem eigenen Leben und nach dem, was für das moderne menschliche Leben als fundamental und ›heilig‹ erachtet und empfunden wird, im Mittelpunkt. Die Suche nach Lebenssinn, nach gelingendem Leben und darin vor allem die Familie und ihre zwischenmenschlichen Beziehungen sind ins Zentrum gerückt. In der besonderen Atmosphäre, der Sprach- und Bilderwelt des Festes lasse sich, so Morgenroth, ausdrücken, was sonst im Alltag kaum Platz, anschlussfähige Kommunikationsmöglichkeiten und verständliche Sprachmuster findet: die Frage nach sozialen Beziehungen, nach glücklicher und ›glückender‹ Familie, der Wunsch nach Nähe und Liebe, nach Gott und seiner Begleitung im eigenen Leben, aber auch die Suche nach Identität und nach dem Sinn des eigenen Daseins, das Bedürfnis nach einem größeren Deutungszusammenhang, nach

---

[1]   Vgl. Böntert, Vom Himmel hoch, 232.
[2]   Vgl. Morgenroth, Weihnachts-Christentum, 27.
[3]   Vgl. ebd.

Halt und Orientierung. Weihnachten berühre die existenziellen Fragen und
Sehnsüchte des menschlichen Lebens und damit gerade auch die oft verborge-
nen, tieferliegenden Emotionen und ›lebenswichtigen‹ Themen spätmoderner
Menschen. Es gehe im Kontext weihnachtlicher Religiosität und einem von
Weihnachten her bestimmten Christentum um die Frage nach Individuali-
tät und Identität, die typisch modernen Idealvorstellungen und Wünsche in
Bezug auf das Leben und das Glück, um die ›Heiligung‹, die Ästhetisierung
und Versinnlichung der eigenen Lebenswelt. Das Weihnachtfest mit seiner
Geschichte vom Kind in der Krippe, der besonderen Botschaft von Geburt und
Leben, von Menschwerdung und Menschsein, sei der Raum, in dem die unter
den Bedingungen der (Spät-)Moderne in religiösen Fragen mehrheitlich auf
sich selbst verwiesenen Individuen Anknüpfungspunkte finden. Die konkre-
te christliche (Weihnachts-)Botschaft von der Inkarnation und dem Kommen
Gottes in die Welt und mit ihr die Thematik von Heil- und Erlösung, die die
Schleiermachersche Weihnachtstheologie bestimmt hat, sei gegenüber dem
›Heiligen‹ an und in der eigenen Lebenswelt in den Hintergrund getreten.

> Vielfach existiere das, »was das Fest aus christlicher Sicht an Bedeutungs-
> inhalten besitzt, sein theologischer Kosmos, sein spezifisches Bekenntnis
> zum inkarnierten Gott, zu Jesus als dem Sohn Gottes und der mit ihm an-
> brechenden Gottesherrschaft [...] nur in einzelnen Versatzstücken oder ist
> gar gänzlich abgetrennt«[4].

Alljährlich wird das Weihnachtsfest mit seinem Repertoire zum zentralen
›Ankerpunkt‹ sowohl für individuell als auch gemeinschaftlich aktiv gelebte
Religiosität und religiöse Praxis. Dabei ist moderne Religiosität unbestritten
in ihrem kirchlich-christlichen Bezug nicht selten sehr diffus, vage und unbestimmt. Sie ist verschieden orientiert, wandelbar und in höchstem Maße
individuell und genau darin zugleich außerordentlich lebendig. Doch ist moderne Weihnachtsreligiosität trotz ihrer Tendenz zur Individualisierung und
Privatisierung weder unchristlich noch ›unkirchlich‹. Weihnachten ist für
eine große Zahl von Menschen auch unter den gegenwärtigen Entwicklungen
nicht nur das gesellschaftlich-öffentliche und familiäre ›Event‹ im Fest- und
Feierkalender des bürgerlichen Jahresverlaufs, sondern auch *das Christfest*
schlechthin, der religiöse Mittel- und Höhepunkt christlich geprägter Religiosität und Spiritualität *innerhalb spätmoderner Volkskirchlichkeit*. Gleichzeitig
lässt die große Popularität des kirchlichen Angebotes auch auf ein Interesse
an den ›ursprünglichen‹ Inhalten, den konkreten Aussagen und der christlichen Botschaft von Weihnachten und die nicht unerhebliche Bindekraft der

---

4   Böntert, Vom Himmel hoch, 232 f.

kirchlich-christlichen Tradition im Kontext des Festes schließen. Schließlich verbinden sich gerade im Gottesdienst ästhetisch-rituelle Form und konkrete inhaltliche Aussage. Die Predigt als Verkündigung und Auslegung des Evangeliums und des Wortes Gottes ist, so hat Merzyn gezeigt, ebenso entscheidendes Element eines ›gelungenen‹ Heiligabendgottesdienstes wie die Lieder und der festliche Kerzenschein.[5] Die vorliegende Studie richtet nun ausgehend von dem Adventskalender ›Der Andere Advent‹ den Blick gezielt auf die Frage danach, wie weihnachtliche Religiosität und religiöse Praxis spätmoderner Menschen im Kontext der Advents- und Weihnachtszeit ganz konkret aussehen und nicht zuletzt, welche Rolle und Bedeutung den Inhalten und der christlichen Botschaft im Kontext dieser Zeit zukommen. Die bisherigen Theorien und Überlegungen der Forschungsliteratur zum modernen Weihnachtschristentum und weihnachtlicher Religiosität wurden bereits zusammengefasst und stellen nun die Ausgangsbasis für die eigene qualitativ-empirische Forschung dar. Sie bilden das der Studie zugrunde liegende »sensibilisierende Konzept«[6], um im Folgenden mittels konkreter ›Fälle‹ Einsichten über die religiöse Attraktivität eines dezidiert-christlich Angebotes wie dem ›Anderen Advent‹ zu gewinnen. Die empirische Studie möchte Einblicke in die gelebte Religiosität und religiöse Praxis, die religiösen Sinnhorizonte, Einstellungen und Überzeugungen, Vorstellungen, Deutungen, Ansichten und Konzepte ›typisch‹ spätmoderner Individuen geben und eruieren, was für moderne Menschen in Bezug auf Weihnachten in religiöser Hinsicht relevant und bedeutsam ist.

Ziel ist es, das bestehende Bild der Forschung und die praktisch-theologische Theoriebildung im Fokus der empirischen Einsichten zu betrachten und dabei zu neuen Sichtweisen und Wahrnehmungen zu kommen, die das Bild volkskirchlicher Religiosität präzisieren.

---

5   Vgl. Merzyn, Alle Jahre wieder, 13.
6   Strübing, Art.: Theoretisches Sampling, 154.

I DER ›ANDERE ADVENT‹ –
Eine Erfolgsgeschichte im Kontext spätmoderner Weihnachtsreligiosität

Mit seiner außergewöhnlichen Erfolgsgeschichte stellt der ›Andere Advent‹ ein besonderes Phänomen im Kontext spätmoderner Weihnachtsreligiosität dar. Hier bieten sich für die vorliegende qualitative Interviewstudie mit ihrer Zielsetzung einer möglichst konkreten Erfassung weihnachtlicher Religiosität sowohl in forschungsmethodischer als auch in inhaltlicher Hinsicht interessante Anknüpfungspunkte. Um das anschlussfähige Potenzial des ›Anderen Advent‹ im Hinblick auf die Fragestellungen des eigenen Forschungsprojektes zu verdeutlichen, soll im Folgenden zunächst die Arbeit des Vereins ›Andere Zeiten‹ sowie dessen Leitgedanken und Zielsetzungen zum Adventskalender der ›Andere Advent‹ vorgestellt werden (1.1). Als Informationsquellen dienen dabei zum einen die Internetpräsenz von ›Andere Zeiten e.V.‹ über die Arbeit des Vereins sowie insbesondere zum ›Anderen Advent‹. Zum anderen steht die verschriftlichte Fassung eines Interviews, welches ich im September 2011 mit dem damaligen Chefredakteur des Vereins, Pastor Thomas Kärst, bei einem Treffen in Hamburg geführt habe, im Mittelpunkt. Aus der Perspektive und Eigenwahrnehmung der Beteiligten lassen sich Einblicke in die Überzeugungen und Zielsetzungen des Vereins sowie erste (Selbst-)Einschätzungen hinsichtlich der möglichen Gründe für die große Popularität des Kalenders gewinnen. Was ist den Verantwortlichen in Bezug auf den ›Anderen Advent‹ wichtig? Wen wollen sie mit dem Kalender erreichen? Wie erklären sie sich selbst den Erfolg ›ihrer‹ Initiative?

Im Anschluss daran richtet sich der Blick aus ›Marktforschungsperspektive‹ auf den ›Anderen Advent‹ und seine Erfolgsgeschichte. Auf der Suche nach Gründen für den Erfolg der Initiative und nach Feedback und Anregungen für ihre weitere Arbeit haben die Verantwortlichen des Kalenders im Jahr 2010 bereits eine quantitative Leserbefragung sowohl zum ›Anderen Advent‹ als auch zum Magazin ›Andere Zeiten‹ in Auftrag gegeben. Dabei wurden von dem beauftragten Marktforschungsinstitut 1.140 Leserinnen und Leser u. a. zu ihrem Leseverhalten, ihren Einschätzungen sowie zu Lob und Kritik bezüglich beider Angebote befragt. Zudem wurden auf Basis von Selbstbeschreibungen einige Informationen zur Leserschaft selbst erhoben. Die im Hinblick auf das eigene Forschungsinteresse interessantesten und relevantesten Ergebnisse der quantitativen Erhebung werden in Kapitel 1.2 dargestellt. Abschließend werden anhand der vorangegangenen Informationen und Ergebnisse sowohl methodische als auch inhaltliche Anknüpfungspunkte und Implikationen des ›Anderen Advents‹ für das Forschungsziel der möglichst konkreten Erfassung (spät-) moderner Weihnachtsreligiosität formuliert (1.3).

1 Der ›Andere Advent‹ aus Sicht der Beteiligten

Weihnachten ist für eine Vielzahl von Menschen entgegen der kirchlichen Wahrnehmungen und Befürchtungen mehr als bloßer Konsum und Kommerz. Die Advents- und Weihnachtszeit ist ›besinnliche‹ Zeit. Sie ist die Zeit des gemeinschaftlichen und individuellen Rückzugs, die Zeit, um Distanz zu nehmen, neu und ›anders‹ über das Leben nachzudenken und darin der wohl ›typisch‹ moderne Anlass und die Gelegenheit Religiosität aktiv zu gestalten und zu (er-)leben. Den Wunsch vieler Menschen nach einem besonderen und ›anderen‹ Erleben von Advent und Weihnachten, nach Besinnlichkeit und Besinnung auf das ›Wesentliche‹ und die Suche nach dem ›Mehr‹ über die Erwartungen und Anforderungen des Alltags hinaus greift der Hamburger Verein ›Andere Zeiten e. V.‹ mit zahlreichen Angeboten das ganze Jahr über und speziell in der Advents- und Weihnachtszeit mit seinem Adventskalender ›Der Andere Advent‹ auf. Die Mitarbeiterinnen und Mitarbeiter des »ökumenischen« und »den christlichen Kirchen nahe stehenden« Vereins haben es sich in ihrer Arbeit ausdrücklich zur Aufgabe gemacht, der »kommerzialisierten Gesellschaft etwas Spirituelles entgegen[zu]setzen«[7]. Der Verein will christ-

---

[7]   Informationen zum Selbstverständnis und zur Zielsetzung des Vereins ›Andere Zeiten e. V.‹ finden sich online unter URL http://www.anderezeiten.de/ueber-uns/unsere-ziele/[abgerufen am 14.01.2013]. Laut Chefredakteur Thomas Kärst spiegelt sich der ökumenische und kirchennahe Charakter des Vereins vor allem in der personellen Struktur des Andere-Zeiten-Teams und des Vorstandes des Vereins wieder. Trotz der strukturellen Unabhängigkeit des Vereins von der evangelischen Kirche seien die Mitarbeitenden alle, sei es als »normale« Mitglieder oder als Pfarrerinnen und Pfarrer, kirchlich gebunden und beide Konfessionen, wenn auch mit protestantischer Mehrheit, vertreten. Zudem bemühe man sich auch um eine ökumenisch vertretbare Aufbereitung von Themen und Inhalten sowie um die gleichberechtigte inhaltliche Berücksichtigung der evangelischen und katholischen Feiertage innerhalb des Kirchenjahres:
I: Ja, Sie sprachen grade die ökumenische Struktur an und das steht ja auch auf der Homepage, dass Sie ökumenisch arbeiten, aber den christlichen Kirchen nahe stehen, da wollte ich nochmal näher nachfragen, wie – definiert sich dieses Verhältnis zu der Kirche?

lich interessierte Menschen durch unterschiedliche Initiativen auf die »besonderen Tage im Kalender« aufmerksam machen und die christlichen Feiertage, Festzeiten sowie die besondere Bedeutung der Sonntage als feste Ruhezeiten des christlichen Glaubens und so auch die christlichen Glaubensthemen und -inhalte wieder ins Gedächtnis zurückholen und als kraftspendende und hilfreiche Perspektive für das Leben stark machen. Die Verantwortlichen wollen »Angebote schaffen und bereitstellen, die helfen, die Zeiten des Kirchenjahres und die christlichen Feste wieder zu entdecken und sinnvoll zu gestalten« sowie »Menschen bei der Suche nach Gott und auf dem Weg ihres Glaubens [zu] unterstützen: mit meditativen und informativen Texten, mit Aktionen und Symbolen zum Anfassen.«[8] Im Blick auf die klare rhythmische Struktur des Kirchenjahres mit seinen regelmäßig wiederkehrenden Festzeiten mit ihren unterschiedlichen Themen und Facetten können mit dessen größerer Präsenz und Lebendigkeit im Alltag aus Sicht des Andere-Zeiten-Teams neue Sichtweisen, Chancen und Möglichkeiten für ein Leben jenseits der alltäglichen Horizonte und Routinen erkennbar werden. »Wir meinen: Der Wechsel von Alltag und Sonntag tut der Seele gut und gibt dem Leben Rhythmus, Orientierung und Sinn.«[9] Gerade in den christlichen, inhaltlich gefüllten Zeiten

---

K: Das heißt, dass wir, alle die hier arbeiten, irgendwie kirchlich gebunden sind. Wir haben, wie gesagt, die Mehrzahl ist schon aus der evangelisch-lutherischen Kirche, kann man sagen, aber es gibt eben auch einen Vorstand, von den vier Menschen, die im Vorstand sind, ist eine Katholikin dabei. In der Kalenderredaktion sind wir jetzt sieben Leute, davon sind zwei katholisch und so, wir haben da jetzt natürlich keine feste Quote, aber wir versuchen eben, diesen Aspekt, also, wir versuchen, eben schon ökumenisch zu sein in dem, was wir tun, wir machen die Ökumene nicht zum Thema, ne, wie wir jetzt beispielsweise ein Artikel schreiben, wie das mit dem Abendmahl sein könnte und so, das ist nicht so unser Thema, sondern wir versuchen halt, unsere Themen so aufzubereiten, dass sie sowohl für Katholiken als auch für Protestanten so ansprechend und akzeptabel sind. Das heißt zum Beispiel, dass wir, wenn wir unser Magazin, das haben wir ja eben dreimal im Jahr auch in einer Auflage von 160.000, dass wir da eben nicht nur die evangelischen Feiertage bedenken, wie jetzt in dieser Zeit zum Beispiel Ewigkeitssonntag und Buß- und Bettag und so, sondern auch eben Allerheiligen und so aufnehmen. Na ja und dass wir den christlichen Kirchen nahe stehen, heißt eben einfach wir definieren uns ja nicht irgendwie als was jenseits der Kirchen ist oder vielleicht sogar eine eigene Kirche oder so, sondern wir sind halt den Kirchen eben verbunden, aber wir sind nicht in diesen kirchlichen Strukturen drin, also, wir sind ein unabhängiger Verein und sind in dem Sinne nicht von kirchlichen Strukturen abhängig«, Interview A. H. mit Chefredakteur Pastor Thomas Kärst vom 16.09.2011.

[8] http://www.anderezeiten.de/ueber-uns/unsere-ziele/[abgerufen am 14.01.2013].

[9] Vgl. http://www.anderezeiten.de/hauptseite/sowie http://www.anderezeiten.de/ueber-uns/unsere-ziele/[abgerufen am 14.01.2013].

will der Verein Räume für die gesuchte Besinnung und Besinnlichkeit, für religiöse Erfahrungen und Gedanken, die Begegnung mit der christlichen Botschaft und mit Gott eröffnen. Hier sollen sich Orientierungshilfen und neue Sinnangebote für die individuelle Lebensgestaltung entdecken lassen.

Mit diesem Angebot richtet sich das ›Andere-Zeiten‹-Team, wie Chefredakteur und Pfarrer Thomas Kärst betont, ganz bewusst gerade auch an diejenigen Menschen, die trotz eines eher distanzierten Verhältnisses zur Institution Kirche auf der Suche nach Glauben und Spiritualität sind und sich nach dem ›Anderen‹ in ihrem Leben sehnen. Das besondere Potenzial der Arbeit des Vereins sieht Kärst dabei vor allem in der Kombination aus einer inhaltlich traditionell christlichen Ausrichtung einerseits bei gleichzeitiger (räumlicher) Distanz zur ›normalen‹ Gemeindearbeit und der Institution Kirche andererseits. Gleichzeitig sei die Arbeit von ›Andere Zeiten e.V.‹ keineswegs als Konkurrenz oder Opposition zur Kirche, sondern vielmehr als ein alternatives, eben ›anderes‹ Angebot im Umgang mit der christlichen Tradition und Verkündigung zu verstehen:

K: Es gibt eine Menge Leute, die sind interessiert an oder die haben auch eine Sehnsucht nach Glauben und Spiritualität und – nach einem anderen Leben, wie auch immer und die finden das aber in ihren Gemeinden vor Ort nicht so vor oder die finden das vielleicht auch in dem, was die Kirchen anbieten, nicht so vor. [...] Und wir kriegen viele Reaktionen zurück, zum Beispiel über das Internet [...], aber auch dadurch, dass Leute uns Briefe schreiben und E-Mails und so. Da wird ganz deutlich in diesen Briefen, die haben den Wunsch, anders zu leben, geistlicher zu leben, ein bisschen mehr, ja Spiritualität in ihren Alltag zu holen, aber die haben oft ein distanziertes Verhältnis zur offiziellen Kirche. So. Und für, an die richten wir uns mit den Dingen, die wir tun, also das ist so eine Zielgruppe, die wir immer so vor Augen haben, also wir richten uns nicht an die Kerngemeinde, wobei es schon so ist, dass viele Menschen, die in Kirchengemeinden engagiert sind, unsere Kalender und so weiter haben wollen, weil die merken, da wird christlicher Glaube nochmal ein bisschen anders buchstabiert als die das sonst kennen. Aber als Zielgruppe vor Augen haben wir die Leute, die eben eine Sehnsucht haben nach anderem, das aber in der Kirche nicht so finden und denen wollen wir christliche Inhalte nahebringen, ohne dass wir dabei in die Esoterik abgleiten oder auf der anderen Seite evangelikal werden [...] wenn ich so gucke, wer unsere Leser sind, so aus Kontakten und so, dann sind es meistens schon Leute, denen die christlichen Traditionen oder christliche Inhalte schon irgendwas bedeuten, auch wenn sie es in ihren Gemeinden nicht finden und da auf Distanz sind, aber so eine gewisse Grundverbundenheit ist da.[10]

Es geht für Kärst und sein Team vor allem darum, »Glauben nochmal ein bisschen anders zu buchstabieren«, neue Sichtweisen und Perspektiven in die christliche Tradition einzubringen und so neue Wege der Vermittlung zu finden. Jenseits des esoterisch-religiösen Sinnmarktes wolle man den Interessierten gezielt und explizit die christliche Botschaft und die Inhalte des Glaubens nahebringen, ohne jedoch missionierend oder evangelikal geprägt zu sein. In diesem Sinne sei es das Hauptanliegen des Vereins, direkt bei den ›spirituellen Bedürfnissen‹ der Leserinnen und Leser anzuknüpfen, sie auf ›andere‹ Weise in ihrem Wunsch nach einem ›Mehr‹ im Leben zu erreichen und mit praktischen ›Hilfestellungen‹ und Angeboten auf ihrem Glaubensweg zu begleiten.[11]

In diesem Kontext bildet, neben zahlreichen anderen Aktionen[12], insbesondere der Advents- und Weihnachtskalender ›Der Andere Advent‹ das Herzstück der Arbeit des Vereins. Im Gegensatz zu den meisten anderen Adventskalendern will der ›Andere Advent‹ orientiert am liturgischen Weihnachtsfestkreis seine Leserinnen und Leser über den Heiligabend hinaus vom ersten Adventssamstag bis Epiphanias begleiten, sie in dieser für viele Menschen besonders »religiös aufgeladenen«[13] Zeit mit teils christlich-religiösen und biblischen, teils (selbstverfassten) literarisch-säkularen Texten und Bildern zum Nachdenken und Innehalten anregen. Jenseits von Kitsch und Kommerz wollen die Redakteurinnen und Redakteure des Kalenders in einer abwechslungsreichen Mischung aus heiteren und nachdenklichen,

---

[10]   Interview Kärst vom 16.09.2011.
[11]   Interview Kärst vom 16.09.2011:
K: »...also es ist nicht so, dass wir jetzt mit dieser Sache kommen: Du musst, du solltest, wir haben hier den christlichen Glauben und das wäre doch eine gute Sache für dich, sondern, dass wir erstmal hören, was suchen die Leute oder was wollen die Leute [...] Und das versuchen wir dann eben mit bestimmten Texten, die wir eben finden oder selber schreiben, denen einfach Hilfen an die Hand zu geben, wie sie selber für sich eine Frömmigkeit entwickeln können und versuchen das eben aber anhand der christlichen Tradition eben zu machen.«
[12]   Dabei bildet seit 2000 neben dem Kalender vor allem der bronzene ›Segensengel‹ nach Aussage des Chefredakteurs Thomas Kärst »das Grundgerüst« der Arbeit des Vereins: »Das sind eigentlich so die beiden Standbeine, kann man sagen. Kalender und Engel, die so das Grundgerüst hier bilden, auch das ökonomische Grundgerüst«, Interview Kärst vom 16.09.2011. Eine Übersicht aller Aktionen von ›Andere Zeiten e. V.‹ findet sich online unter URL http://anderezeiten.de/unsere-aktionen/[abgerufen am 14.01.2013].
[13]   Interview Kärst vom 16.09.2011.

meditativen, aber auch provokanten Texten und Bildern berühren, aufrütteln, zum Lachen bringen und besinnlich stimmen. Insbesondere die (Advents-) Sonntage sind dabei durch den Kalender hindurch einem bestimmten Thema gewidmet. So hat beispielsweise im Kalender 2011/12, der auch den Ausgangspunkt für die nachfolgenden Interviews darstellt, die Kalenderredaktion auf den Kalenderblättern zu den Sonntagen die Weihnachtsgeschichte jeweils aus der (fiktiven) Eigenwahrnehmung und Innenperspektive eines anderen Protagonisten der biblischen Erzählung verfasst. Dabei kommen neben den ›Hauptfiguren‹ gerade Personen zu Wort, die sowohl in der biblischen Geschichte als auch in der theologischen Perspektive auf die Erzählung sonst kaum Beachtung finden. So schildern neben dem Engel des Herrn, Maria und Josef auch der König Herodes, die Wirtin der Herberge und einer der Hirten ihre Sicht auf das Weihnachtsgeschehen.

Explizit stehen beim ›Anderen Advent‹ sowohl stilistisch-gestalterisch als auch inhaltlich gesehen »die leisen Klänge des Advents«[14], die besinnlichen Töne und die weihnachtliche Botschaft vom Kommen Gottes in die Welt im Mittelpunkt.[15] Eine künstlerische Aufbereitung mit einprägsamen Fotos, Zeichnungen, verschiedenen Schriftarten und gedeckten farblichen Akzenten verbunden mit nachdenklich stimmenden und emotional und kognitiv berührenden Texten machen das Konzept des Kalenders aus. Mindestens zwölf Minuten am Tag wollen die Redakteurinnen und Redakteure ihren Leserinnen und Lesern in Form einer ästhetisch ansprechenden und inhaltlich gehaltvollen Doppelseite Stille und Zeit für sich schenken, sie aus ihrem hektischen Alltag ausbrechen und innehalten lassen. Sie wollen die Teilnehmenden an die christliche Botschaft und die biblische Geschichte hinter dem ›Event‹ Weihnachten erinnern[16], sie »auf dem Weg zur Krippe« und darüber hinaus begleiten und die Weihnachtszeit als ›andere‹, stillere Zeit erfahrbar machen. In der Beschäftigung mit dem ›Anderen Advent‹ können persönliche Erinnerungen und Emotionen lebendig werden. In den Texten, Themen und Bildern findet sich Raum für eigene Anknüpfungspunkte, ganz persönliche Gedanken, Überzeugungen, Vorstellungen und Hoffnungen des Glaubens.

---

[14]   Vgl. http://anderezeiten.de/unsere-aktionen/der-andere-advent/[abgerufen am 14. 01.2013].

[15]   Siehe hierzu die Jubiläums-DVD zum zehnjährigen Bestehen der Aktion »Der Andere Advent« »Die Kalendermacher. 10 Jahre ›Der Andere Advent‹ von D. Schipper und G. Petersen im Auftrag von »Andere Zeiten e. V.« 2004.

[16]   http://www.anderezeiten.de/unsere-aktionen/der-andere-advent/[abgerufen am 14. 01.2013].

»Weniger Einkauf, mehr Einkehr«[17], so beschreibt Chefredakteur Thomas Kärst in knappen und klaren Worten die wesentliche Idee des Kalenders. Und diese Botschaft verhallt keinesfalls ungehört. Die Idee von einem ›anderen‹ Advent ohne Hektik, Stress und Schokolade erreicht mit unbestreitbarem Erfolg von Jahr zu Jahr eine stetig wachsende Zahl von Menschen im ganzen Land. Was zunächst 1995 als kleines, ›innerinstitutionelles‹ Projekt innerhalb der Nordelbischen Landeskirche begann, entwickelte sich binnen kürzester Zeit zu einer ›Großaktion‹ über das gesamte Bundesgebiet. Bereits seit 1997 liegt die Aktion in den Händen des eigenständigen und gemeinnützigen Vereins ›Andere Zeiten e. V.‹.[18] Lasen im ersten Erscheinungsjahr etwa 4.000 Menschen den Kalender, so erzielte der ›Andere Advent‹ seitdem jedes Jahr neue Rekordauflagen. Im Jahr 2011 gingen 430.000 Kalender in den Verkauf, im darauffolgenden Jahr 2012 waren es 470.000 Exemplare.[19] Laut Schätzungen beteiligten sich in den letzten Jahren alljährlich weit über die Auflage des Kalenders hinaus insgesamt ca. 1,6 Millionen Leserinnen und Leser an der

---

[17] Pressemitteilung ›Andere Zeiten e.V.‹ vom 13.09.2012 online unter URL http://www. anderezeiten.de/presseinformationen/pressemitteilung-13-september-2012/[abgerufen am 14.01.2013].

[18] Interview Kärst vom 16.09.2011:

K: Also, Andere Zeiten ist ein ökumenischer Verein und wir sind ein eingetragener und gemeinnütziger Verein und uns gibt es seit 1997. Und es ist so, dass das Ganze eigentlich entstanden ist aus einer Aktion, die 1995 gestartet wurde im Amt für Öffentlichkeitsdienst der nordelbischen Kirche. Die hatten sich damals überlegt, dass sie eben einen Kalender machen wollen für den Advent, der ein bisschen anders ist als das, was man sonst so unter Adventskalendern so versteht. Der war an sich zunächst gedacht einfach als Geschenk der nordelbischen Kirche an Kirchenvorstände beispielsweise so Mitarbeitende. Und der ist dann damals in einer Auflage von 4000 Stück erschienen, kam sehr gut an bei den Leuten, sodass man sich dann entschieden hat, das im nächsten Jahr, der wurde also da noch umsonst verteilt, die erste Auflage, ne, und kam also so gut an, dass man sich entschieden hat: Okay, das machen wir nochmal, dann hat man das im nächsten Jahr nochmal gemacht, dann schon mit einer Auflage von 30.000 und das kam auch wieder sehr gut an und dann hat man sich überlegt: Okay, das machen wir jetzt weiter, da gibt es eben offenbar ein Bedürfnis danach, den Advent eben anders zu erleben und man hat damals dann 1997 zu diesem Zweck einen eigenen Verein gegründet, einfach zunächst, um diesen Kalender zu ermöglichen.

[19] Pressemitteilung »Andere Zeiten e. V.« vom 17.11.2011 online unter URL http:// www.anderezeiten.de/presseinformationen/pressemitteilung-17-november-2011/[abgerufen am 14.01.2013] sowie Pressemitteilung des Vereins vom 13.09.2012 online unter URL http://www. anderezeiten.de/presseinformationen/pressemitteilung-13-september-2012/[online abgerufen am 14.01.2013].

Aktion.[20] Besonders bemerkenswert ist in diesem Zusammenhang, dass der ›Andere Advent‹ von Anfang an gänzlich ohne Werbung und eine ausgeklügelte Marketingstrategie auskommt. Er wird weder im Einzelhandel angeboten noch aktiv medial beworben, sondern kann lediglich telefonisch oder via Internet über den Verein selbst bezogen werden. Hätten sich mit wachsendem Erfolg zwar eine »gewisse Pressearbeit« von Seiten des Vereins und sogar eine überregionale mediale Berichterstattung hinsichtlich des Kalenders etabliert, so seien nach Einschätzung Kärsts im Wesentlichen »Mundpropaganda« und davon ausgehend ein hervorragend funktionierendes »Schneeballsystem«[21] die wesentlichen Verbreitungswege des Kalenders.[22]

Trotz der stetig wachsenden Leserzahlen bemüht sich das Team des ›Anderen Advents‹ nach wie vor um einen intensiven Kontakt sowohl zwischen den Teilnehmenden und der Redaktion als auch der Leserinnen und Leser untereinander. Ausdrücklich werden die Lesenden dazu aufgefordert, ihre Eindrücke und Meinungen zu dem Kalender, ihre Gedanken und Gefühle zu den einzelnen Texten und Bildern zu schildern, auch gemeinsam den Kalender zu lesen und sich auf verschiedenen Kommunikationswegen miteinander sowie mit den Redakteurinnen und Redakteuren auszutauschen. Immer wieder wird im alljährlichen Vorwort zum aktuellen Kalender an die Beteiligung von anderen Mitleserinnen und -lesern erinnert und Leserbriefe werden als Anregungen zu bestimmten Themen oder zum Kalender abgedruckt. Sich auch aus der Distanz heraus mit ganz unterschiedlichen Erfahrungen und Einstellungen gemeinsam auf den gleichen Weg machen, die Advents- und Weihnachtszeit gemeinschaftlich ›anders‹ begehen und diese Erfahrungen weitergeben gehört zu den wesentlichen Grundgedanken der Aktion.

Dabei bietet neben den Briefen an die Redaktion vor allem das mit Beginn jeder Kalenderaktion öffnende Internetforum eine viel genutzte Plattform für den wechselseitigen Gedankenaustausch.[23] Hier teilen die Leserinnen und

---

[20] http://www.anderezeiten.de/presseinformationen/pressemitteilung-17-november-2011/[abgerufen am 14.01.2013] sowie Interview Kärst vom 16.09.2011:
  K: Ja gut, also, wir erreichen ja relativ viele Leute, so mit dem Kalender, eben so 1,6 Millionen hatten wir ja letztes Jahr ungefähr erhoben, ne, die das lesen.

[21] Vgl. Weihnachten wohnt an der Elbe, in: TOP-Magazin Hamburg 3 (2008).

[22] Interview Kärst vom 16.09.2011:
  K: [...] also, die Auflagen sind von Jahr zu Jahr eben größer geworden. Eigentlich ohne, dass wir groß Werbung dafür gemacht hätten, also, wir haben eine gewisse Pressearbeit, okay, aber wir machen ja jetzt keine großen Plakatkampagnen oder sonst wie, sondern das hat sich vor allem durch Mundpropaganda so rumgesprochen.

[23] Vgl. hierzu auch die Teilnahmeregeln des Forums online unter URL http://www.anderezeiten.de/unsere-aktionen/unsere-internet-foren/[abgerufen am 14.01.2013].

Leser ihre Erfahrungen mit dem ›Anderen Advent‹, berichten von persönlichen Eindrücken, äußern Lob und Kritik. Nicht selten schildern sie auch
sehr private und emotionale Erlebnisse und Gedanken aus ihrem Alltagsleben, posten eigene Gedichte, Kirchenlieder, Erzählungen und Geschichten
und tauschen sich über Fragen des Glaubens und ihren eigenen Glaubensweg sowie christliche Welt- und Wertvorstellungen aus. In gewisser Weise
entsteht so eine Art ›virtuelle Gemeinde‹, in der Menschen mit zumindest
ähnlichen Überzeugungen, Anliegen und Fragen miteinander diskutieren
und nach neuen Impulsen und weiterführenden Anregungen suchen. Dabei
fällt auf, dass sich offensichtlich viele der im Forum aktiven Leserinnen und
Leser schon über Jahre hinweg regelmäßig ›online‹ treffen, sich zumindest
virtuell gut zu kennen und eng miteinander verbunden zu fühlen scheinen.
So werden zum Teil sehr intime Gedanken geteilt, persönliche Begebenheiten und Erlebnisse, Probleme, Kummer und Sorgen geschildert, Trost und
Zuspruch gespendet. Der Umgangston ist im Vergleich zu manchen anderen
Internetplattformen regelrecht liebevoll, man ›vermisst‹ einander und freut
sich, sich im alljährlichen Forum wiederzutreffen. Von einer »Anderswelt« in
der Begegnung im Internet, von Frieden und einer Gemeinschaft aus »Mitrei-
senden« im verbindenden Element des Kalenders und des christlichen Glaubens insgesamt ist in vielen Beiträgen die Rede.[24]

Ganz offensichtlich bietet der Kalender seinen Leserinnen und Lesern
mit den oft durchaus ungewöhnlichen Texten und Bildern die Möglichkeit,
im Kontext von Advent und Weihnachten an ihre ganz eigenen Erfahrungen
und Erlebnisse ›anzuknüpfen‹. Hier finden sich Sprach- und Ausdrucksmöglichkeiten für die persönlichen Emotionen und Relevanzen im eigenen Leben
sowie für die Fragen und Themen ihrer individuellen Religiosität und Spiritualität. Gerade die Verbindung von außergewöhnlichen und nachdenklichen
Texten mit anregenden Bildern sei es in diesem Zusammenhang, die diesen
Kalender so besonders und erfolgreich machten:

K: Ja, also, das ist die Verbindung, denke ich, aus Texten und Bildern, also,
     Texte, die zum Nachdenken anregen, die aber andererseits auch noch
     nicht so abgegriffen sind, dass sie jeder erkennt. Und eben auf der ande-
     ren Seite ein Bild, was eben diese Texte, ja, ganz unterschiedlich, zum
     Teil nimmt es Texte auf, wir nehmen aber auch manchmal Bilder, die
     diese Texte bewusst konterkarieren, also, diese Text-Bild-Beziehung, das

---

[24]   Einblicke in das jeweils aktuelle Internetforum können vom Beginn des »Anderen
Advent« am ersten Adventssamstag bis ca. 14 Tage nach seinem Ende am Dreikönigstag
online unter URL http://www.forum.anderezeiten.de/forum.php gewonnen werden.

ist glaube ich das, was unseren Kalender so ausmacht und nicht nur den Kalender, eben auch die Bücher.

Gleichzeitig stelle, so Kärst, der ›Andere Advent‹ nicht nur aus gestalterischer und inhaltlicher Sicht, sondern vor allem auch in seiner Form als Kalender ›für Zuhause‹ ein attraktives Angebot für viele an der christlichen Tradition und dem Glauben interessierte, aber kirchlich eher distanzierte Menschen dar. So handelt es sich bei dem Kalender um ein höchst individuell und beliebig nutzbares sowie vergleichsweise niedrigschwelliges Angebot, das zwar als aussagekräftig, aber zugleich im Unterschied zu den (vor-weihnachtlichen) Angeboten von Kirche und Gemeinde wenig voraussetzungsreich und eher unverbindlich erscheint. Denn trotz des durchaus großen Interesses vieler Menschen an christlichen Inhalten, an Glaube und Spiritualität in ihrem Leben, bestünden oft erhebliche Hemmungen und Befürchtungen vor Vereinnahmungen und Ansprüchen seitens der Institution Kirche, die es eben beim ›Anderen Advent‹ nicht gäbe:

K: Also es ist vielleicht so - inhaltlich, also bei den Kirchen ist es oft so, dass Leute eine große Angst vor Vereinnahmung haben. Ich würde auch gar nicht sagen, dass wir da vieles grundsätzlich anders machen als die Kirchen, aber ich glaube, wir haben natürlich in unseren Sachen, auch ein Moment der Unverbindlichkeit drin, das ist ja klar, also ich meine, Leute bestellen einen Kalender oder sie lassen es eben bleiben. Und wenn die Kirchen irgendwie an Leute herantreten, dann ist es doch oft mit dem Anspruch und das merken die Leute dann auch, ›wir wollen dich gerne für uns irgendwie haben und du sollst bei uns mitmachen oder so. Das verlangen wir ja nicht. Also, das ist, glaube ich was, was den Nerv vieler Leute auch trifft [...] Das ist übrigens ein Punkt, das ist ganz interessant, das finden Sie bei Kirchen inzwischen ja auch ganz oft oder dieses morgen steigt die ›Nacht der Kirchen‹, da werden 70.000 Leute erwartet oder noch mehr. Alles das ist ja auch quasi so ein Angebotscharakter, ein sehr unverbindlicher und niederschwelliger Angebotscharakter, also, wir machen die Kirchen auf, wir machen da Programm und die Leute fahren hin, gucken sich das an und dann fahren sie wieder weg [berichtet über den überraschenden Erfolg eines Tauffestes, das die ev. Kirche im vergangenen Jahr am Hamburger Elbstrand veranstaltet hatte] Und das war ganz interessant, da haben nämlich auch viele gesagt in den Gesprächen. ›Also Kirche und da in die Kirche rein und so, nee, aber da so am Strand, das ist eine ganze andere Nummer. Also da ist eben dieser Aspekt der befürchteten Vereinnahmung nicht so stark. Und die Leute haben eben Interesse [...], die haben auch Interesse an Traditionen, aber dann in so eine Gemeinde zu gehen, da, wo so eine gewisse, gewisse Formen sind, die man nicht so kennt, die Kirche selber ist vielleicht ganz schön als Gebäude, aber irgendwie auch fremd.

Vor diesem Hintergrund wollen die Redakteurinnen und Redakteure mit ihrem Kalender des ›Anderen Advent‹ außergewöhnliche Inhalte anbieten und ›andere‹ Wege und Orientierungshilfen jenseits des traditionellen Rahmens kirchlicher Verkündigung aufzeigen. Sie wollen christliche Spiritualität und den christlichen Glauben an Gott als eine Perspektive über diese Welt hinaus, als einen Weg zu einem spürbaren ›Mehr‹ im Leben erfahrbar machen, nicht ohne dabei durch die Form des Kalenders und seine oftmals auf den ersten Blick vielleicht provozierenden und ›unchristlichen‹ Inhalte eine formale und inhaltliche Offenheit sowie Freiräume für die individuellen religiösen und spirituellen ›Bedürfnisse‹ und den Umgang und die Deutungen der Texte und Themen des ›Anderen Advent‹ ihrer Leserinnen und Leser zu bewahren.

2 DER KALENDER IN DER ›AUSSENWAHRNEHMUNG‹: DIE ERGEBNISSE DER QUANTITATIVEN LESERBEFRAGUNG ZUM ›ANDEREN ADVENT‹

Das Berliner Marktforschungsinstitut *mindline media* führte im Auftrag von ›Andere Zeiten e. V.‹ im Jahre 2010 eine quantitative Erhebung zum ›Anderen Advent‹ sowie zum dreimal jährlich erscheinenden Magazin ›Andere Zeiten‹ durch. Anhand einer schriftlichen Befragung mittels eines strukturierten Fragebogens beantworteten im Zeitraum von Juli bis August 2010 1.140 von 3.000 per »systemischer Zufallsauswahl« ausgewählten Leserinnen und Lesern des Kalenders und des Magazins eine Vielzahl von Fragen zu den beiden Angeboten des Hamburger Vereins.[25] Mit Blick auf den Kalender wurden dabei zunächst drei Fragen zu Erstkontakt, Leseverhalten, Verbreitung und Umgang in Bezug auf den ›Anderen Advent‹ gestellt: *Wie sind Sie zum ersten Mal auf den Kalender »Der Andere Advent« aufmerksam geworden? Wie viele Jahre lesen Sie den Kalender »Der Andere Advent«? Wie viele Personen außer Ihnen lesen noch in Ihrem Kalender?*

---

[25] Die hier dargestellten Informationen und Ergebnisse der quantitativen Studie sind komplett der »Andere Zeiten e. V.« zur Verfügung gestellten und von dort aus an mich weitergeleiteten Tabellen und der abschließenden Ergebnispräsentation mit dem Titel »Der Kalender ›Der Andere Advent‹ und das Magazin ›Andere Zeiten – Ergebnisse der Leserinnen- und Leserbefragung« des Berliner Marktforschungsinstituts mindline media (im Auftrag von »Andere Zeiten e. V.) vom September 2010 entnommen.

Außerdem wurden die Teilnehmerinnen und Teilnehmer der Aktion um eine skalenmäßige Bewertung von 1 (sehr gut) bis 6 (sehr schlecht) des Kalenders insgesamt *(Wie gefällt Ihnen der Kalender insgesamt?)* sowie der darin vorkommenden Texte und Bilder im Allgemeinen gebeten. Zusätzlich sollten die Befragten im Hinblick auf die drei Unterpunkte ›Texte und Inhalte‹, die ›Aufmachung und formale Gestaltung‹ sowie die ›Bilder‹ im Rahmen einer offenen Fragestellung die ihres Erachtens nach besonders positiven sowie negativen Aspekte des ›Anderen Advents‹ benennen *(Was gefällt Ihnen besonders gut am Kalender »Der Andere Advent«? Was gefällt Ihnen nicht so gut am Kalender »Der Andere Advent«?).* Hierbei konnten ohne Vorgaben stichpunktartig verschiedene Aspekte angeführt werden, die bei der späteren Auswertung der Studie zu bestimmten, semantisch ähnlichen Schlagwörtern zusammengefasst wurden. Des Weiteren wurden die Leserinnen und Leser wiederum anhand von Skalen bzw. durch Auswahl aus einem Spektrum vorgegebener Antworten um eine Selbstbeschreibung hinsichtlich ihrer Einstellungen und Aktivitäten in Bezug auf Religiosität, Kirchen-/Religionszugehörigkeit, Gemeindeaktivität und kirchliches Engagement *(Als wie religiös würden Sie sich selbst beschreiben? Gehören Sie einer Konfession oder Religionsgemeinschaft an? Wie oft besuchen Sie kirchliche Veranstaltungen wie Gottesdienste, Andachten, Gebete? Wie häufig engagieren Sie sich in einer Kirchengemeinde oder kirchlichen Einrichtung?)* und zu ihren Tätigkeiten und ihrer Freizeitgestaltung sowie ihren Ansichten und Einstellungen bezüglich der Adventszeit und ihrer Gestaltung des Heiligabends *(Welche der folgenden Aussagen treffen für Sie auf die Adventszeit zu? Wie verbringen Sie üblicherweise den Heiligabend?)* gebeten. Zudem wurden sie auch noch zu ihrer Internetnutzung im Allgemeinen *(Wie häufig nutzen Sie das Internet? Welche der folgenden sozialen Netzwerke nutzen Sie?)* sowie konkret zur Online-Präsenz von ›Andere Zeiten e. V.‹ befragt *(Wünschen Sie sich eine Verstärkung des Internetangebotes von Andere Zeiten?).* Abschließend wurden im letzten Teil der Studie diverse »Daten zur Person« wie beispielsweise Alter, Bildungs- und Familienstand etc. zur Vervollständigung der statistischen Erhebung erfragt. Im Kontext des hier vorliegenden Forschungsprojektes interessieren im Folgenden bei der Betrachtung der quantitativen Ergebnisse vor allem die Aussagen der Leserinnen und Leser zum ›Anderen Advent‹ (Erstkontakt, Leseverhalten und Bewertung der Aktion) und ihre Selbstbeschreibung hinsichtlich Religiosität und Kirchenverbundenheit.

Die erste Begegnung mit dem ›Anderen Advent‹ erfolgt nach Angaben der befragten Leserinnen und Leser mehrheitlich über Freunde und Bekannte (61 %). Sowohl kirchliche Einrichtungen (16 %) als auch die Medien (14 %), das Magazin ›Andere Zeiten‹ (9 %) und auch die Internetpräsenz des Vereins (2 %) spielen nur eine untergeordnete Rolle bei der Verbreitung des Kalenders. Zudem wurde der ›Andere Advent‹ von nahezu allen Befragten bewusst selbst gekauft. Lediglich 4 % erhielten ihn beim ersten Mal als Geschenk. Nach der ersten Teilnahme an der Aktion bleiben die meisten Leserinnen und Leser dem ›Anderen Advent‹ treu. Bei nahezu allen der 1.140 Befragten handelt es sich um ›Stammleser‹, die mehrheitlich mindestens drei Jahre, im Durchschnitt sogar bereits seit mehr als sechs Jahren den Kalender regelmäßig lesen. Dabei beteiligen sich im Schnitt in etwa drei weitere Personen[26] pro verkauftem Kalender an der Aktion und lesen zusätzlich zu der befragten Person in deren Exemplar des ›Anderen Advent‹ mit. Diese Zahlen bestätigen die groben Schätzungen des Vereins und machen die besondere Bindekraft und Attraktivität der Aktion weit über die zählbare Auflage des Kalenders hinaus sichtbar.

Ebenso auffällig ist die durchweg positive Bewertung des ›Anderen Advent‹. Auf einer Skala von 1 (sehr gut) bis 6 (sehr schlecht) vergaben insgesamt 94 % der Befragten die Note 1 (57 %) oder 2 (37 %). Der Bewertungsdurchschnitt lag dabei bei 1,5, wobei die Noten 4, 5 und 6 kein einziges Mal vergeben wurden. Vor allem die Texte und Inhalte wurden von der großen Mehrheit der Leserinnen und Leser (73 %) besonders positiv bewertet.[27] Die Auswahl interessanter und ansprechender Texte und Themen, ihre Tiefsinnigkeit und die Anregungen zum Nachdenken wurden dabei am häufigsten genannt. Der dezidiert christlich-religiöse und meditative Aspekt der Inhalte wurde nur selten ausdrücklich hervorgehoben (3 bzw. 6 %). 7 % der Befragten lobten explizit das ›Andere‹, Besondere und Außergewöhnliche des Kalenders. Seine Aufmachung insgesamt (24 %) sowie die Bilder (21 %) spielten im Vergleich zu den Texten eine eher untergeordnete Rolle. Auch die Dauer des Kalenders über den 24.12. hinaus bis Epiphanias beurteilten lediglich 6 % der Antwortenden besonders positiv. Insgesamt erhielten sowohl die Texte mit 91 % der Bewertungen im obersten Drittel der Skala (Note 1 oder 2) als auch die Bilder mit 86 % der Bewertungen mit 1 oder 2 jeweils die sehr positive Durchschnittsnote 1,6. Im Umkehrschluss bestätigt auch die Frage nach negativen Faktoren des ›Anderen Advent‹ sein insgesamt ausgesprochen positives Image innerhalb der Stammleserschaft. So machten 2/3 der Befragten überhaupt keine Angabe, lediglich die Auswahl *einzelner* Texte und Themen

---

[26] Alle weiteren Mitleserinnen und -leser, d. h. Personen aus dem Haushalt der befragten Person, aber auch Freunde, Bekannte, Kollegen etc., die das von der befragten Person gekaufte Exemplar mitnutzen.

[27] Hier waren aufgrund der offenen Fragestellungen Mehrfachnennungen möglich.

wurde bemängelt (17 %). Bei der abschließenden Bewertung hinsichtlich des Zutreffens verschiedener Eigenschaften von 1 (trifft voll und ganz zu) bis 6 (trifft überhaupt nicht zu) bescheinigten 93 % der befragten Leserschaft mit der Note 1 oder 2 dem ›Anderen Advent‹ eine hohe Glaubwürdigkeit und die Fähigkeit, allgemein zum Nachdenken anzuregen. Immerhin 74 % sahen sich durch ihn zum konkreten Nachdenken über ihren persönlichen Glauben animiert. Sowohl das Gemeinschaftsgefühl der Aktion als auch die Stärkung des eigenen Glaubens betrachteten mit 49 % knapp die Hälfte der Befragten als wesentliche Eigenschaft des Kalenders.

Betrachtet man anschließend die Selbstbeschreibungen der Leserinnen und Leser so fällt auf, dass diese sich selbst nahezu ausschließlich als »religiös« (71 %) bzw. sogar »sehr religiös« (10 %) oder zumindest als »religiös interessiert« (4 %) beschreiben. Keiner der 1.140 Leserinnen und Leser bezeichnet sich als »überhaupt nicht religiös«. Gleichzeitig gehören fast 90 % der Befragten einer der beiden ›großen‹ christlichen Konfessionen an. Auffällig war in diesem Zusammenhang ebenfalls, dass 86 % angaben, mehrmals im Jahr an kirchlichen Veranstaltungen wie Gottesdiensten und Andachten teilzunehmen, d. h. zumindest gelegentlich kirchliche und gemeindliche Angebote aufzusuchen und wahrzunehmen. Daraus lässt sich schließen, dass die Leserinnen und Leser eine generelle christlich-religiöse Einstellung oder zumindest ein gewisses Interesse an den Themen und Inhalten christlicher Religion ›mitbringen‹. Diese Beobachtung korreliert mit den Ergebnissen der Studie bezüglich des »Erstkontaktes« mit dem ›Anderen Advent‹. Offensichtlich entscheidet sich die große Mehrheit der ›aktiven‹ Leserinnen und Leser bewusst für den Kalender und damit auch für eine gezielte Auseinandersetzung mit dessen christlichem Gehalt.

3 IMPLIKATIONEN UND ANKNÜPFUNGSPUNKTE FÜR DIE QUALITATIVE STUDIE: DER ›ANDERE ADVENT‹ ALS SPIEGEL MODERNER WEIHNACHTSRELIGIOSITÄT

Der ›Andere Advent‹ stellt ein christlich-religiöses Angebot im Kontext der Advents- und Weihnachtszeit dar. Er spricht, wie auch die quantitative Erhebung bestätigt, vorwiegend eine Leserschaft an, die sich selbst als ›religiös‹ versteht oder zumindest für religiöse Fragen und Themen und speziell an den christlichen Inhalten ein gewisses Interesse hegt. Das Angebot des ›Anderen Advent‹, sich auf die christliche Botschaft des Festes zu besinnen und die aktive Suche nach Gott sowie individuellen (und gemeinschaftlichen) Wegen von Spiritualität zu unterstützen, stößt dabei auf eine große und vielfältige

Resonanz. Das Bedürfnis nach einer inhaltlichen Füllung der Advents- und Weihnachtszeit scheint auch unter den Bedingungen der fortschreitenden Säkularisierung durchaus groß zu sein. Nicht nur die weihnachtlichen Symbole, das familiäre und individuelle Brauchtum und die daraus resultierende Stimmung, sondern auch die dahinterstehende christliche Erzählung vom Kind in der Krippe und die damit verbundene Botschaft von Hoffnung und Heil spielen offenkundig für eine Vielzahl von Menschen zumindest unterschwellig eine wichtige Rolle im Kontext des Weihnachtsfestes und weihnachtlicher Religiosität. Sie sind zentraler Anknüpfungspunkt ihrer Suche nach einem neuen, eben ›anderen‹ Blickwinkel auf das eigene Dasein, nach Spiritualität und Besinnlichkeit und werden von den Beteiligten als besondere Bereicherung ihres Lebens erfahren.

Mit dem Erwerb des Kalenders und ihrer Teilnahme an der Aktion haben sich die Leserinnen und Leser bewusst für ein solches Angebot entschieden, das in seinen Inhalten einen dezidiert christlichen Blick auf die Advents- und Weihnachtszeit richtet. Darin ist der ›Andere Advent‹ keineswegs in Opposition zu den Kirchen oder gar als ›unkirchlich‹ zu sehen. Er stellt ein Angebot im weiteren Rahmen traditioneller Christlichkeit und Volkskirchlichkeit dar, das zugleich formal jenseits der Organisation Kirche im Rahmen der eigenen vier Wände genutzt wird und somit höchst individuell anwendbar bleibt. Mit den Leserinnen und Lesern des ›Anderen Advent‹ bietet sich methodisch gesehen für das Sample der Studie folglich mit großer Wahrscheinlichkeit die Chance, Interviewpartnerinnen und -partner zu gewinnen, in deren Leben die individuelle Gestaltung christlicher Religiosität und religiöse Praxis in unterschiedlicher Form im Kontext Weihnachten (und auch darüber hinaus) eine Rolle spielen, die sich aktiv mit religiösen Themen und Fragen auseinandersetzen wollen und dementsprechend auch über eine gewisse Sprachfähigkeit und Reflexivität im Hinblick auf ihre eigenen religiösen Erfahrungen, ›Bedürfnisse‹, Überzeugungen und Vorstellungen verfügen.

Durch seine umfassende Verbreitung erreicht der Kalender höchstwahrscheinlich zudem eine große Zahl von Menschen unterschiedlicher Milieus und Lebenswelten, mit einem unterschiedlichen Grad an Verbundenheit zur Kirche und Interesse an christlichen Inhalten, die unter der gemeinsamen Aktion des ›Anderen Advents‹ in der Advents- und Weihnachtszeit mit ihren ganz unterschiedlichen religiösen Ausprägungen, Bedürfnissen und Vorstellungen, mit ihrer ganz persönlichen religiösen Praxis auf verschiedenste Weise an die Themen und Inhalte des Kalenders anknüpfen. Somit ist davon auszugehen, dass sich im Gespräch mit den Leserinnen und Lesern des Kalenders durchaus unterschiedliche und vielfältige Ausprägungen und Nuancen, (implizite) Deutungen und Relevanzen im Umgang mit dem ›Anderen Advent‹ und der Gestaltung weihnachtlicher Religiosität insgesamt erkennen und nachvollziehen lassen. Gleichzeitig lässt sich durch das verbindende Element der Nutzung des ›Anderen Advents‹ trotz aller individuellen Unterschiede ein gemeinsamer äußerer Bezugsrahmen zwischen den interviewten Personen festmachen und somit auch eine gewisse Vergleichbarkeit der Aussagen gewährleisten. Orientiert an den Ergebnissen der quantitativen Studie können zudem durch den Einbezug von Fragen nach der (religiösen) ›Attraktivität‹ sowie möglicher Kritikpunkte, nach dem Umgang mit dem Kalender und der Bedeutung des ›Anderen Advent‹ im Rahmen der individuellen religiösen Praxis vertiefte und fokussierte Einblicke in die weihnachtliche Religiosität ›typisch spätmoderner‹ Individuen insgesamt gewonnen werden, die nicht zuletzt auch Aufschluss über die Bedeutung und Relevanz der christlichen Inhalte im Kontext von Advent und Weihnachten bieten können. Im Spiegel der Aussagen zum ›Anderen Advent‹ können die bisherigen theoretischen Betrachtungen zum Weihnachtschristentum und Weihnachtsreligiosität vertieft und präzisiert und so rückschließend konkrete und weiterführende Aussagen im Hinblick auf spätmoderne christliche Religiosität und Volkskirchenpraxis insgesamt ermöglicht werden. Welche neuen Perspektiven, ›Variablen‹ und Konzepte sind von Bedeutung? Was lässt sich vor dem Hintergrund der theologischen Forschung wiedererkennen, was gilt es noch einmal neu oder anders wahrzunehmen, zu formulieren, zu interpretieren bzw. zu akzentuieren?

II Die Forschungsmethodik der Studie

Die vorliegende Studie hat es sich zum Ziel gesetzt, spätmoderne weihnacht-
liche Religiosität und religiöse Praxis auf Grundlage der Interviews mit Lese-
rinnen und Lesern des ›Anderen Advent‹ aus der Perspektive praktizierender
Menschen heraus näher zu erfassen, zu beschreiben und vor allem nachzu-
vollziehen und zu verstehen. Dabei geht es darum, im Sinne einer »dichten
Beschreibung« über den Blick auf den Kalender als einem an christlichen
Inhalten orientierten Beispiel mit Hilfe der Interviews »einen Zugang zur
Gedankenwelt und Alltagserfahrung«[28] der befragten Personen zu eröffnen.
Die Interviewstudie möchte Einblicke in die religiösen Fragen und Themen,
Überzeugungen und Erfahrungen spätmoderner Menschen, ›ihre‹ Sinnho-
rizonte und Orientierungen, Semantiken und Praktiken in Bezug auf das
Weihnachtsfest gewinnen. Sie will herausarbeiten, was für Christinnen und
Christen heutzutage im Kontext von Advent und Weihnachten in religiöser
Hinsicht relevant und bedeutsam ist, wie sie weihnachtliche Religiosität kon-
kret gestalten, erfahren und leben. Hieraus erhofft sie sich weiterführende
Perspektiven für die theologische Theoriebildung (und Praxis) hinsichtlich
des Weihnachtschristentums und weihnachtlicher Religiosität sowie gegen-
wärtiger Christlichkeit und Volkskirchenpraxis zu entwickeln.

Der Begriff der »dichten Beschreibung« stammt ursprünglich von dem
Philosophen Gilbert Ryle und wurde erstmals von Clifford Geertz in die Me-
thodologie der qualitativen Sozialforschung eingeführt.[29] Im Rahmen seiner
anthropologisch-ethnografischen Studien versteht Geertz dabei die »dichte
Beschreibung« als ein wichtiges Zugangsinstrument zum Verstehen fremder
Kulturen. So geht es bei der »dichten Beschreibung« vor allem darum, auf
Grundlage theoretischer und analytischer Selektions-, Reproduktions- und
Interpretationsprozesse

> »aus der Fülle von Daten und Beobachtungen (›dünne Beschreibung‹) mit
> Hilfe von hermeneutischen Rekonstruktionen die intendierten Bedeutun-
> gen und den sozialen Sinn herauszuarbeiten und in einer Weise darzustel-
> len, die den Lesenden mitten hinein versetzt in das Geschehen.«[30]

---

[28] Friebertshäuser, Art.: Dichte Beschreibung, 33.
[29] Ebd.; vgl. Clifford Geertz, Dichte Beschreibung. Beiträge zum Verstehen kultureller
Systeme, Frankfurt a. M. 1983, 10.
[30] Friebertshäuser, Art.: Dichte Beschreibung, 33.

»Dichte Beschreibungen« versuchen so, Zugänge zu den sozial und kulturell vermittelten Intentionen, Handlungs- und Orientierungsrahmen und den Sinnzusammenhängen der jeweiligen Kultur zu erschließen. Dabei geht Geertz allerdings nicht von einer objektiven, den Dingen selbst innewohnenden Bedeutung aus. Vielmehr legt er ein Verstehenskonzept zugrunde, dem zufolge alle Dinge »erst ihren Sinn im menschlichen Gebrauch und in ihrer Beziehung zu anderen Dingen« erhalten.[31] Demnach reiche es auch nicht aus, eine Kultur lediglich ›äußerlich‹ zu beschreiben, um sie (angemessen) erfassen und verstehen zu können. Um dies zu veranschaulichen, übernimmt Geertz von Ryle das Beispiel der schnellen Bewegung des Augenlids. So seien »vom Standpunkt einer photographischen »phänomenologischen« Wahrnehmung«[32] heraus betrachtet die Bewegungen eines ungewollten Zuckens des Augenlids und das gewollte Zuzwinkern als heimliches Zeichen des einen an einen anderen vollkommen identisch. Aus dieser rein äußeren Perspektive sei nicht auszumachen, ob es sich bei dem schnellen Zu- und Aufschlagen des Augenlids um ein Zucken oder Zwinkern handele. Gleichzeitig sei jedoch schon aus der eigenen Erfahrung heraus klar, dass in semantischer Sicht ein »gewichtiger Unterschied zwischen Zucken und Zwinkern« bestehe.[33] So reiche es für eine »dünne Beschreibung« lediglich aus, diese Begebenheit als schnelle Bewegung des Augenlids einer Person zu beschreiben. Die »dichte Beschreibung« versuche hingegen, die Intention und Bedeutung dieses Ereignisses in einem sozialen und kulturellen Kontext möglichst genau zu erfassen, »ohne die ein Zwinkern unverständlich bleibt, und prüft zugleich, ob es sich vielleicht um ein ungewolltes Zucken, ein Scheinzwinkern, ein parodiertes Scheinzwinkern oder eine ähnliche Variante handelt«[34].

»Dichte Beschreibungen« unterliegen somit im Kontext rekonstruktiver Sozialforschung dem konstruktivistischen Paradigma einer »sozialen Konstruktion von Wirklichkeit«[35]. Wirklichkeit ist demnach weder etwas objektiv noch allgemein-natürlich Vorgegebenes. Sie ist immer als »Konstitution in den Wahrnehmungskategorien des subjektiven Bewusstseins [...], in den Sinnstiftungen von Verstehensleistungen [...], in Situationsdefinitionen und Aushandlungsprozessen [...] oder im praktischen Vollzug alltäglicher Hand-

---

[31] Vgl. a. a. O., 34.

[32] Geertz, Dichte Beschreibung, 10.

[33] Vgl. ebd.

[34] Friebertshäuser, Art.: Dichte Beschreibung, 34.

[35] Vgl. Michael Meuser, Art.: Rekonstruktive Sozialforschung, in: Ralf Bohnsack/Winfried Marotzki/Michael Meuser (Hrsg.), Hauptbegriffe Qualitativer Sozialforschung. 3., durchgesehene Auflage, Opladen & Farmington Hills 2011, 140.

lungen«[36] zu sehen und zu verstehen. Wirklichkeit ist somit das Ergebnis sozialer Konstruktionsprozesse und der in diese eingebetteten individuell-subjektiven Sinnselektionen und -konzeptionen. Sie ist folglich weder objektiv noch generalisierbar. Auf Grundlage dieses konstruktivistischen Paradigmas hat es sich die Mehrheit der qualitativen Forschungsansätze zur Aufgabe gemacht, rekonstruktiv zu arbeiten und diese Konstruktionen der Wirklichkeit zu analysieren, »welche die Akteure in und mit ihren Handlungen vollziehen«[37]. Dabei will sie aus einer offenen Beobachterperspektive heraus (vorwiegend) nach den lebensweltlichen Hintergründen und den damit verbundenen Wirklichkeitskonstruktionen und Relevanzstrukturen der Akteure fragen, diese verstehen und nachvollziehen.[38]

»Dichte Beschreibungen« liefern Einblicke in fremde Lebenswelten[39], ohne dabei allgemeingültige Gesetzmäßigkeiten identifizieren oder belegen zu wollen. Vielmehr versuchen sie, mit ›anderen‹ Antworten, Konzepten und Sichtweisen im Kontext ›anderer‹ Lebenswelten und deren Erfahrungen vertraut zu machen.[40] Dabei steht jedoch nicht die Rekonstruktion des »subjektiv gemeinten Sinns« nach Max Weber im Mittelpunkt.[41] Es geht stattdessen darum, die individuellen Handlungen und Sinnkonstruktionen im Kontext »überindividueller Zugehörigkeiten [...] und kollektiver Orientierungen verständlich zu machen«[42] und innerhalb dieser übergeordneten Zusammenhänge »generative (Sinn-)Muster« und spezifische Orientierungsrahmen heraus-

---

[36]   Stefan Hirschauer, Art.: Konstruktivismus, in: Ralf Bohnsack/Winfried Marotzki/ Michael Meuser (Hrsg.), Hauptbegriffe Qualitativer Sozialforschung. 3., durchgesehene Auflage, Opladen & Farmington Hills 2011, 102.

[37]   Meuser, Art. Rekonstruktive Sozialforschung, 140.

[38]   Vgl. a. a. O., 140 f.; hierzu auch Jan Kruse, Reader »Einführung in die qualitative Interviewforschung« (Version Oktober 2011, überarbeitete, korrigierte und umfassend ergänzte Version), Freiburg 2011 [Bezug über www.qualitative-workshops.de], 10 f.: »Diese Versionenhaftigkeit von Wirklichkeit verbietet somit die Frage nach der ›wahren‹ oder ›wirklichen‹ Wirklichkeit. In der rekonstruktiven Sozialforschung dürfen aufgrund ihrer erkenntnistheoretischen Prämissen keine Wahrheitsfragen gestellt werden, sondern es muss die Frage verfolgt werden, welchen Sinn die so dargestellte Wirklichkeit für die befragte Person hat« [Hervorhebung im Originaltext].

[39]   Vgl. Friebertshäuser, Art.: Dichte Beschreibung, 34.

[40]   Vgl. Geertz, Dichte Beschreibung, 9 und 43.

[41]   Vgl. Werner Vogd, Systemtheorie und Rekonstruktive Sozialforschung – Eine Brücke. 2., erweiterte und vollständig überarbeitete Auflage, Opladen & Farmington Hills 2011, 12 und 15.

[42]   Meuser, Art. Rekonstruktive Sozialforschung, 142.

zuarbeiten und nachzuvollziehen und so Verstehen bzw. Fremdverstehen zu ermöglichen.[43]

Im Gegensatz zu »dünnen Beschreibungen« entwickeln sich »dichte Beschreibungen« in einer hermeneutischen Spirale, dem ständigen Wechselspiel zwischen Datenmaterial und Deutung. So sind im Hinblick auf die Darstellung bei »dichten Beschreibungen« Deskription und Interpretation eng miteinander verwoben. »Erkenntnis wird bewusst sukzessiv in der Auseinandersetzung mit den Daten entwickelt.«[44] Gleichzeitig zeigt sich im Prinzip der hermeneutischen Spirale die Notwendigkeit eines Vor-Verständnisses, eines ›sensibilisierenden Konzeptes‹ hinsichtlich dessen, was eigentlich erkannt und verstanden werden soll:

> »Es ist bereits ein Vor-Verständnis von dem notwendig, was erst verstanden werden soll, um es überhaupt verstehen zu können. Dieser hermeneutische Zirkel ist grundlegend für jeden Verständnisprozess. Die Notwendigkeit von Vor-Wissen [...] birgt aber auch eine Gefahr für das hermeneutische Verstehen: Denn das Vor-Wissen kann dazu führen, dass das neu zu Verstehende selektiv aus dem Vor-Wissen heraus verstanden wird [...]. Es wird dann nicht versucht, den Sinn des neu zu verstehenden zu rekonstruieren, sondern Sinn wird in das zu Verstehende hineingelegt.«[45]

Ist eine gewisse »theoretische Sensibilisierung«[46] für einen erkenntnisorientierten Umgang mit dem empirischen Material unerlässlich, so sind letztlich Interpretationen auch von Seiten vermeintlich objektiver, wissenschaftlicher Beobachter damit auch immer von deren eigenen Forschungsprämissen und subjektiven Annahmen und Perspektiven bestimmt und geleitet. Dementsprechend gilt es, diese Standortgebundenheit des Beobachters innerhalb des Forschungsprozesses methodologisch zu berücksichtigen und immer wieder (selbst-)reflexiv einzubeziehen.[47] Dies wird in der Forschungspraxis vor allem durch Auswertungsmethoden zu erzielen versucht, die es der oder dem Forschenden ermöglichen, Distanz und Offenheit zum Datenmaterial aufzubauen.[48]

Im Unterschied zu den quantitativen Verfahren nimmt die qualitative Forschung in ihrer Analyse nicht möglichst große Fallzahlen, sondern lediglich wenige einzelne Fälle in den Blick, »die aber in ihrer konkreten Fülle

---

[43] Vgl. Kruse, Reader »Einführung in die qualitative Interviewforschung«, 12.

[44] A. a. O., 14.

[45] A. a. O., 25.

[46] A. a. O., 27.

[47] Vgl. Vogd, Systemtheorie und Rekonstruktive Sozialforschung, 15.

[48] Vgl. hierzu Kap. II.2. zur Dokumentarischen Methode nach Bohnsack.

dokumentiert und auf ihre konstituierenden Prinzipien interpretiert werden, um so zu [...] theoretisch relevanten Einsichten zu gelangen«[49]. Qualitative Forschungsverfahren zielen weniger auf eine möglichst genaue Abbildung »der in der Grundgesamtheit gegebenen sozialen Verhältnisse«, sondern vielmehr darauf, »soziale Verhältnisse als Sinnzusammenhänge erfassen zu können und auf diese Weise [...] einen verstehenden Nachvollzug sozialen Handelns zu ermöglichen«[50]. Sie dienen nicht der Überprüfung, sondern der »Rekonstruktion von Konzepten«[51]. Dabei lassen sich durchaus Generalisierungen in Form von Homologien feststellen, »nämlich dann, wenn sich in der Rekonstruktion aufweisen lässt, dass und wie einer Mehrzahl und Varietät von Fällen ein homologes Muster zugrunde liegt«[52]. Demnach richtet die qualitative Sozialforschung im Unterschied zu quantitativen Verfahren ihr Augenmerk nicht auf Repräsentativität, sondern vielmehr »auf Gesetze des Typischen«[53]. Genauer: auf die individuellen Ausprägungen innerhalb eines *homologen (überindividuellen) Zusammenhangs,* auf die individuelle Version einer übergeordneten sozialen Wirklichkeit.

---

[49]   Heinz Bude, Art.: Fallrekonstruktion, in: Ralf Bohnsack/Winfried Marotzki/Michael Meuser (Hrsg.), Hauptbegriffe Qualitativer Sozialforschung. 3., durchgesehene Auflage, Opladen & Farmington Hills 2011, 60.

[50]   Meuser, Art. Rekonstruktive Sozialforschung, 142.

[51]   Kruse, Reader »Einführung in die Qualitative Interviewforschung«, 13. Rekonstruktive Verfahren beruhen im Wesentlichen auf der Methodologie der ›Grounded Theory‹, wie sie von Barney G. Glaser, Anselm Strauss und Juliet Corbin entwickelt wurde und deren Endzweck »die Theoriebildung auf Basis von empirischen Daten ist«. Theoriebildung entsteht dabei durch die »Interaktion der Analysierenden mit dem Datenmaterial« und folgt somit im Gegensatz zu den deduktiven hypothesenprüfenden Verfahren dem Prinzip der Abduktion; Juliet Corbin, Art.: Grounded Theory (übersetzt durch Arnd-Michael Nohl), in: Ralf Bohnsack/Winfried Marotzki/Michael Meuser (Hrsg.), Hauptbegriffe Qualitativer Sozialforschung. 3., durchgesehene Auflage, Opladen & Farmington Hills 2011, 70 f. »Die Abduktion ist innerhalb eines Forschungsprozesses gefordert, wenn in den erhobenen Daten solche Merkmalskombinationen vorkommen, für die sich im bereits existierenden wissenschaftlichen Wissensvorratslager keine entsprechende Erklärung oder Regel findet. Etwas Unverständliches wird in den Daten vorgefunden und aufgrund des geistigen Entwurfs einer neuen Regel wird sowohl die Regel gefunden bzw. erfunden und zugleich klar, was der Fall ist«, Jo Reichertz, Art.: Abduktion, in: Ralf Bohnsack/ Winfried Marotzki/Michael Meuser (Hrsg.), Hauptbegriffe Qualitativer Sozialforschung. 3., durchgesehene Auflage, Opladen & Farmington Hills 2011, 12. Zur Unterscheidung zwischen hypothesenprüfenden und rekonstruktiven Verfahren vgl. ausführlich Ralf Bohnsack, Rekonstruktive Sozialforschung. Einführung in qualitative Methoden, Opladen 2003, 13–29.

[52]   Meuser, Art.: Rekonstruktive Sozialforschung, 142.

[53]   Bude, Art.: Fallrekonstruktion, 61.

Diese Forschungshaltung lässt sich methodologisch auf die »galileische Vorstellung des strengen Gesetzes«[54] zurückführen. So behauptet der »strenge Begriff des Gesetzes die Gesetzlichkeit auch und gerade des individuellen Falls«[55]. Nicht die repräsentative Verteilung der auftretenden Fälle über die Grundgesamtheit, sondern bereits ein einzelner Fall kann damit »ausnahmslose Geltung des Gesetzes« beanspruchen, d. h. verallgemeinerbare Aussagen ermöglichen.[56] Dabei geht rekonstruktive Sozialforschung von der geschichtlich gewordenen Realität konstruierter Wirklichkeit aus. Ist die Konstruktion von Wirklichkeit in ihrem Entstehungsprozess durchaus kontingent, so kann Vogd zufolge davon ausgegangen werden, dass sie »wenn einmal konstituiert quasi objektive Gesetzmäßigkeiten bildet und dann als ›Feld‹, ›System‹ oder ›objektive Sinnstruktur‹ erkenn- und rekonstruierbar ist«[57]. Aus systemtheoretischer Sicht sind demzufolge nicht beliebig viele Interpretationen eines Sachverhaltes möglich. Stattdessen ist anzunehmen, »dass semantische Strukturen distinktiv etwa als bestimmte systemische Zusammenhänge rekonstruierbar seien«[58] und daher immer nur eine begrenzte Zahl sinnvoller Interpretationen besteht. Demnach reicht *ein einzelner ›Fall‹* als Repräsentation einer möglichen Interpretation aus, um eine verallgemeinerbare Aussage über eine bestimmte Orientierung oder eine Sinnstruktur bezüglich eines Sachverhaltes zu treffen und so eine »dichte Beschreibung« zu liefern.[59] In diesem Sinne kann trotz der konstruktivistischen Grundannahme einer sozial konstituierten Wirklichkeit und der individuellen Standortabhängigkeit des Beobachters für die wissenschaftliche Rekonstruktion dieser Sachverhalte durchaus die Haltung eines »methodologischen Objektivismus« zugrunde gelegt werden.[60]

> »*Erstens* bleibt trotz der Versionenhaftigkeit von Wirklichkeit stets ein konsistenter Kern innerhalb der Wirklichkeitskonstruktionen bestehen. Und *zweitens* basieren die darüber hinausgehenden Variationen nicht auf willkürlichen, sondern auf sinnhaften Regeln und Relevanzen, die rekonstruiert werden können.«[61]

---

[54]   Ebd.

[55]   Ebd.

[56]   Vgl. ebd.

[57]   Vogd, Systemtheorie und Rekonstruktive Sozialforschung, 15.

[58]   A. a. O., 28.

[59]   Vgl. ebd. [Hervorhebung A.H.].

[60]   A. a. O., 15.

[61]   Kruse, Reader »Einführung in die Qualitative Interviewforschung«, 11 [Hervorhebungen im Originaltext].

Demzufolge sind auch die im Kontext (methodisch kontrollierter) rekonstruktiver Forschung getroffenen Wirklichkeitsinterpretationen und -rekonstruktionen keineswegs rein subjektiv oder gar beliebig.[62]

Auch die vorliegende Studie möchte im Blick auf den ›Anderen Advent‹ eine »dichte Beschreibung« der ›religiösen Lebenswelt‹ anderer Menschen geben und mit den von ihnen vermittelten Sinnkonstruktionen und Orientierungsrahmen, mit ihren (zumeist implizit vorhandenen) Wahrnehmungen, Konzeptionen und Relevanzen und ihrer religiösen Praxis im Kontext des Weihnachtsfestes vertraut machen. Über die Interviews bietet sich hierbei die besondere Möglichkeit, mit den handelnden Akteurinnen und Akteuren selbst direkt ins Gespräch zu kommen, sie ohne Korrektur zu Wort kommen zu lassen und zu hören, was ihnen ›von sich aus‹ bezüglich Advent und Weihnachten mitteilenswert und wichtig erscheint.[63] So erscheint es von Belang, die Überlegungen der (praktisch-)theologischen Forschung statt aus der phänomenologischen oder kulturhermeneutischen Perspektive eines Betrachters ›von oben‹ mittels der Methodik des Interviews empirisch näher zu beleuchten und weihnachtliche Religiosität aus der Perspektive und Lebenswelt der praktizierenden Menschen selbst heraus wahrzunehmen und im Sinne »dichter Beschreibungen« zu rekonstruieren. Ziel ist es dabei, mittels der in der Auswertung der Interviews und der praktisch-theologischen Reflexion der Analyseergebnisse gewonnenen Einsichten und Erkenntnisse die bisherigen Annahmen und Überlegungen zum ›Weihnachts-Christentum‹ und spätmoderner Weihnachtsreligiosität noch einmal zu betrachten und zu reflektieren. Dabei geht es nicht primär darum, die bestehenden Theorien der gegenwärtigen Forschungen zum Weihnachtschristentum und weihnachtlicher Religiosität zu kritisieren, sondern mittels der Interviews »gehaltvollere Rekonstruktionen sozialer Realität zu generieren«[64]. Auf diese Weise ermöglicht es die empirische Studie, den bisherigen Forschungsstand anders und neu wahrzunehmen, ihn um weiterführende Einsichten, konkrete Einblicke und Beobachtungen anzureichern und so zu einem detaillierten und ›lebensnahen‹ Bild weihnachtlicher Religiosität, ihrer Ausprägungen und Relevanzstrukturen zu gelangen.

---

[62]   Vgl. Vogd, Systemtheorie und Rekonstruktive Sozialforschung, 15 f. und 28.

[63]   Vgl. Anne Honer, Art.: Interview, in: Ralf Bohnsack/Winfried Marotzki/Michael Meuser (Hrsg.), Hauptbegriffe Qualitativer Sozialforschung. 3., durchgesehene Auflage, Opladen & Farmington Hills 2011, 98.

[64]   Vogd, Systemtheorie und rekonstuktive Sozialforschung, 39.

1 Die Methode des qualitativen Interviews

Rekonstruktive Sozialforschung, so lassen sich die Ausführungen des vorherigen Kapitels noch einmal zusammenfassen,»bemüht sich um einen verstehenden Nachvollzug der Relevanzsstrukturen (der Sinnhorizonte und Orientierungsrahmen, Anm. A.H.), die dem Handeln der Akteure zugrunde liegen«[65]. Insbesondere Interviews, wie sie auch die vorliegende Arbeit nutzt, haben sich dabei innerhalb der qualitativen Forschung zu einem wesentlichen Verfahren der Datenerhebung und -auswertung entwickelt.[66]

»Das Interview ist eine Form des verbalen Kommunizierens, in welcher – per Definition – grundsätzlich *dem Interviewten* die Aufgabe zukommt, *aktiv* Ereignisse, Erfahrungen, Handlungen und Wissen zu rekonstruieren«[67], also in eigenen Worten aus der persönlichen Perspektive und Wahrnehmung heraus die Themen, Überzeugungen, Antworten etc. zu formulieren, die mit Blick auf das jeweilige Thema oder den Sachverhalt relevant und mitteilenswert erscheinen. So handelt es sich bei dem Forschungsinterview um eine besondere Form zwischenmenschlicher Kommunikation und sozialer Interaktion, die (aufgrund ihres Settings)»unter besonderen Bedingungen abläuft«[68]. Nichtsdestotrotz kommen auch im Forschungsinterview wesentliche Komponenten der Alltagskommunikation (beispielsweise Elemente des Erzählens, Argumentierens etc.) zum Tragen, die es der befragten Person nicht nur ermöglichen, die »Perspektiven und Orientierungen, sondern auch die Erfahrungen, die aus diesen Orientierungen hervorgegangen sind, zur Artikulation zu bringen«[69]. Rekonstruktive Verfahren folgen demnach dem Erkenntnisprinzip des Fremdverstehens, indem sie versuchen, *aus den Aussagen* der Befragten Prozesse der Sinngenese und die *handlungsleitenden Orientierungsrahmen* und *Erfahrungsräume* als Produkt individueller Auslegung von Wirklichkeit zu rekonstruieren. Unbedingte Voraussetzung »für falsifizierbare (und damit verfahrenstechnisch kontrollierbare) Interpretationen« ist dabei, »dass sich der je subjektiv gemeinte Sinn intersubjektiv typisierbar appräsentieren, dass er sich in irgendeiner Form von Daten objektivieren

---

[65]   Meuser, Art. Rekonstruktive Sozialforschung, 141.

[66]   Vgl. Arnd-Michael Nohl, Interview und dokumentarische Methode. Anleitungen für die Forschungspraxis, 4., überarbeitete Auflage, Wiesbaden 2012, 1.

[67]   Honer, Art.: Interview, 95 [Hervorhebungen im Originaltext].

[68]   Martin Kohli, »Offenes« oder »geschlossenes« Interview: Neue Argumente zu einer alten Kontroverse, in: Soziale Welt 29 (1978), 1.

[69]   Nohl., Interview und dokumentarische Methode, 1.

und ›dokumentieren‹ lässt«[70]. Mit Blick auf die konkrete Verfahrenspraxis qualitativer Interviewforschung führen sowohl die Gestalt des Interviews als Produkt verbaler Kommunikation als auch die Orientierung am Forschungs- interesse zu zwei wesentlichen Prinzipien für die spezifische Haltung des qualitativ Forschenden im gesamten Forschungsprozess: das Prinzip der Kommunikation und das Prinzip der Offenheit.

So darf zum einen aus der Forscherperspektive nicht außer Acht gelas- sen werden, dass Interviews immer ›nur‹ kommunikativ vermittelte Zugänge zur Gedankenwelt, den Konzeptionen und Wahrnehmungen des Gegenübers darstellen. Sie können niemals unmittelbares subjektives Erleben rekonstru- ieren oder gar deuten. Interviews versuchen,

> »beim anderen Äußerungen über etwas hervorzulocken, das in der Inter-
> viewsituation selbst (so) *nicht* präsent ist, d. h.: *durch* den anderen etwas
> Bestimmtes in Erfahrung zu bringen; in der Regel eben etwas, das schon
> vergangen ist, das also – durch das Interview – re-präsentiert [sic!] werden
> muss«[71].

So stellen die über Interviews erhobenen Daten als Produkte verbaler Kom- munikation keineswegs direkte unmittelbare Abbilder, sondern immer Re- konstruktionen von Wirklichkeit, eine von den Befragten »versprachlichte Wirklichkeit«[72] dar. Dementsprechend kann auch »nicht das, was subjektiv gemeint sein könnte, [...] im Vordergrund der Datenanalyse stehen, sondern nur die interaktive bzw. kommunikative und damit sich ›objektiv‹ als Text oder anderes kulturelles Artefakt manifestierende Herstellung von Sinn«[73]. So richtet das »Prinzip der Kommunikation« den Blick auf den kommunika- tiven und damit zugleich höchst komplexen Charakter kommunikativ ausge- richteter Datenerhebungsverfahren und sucht, diese Komplexität methodisch sowohl zu berücksichtigen als auch zu kontrollieren.[74]

Zum anderen verpflichtet sich die Forscherin bzw. der Forscher gleich- zeitig trotz aller methodischen Kontrolliertheit und seines dezidierten For- schungsinteresses einer generellen Offenheit gegenüber Forschungsgegen- stand und Forschungsmethode. Dieses »Prinzip der Offenheit« gilt dabei zum einen im Hinblick auf die Datenerhebung. Diese soll den Untersuchungsper- sonen einen möglichst großen Raum für eigene Erzählungen ermöglichen,

---

[70] Honer, Art.: Interview, 94 f.
[71] A. a. O., 95 [Hervorhebungen im Originaltext].
[72] Kruse, Einführung in die qualitative Interviewforschung, 12.
[73] Vogd, Systemtheorie und Rekonstruktive Sozialforschung, 15.
[74] Vgl. Kruse, Einführung in die qualitative Interviewforschung, 11 f.

damit diese ohne »fremd gesteuerte Strukturierungsleistungen« und Beein-
flussung durch an sie herangetragene theoretische Vorannahmen »so viel wie
möglich von sich aus und auch authentisch erzählen können«[75]. Zum anderen
ist eine generelle Offenheit der oder des Forschenden auch in Bezug auf die
Datenauswertung unerlässlich. Trotz einer gewissen für den Erkenntnisge-
winn hinsichtlich des Forschungsinteresses notwendigen »theoretischen
Sensibilität« ist es dabei wichtig, das eigene theoretische Hintergrundwissen
möglichst lange zurückzuhalten und die damit verbundenen Vorannahmen
und Überlegungen immer wieder (selbst-)reflexiv zu kontrollieren: »*Sinn* soll
aus dem qualitativen Datenmaterial *herausgearbeitet* und nicht *hineingelegt*
werden.«[76] Auf diese Weise werden selektive Wahrnehmungen des Datenmaterials ausgeschlossen, die sonst den Fokus verengen und den Blick für
die »subjektiven Relevanzsetzungen der untersuchten Personen«[77] verstel-
len würden. Forscherinnen und Forscher bleiben somit in ihrem Vorwissen
gleichzeitig offen für Interessantes und Unerwartetes.

Die hier vorliegende Studie nutzt das problemzentrierte Interview wie
es vor allem von Andreas Witzel in das Methodenrepertoire der rekonstruktiven Sozialforschung eingebracht wurde. Wie die meisten (teil-)narrativ
angelegten Interviewformen zielt das problemzentrierte Interview »auf eine
möglichst unvoreingenommene Erfassung individueller Handlungen sowie
subjektiver Wahrnehmungen und Verarbeitungsweisen gesellschaftlicher
Realität«[78]. Im Unterschied zu gänzlich offenen, narrativen Interviews wird
das problemzentrierte Interview dabei auf Grundlage eines Leitfadens geführt, der auf dem theoretischen Vorwissen der Forschenden bezüglich ihrer
Problemstellung und des Untersuchungsgegenstandes beruht. So enthält der
Leitfaden Fragen, die sich auf »die vorgängige Kenntnisnahme von objektiven
Rahmenbedingungen der untersuchten Orientierungen und Handlungen«[79]
beziehen. Durch möglichst offene Fragestellungen sollen dabei die Befragten zu eigenen Erzählungen angeregt und ihnen so die Möglichkeit gegeben werden, selbst zu bestimmen, was sie erzählen wollen, ihre Antworten
in eigenen Worten zu formulieren, die Inhalte zu strukturieren und eigene
Relevanzsetzungen vorzunehmen. Auf diese Weise können Einblicke in die

---

[75]   A. a. O., 58.
[76]   A. a. O., 11 [Hervorhebungen im Originaltext].
[77]   Ebd.
[78]   Vgl. Andreas Witzel (2000), Das problemzentrierte Interview [25 Absätze], in: Forum
Qualitative Sozialforschung/Forum Qualitative Social Research, 1(1), Art. 22, online unter http:// nbn-resolving.de/urn:nbn:de:0114-fqs0001228 [abgerufen am 07.02.2013].
[79]   Ebd.

individuellen Sinnhorizonte und Wahrnehmungen gewonnen werden, die ein rein problemorientiertes Vorgehen möglicherweise verdecken könnte. Umgekehrt kann durch den Einbezug des Leitfadens sichergestellt werden, dass im Hinblick auf die Forschungsproblematik möglichst inhaltlich relevante Aussagen und Erzählungen generiert werden und die eigentliche Forschungsthematik nicht aus dem Blick gerät. Dabei wird das theoretische Vorwissen als »sensibilisierendes Konzept« von Seiten des Forschenden mit der Erstellung des Interviewleitfadens miteinbezogen.[80] Der Leitfaden fungiert somit, auch mit Blick auf diese Studie, für die Interviewenden als »Orientierungsrahmen« oder »Gedächtnisstütze«[81], mittels derer von der befragten Person nicht selbst geäußerte Aspekte explizit angesprochen werden und weitere themenrelevante Erzählungen stimuliert werden können.[82] Über die Verwendung des Leitfadens kann damit einerseits sicher gestellt werden, »dass bestimmte Themenbereiche angesprochen werden, die andererseits aber so offen formuliert sind, dass narrative Potenziale des Informanten dadurch genutzt werden können«[83].

Der dieser Studie zugrunde liegende Interviewleitfaden gliedert sich in vier thematische Blöcke. Neben der Sicherstellung, dass alle relevanten Aspekte des Themas angesprochen werden, dient er im Hinblick auf die spätere Auswertung vor allem auch der Vergleichbarkeit der Aussagen und Aspekte der einzelnen Interviews[84]. Weder die Reihenfolge der Interviewblöcke noch die der Fragen (abgesehen von der ersten Frage, die das Interview eröffnet) ist dabei bindend. Vielmehr ergibt sich die Reihenfolge der Fragen aus dem jeweiligen Gesprächsverlauf, indem sich die Interviewerin thematisch an der Struktur der Erzählung der befragten Personen orientiert, ggf. weiterführend nachfragt und noch nicht behandelte Aspekte in das Gespräch einbringt.

Über den ersten Interviewblock soll in Erfahrung gebracht werden, was die Advents- und Weihnachtszeit den Befragten *in ihrem Leben* bedeutet. Feste, und dabei insbesondere auch das Weihnachtsfest, bilden, sowohl aus festtheoretischer Sicht als auch den Annahmen der psychologischen Identitätsforschung zufolge, wesentliche Bausteine im Kontext individueller und

---

[80] Vgl. Anselm Strauss/Juliet Corbin, Grounded Theory: Grundlagen Qualitativer Sozialforschung, Weinheim 1996, 33 f.

[81] Winfried Marotzki, Art.: Leitfadeninterview, in: Ralf Bohnsack/Winfried Marotzki/Michael Meuser (Hrsg.), Hauptbegriffe Qualitativer Sozialforschung. 3., durchgesehene Auflage, Opladen & Farmington Hills 2011, 114.

[82] Vgl. Kohli, »Offenes« und »geschlossenes« Interview, 8.

[83] Marotzki, Art. Leitfadeninterview, 114.

[84] Vgl. ebd.

gemeinschaftlicher Identitätskonstruktion. Davon ausgehend werden mittels des ersten Blocks (Selbst-)Beschreibungen und subjektive Wahrnehmungen der Befragten hinsichtlich der Rolle und Bedeutung der Advents- und Weihnachtszeit und des Festes in ihrer persönlichen Lebensgeschichte erfragt. Hat die Advents- und Weihnachtszeit überhaupt eine besondere Bedeutung? Worin unterscheidet sich diese Zeit möglicherweise von anderen Zeiten bzw. Festen des Jahres? Welche Erinnerungen sind mit dem Fest verbunden? Was prägt diese Zeit besonders? Gibt es Unterschiede/Gemeinsamkeiten zwischen ›früher‹ und ›heute‹? Dabei wird ein offener Einstieg in das Interview gewählt *(Erzählen Sie doch einmal, was bedeutet ihnen denn die Advents- und Weihnachtszeit?)*. Einerseits wird durch die Formulierung des Erzählstimulus (implizit) der Grundannahme auf Grundlage der theoretischen Betrachtungen Rechnung getragen, *dass* die Advents- und Weihnachtszeit eine durchaus besondere Bedeutung hat. Andererseits bleibt für die Befragten offen, diese Proposition ›positiv‹ anzunehmen und zu erläutern, eigene Themen, Relevanzen und Schwerpunkte zu setzen und diese zu strukturieren oder aber auch ›negativ‹ die Proposition abzulehnen und stattdessen eigene Überzeugungen und Wahrnehmungen zu entfalten. Der sehr offene Erzählstimulus ermöglicht hier einen ›lockeren‹ und frei gestaltbaren Einstieg in das Interview. Hier bleibt Raum für die individuellen Erzählungen der Befragten, sie können sich zunächst mit ihren subjektiven Relevanzsetzungen und Strukturierungen ganz allgemein der Oberthematik Advent und Weihnachten annähern, selbst entscheiden, was sie erzählen wollen und spontan agieren. So lassen sich bereits zu Beginn des Interviews wesentliche Zugänge zum Orientierungsrahmen der Befragten hinsichtlich des Themas Advent und Weihnachten und darin möglicherweise auch erste Sinnstrukturen und Relevanzen in Bezug auf den ›Anderen Advent‹ und weihnachtliche Religiosität erschließen. Die nächste Frage *(Welche Erinnerungen verbinden Sie mit Advent und Weihnachten?)* konkretisiert den Antworthorizont, indem das Gespräch auf biografiebezogene Aspekte des Festes fokussiert wird. Die Befragten sollen dazu animiert werden, die Bedeutung des Festes für *ihr* Leben zu reflektieren, darüber nachzudenken, wie sich das Fest in ihrem Leben entwickelt hat, was sie emotional mit Weihnachten verbinden. Weiterführende Fragen sollen dabei zu vertiefenden Erzählungen anregen: *Was bedeutet(e) Weihnachten in ihrer Kindheit/bei den Großeltern/in ihrer eigenen Familie? Erinnern Sie sich an ein besonderes Fest? Was hat Sie besonders berührt? Welche Aspekte des Festes bleiben in Erinnerungen? Inwiefern haben sie Einfluss auf das Fest ›heute‹?* Hierbei geht es darum, die subjektiven Wahrnehmungen, die prägenden Erfahrungen und Emotionen, die mit dem Fest verbunden sind, zu erfassen. Mit dem Vergleich zwischen ›früher‹ und ›heute‹ wird der Blick auf die Bedeutung von Advent und Weihnachten sowohl für die individuelle Biografie als auch für den familiären Kontext gerichtet. Mit der letzten Frage des ersten Blocks werden die Befragten dazu angeregt, die Bedeutung des Weihnachtsfestes im Kontext der anderen christlichen Feste bzw. innerhalb des Jahresverlaufes zu reflektieren und zu vergleichen und ihre bisherigen Antworten über den Horizont von Weihnachten und Advent hinaus weiterzuführen. Hier werden die Bedeutung des Festes als dezidiert christlich-religiöses Ereignis erfragt, anschließend im Kontext anderer (christlicher) Feste beleuchtet und so subjektive Deutungen angeregt.

Der zweite Block fragt nach der (besonderen) Gestaltung der Advents- und Weihnachtszeit *(Wie gestalten Sie die Advents- und Weihnachtszeit?)* und nimmt damit Bezug auf die oft geäußerte Bedeutung von Weihnachten als ›anderer‹ und stimmungsvoller Zeit. Die Befragten werden zunächst dazu angeregt, sich in die Advents- und Weihnachtszeit (zurück) zu versetzen und ihre eigene Feierpraxis zu beschreiben. Durch weiterführende Fragen nach wichtigen Symbolen und Ritualen *(Welche Traditionen/Rituale/Symbole sind Ihnen besonders wichtig?)* und danach, was aus Sicht der Befragten im Kontext des Festes unerlässlich ist *(Was gehört für sie unbedingt zu Weihnachten dazu?)* können dabei die vorherigen Antworten zur Bedeutung des Festes in Verbindung gesetzt und möglicherweise präzisiert und konkretisiert werden. Diese offenen Fragen dienen dazu zu erfragen, inwiefern Stimmungen, Atmosphären sowie besondere (religiöse) Symbole und Rituale den Befragten im Kontext Weihnachten von Bedeutung sind, wie sie diese für sich deuten und wie sie aktiv die besondere Stimmung und Atmosphäre für sich gestalten und Religiosität leben. Abschließend werden in diesem Interviewblock die Wünsche und Bedürfnisse der Befragten hinsichtlich des Festes und seiner Zeit in den Blick genommen, indem zum einen nach zentralen ›Elementen‹ eines gelungenen Festes *(Was macht ein gelungenes Fest für Sie aus?)*, zum anderen nach eventuellen Änderungswünschen *(Gibt es etwas, was Sie gerne ändern würden?)* gefragt wird. Was ist für die Befragten an Weihnachten ›wesentlich‹? Aus welchen ›Bausteinen‹ besteht ein gelungenes Fest? Welche Begründungen nennen die Befragten dafür?

Eingebettet in die ›allgemeineren‹ Fragen nach der Bedeutung der Advents- und Weihnachtszeit sowie der weihnachtlichen Traditionen, Symbole und Rituale befasst sich der dritte Interviewblock konkret mit der Bedeutung des Adventskalenders ›Der Andere Advent‹ im Kontext der Advents- und Weihnachtszeit. Hierbei erkundigt sich die Interviewerin bei den Interviewpartnerinnen und -partnern zunächst ganz offen nach der Bedeutung des

Kalenders und dem Umgang mit diesem im Rahmen ›ihrer‹ Gestaltung der Advents- und Weihnachtszeit *(Welche Rolle spielt der ›Andere Advent‹ für Sie persönlich in der Advents- und Weihnachtszeit? Wie gehen Sie mit dem Kalender um? Wann und wie haben Sie ihn gelesen?)*. Weiterführend wird dann zunächst nach der generellen Attraktivität des Kalenders gefragt *(Sie haben den ›Anderen Advent‹ gelesen, wie gefällt ihnen der Kalender? Was gefällt ihnen besonders? Was nicht?)*. Außerdem werden die Befragten aufgefordert, sich eine Lieblingsseite aus dem zum Zeitpunkt des Interviews ›aktuellen‹ Kalender (2011/12) auszusuchen und ihre Wahl zu begründen *(Wenn Sie sich aus dem aktuellen Kalender eine Lieblingsseite aussuchen könnten, welche wäre das und warum?)*. Zudem werden sie nach ihren persönlichen Erfahrungen bzw. besonderen Erinnerungen hinsichtlich des Kalenders gefragt *(Welche Erfahrungen haben Sie ganz persönlich mit dem ›Anderen Advent‹ gemacht? Welche Erinnerungen verbinden Sie mit dem ›Anderen Advent‹?)* Auf diese Weise wird den Befragten ermöglicht, anhand eines konkreten Beispiels ihre persönliche Sicht, die für sie relevanten Inhalte und Aspekte des Festes zu schildern und zu verdeutlichen, was ihnen aus welchen Gründen wichtig und bedeutsam erscheint. Hieran schließt die Frage »*Was macht den ›Anderen Advent‹ anders?*« an. Anschließend werden die Interviewten explizit nach der Bedeutung des ›Religiösen‹ innerhalb des Kalenders gefragt *(Was bedeutet ihnen das Religiöse in dem Kalender?)*. Was dabei als ›religiös‹ verstanden wird, wird offen gelassen. Wird der Kalender überhaupt als ›religiös‹ wahrgenommen? Was verstehen die Befragten überhaupt unter ›Religiosität‹? Wie leben sie anhand des Kalenders aktiv Religiosität? Hiermit wird der Blick gezielt auf die christlich-religiösen Elemente des Kalenders gerichtet und davon ausgehend nach der Bedeutung des religiösen Angebotes und der religiösen Attraktivität des ›Anderen Advents‹ im Unterschied zu anderen Angeboten und im Hinblick auf die ›religiösen‹ Bedürfnisse im Kontext von Advent und Weihnachten gefragt *(Was gab Ihnen Hilfe/Kraft? Was finden Sie in dem Kalender, was Sie möglicherweise woanders nicht finden?)*.

Die Frage nach der Bedeutung des ›Religiösen‹ des Kalenders leitet dann zum vierten großen Block und der Frage nach der Bedeutung von Religion und christlichen Inhalten im Kontext von Advent und Weihnachten über *(Welche Rolle spielt Religion in der Advents- und Weihnachtszeit für Sie?)*. Welche Bedeutung haben Religiosität und religiöse Praxis in der Weihnachtszeit? Auf welche Weise zeigt sich das bzw. spiegelt sich sogar in der Lebensgestaltung wider? Mit den vertiefenden Fragen »*Was denken Sie ist die Botschaft von Weihnachten?*« und »*Was bedeutet die Geschichte vom Kind in der Krippe für Sie und ihr Leben?*« werden die Befragten dazu angeregt, ihre ganz persönlichen Inhalte, Wahrnehmungen und Relevanzen bezüglich des Festes vorzunehmen und diese mit der christlichen Weihnachtsbotschaft in Beziehung zu setzen. Bleibt mit der offenen Fragestellung eine Definition von Religion weiterhin außen vor, so können hier von den Interviewten eigene Definitionen von Religiosität und Glaube, Formen religiöser Praxis und eigene Auslegungen religiöser Inhalte und Themen, vor allem aber auch relevante Themen und Überzeugungen entfaltet sowie Handlungspraktiken im Kontext weihnachtlicher Religiosität, Spiritualität und christlicher Religionspraxis und Lebensführung allgemein erkennbar werden.

Abschließend werden die Befragten ermuntert, bisher noch nicht angesprochene für sie aber relevante Aspekte einzubringen und zu gewichten *(Gibt es sonst noch irgendetwas, was Sie gern erzählen würden/für wichtig halten?)* und ihre eigenen ›Kriterien‹ bezüglich einer aus ihrer Sicht ›idealen‹ Weihnachtszeit zu formulieren *(Eine Weihnachtszeit ganz nach Ihren Wünschen, wie würde die aussehen?)* Auf diese Weise werden die Interviewten noch einmal ermuntert, die für sie wichtigsten Aspekte zusammenfassend darzustellen. Gleichzeitig wird Raum für eigene Erzählungen geboten, die möglicherweise noch einmal neue und vielleicht so von Seiten der Forscherin noch nicht wahrgenommene, durchaus aber relevante Aspekte hervorbringen.

Die Auswahl der Interviewpartnerinnen und -partner für die vorliegende Studie erfolgte nach den Kriterien ›Beteiligung an der Aktion des ›Anderen Advents‹‹, ›Verschiedenheit‹ hinsichtlich Alter, Geschlecht, Beruf (insbesondere im Hinblick auf theologische ›Profis‹ und Laien) sowie ›Bereitschaft zur Kooperation‹. Mit Blick auf das Forschungsinteresse der Studie *(Wie drückt sich Religiosität im Kontext von Weihnachten und Advent aus? Worin liegt die besondere religiöse Attraktivität eines Angebotes wie dem ›Anderen Advent‹?)* ist es bei der Wahl der zu befragenden Personen von Interesse Menschen auszuwählen, in deren Leben Religiosität eine Rolle spielt, bei denen »davon auszugehen [ist], dass sie zum jeweiligen Thema in einer für das gegebene Forschungsinteresse relevanten Beziehung stehen«[85]. Bei den Leserinnen und Lesern des ›Anderen Advent‹ handelt es sich mit großer Wahrscheinlichkeit um Menschen, für die christliche Religiosität, in welcher Form auch immer, von Bedeutung ist, die zumindest ein Interesse an christlichen Fragen und Themen haben, also »über direkte, persönliche, ›spezielle‹ Erfahrungen« und Einstellungen zum Thema verfügen und etwas dazu erzählen können.[86]

---

[85] Honer, Art.: Interview, 95.
[86] Ebd; vgl. auch Kap. III.1.3.

Der Kontakt zu den Leserinnen und Lesern des ›Anderen Advent‹ entstand in erster Linie über so genannte »Gatekeeper«[87], das heißt über eigene Freunde und Bekannte, die Menschen kennen, die den Kalender lesen. Über diese ›Kontaktpersonen‹ konnten zunächst erste Informationen über das Projekt an mögliche Gesprächspartnerinnen und -partner herangetragen und ihre eventuelle Bereitschaft für ein Interview geklärt werden. Auf diese Weise wurde zunächst durch eine ›Vertrauensperson‹ für das Projekt geworben. Nach positiver Rückmeldung wurde von Seiten der Interviewerin mit Einverständnis der angesprochenen Personen Kontakt aufgenommen. Hierbei erwies es sich als wichtig, den Personen ausreichend Informationen zur Verfügung zu stellen, damit sie einschätzen konnten, was ›auf sie zukommt‹, ohne jedoch Vorannahmen oder eine bestimmte Erwartungshaltung mitzukommunizieren und so ein offenes und unbefangenes Gespräch zu ermöglichen. Grundsätzlich war die Bereitschaft zu einem Interview bei nahezu allen angesprochenen Personen durchaus hoch, so dass fünfzehn Personen interviewt werden konnten. Die befragten Personen waren zum Zeitpunkt der Interviews zwischen Ende 20 und Mitte 70 Jahre alt und lebten im Großraum Nordrhein-Westfalen. Die Treffen mit den Interviewpartnerinnen und -partner fanden zu Hause oder an ihrer Arbeitsstelle statt, so dass die Einzelinterviews in einer von ihnen selbst gewählten und für sie vertrauten Umgebung geführt wurden. Im Vorfeld zu den Interviews erhielten die Personen ein Informationsblatt, auf dem noch einmal schriftlich die wichtigsten Informationen zum Projekt zusammengefasst waren. Außerdem erhielten die Personen eine schriftliche Zusicherung der Anonymisierung ihrer persönlichen Daten (z.B. Name(n), Wohnort, Alter) sowie zum vertraulichen Umgang mit diesen. Zudem wurden sie ihrerseits um die Unterschrift einer Einverständniserklärung bezüglich der Verwendung des Datenmaterials gebeten. Die anschließenden Interviews wurden zunächst digital aufgezeichnet und im Anschluss an die Gespräche transkribiert.[88]

---

[87]   Kruse, Einführung in die qualitative Interviewforschung, 93.
[88]   Die Transkription des Interviews erfolgte nach folgenden Richtlinien:
dann- Wort- bzw. Satzabbrüche
(klopfen) Hintergrundgeräusche
(lacht) Paraverbale Äußerungen
[...] Auslassungen
tun Wortbetonung durch die Sprecherin/den Sprecher
im Ausland Anonymisierungen durch die Forscherin (keine Eigennamen)
(?) unklare bzw. unverständliche Äußerung
Für die Transkription der Interviews wurde bewusst ein möglichst einfacher Transkriptionsschlüssel gewählt, um den Fokus gezielt auf die inhaltlichen Aussagen der Befragten

Nach Abschluss der kompletten Transkription sowie mehrmaliger Sichtung und mehrfachem Hören aller Interviews wurde aus einer »analytischen Intuition«[89] heraus entschieden, das Interview mit Hans zuerst ausführlich zu analysieren, da es aufgrund seiner thematischen Dichte und Reichhaltigkeit ins Auge fiel und somit als Ausgangspunkt für das »theoretische Sampling« als besonders geeignet erschien. Mit dem Begriff des »theoretischen Sampling« bezeichnen Anselm Strauss, Juliet Corbin und Benny Glasser im Kontext der von ihnen entwickelten Methodik der »Grounded Theory« ein Verfahren zur Datenauswahl, das auf dem Prinzip der Emergenz beruht.[90] Die erhobenen Daten beispielsweise eines ausgewählten Interviews werden in einem ersten Schritt der Analyse in Form eines ›offenen Kodierens‹ »auf relevante Ereignisse oder Erfahrungen hin analysiert«, wobei letztere als Konzepte identifiziert werden.[91] Am Anfang ist das theoretische Sampling damit völlig offen, die Auswahl des ersten Interviews erfolgt auf Grundlage der »sensibilisierenden Konzepte«[92], die dem Forscher in Form seiner theoretischen und praktischen Vorkenntnisse zur Verfügung stehen und das Augenmerk auf für die Forschungsfrage besonders relevante Aspekte richten.

---

zu richten. So wurden Wortwiederholungen, Stottern, Pausen, etc. getilgt und sprachliche Unverständlichkeiten geglättet, sofern sie nicht als relevant für die Bedeutung einer Aussage erachtet wurden. Dialektische Formulierungen wurden ans Hochdeutsche angepasst und Abkürzungen (wie's) ausformuliert. Wortabbrüche und semantisch relevante Betonungen wurden gekennzeichnet, paraverbale Äußerungen der Interviewpartner sowie Hintergrundereignisse nur an Stellen eingefügt, die zur Unterstreichung der Inhalte bzw. zum besseren Verständnis der Interviewsituation dienen. Hörrückmeldungen der Interviewerin (hm, aha...) wurden aufgenommen, da sie sozusagen als eigenständige Redebeiträge den Gesprächsverlauf mitkonstituieren. Sämtliche Eigennamen von Personen und Orten wurden zum Zwecke der Wahrung der Anonymität mit einem beliebigen Buchstabenkürzel oder einer treffenden Umschreibung (beispielsweise »meine Tochter« statt des Vornamens) versehen. Außerdem erhielt der Interviewtext zugunsten einer besseren Lesbarkeit eine an die Sprechweise der Befragten, die Satzstruktur und semantische Verknüpfung ihrer Aussagen angepasste Interpunktion.

[89]   Bude, Art.: Fallrekonstruktion, 60.

[90]   Juliet Corbin, Art.: Grounded Theory, 71. Der Begriff der Emergenz bezeichnet im wissenschaftstheoretischen Zusammenhang »das Auftreten neuer, nicht voraussagbarer Qualitäten beim Zusammenwirken mehrerer Faktoren«, also das Sichtbarwerden bisher ungeahnter, aufeinander bezogener Phänomene innerhalb eines Systems, vgl. Art.: Emergenz, in: Duden, Das Fremdwörterbuch [Duden Bd. 5] hrsg. vom wissenschaftlichen Rat der Dudenredaktion Matthias Wermke/Kathrin Kunkel-Razum/Werner Scholze-Stubenrecht, Mannheim [10]2010, 291.

[91]   Vgl. Strauss/Corbin, Grounded Theory, 44 f.

[92]   Strübing, Art.: Theoretisches Sampling, 154.

»Am Anfang ist das theoretische Sampling offen und der/die Forschende
schreitet mehr oder weniger willkürlich von Gegenstand zu Gegenstand
und Untersuchungsperson zu Untersuchungsperson voran. Er ist für alle
Möglichkeiten offen, während er sehr genau auf Ereignisse achtet, die auf
Konzepte hinweisen, die aus früheren Analysen stammen. Später, wenn
die Analyse fortgeschritten ist, sucht der/die Forschende zweckgerichtet
nach Situationen und Ereignissen, die Variationen in einer Dimension des
Konzepts bereithalten.«[93]

So versuchen die Forschenden im Folgenden, anhand von weiteren Interviews andere Ereignisse (Konzepte) zu finden, die sich neben dem zu Anfang
identifizierten Konzept als Konzepte des gleichen Phänomens unter einem
gemeinsamen übergeordneten und abstrakten Konzept (Kategorie) subsu-
mieren lassen[94], wobei sie »auf Ähnlichkeiten und Unterschiede zwischen
diesen und den zuvor identifizierten Ereignissen«[95] achten. Nach der Analyse
des ersten Interviews werden dementsprechend die anderen Interviews in
Form der »axialen Kodierung« thematisch orientiert an den zuvor erarbeite-
ten Aspekten und Phänomenen untersucht, analysiert und verglichen: »Das
neu hinzugezogene Material wird dabei mit dem Ziel ausgesucht, im Wege
ständigen Vergleichens sowohl neue Eigenschaften und Dimensionen der vorliegenden Konzepte herauszuarbeiten als auch weitere Konzepte zu entwickeln.«[96] Es geht also beim Theoretischen Sampling nicht um einen Vergleich
zwischen den Untersuchungspersonen oder -gegenständen *per se*, sondern
um den Vergleich jener Ereignisse, »die als Konzepte bezeichnet werden«[97].
Im Sinne einer »Strategie des minimalen Vergleichs« gilt es dabei, mit Blick
auf den Untersuchungsgegenstand sowohl möglichst homologe Fälle zu betrachten als auch der »Strategie des maximalen Vergleichs« folgend bewusst
den bisherigen Fall kontrastierende Daten für die Untersuchung heranzu-
ziehen.[98] Dabei orientiert sich das theoretische Sampling am Kriterium der
»theoretischen Sättigung«[99]. Die »theoretische Sättigung« ist erreicht, »wenn
die zur Prüfung eines bestimmten theoretischen Konzepts systematisch und
fortgesetzt erhobenen Daten dieses nicht nur bestätigen, sondern auch keine

---

[93] Strübing, Art.: Theoretisches Sampling, 154.
[94] Zu den Begriffsdefinitionen ›Konzept‹ und ›Kategorie‹, vgl. Strauss/Corbin, Grounded Theory, 44 ff.
[95] Corbin, Art.: Grounded Theory, 71.
[96] Strübing, Art.: Theoretisches Sampling, 154.
[97] Corbin, Art.: Grounded Theory, 71.
[98] Strübing, Art.: Theoretisches Sampling, 155.
[99] Ebd.

weiteren Eigenschaften der Konzepte mehr erbringen«[100]. Die Analyse endet also, wenn keine neuen Themen, Konzepte und Aspekte im Hinblick auf die Forschungsfragen aus dem Datenmaterial mehr gewonnen werden können. Nicht die Zahl der identifizierten Themen oder auch der Untersuchungspersonen ist dabei entscheidend, sondern vielmehr die vielschichtige und multiperspektivische und somit möglichst umfassende Darstellung verschiedener Dimensionen und Bezugspunkte eines Konzeptes.[101] Dies ermöglicht es, ein mehr als eindimensionales Bild des Untersuchungsgegenstandes zu zeichnen und damit letztlich auch mehrdimensionale Theorien und Erklärungen über diesen zu generieren.[102]

Mit Blick auf das Datenmaterial der vorliegenden Studie ergab sich, dass die theoretische Sättigung nach Auswertung von insgesamt neun Interviews erreicht war. Als wesentliche Kriterien für die Auswahl der Interviews im Hinblick auf das Forschungsinteresse stellten sich während der Interviewanalyse erstens die generelle Wahrnehmung und Bedeutung von Weihnachten und Advent als christlich-religiösem Fest für die Befragten sowie als zweites die Sprach- und Reflexionsfähigkeit der Interviewten sozusagen als ›Expertinnen und Experten ihrer persönlichen Religiosität‹ in Bezug auf den ›Anderen Advent‹ und ihre persönlichen religiösen Relevanzen, Überzeugungen und Vorstellungen im Kontext von Advent und Weihnachten heraus. Auch wenn zu erwarten war, dass der Kalender als explizit christlich-religiöses Angebot vornehmlich eine christlich orientierte oder zumindest interessierte Leserschaft anspricht, so bezeichneten sich zwei der befragten Personen als »überhaupt nicht religiös«, so dass sich in diesen Interviews keine Antworten auf die Forschungsfragen nach der religiösen Attraktivität und weihnachtlicher Religiosität finden lassen konnten. Ebenso erwies es sich für manche Befragten als schwierig, ihre sehr intensiv gefühlte Religiosität, ihre Emotionen und Erfahrungen zu verbalisieren, so dass es aus interpretatorischer Sicht anhand des verschriftlichten Datenmaterials kaum möglich war, diese Orientierungen und Relevanzen nachzuvollziehen und Erkenntnisse hinsichtlich des Forschungsinteresses zu gewinnen. So ergab sich ein umfassendes Repertoire aus Interviewtexten von theologischen Experten und ›Laien‹. Der professionelle Bezug erwies sich gleichzeitig als hintergründig, da die Interviewfragen gerade auf die persönlichen Orientierungen und Relevanzen, die subjektiven Erfahrungen und individuellen Überzeugungen weihnachtlicher Religiosität und Praxis abzielen, in deren Kontext die berufliche Biogra-

---

[100]   Ebd.
[101]   Vgl. Corbin, Art.: Grounded Theory, 71.
[102]   Vgl. a. a. O., 72.

fie als nur ein Teil unter anderen zu verstehen ist. Ebenso wie die Nicht-Theologen antworteten auch die befragten theologischen ›Fachleute‹, wie das Interviewmaterial zeigt, vor allem aus ihrem Selbstverständnis als ›normale Christinnen und Christen‹ und ihrer subjektiven Wahrnehmung heraus. Umgekehrt ließen auch die Erzählungen der nicht-theologischen Laien eine nicht minder große (theologische) Reflexivität und Sprachfähigkeit im Hinblick auf ›ihre‹ religiösen (Be-)Deutungen, Bedürfnisse und Vorstellungen in Bezug auf Advent und Weihnachten erkennen.

Neben dem Interview mit Hans wird auch das Gespräch mit Lara als weiteres Beispiel eines sehr reichhaltigen Interviews ausführlich analysiert. Sowohl bei Hans als auch bei Lara lassen sich eine sehr hohe Dichte an Themen und eine große Sprachfähigkeit und Reflexivität im Hinblick auf die untersuchungsleitenden Fragestellungen nach der religiösen Attraktivität des ›Anderen Advent‹ sowie hinsichtlich der Bedeutung des Weihnachtsfestes und seiner Inhalte und der eigenen religiösen Praxis erkennen. Zudem eröffnen sich aufgrund der Unterschiede hinsichtlich Alter, privater Situation und Beruf, Kirchenbindung und theologischer Expertise[103] der beiden Personen Einblicke in unterschiedliche Lebensstile und -welten und dadurch bedingt auch inhaltlich interessante Kontraste und Gemeinsamkeiten hinsichtlich ihrer Wahrnehmungen, Orientierungen und Relevanzen. Bereits bei der groben Sichtung des Materials wurden besonders reichhaltige Perspektiven sowie übergreifende Aspekte und darin vielfältige Gemeinsamkeiten und Unterschiede sichtbar, die in einem (ersten) Vergleich eine umfangreiche Grundlage für die weitere Interviewanalyse bieten. Ausgehend von den bei Hans und Lara identifizierten übergreifenden thematischen und inhaltlichen Aspekten werden des Weiteren die Interviews mit Andreas, Bernd, Christine, Eva, Georg, Gerda und Paul in Auszügen interpretiert.

Die Auswertung und Darstellung der Interviews erfolgt anhand der dokumentarischen Methode, die im Folgenden vorgestellt und erläutert wird.

---

[103]   Hans ist zum Zeitpunkt des Interviews Mitte 50 Jahre alt, Theologe und Familienvater, Lara ist Ende 20 Jahre alt, im IT-Bereich tätig. Trotz ihres Engagements in einem christlich orientierten Jugendverband ist ihr Verhältnis zur Kirche, wie sie selbst andeutet, eher als distanziert zu beschreiben.

2   Die dokumentarische Methode nach Bohnsack und ihre Anwendung im Rahmen der qualitativ-empirischen Studie

Die dokumentarische Methode wurde in den 1980er Jahren von Ralf Bohnsack (weiter-)entwickelt und als »elaborierte Methodologie«[104] in das Methoden-repertoire der qualitativ-empirischen Sozialforschung eingeführt. Ihren Ur-sprung hat die dokumentarische Methode in der Kultur- und Wissenssozio-logie Karl Mannheims, der diese im Rahmen seiner »Theorie der Weltan-schauungsinterpretation«[105] als wissenschaftliches Konzept entwickelt hat. Ziel der dokumentarischen Methode ist es, einen Zugang nicht nur zum re-flexiven, sondern auch zum handlungsleitenden, atheoretischen Wissen der Akteure[106], ihren (zumeist implizit vorhandenen) Erfahrungsräumen und Orientierungsrahmen und damit zu ihrer Handlungspraxis zu eröffnen und »dieses implizite oder atheoretische Wissen als ein den Erforschten bekann-tes, von ihnen aber selbst nicht expliziertes handlungsleitendes (Regel-)wis-sen – abduktiv – zur (begrifflich-theoretischen) Explikation zu bringen«[107]. Im Unterschied zu anderen methodologischen Zugängen spielt damit bei der dokumentarischen Methode die Frage nach dem ›was‹, also danach, was die gesellschaftliche Realität der untersuchten Akteure ist, nur eine untergeord-nete Rolle. Vielmehr steht die Rekonstruktion des ›wie‹, der *modus operandi*, mit dem diese gesellschaftliche Realität in der Praxis hergestellt und konzi-piert wird, im Mittelpunkt der Untersuchung. »Gemeint ist der Wechsel von der Frage danach, was Motive sind, zur Frage, wie diese hergestellt, zuge-schrieben, konstruiert werden.«[108]

---

[104]   Vogd, Systemtheorie und rekonstruktive Sozialforschung, 40.

[105]   Vgl. Karl Mannheim, Beiträge zur Weltanschauungsinterpretation, Wien 1923; vgl. auch Vogd, Systemtheorie und rekonstruktive Sozialforschung, 40 sowie Bohnsack, Re-konstruktive Sozialforschung 32 ff.

[106]   Ralf Bohnsack/Iris Nentwig-Gesemann/Arnd-Michael Nohl, Einleitung: Die doku-mentarische Methode und ihre Forschungspraxis, in: Dies., Die dokumentarische Metho-de und ihre Forschungspraxis. Grundlagen qualitativer Sozialforschung, 2., erweiterte und aktualisierte Auflage, Wiesbaden 2007, 9.

[107]   Bohnsack, Art.: Dokumentarische Methode, 41.

[108]   Ralf Bohnsack, Typenbildung, Generalisierung und komparative Analyse: Grund-prinzipien der Dokumentarischen Methode, in: Ralf Bohnsack/Iris Nentwig-Gesemann/ Arnd-Michael Nohl (Hrsg.), Die dokumentarische Methode und ihre Forschungspraxis. Grundlagen qualitativer Sozialforschung, 2., erweiterte und aktualisierte Auflage, Wies-baden 2007, 227.

Mit diesem analytischen Paradigmenwechsel vom ›was‹ zum ›wie‹ rekurriert Bohnsack auf die Mannheimsche Differenzierung zweier Sinnebenen.[109] Die erste Sinnebene ist die des »immanenten Sinngehaltes« und bezeichnet die expliziten und wörtlichen Sinngehalte, die Menschen bei ihrer Schilderung von Erfahrungen äußern (*Was* sagen sie?).[110] Dabei ist innerhalb des »immanenten Sinngehaltes« wiederum zwischen dem »intentionalen Ausdruckssinn« und dem »Objektsinn« zu unterscheiden. So benennt ersterer die subjektiven Absichten und Motive des Erzählenden, wohingegen sich der »Objektsinn« auf die »allgemeine Bedeutung eines Textinhalts oder einer Handlung«[111] bezieht. Die zweite Sinnebene bezeichnet Mannheim als »Dokumentsinn«. Dieser rekonstruiert die geschilderte Erzählung als Dokument einer (implizit zugrunde liegenden) Orientierung, die eben diese Schilderung strukturiert.[112] Der Dokumentsinn verweist darauf, *wie* die Erzählung bzw. ihr verschriftlichter Text und die darin geschilderte Handlung konstruiert sind. Dies hat zum Ziel, den jeweiligen Orientierungsrahmen zu rekonstruieren, in dem ein bestimmtes Problem bearbeitet wird.[113] Die einzelnen Äußerungen der interviewten Person werden dabei von Seiten der Forscherin oder des Forschers als »Dokumente eines zugrunde liegenden Musters, das seinerseits aus den einzelnen Äußerungen aufgebaut wird«[114] betrachtet und interpretiert.

Die methodologische Unterscheidung zwischen wörtlich-explizitem »immanenten Sinngehalt« auf der einen und »dokumentarischem Sinngehalt« auf der anderen Seite findet sich forschungspraktisch innerhalb der dokumentarischen Methode in den zwei Arbeitsschritten der Textinterpretation, der formulierenden Interpretation einerseits und der reflektierenden Interpretation andererseits, wieder.[115] Diese beiden Arbeitsschritte werden dabei in der praktischen Durchführung scharf voneinander getrennt, geht es doch darum, »das *was* (wörtlich) gesagt wird, also das, was *thematisch* wird, von dem zu unterscheiden, *wie* ein Thema, d. h. in *welchem* Rahmen es behandelt wird«[116].

---

[109] Vgl. Mannheim, Beiträge zur Theorie der Weltanschauungsinterpretation, 13–28.

[110] Nohl, Interview und dokumentarische Methode, 2.

[111] Ebd., 2.

[112] Ebd.

[113] Vgl. ebd.

[114] Kohli, »Offenes« und »geschlossenes« Interview, 3.

[115] Bohnsack, Art. Dokumentarische Methode, 43 und Nohl, Interview und dokumentarische Methode, 3.

[116] Bohnsack, Art. Dokumentarische Methode, 43 [Hervorhebungen im Originaltext].

So werden im ersten Schritt der formulierenden Interpretation zunächst die innerhalb einer Sequenz angesprochene Themen herausgearbeitet, Ober- und Unterthemen bzw. -kategorien identifiziert sowie zusammenfassende Überschriften entwickelt.[117] Im Anschluss daran wird der »thematische Gehalt« dessen, was in der jeweiligen Sequenz von dem Interviewten geschildert wird, mit den eigenen Worten des Forschenden nacherzählt und formulierend zusammengefasst.[118] Dieser Arbeitsschritt dient zum einen der Strukturierung des Datenmaterials. Zum anderen wird mittels der Neuformulierung des thematischen Gehalts eine gewisse »Fremdheit« und Distanzierung der bzw. des Forschenden gegenüber dem Text erzielt, die Offenheit und Kreativität im Umgang mit dem Material ermöglichen soll.[119] Die reflektierende Interpretation zielt auf die Rekonstruktion des *modus operandi*, der Art und Weise, *wie* und in welchem Orientierungsrahmen ein Thema bzw. eine Problemstellung von der jeweiligen Person verarbeitet wird.[120] Sie fragt nach den Orientierungsrahmen, dem atheoretisch zugrundeliegenden Handlungs- und Erfahrungswissen (auch Habitus) von Menschen, das ihrer jeweiligen Handlungspraxis zugrunde liegt. Ausgangspunkt der reflektierenden Interpretation sind dabei thematisch gleiche Sequenzen innerhalb eines Interviews, die in ihrer inferenziellen Beziehung zueinander gesehen und im Rahmen einer »komparativen Sequenzanalyse«, das heißt mittels des Vergleichs thematisch gleicher Erzählabschnitte innerhalb desselben Interviews, interpretiert werden.[121] Dieses Vorgehen beruht auf der Grundannahme, »dass ein Mensch eine Problemstellung innerhalb seines Lebens *auf eine (und nur eine) bestimmte Art und Weise* (d. h. in einem Rahmen) bearbeitet und erfährt«[122]. Dementsprechend kann innerhalb ein und desselben Interviews auf einen ersten thematischen Erzählabschnitt »nur ein spezifischer, nämlich ein der jeweiligen Erfahrungsweise, dem jeweiligen Rahmen entsprechender zweiter Abschnitt folgen«[123], in dem der im ersten Abschnitt entfaltete Orientierungsrahmen weiter elaboriert und präzisiert wird.

Mittels der Analyse intertextueller, thematisch zueinander in Beziehung stehender Anschlüsse, d. h. im Nachvollzug des kommunikativen Prozesses von Seiten des Akteurs, kann somit das als spezifischer Orientierungs-

---

[117] Vgl. Bohnsack, Rekonstruktive Sozialforschung, 134.
[118] Vgl. Nohl, Interview und dokumentarische Methode, 40 f.
[119] Vgl. a. a. O., 41.
[120] Vgl. ebd.
[121] Vgl. Vogd, Systemtheorie und rekonstruktive Sozialforschung, 44.
[122] Nohl, Interview und Dokumentarische Methode, 5.[Hervorhebung A. H.].
[123] A. a. O., 46.

rahmen zugrunde liegende atheoretische Wissen, das bei der Bearbeitung des Themas bzw. dem Handeln zum Tragen kommt, durch die komparative Sequenzanalyse als Orientierungsrahmen eines Typs A bezüglich *einer* bestimmten Erfahrungsdimension rekonstruiert werden.[124] In einem weiteren Schritt gilt es nun, thematisch gleiche Sequenzen verschiedener Interviews untereinander zu vergleichen und zu untersuchen, mit welchen *unterschiedlichen* Orientierungsrahmen die jeweiligen Personen ein *gemeinsames* Thema oder Bezugsproblem verarbeiten.[125] Durch die Untersuchung anderer ›Fälle‹ können homologe Orientierungsrahmen identifiziert werden, die die bisherigen Beobachtungen zu Typ A stützen, vor allem aber auch kontrastierende Orientierungen (B, C, D ...) gefunden und so Vergleichsmöglichkeiten eröffnet werden. Die reflektierende Interpretation »leistet also zugleich eine *Abstraktion*, indem etwa übergreifende Muster entdeckt werden, und eine *Spezifizierung*, indem Unterschiede benannt und lokalisiert werden«[126].

Mit Blick auf das methodische Vorgehen der vorliegenden Studie und die Darstellung der Analyseergebnisse bedeutet dies, zuerst im Interview mit Hans in einer formulierenden Interpretation die wesentlichen, für die Forschungsfragen relevanten Konzepte herauszuarbeiten und in eigenen Worten zu reformulieren, sie zu strukturieren und die wesentlichen Aspekte in Form von Überschriften zu benennen. Im Sinne eines zunächst »offenen Kodierens«[127] geht es dabei darum, anhand dieses Interviews und seines sehr dichten und reichen Datenmaterials möglichst viele »thematisch relevante Konzepte zu erarbeiten« und diese in ihren Dimensionen und Eigenschaften zu systematisieren.[128] Irrelevante Sequenzen werden dabei außer Acht gelassen und diese Auslassung mittels eckiger Klammern ([...]) gekennzeichnet. Thematisch gleiche Sequenzen, die sich an verschiedenen Stellen des Interviews inhaltlich mit dem gleichen Thema befassen, werden im Sinne der »komparativen Sequenzanalyse« wie oben beschrieben zusammengefasst.[129] Im zweiten Schritt erfolgt die reflektierende Interpretation, mit dem Ziel, die jeweiligen Orientierungsrahmen, Erfahrungshorizonte und Sinnkonstrukti-

---

[124] Vgl. Vogd, Systemtheorie und rekonstruktive Sozialforschung, 44 f.

[125] Das jeweilige Thema fungiert dabei als tertium comparationis des Vergleichs und ist damit je nach Vergleichshorizont variabel, vgl. a. a. O., 46.

[126] Ebd. [Hervorhebungen im Originaltext].

[127] »Im offenen Kodieren wird der ›Text‹ ›geöffnet‹, um die Daten im Gesamtbereich möglicher Bedeutungen, die in den im Text beschriebenen Vorfällen und Erfahrungen liegen, zu ergründen«, Corbin, Art.: Grounded Theory, 73.

[128] Strübing, Art.: Theoretisches Sampling, 154.

[129] Vgl. Vogd, Systemtheorie und rekonstruktive Sozialforschung, 47 f.

onen herauszuarbeiten. Gleiches geschieht, insbesondere fokussiert auf die Aussagen zum ›Anderen Advent‹, auch im Hinblick auf das Interview mit Lara.

So werden zunächst die Interviews mit Hans und Lara jeweils in ihrer ganzen für die Forschungsfragen relevanten Fülle vorgestellt und wie zuvor beschrieben analysiert. Die Darstellung der Interpretation erfolgt dabei orientiert an den einzelnen Themen und Schwerpunkten, die sich im Verlauf des jeweiligen Interviews von Seiten der Befragten bei der Bearbeitung der Fragestellungen von Seiten der Interviewerin zeigen. In den beiden Interviews werden jeweils die wesentlichen inhaltlichen Sequenzen und Themen sowie die diesen jeweils zugrunde liegenden Konzepte und Orientierungen herausgearbeitet und einem (ersten) Vergleich unterzogen, um zu einer möglichst großen Bandbreite von gemeinsamen und unterschiedlichen Aspekten und Themen, die im Hinblick auf die Fragen nach dem ›Anderen Advent‹ sowie der Bedeutung von Weihnachten und den Ausprägungen weihnachtlicher Religiosität aufkommen, zu gelangen. Auf diese Weise lässt sich ein (erstes) Konzept aus inhaltlich und thematisch übergreifenden Aspekten erstellen, welches den Bezugspunkt für die weitere Analyse und Interpretation der anderen Interviews darstellt. So werden im Folgenden die anderen Interviews in Form einer »axialen Kodierung«[130], d. h. thematisch entlang der bei Hans und Lara identifizierten Themen und übergeordneten Aspekte, analysiert. Dabei sollen die bisherigen Analyseergebnisse um neue und andere Wahrnehmungen, Orientierungen und Dimensionen angereichert, die bisher gewonnenen Beobachtungen weiter differenziert und abstrahiert werden, um letztlich zu einer möglichst dichten und theoretisierbaren Beschreibung der religiösen Attraktivität des ›Anderen Advents‹ und davon ausgehend von moderner Weihnachtsreligiosität insgesamt zu gelangen. Im abschließenden Teil der vorliegenden Arbeit werden dann die Ergebnisse der Interviewinterpretation mit Blick auf das Forschungsinteresse der Studie und ihre Fragestellungen zusammenfassend betrachtet und vor dem Hintergrund der als »sensibilisierende Konzepte«[131] zugrundliegenden bestehenden Theorien und Überlegungen zum modernen Weihnachtschristentum und weihnachtlicher Religiosität reflektiert.

---

[130] Strübing, Art.: Theoretisches Sampling, 154.
[131] Ebd.

III Die Analyse der Interviews mit Hans und Lara

Im Folgenden wird erst das Interview mit Hans (3.1) und im Anschluss daran das Interview mit Lara (3.2) ausführlich dargestellt und interpretiert. Dabei werden bei der Interpretation jeweils die thematisch gleichen Interviewsequenzen unter einer passenden Überschrift zusammengefügt. Sie werden in lesbarer und vollständig anonymisierter Form zitiert und dann nach den Maßgaben der formulierenden und reflektierenden Interpretation untersucht und analysiert, bevor abschließend die jeweils bei Hans und Lara herausgearbeiteten Themen hinsichtlich ihrer Gemeinsamkeiten und Unterschiede verglichen und übergreifende Aspekte für die weitere Interviewinterpretation identifiziert und benannt werden (3.3). Im Vorfeld zur jeweiligen Analyse werden beide Interviewten kurz vorgestellt.

1 Die Analyse des Interviews mit Hans

Hans ist Anfang 50 Jahre alt, verheiratet und Vater zweier fast erwachsener Kinder. Er ist evangelischer Theologe, seine Ehefrau arbeitet in einem Krankenhaus. Seit der bewussten ›Abschaffung‹ der weihnachtlichen Besuche bei den (Schwieger-)Eltern und Verwandten verbringt Hans den Heiligabend und die Weihnachtsfeiertage im engsten Familienkreis mit seiner Frau und den Kindern. Den ›Anderen Advent‹ liest er nach eigenen Angaben etwa »seit vier oder vielleicht sogar fünf Jahren« regelmäßig und verschenkt ihn auch an Freunde und Bekannte aus dem näheren und entfernteren Umfeld der Familie.

1.1 Weihnachten (er-)leben: Zeiträume für Ruhe und ›Besinnlichkeit‹

Auf die Einstiegsfrage der Interviewerin (I) nach der Bedeutung der Advents- und Weihnachtszeit *(Was bedeutet Ihnen die Advents- und Weihnachtszeit?)* beginnt Hans (H) ohne Umschweife zu erzählen. Dabei fällt auf, dass er bei seiner Erzählung nur indirekt auf die Frage nach der *Bedeutung* der Zeit eingeht, sondern zunächst vielmehr ihren besonderen ›Charakter‹ beschreibt:

I: Ja, was bedeutet Ihnen die Advents- und Weihnachtszeit?

H: Also, die Advents- und Weihnachtszeit ist immer so eine ganz komische Mischung aus gesteigerter Hektik und Projektion, Projektion auf diese Zeit, dass man da doch mehr zur Ruhe kommt und das dann irgendwie ausverhandeln. Also, es gibt kaum eine Zeit im Jahr, wo die Frage so immer debattiert wird, wie wir jetzt was machen wollen, weil diese Spannung aus faktischer Hektik und Bedürfnis nach Ruhe, nach Besinnlichkeit und auch mehr Zusammensein in der Familie und so, also diese Spannung ist nie so groß. Gibt es bei Ostern nicht, bei Pfingsten auch nicht, aber mit Weihnachten eben.

Typischerweise (»immer«) erlebt Hans die Advents- und Weihnachtszeit als eine »ganz komische Mischung« zwischen einer erfahrungsgemäß anwachsenden Hektik auf der einen und der mit dieser Zeit verbundenen »Projektion«, den auf Advent und Weihnachten ausgerichteten Wünschen und Assoziationen auf der anderen Seite. So ist für Hans die Advents- und Weihnachtszeit vor allem mit der Vorstellung verknüpft, »dass man da doch mehr zur Ruhe kommt«. Dies steht der zuvor beschriebenen Wahrnehmung einer (vermutlich im Vergleich zum Rest des Jahres) »gesteigerten Hektik« eindeutig entgegen. Impliziert die Verwendung des Indefinitpronomens »man« zunächst eine gewisse ›Allgemeingültigkeit‹ dieser Aussagen sowohl hinsichtlich der Wahrnehmung der Hektik als auch bezüglich der Imagination des Advents als einer Zeit größerer Ruhe, so illustriert Hans im weiteren Verlauf seiner Erzählung, was für ihn und seine Familie[132] ganz persönlich die Advents- und Weihnachtszeit ausmacht. Das Indefinitpronomen »man« weicht dem Personalpronomen der 1. Person Plural (»wir«). An die Stelle des unbestimmten und distanziert wirkenden Begriffs der »Projektion« tritt ganz konkret das »Bedürfnis« nach mehr Ruhe, nach Besinnlichkeit und Zeit mit der Familie.

  Die Advents- und Weihnachtszeit ist ganz offensichtlich für Hans, seine Frau und die Kinder mit einer ganz bestimmten Konnotation und (Ideal-)Vorstellung hinsichtlich ihrer Gestaltung und insbesondere ihres Erlebens verbunden. Gleichzeitig schwingt in dem Begriff »Bedürfnis« semantisch betrachtet der Eindruck einer Notwendigkeit mit: Ein Mehr an Ruhe, Besinnlichkeit und gemeinsamer Zeit in der Familie ist für Hans sozusagen die ›notwendige Bedingung‹, ohne die Advent nicht Advent ist. In diesem Zusammenhang wird der sich bereits zu Beginn der Interviewsequenz andeutende

---

[132]   Hierauf lässt die kontinuierliche Verwendung des Pronomens der 1. Person. Pl. schließen. Hans spricht nicht nur für sich selbst, sondern auch für seine Familie, mit der er die Vorstellungen bezüglich der Advents- und Weihnachtszeit teilt.

Konflikt als »Spannung« zwischen persönlichem Ideal und der wahrgenommenen Realität der Advents- und Weihnachtszeit explizit (»diese Spannung aus faktischer Hektik und Bedürfnis nach Ruhe, nach Besinnlichkeit und auch mehr Zusammensein in der Familie und so«). Vor allem das Begriffspaar Ruhe und Besinnlichkeit steht in einem deutlichen Kontrast zu der »faktischen« Hektik, die diese Zeit für Hans und seine Familie in der Realität bestimmt. Erfahrungsgemäß scheinen sich Wunsch und Wirklichkeit hinsichtlich des Erlebens der Advents- und Weihnachtszeit in Hans' Wahrnehmung (zumindest zeitweise) zu widersprechen.

Diese Problematik führt nicht zuletzt dazu, dass die Advents- und Weihnachtszeit innerhalb der Familie von notwendigen ›Verhandlungsprozessen‹ bestimmt ist. So gilt es jedes Jahr aufs Neue, diese »Spannung« zugunsten der idealen Vorstellungen und den mit der Zeit verbundenen Ansprüchen und Bedürfnissen gemeinsam zu bearbeiten. Advent und Weihnachten müssen immer wieder neu »ausverhandelt«, über die Gestaltung und den Ablauf der Zeit muss »debattiert« werden[133], um mehr Ruhe, Besinnlichkeit und Familienzeit verwirklichen und so die Advents- und Weihnachtszeit gewissermaßen ›richtig‹ (er-)leben zu können.

Diese Problematik ist, wie Hans schlussfolgert, ein spezifisches Charakteristikum der Weihnachtszeit. So sei »kaum eine andere Zeit im Jahr« von einer solchen Spannung (und damit auch den daraus resultierenden notwendigen Aushandlungsprozessen) geprägt wie eben diese. Dies unterstreicht er mittels des Vergleichs mit den anderen ›großen‹ christlichen Festen Ostern und Pfingsten (»also diese Spannung ist *nie* so groß. Gibt es bei Ostern nicht, bei Pfingsten auch nicht, aber mit Weihnachten eben«). Interessanterweise scheinen es gerade die besonderen, explizit mit dieser Zeit verbundenen Bedürfnisse und Ansprüche zu sein, die für das Gefühl einer außergewöhnlichen Spannung sorgen. Denn die Advents- und Weihnachtszeit ist wunschgemäß ›anders‹ als andere Zeiten des Jahres. Sie hebt sich sowohl vom Alltagserleben als auch von den anderen Festzeiten im Jahresverlauf ab und will dementsprechend gestaltet werden. Wie ›Besinnlichkeit‹ idealerweise für Hans und seine Familie aussieht, erklärt er auf Nachfrage der Interviewerin genauer:

I: Was heißt denn Besinnlichkeit für Sie? Sie haben es schon mehrfach irgendwie angesprochen, dass Besinnlichkeit wichtig ist.

H: Na ja, das ist für uns ein Stück weit, was gemeinsam zu *tun*, also dann mal in der Adventszeit gemeinsam zu irgendwelchen Adventsgottesdiensten

---

[133] Auch die Verben »ausverhandeln« und »debattieren« verweisen semantisch auf diese Spannung zwischen den beiden ›Polen‹ Realität und ›eigentlicher‹ Bedeutung der Zeit.

oder Andachten zu gehen. Eine große Rolle spielt neben dem Urlaub im Sommer auch das gemeinsame Spielen, das hat sich irgendwie mit den Kindern so ausentwickelt, das ist also eher sehr viel gemeinsames Spielen in der Weihnachtszeit. Ich weiß nicht, wie es dazu kam, es kam eben so, ist so eine Art Familientradition, die sich so entwickelt hat. Aber es ist praktisch *geteilte* Zeit. Dann mit einer Kombination mit kulinarischen Genüssen und ästhetischen Sachen, weil wir aus-, also unsere Kinder backen selber und haben das von meiner Großmutter viel gelernt und backen dann schon im November. Und dann kommt hinzu, dass wir so aus allen möglichen Weltgegenden, wo wir mal waren, irgendwelchen Weihnachtsschmuck mitgebracht haben und dann ist es so ein Verweben von Ästhetik, Kulinarischem, Erinnerung, gemeinsam spielen und noch gerahmt mit der religiösen Kommunikation. Erst dieses Amalgam macht dann so die Besinnlichkeit aus.

Adventliche Besinnlichkeit bedeutet für Hans, mit der Familie aktiv etwas gemeinsam zu tun, bewusst Zeit miteinander zu teilen, diese gemeinschaftlich zu gestalten und zu erleben. Dazu gehört der Besuch von Adventsgottesdiensten und Andachten ebenso wie das gemeinsame Spielen. Ähnlich wie der alljährliche Sommerurlaub scheint die Advents- und Weihnachtszeit für Hans dem Alltag enthoben zu sein. Sie ist seltene und daher kostbare Familienzeit, eine verbindende »Tradition« im Gegenüber zu den unterschiedlichen alltäglichen Verpflichtungen und den sonst oft nur schwer miteinander zu vereinbarenden individuellen Lebenswegen.[134] Dabei ist sie zugleich frei gestaltbare Zeit, die den ›schönen‹ und außeralltäglichen Dingen gewidmet werden kann, für die sonst oft nur wenig Raum bleibt. Die familiäre Gemeinschaftlichkeit, die gemeinsame Familientradition, verkörpert dabei nicht nur das Gute und Richtige im Hinblick auf die Advents- und Weihnachtszeit, vielmehr spiegelt sich hier auch eine bestimmte Idealvorstellung von Familie selbst wider. So zeichnet Hans im Kontext seiner Beschreibung der ›Besinnlichkeit‹ ein ausgesprochen harmonisches und idyllisches und damit durchaus anspruchsvolles Bild der Familienwelt im Kontext seines idealen Erlebens von Advent. Alle schaffen sich Zeit inmitten ihres hektischen Alltags, die bestimmten (vor-)weihnachtlichen Aktivitäten sind, so vermittelt Hans'

---

[134] Dies veranschaulicht Hans auf die Nachfrage der Interviewerin, warum denn gerade Weihnachten so eine spannungsreiche Zeit sei:

I: Und warum gerade an Weihnachten?

H: [...] das hat damit zu tun, dass Weihnachten wie kaum ein anderes Fest ein Familienfest ist und die Tätigkeiten von vielen Leuten in der Familie sich da irgendwie so abstimmen müssen, dass man mehr Zeit miteinander hat. Ja, das ist so geprägt [...].

Erzählung den Eindruck, Eltern und Kindern gleichermaßen wichtig: Man spielt miteinander, die fast erwachsenen Kinder backen bereits lange vor dem Fest zusammen nach dem alten Rezept der Großmutter, alle Generationen sind unter der adventlichen Besinnlichkeit ›vereint‹. Advent und Weihnachten »ermöglichen eine intergenerationelle Zusammenkunft, die sonst kaum zustande gekommen wäre. Sie verbinden Alltagswelten, die sonst auseinandergehen«[135]. Diese harmonische Familienwelt ist essenziell für das gute und richtige Gestalten und Erleben von Advent. Umgekehrt sind die gemeinsamen Traditionen im Rahmen von Advent und Weihnachten für Hans und seine Familie unerlässliche Rituale. Hier wird gemeinschaftlich realisiert, was im Sinne des familiären Selbstbildes, der gemeinsamen Wertvorstellungen und normativen Erwartungen für die Familie als Gemeinschaft und ihre Mitglieder wichtig ist.[136] Neben den gemeinsamen Aktivitäten sind es dabei für Hans und seine Familie auch ganz bestimmte ›Äußerlichkeiten‹, die die Zeit als außergewöhnliche Zeit kennzeichnen. Das traditionelle Gebäck und die weihnachtliche Dekoration der Wohnung mit bestimmten Mitbringseln der Familienreisen und die damit verknüpften geteilten Erinnerungen verbinden sich mit dem Gottesdienstbesuch und dem Spielen und lassen das Idealbild von Advent und familiärer Besinnlichkeit Realität werden.

Trotz dieser durchaus anspruchsvollen Konstruktion von Besinnlichkeit und den damit verbundenen Ansprüchen und Erwartungen schreibt sich Hans selbst einen durchaus realistischen Blick hinsichtlich der Umsetzung dieses Ideals im Rahmen der Advents- und Weihnachtszeit zu:

I: Und ja, wenn Sie an Weihnachten und Advent, sich so die ideale Weihnachts- und Adventszeit vorstellen könnten, würden Sie was ändern wollen und wenn ja, was? Oder was dürfte nicht fehlen?

H: Also, das hängt jetzt von der Lebensphase ab. Also jetzt so mit Pi mal Daumen fünfzig plus ist man ja schon wieder in einer postidealistischen Phase, also die Idee, dass wir das irgendwie geregelt auf die Reihe kriegen,

---

135   Baumann, Ritualisierung und Religiosität, 27.
136   Vgl. Wulf et al., Das Glück der Familie, 40 und 41: »[...] so zeigt sich, dass am Beginn des 3. Jahrtausends für immerhin noch 70 % der Deutschen das Weihnachtsfest »heilig« ist (Naumann 2001). Deshalb gibt es rund um Weihnachten auch eine ausgeklügelte Ordnung von Makroritualen wie Plätzchen backen, Geschenke kaufen [...] die Bescherung, das Abendessen, das gemeinsame Spielen und Fernsehen, die Besuche bei Verwandten und Freunden [...] Festliche Familienrituale sollen vor allem die charakteristischen Merkmale familiärer Gemeinschaftlichkeit wie Einheit, Zusammenhalt, Intimität, Gemeinsamkeit, Solidarität und Integration in besonderer Weise darstellen, gewährleisten und fördern. So finden sie oftmals auf einer ganz besonderen ›Familienbühne‹ statt«.

das haben wir schon verabschiedet. Weil, wir sind eigentlich froh, wenn das irgendwie läuft. Also die, sagen wir, massiven normativen Erwartungen an die eigene Lebensgestaltung und die Alltagsbewältigung dran zu schauen, da sind wir entweder zu chaotisch oder ist das Leben, unsere Leben nicht so, dass das optimal läuft, also da ist so das Eine oder das Andere dabei. Die ideale Weihnachtsgestaltung wäre, tja, das ist eine gute Frage. Also ich will mal sagen, auf jeden Fall eine relativ gezielte Vorbereitung auf Weihnachten durch Advent, das haben wir sehr vermisst *im Ausland*, weil es da gar keine Adventszeit in dem Sinne gibt, sondern eine diffuse Vorweihnachtszeit. Die sich aber hauptsächlich an offenen Shopping-Tagen oder speziellen Sonderangebotsaktionen dann entlang strukturiert [...]

Hat sich Hans mit zunehmendem Alter und wachsender Lebenserfahrung eigentlich von normativen Erwartungen und allzu hohen Ansprüchen an die individuelle und familiäre Lebensplanung und -gestaltung »verabschiedet«, so formuliert er auch in dieser Interviewsequenz ganz klar ein persönliches Ideal und darin durchaus genaue Vorstellungen und Erwartungen an die Gestaltung und das Erleben von Advent und Weihnachten. Trotz aller gegenteiligen Erfahrungen und seinem pragmatisch-»postidealistischen« Realismus im Blick auf die eigene Lebenssituation sollen Advent und Weihnachten sein, wie Hans sie zuvor beschrieben hat. Diese Zeit muss besinnlich, ruhig und familiär sein, bestimmte notwendige ›Bedürfnisse‹ müssen ›erfüllt‹ sein, um ›richtig‹ Advent (er-)leben zu können. Advent bedeutet für Hans, wie die Erfahrung im Ausland noch einmal deutlich vor Augen führt, keine Zeit besonderer Shoppingerlebnisse, sondern explizite und gezielte Vorbereitung auf das christliche Fest Weihnachten. So konstituieren sich Advent und Weihnachten sozusagen ›äußerlich und innerlich‹ durch ihre atmosphärisch und inhaltlich andere Füllung als christlich-religiös geprägte gemeinschaftliche Familienzeit.

Bei alledem spielt für Hans und seine Familie auch Religiosität, oder genauer »religiöse Kommunikation«, eine wesentliche Rolle. So bildet nach Hans' Aussage »religiöse Kommunikation« den grundlegenden Rahmen adventlicher Besinnlichkeit (»und noch gerahmt mit der religiösen Kommunikation«). Wie Hans mit dem Begriff der »religiösen Kommunikation« andeutet, sind das Weihnachtsfest und seine Zeit auch über den Besuch von Gottesdiensten und Andachten hinaus für ihn ein Anknüpfungspunkt für die (interaktive) Begegnung und Auseinandersetzung mit konkreten religiösen Inhalten und Themen.[137] Ganz selbstverständlich begreift Hans die Advents-

---

[137] Vgl. Kap. 1.4 Erinnerung und »Inhaltlichkeit«: Der ›Andere Advent‹ als Medium religiöser Kommunikation.

und Weihnachtszeit als bewussten Raum und explizite Zeit sowohl für seine individuelle als auch für die innerfamiliär-gemeinschaftliche Religiosität und religiöse Praxis.

So ist für Hans Besinnlichkeit als »geteilte Zeit« in der Familie insgesamt ein »Amalgam« aus unterschiedlichen Komponenten: gemeinsame Aktivitäten, ästhetische und kulinarische Genüsse und vor allem auch gemeinschaftlich gelebte Religiosität geben der Advents- und Weihnachtszeit idealerweise ihre besondere Prägung. Sie ist ästhetisch gestaltete, genussreiche und zugleich religiöse Vorbereitungszeit auf Weihnachten als christlich-religiösem Fest und wird in diesem Sinne als ›andere‹ Zeit qualifiziert.

Offensichtlich lässt sich ›Advent‹ für Hans und seine Familie nicht an einem bestimmten kalendarischen Datum oder dem vierwöchigen Zeitraum vor dem Fest festmachen. Stattdessen ist das ›Haben‹ von Advent durch ein besonderes *Zeiterleben*, eine bestimmte Erlebensintensität und -qualität, konstituiert. Dies verdeutlicht das von Hans gewählte Bild des »zweigeteilten Advents«:

I: Also gestalten Sie schon die Weihnachts- und Adventszeit irgendwie besonders?

H: Also wir versuchen es, also meistens entdecken wir am 2. Advent, dass jetzt Adventszeit ist oder man hat also, ja, aber wir, eigentlich werden wir immer überrascht von der Adventszeit. Also das kriegen wir planerisch nie hin. Man merkt es daran, dass wir jedes Jahr beschließen, wenn wir unsere Weihnachtssachen einpacken, jetzt machen wir eine Kiste für Advent und die wird dann ausgepackt im nächsten Advent. Aber irgendwie klappt es mit dem Finden der Kiste oder dem Einpacken oder dem Aufbauen dann doch nicht. Also es gibt für uns gibt es eigentlich so einen zweigeteilten Advent. Also der erste Teil ist irgendwie noch nicht richtig Advent und man denkt: »So eigentlich ist doch jetzt Advent und jetzt sollte man sich irgendwie drauf einstellen« und dann der zweite Teil vom Advent, da hat man so irgendwie Advent.

Überwiegen zu Beginn der ›kalendarischen‹ Adventszeit noch das Gefühl der gesteigerten Hektik und die atmosphärische Spannung aus Realität und Ideal, so nehmen Hans und seine Familie diese Zeit »noch nicht richtig« als Advent wahr. Trotz aller Vorsätze und Planungen gelingt es ihnen nicht, sich rechtzeitig auf Advent ›einzustimmen‹ und diese Zeit ›von Anfang an‹ bewusst zu gestalten und zu erleben. Sie werden »überrascht« und müssen sich daran erinnern, dass ja ›eigentlich‹ Advent ist. Erst verspätet habe »man so irgendwie Advent«, da es dann eher gelingt, die Ansprüche und Vorstellungen zu realisieren, sich bewusst auf die Zeit einzulassen und so ›richtig‹

Advent zu haben. Dieses Bild des zweigeteilten Advents verweist damit zum einen noch einmal auf die Spannung zwischen Anspruch und Realität, die Hans und seine Familie zumindest zeitweise im Kontext der Adventszeit erleben. Advent ›haben‹ bedeutet gemeinsames Gestalten und (Er-)Leben einer ›anderen‹ Zeit, die sich als Vorbereitungszeit auf das Weihnachtsfest in ihrer ästhetischen, emotionalen und religiösen Erlebensqualität, ihrer besonderen Atmosphäre und inhaltlichen ›Füllung‹ sozusagen äußerlich und innerlich von allen anderen Zeiten im Jahr unterscheidet. Zum anderen wird hier noch einmal deutlich, dass Advent als besondere und andere Zeit ›gestaltungsbedürftig‹ ist. Es ist nicht einfach Advent, wenn Advent ist. Man muss sich darauf einstellen, einlassen und einstimmen, aktiv etwas tun und sich der Besonderheit der Zeit bewusst werden, um dann auch Advent ›haben‹ zu können.

1.2 Familienritual Weihnachten: Ritualisierung als Träger und Vermittler des weihnachtlichen Ideals

Das Zusammensein mit seiner Familie ist für Hans in der Advents- und Weihnachtszeit besonders wichtig. Die Familie ist der Ort, an dem Hans, seine Frau und die Kinder alljährlich im Rahmen ihrer »Familientradition« ihre gemeinsamen Vorstellungen von (vor-)weihnachtlicher Besinnlichkeit verwirklichen, die ersehnten Zeiträume der Ruhe finden, Advent gestalten und (er-)leben. In diesem Kontext hat sich auch im Hinblick auf die Feierlichkeiten des Heiligabends und die nachfolgenden Weihnachtstage über die Jahre hinweg ein festes Familienritual entwickelt.

I: Gibt es Traditionen, Sie haben ja schon gesagt, Sie spielen ganz viel oder gibt es Rituale oder Symbole, die Sie pflegen? Wie feiern Sie denn Weihnachten?

H: Also Weihnachten ist relativ durchritualisiert, das hat unsere Tochter, die eigentlich die Ritualexpertin ist, die unglaublich viel auf Regelmäßigkeit und Ähnlichkeit und Wiedererkennbarkeit Wert legt, die hat das mal in jungen Jahren, irgendwie Anfang Grundschule, hat die das mal auf so einem großen DIN A4 oder 3, also Riesenzettel, DIN A3 oder 2, hat die da so die Abfolge ja-, Essen, Kochen und dann irgendwann Gottesdienst und dann singen, die Weihnachtsgeschichte, also es ist genau und sie hat darauf immer geguckt. Wir hatten, selbst als wir im Ausland waren, diesen Zettel mitgenommen. Das haben wir natürlich variiert, aber die guckt da so auf diesen Ablauf was Weihnachten angeht. Und dann hatten wir irgendwann ziemlich hart den Schnitt machen müssen, dass wir an Weihnachten nicht mehr zu den Schwiegereltern gehen, weil das so klassisch in der Familienbiografie ist, irgendwann fängt man selber an, Heiligabend zu feiern, aber geht dann den ersten Weihnachtsfeiertag in die eine Familie, den zweiten Weihnachtsfeiertag in die andere Familie und zum Schluss kommt man heim und ist gestresst. Das war dann irgendwann ein Cut, den wir dann herbeigeführt haben. Der war nicht ganz konfliktfrei und wir haben dann-. Wir gehen dann gern in den Spätgottesdienst noch mal und am ersten Weihnachtsfeiertag lesen alle ihre Bücher, ihre Krimis und man spielt was oder kocht dann zusammen. Manchmal gehen wir dann am ersten oder zweiten Weihnachtsfeiertag auch noch mal in einen musikalisch orientierten Gottesdienst. Aber mit der Adventszeit ist es, ja, also seit, ich schätze mal, seit vier Jahren oder vielleicht sogar fünf Jahren, gehört so mit zu den Ritualen praktisch das Aufhängen des Andere-Zeiten-Kalenders. Das ganze Jahr über sind in der Küchentür immer noch die zwei Nägel drin, die daran erinnern, dass der da aufgehängt wird und er wurde Teil, ein Stück weit dieser Gestaltung, als eine Art rituell-spirituelle Gestaltung der Adventszeit, natürlich neben dem Weihnachtskranz, Adventskranz, der eine ganz große Rolle spielt. Da haben wir auch zwei. Weil, unsere Kinder fanden es faszinierend. In einem bestimmten Alter hatten wir dann einen hängenden, einen größeren hängenden, damit die nicht ran kommen, weil die da ziemlich aktiv waren. Und irgendwann, als das nicht mehr notwendig war, wollten sie ihn trotzdem. Da haben sie beinhart drauf insistiert, also dass wir einen hängenden Adventskranz brauchen und meine Frau wollte einen auf dem Tisch. Also haben wir immer zwei Adventskränze, die, ja, mit großer Regelmäßigkeit auch, praktisch, ja, wieder Rückwirkung sind, wenn ich mich da selber beobachte, nämlich Rückwirkungen sind der Annahme gewisser Traditionen durch unsere Kinder, die dann noch mal zurückgespiegelt sind, zum Teil verstärkt, zum Teil selektiert werden. Also man merkt da diesen Verhandlungsprozess. Wir hatten jetzt an Weihnachten vergeblich versucht, uns nur auf einen Kranz zu beschränken, aber selbst unser Sohn bestand dann darauf, dass es ja völlig selbstverständlich sei, dass wir diesen hängenden Kranz haben. So viel zu der Ritualisierung und der Prägung der Zeit.

Vor allem die Tochter legt auf die genaue Einhaltung des Weihnachtsrituals großen Wert. Sind die einzelnen Komponenten offensichtlich immer gleich und die Reihenfolge der Abläufe aufgrund einer gewissen jahrelangen ›Routine‹ allen zumindest implizit bewusst, so hat sie diese im Grundschulalter noch einmal explizit schriftlich festgehalten, um die Wahrung des ›richtigen‹ Ablaufes des Festes im Blick behalten zu können. Als wesentliche Elemente der Feierlichkeiten nennt Hans dabei das Kochen und Essen, das Singen, das Lesen der Weihnachtsgeschichte und den gemeinsamen Besuch des Gottesdienstes. Im Sinne einer ›weihnachtlichen Grundordnung‹ repräsentiert damit das familiäre Weihnachtsritual hier sogar in verschriftlichter Form für alle sichtbar den implizit präsenten ›idealen Normalfall‹ des Weihnachtsfests, zu dessen vielfältigen Komponenten auch eine bestimmte ›Frömmigkeitstradition‹ gehört. Es verkörpert, was (zumeist unterbewusst) als gut und richtig im Hinblick auf das Fest und seine Feierpraxis gilt. Damit bildet das weihnachtliche Familienritual einen für alle beteiligten Personen gleichermaßen verbindlichen (äußeren) Rahmen für die Feierlichkeiten im Familienkreis. In seiner »Regelmäßigkeit und Ähnlichkeit und Wiedererkennbarkeit« schafft es eine gemeinsame Orientierung und Basis hinsichtlich der Gestaltung des Festes und vermittelt damit Vertrautheit und Verlässlichkeit. Zudem bildet der verbindliche Rahmen des Rituals mit seinen festgelegten Abläufen einen Garant für das ›richtige‹ Feiern, indem seine Einhaltung (auch mit geringen Variationen) eine gewisse (Erlebens-)›Qualität‹ des Festes und vor allem Bedeutsamkeit sicherstellt. Nicht zuletzt verweisen die Riten »gerade durch die Strenge, die Deckungsgleichheit der Wiederholung auf die Bedeutung der Handlung«[138].

Dabei ist das Ritual in Hans Familie offensichtlich einerseits stark von der Tendenz der Bewahrung und Vermittlung einer bestimmten Tradition und den Vorstellungen hinsichtlich des Festes geprägt. Andererseits ist es, wie der Einschub über den »Cut« der weihnachtlichen Besuche bei den Schwiegereltern zeigt, angesichts von Veränderungen der familiären Biografie durchaus verhandlungsbedürftig und dementsprechend auch variabel. Hans beschreibt diese Veränderung als ›natürliche Entwicklung‹. Ganz »klassisch« hat die Gründung einer eigenen Familie, aber auch das Heranwachsen der eigenen Kinder dazu geführt, das bestehende Weihnachtsritual explizit zu hinterfragen und trotz der erwartbaren Konflikte bewusst Veränderungen vorzunehmen, um das Weihnachtsritual an die veränderte Familienbiografie anzupassen. Der erneute Wechsel vom Pronomen »wir« zum unbestimmten Pronomen »man« suggeriert auf sprachlicher Ebene die Verallgemeinerbarkeit dieser Entwicklung als eine typische. Indirekt rechtfertigt und relativiert Hans damit sozusagen die bewusste Herbeiführung des Konflikts, indem er es eben als »klassisch in der Familienbiografie« bezeichnet, dass »man irgendwann anfängt selbst Heiligabend zu feiern«. So war der »Cut« mit den Schwiegereltern rückblickend zwar sowohl auf persönlicher Ebene als

---

[138]   Assmann, Der zweidimensionale Mensch, 16.

auch innerhalb der weihnachtlichen Routine ein einschneidendes Erlebnis, zugleich aber auch ein normaler ›emanzipatorischer‹ biografischer Prozess.

Aus seiner jetzigen Perspektive als Vater beobachtet Hans, dass auch seine Kinder mit ihren Vorstellungen im Laufe der Jahre die Gestalt des Familienrituals mitgeprägt haben und nun als junge Erwachsene gewisse Traditionen mittlerweile für sich adaptieren oder hinterfragen. Dies veranschaulicht Hans am Beispiel der bis heute in der Familie bestehenden ›Tradition‹ zweier Adventskränze. Haben sich Hans und seine Frau für den hängenden Adventskranz, als die Kinder noch klein waren, vorrangig aus praktischen Gründen entschieden, so ist dieser mittlerweile für die fast erwachsenen Kinder eine unumstößliche Tradition. Auch wenn er objektiv nicht mehr gebraucht wird und es mittlerweile auch einen ›klassischen‹ Kranz auf dem Tisch gibt, »insistierten« beide Kinder nach wie vor »ganz selbstverständlich« auf diesem hängenden Kranz. Er ist fester Bestandteil des familiären Rituals, dessen Einhaltung die Kinder auch angesichts sich (temporär) verändernder Umstände, wie beispielsweise dem Aufenthalt im Ausland, explizit einfordern.

Ebenso sind im Laufe der Jahre auch neue Traditionen entstanden, die sich in das familiäre Ritual eingefügt haben. So sei der ›Andere Advent‹ laut Hans zwar erst seit einigen Jahren Teil der »rituell-spirituellen Gestaltung« der Adventszeit und doch mittlerweile so selbstverständlich wie die ›alte‹ Tradition des Adventskranzes. Er gehört zu Advent und Weihnachten dazu und bleibt durch die zwei Nägel in der Küchentür im Unterschied zu den anderen weihnachtlichen Symbolen und Ritualen sogar das ganze Jahr über indirekt präsent. Das Familienritual bewegt sich auch in Hans' Familie »zwischen Stabilität und Innovation, zwischen Tradition und Kreativität«[139]. Es ist in seiner aktuellen Form zumindest implizit das Ergebnis eines gemeinschaftlichen Aushandlungsprozesses, getragen von individuellen und geteilten Vorstellungen vom Fest, und darin zugleich der familienbiografischen Entwicklung unterworfen, deren Veränderungen ein explizites Hinterfragen und ggf. eine Umgestaltung des Rituals erfordern.

Gleichwohl fühlt sich Hans verantwortlich für das weihnachtliche Familienritual und die Wahrung und Vermittlung der damit verbundenen positiven gemeinsamen Erfahrungen. Dies verrät seine Schilderung eines besonderen Weihnachtsfestes, in der der ›ideale Normalfall‹ aufgrund einer »grässlichen« Predigt im Weihnachtsgottesdienst (vermeintlich) in ›Gefahr‹ gerät:

I: Erinnern Sie sich denn an ein besonderes Weihnachtsfest, das Sie mal verbracht haben?

---

[139]   Baumann, Ritualisierung und Religiosität, 28.

H: Ich erinnere mich an ein Weihnachtsfest, das war 2009, da war unser
   Sohn mit dabei und das war eine grässliche Predigt, eine furchtbare Predigt mit einem narzisstischen Affen als Prediger. Mein Sohn meinte nur:
   »Der hat sich dauernd widersprochen, müssen wir da noch mal hingehen?« Und da habe ich meine Kinder überredet, dass sie in der Tat bereit
   waren, zum musikalischen Spätgottesdienst noch mal zu gehen, weil sie
   irgendwie so halb traumatisiert waren, weil es so eine Mischung aus
   Kinderkitsch und Blödsinn war (lacht) sozusagen, weil ja mit Heranwachsenden und die überhaupt noch in die Kirche kriegen und dann solche
   Erfahrungen. Das war wirklich schwierig [...].

Die schlechte Predigt und die als unangenehm erlebte Persönlichkeit des
Pfarrers im Heiligabendgottesdienst ›stören‹ das weihnachtliche Ritual in
doppelter Hinsicht. Die Predigt aus »Kinderkitsch und Blödsinn« vorgetragen
von einem »narzisstischen Affen« als Prediger widerspricht den familiären
Erwartungen an den Weihnachtsgottesdienst. Diese Störung ist so eklatant,
dass dem Sohn auffällt, dass sich der Pfarrer dauernd widersprochen hat. Dies
führt auf Seiten der Kinder zu der Frage, ob man denn überhaupt noch einen
weiteren Weihnachtsgottesdienst besuchen müsse, obwohl der Besuch des
Spätgottesdienstes sonst fester Bestandteil der ›normalen‹ Weihnachtsfeier
innerhalb der Familie ist. Ist es schon schwer genug, die heranwachsenden
Kinder »überhaupt noch in die Kirche zu kriegen«, so bietet die ritualisierte
Teilnahme am Heiligabendgottesdienst sonst eine gute Gelegenheit, die Kinder ohne Schwierigkeiten zum Kirchenbesuch zu motivieren. Indirekt wird
deutlich, dass Hans ein bestimmtes Erleben von Weihnachten als dezidiert
religiösem Fest an seine Kinder vermitteln will. Durch die »Traumatisierung«
der Kinder in Folge des negativen Gottesdiensterlebnisses kommt es vor dem
Hintergrund ihrer ohnehin schon schwierigen Haltung zu Kirche und Gottesdienst nicht nur zu einer inhaltlichen Gefährdung dieses ›Vorhabens‹, sondern zugleich auch des Rituals insgesamt und damit der als gut und richtig
empfundenen Normalität von Weihnachten. Das Erleben von Weihnachten,
wie es sein sollte, steht auf dem Spiel. Die familiäre Tradition ist in Gefahr,
das ›wir‹ des Familienrituals droht durch die Weigerung der Kinder zu zer-
brechen. Umso mehr bemüht sich Hans diesen offensichtlichen Bruch und
seine mögliche Folgen wieder ›einzufangen‹. In seiner Rolle als Familienvater
einerseits und vermutlich auch als Theologe andererseits fühlt er sich verantwortlich, die missliche Erfahrung durch ein positives Gottesdiensterlebnis
auszugleichen. Hier wechselt die Erzählperspektive vom ›wir‹ zum ›ich‹ und
seiner Verantwortung für das Gelingen dieses Vorhabens. In der Hoffnung,
den durch Prediger und Predigt negativen Eindruck des vorherigen Gottes-

dienstes durch ein erwartungsgemäß sowohl inhaltlich und ästhetisch qualitativ ›anderes‹ Gottesdiensterleben zu überschreiben, gelingt es Hans mit Mühe, seine Kinder zum Besuch des Spätgottesdienstes zu überreden. Erst mit ihrer notwendigen Einwilligung kann letztlich Weihnachten ›normal‹ weitergehen und die positive Konnotation, das Gute und Richtige an und im Weihnachtsfest im ganzheitlichen Fortbestehen des Rituals bewahrt und erhalten bleiben.

1.3 »Angenehme Alltagsbegleitung«: Der ›Andere Advent‹ als ritueller Mittler zwischen familiärem Alltag und weihnachtlicher Religiosität

Rituale und Ritualisierung sind in der Advents- und Weihnachtszeit für Hans und seine Familie unverzichtbar. Wie sich zeigt, sind dabei sowohl der Adventkranz als auch der ›Andere Advent‹ wesentliche Elemente innerhalb der rituellen Gestaltung dieser Zeit. Dabei fällt es Hans auf Nachfrage der Interviewerin zunächst schwer, mit Blick auf den Adventskranz einen expliziten Grund für dessen besonderen Stellenwert und seine Bedeutung innerhalb der Familie zu formulieren.

I: Warum ist gerade der Adventskranz so wichtig? Sie haben ja gesagt, der spielt eine große Rolle.

H: Na ja, der Adventskranz ist auf seine Art und Weise, ich meine, man kann fragen, ob der wichtig ist, das kann verschieden sein. Das ist einfach so. Wir fragen ja nicht nach Gründen, weshalb der jetzt so wichtig ist und entscheiden uns dann jedes Jahr wieder neu, weil die Gründe so überzeugend sind. Das ist Teil der Frömmigkeitstradition geworden, wo man eigentlich gar nicht viel nach Gründen fragt. Aber wenn ich mich selber beobachte, klar, es ist eine Art sinnliches Zeichen, dass es jetzt auf Weihnachten zugeht. Und ja, es ist der einfachste Schmuck, der zugleich zur Jahreszeit passt, es ist dunkel und die Kerzen ... Also es ist einfach ein Anzeigemedium. Es ist ja die Frage, ob der Kalender das auf eine andere Art und Weise auch ist, Anzeige und Gestaltung.

Obwohl Hans im Kontext seiner Erzählung über das weihnachtliche Familienritual die Bedeutung der Tradition des Adventskranzes explizit zur Sprache bringt, nimmt er die Proposition der Interviewerin einer besonderen Relevanz dieses Rituals eher zurückhaltend auf. Man könne fragen, ob der Kranz wichtig sei, aber die Antwort darauf kann verschieden ausfallen. Gleichzeitig konstatiert er für sich selbst durchaus eine gewisse Bedeutung des Adventskranzes, weist jedoch die Frage nach konkreten Gründen dafür zurück

(»Das ist einfach so«), da sich diese für ihn und seine Familie für gewöhnlich nicht stelle. So sei der Adventskranz kein Produkt einer bewussten jährlichen Entscheidung in Anbetracht möglichst überzeugender Gründe, sondern einfach ein fester Bestandteil und Gestaltungsmittel familiärer Frömmigkeit und gehöre zur gemeinsamen Weihnachtstradition dazu. Im Unterschied zu den situationsbedingten Reflexions- und Entscheidungsherausforderungen des Alltags bietet das Ritual des Adventskranzes eine bestimmte Sprach- und Ausdrucksform für die religiöse Glaubenspraxis, die (unterschwellig) für alle gleichermaßen verständlich, sinnvoll und wichtig ist und deshalb nicht immer wieder neu hinsichtlich seiner ›Funktion‹ und Bedeutung hinterfragt werden muss. Wie Hans jedoch in der Reflexion der Interviewsituation an sich selbst beobachtet, ist der Adventskranz mit seinen Kerzen für ihn vor allem »sinnliches«, ästhetisches und sichtbares Zeichen für das Nahen des Weihnachtsfestes. Wie der von Hans verwendete Begriff der »Frömmigkeitstradition« andeutet, kommt dem Adventskranz als adventlichem Symbol eine zumindest implizit religiöse Bedeutung zu. Schon allein in seiner äußeren Form nimmt Hans diesen gewissermaßen als ›symbolischen Träger‹ des Weihnachtsfestes wahr, der die Wochen bis zum Weihnachtsfest ›herunterzählt‹ und zugleich mit seinem Licht in der winterlichen Dunkelheit zur besonderen, festliche Atmosphäre von Weihnachten passt. Der Adventskranz vermittelt auf ästhetische und anschauliche Weise zwischen Alltag und der besonderen Atmosphäre und Erlebensqualität des Festes und verweist damit auf eine ›andere‹, tiefere Bedeutung der Zeit. Er stimmt als Ritual bereits im Vorfeld auf das ›eigentliche‹ Fest ein, indem er die Zeit sichtbar macht und diese mit seinem Kerzenlicht ganz bildlich unter das Licht des herannahenden Weihnachtsfestes stellt. In diesem Sinne ist er »Anzeige- und Gestaltungsmedium«, indem er in seiner Symbolik und Aussagekraft über die rituelle Performanz das Festliche und ›Andere‹ von Weihnachten nicht nur dem Alltag gegenüberstellt, sondern bereits in diesen hineinholt.

Ähnlich wie der Adventskranz schafft auch der ›Andere Advent‹ für Hans eine Verbindung zwischen Alltag und Fest. Dabei bringt der Kalender nicht nur symbolisch, sondern ganz explizit eine religiöse Dimension ein, die ihn als Ritual vom Adventskranz unterscheidet.

I: Ja Sie sprachen ja jetzt schon den Kalender mehrfach an. Welche Rolle spielt der denn? Hat der so eine besondere Bedeutung?

H: Also die- Ich weiß gar nicht mehr, wie wir darauf kamen, das verliert sich irgendwo in der Vergangenheit, aber es war für uns doch spannend zu sehen, dass die Mischung aus praktisch Begleitung in einer bestimmten Phase vom Kirchenjahr, die zugleich nicht-, also niederschwellig und nicht aufdringlich, sondern ästhetisch und schön und anregend ist, dass diese Kombination einfach schön ist und angenehm und anregend und nachdenklich stimmend und irgendwo dann ein Stück weit anders noch mal den Alltag verwebt, ja, mit einer religiösen Dimension und mit einer Glaubensdimension. Das ist ganz merkwürdig, wir haben uns auch gefragt, haben wir nicht einen anderen Platz, aber es ist faktisch der Platz geworden, also die Küchentür, ist so eine alte Tür zwischen dem Essbereich und der Küche und er ist da sozusagen direkt am Durchgang, dass es auch nicht vergessen wird, umzuschlagen. Es kann auch mal sein, dass man es nicht umdreht und wir dann mal zwei Tage nachholen müssen. Aber, ja, es lässt sich einfach mit dem Alltag verweben. Man muss nirgendwo hingehen, aber es ist auch nicht, ja, es ist auch nicht so eine Art aufdringliche Spiritualität, die jetzt einen belehren möchte oder sozusagen einem ein schlechtes Gewissen macht, weil man jetzt nicht so viel tut oder nicht genügend tut für die Adventsvorbereitung, sondern es ist einfach so ein angenehmer Begleiter.

Hans erlebt den ›Anderen Advent‹ im Hinblick auf seine Bedürfnisse und seine rituell-spirituelle Gestaltung der Advents- und Weihnachtszeit als ein außergewöhnliches Beispiel einer »rituellen Alltagsbegleitung« innerhalb dieser Zeit. Er ist für ihn mehr als ›nur‹ Anzeige- und Gestaltungsmedium, sondern begleitet den vorweihnachtlichen Alltag ganz praktisch in einer »bestimmten Phase des Kirchenjahres«, da er im Unterschied zu den anderen adventlichen Ritualen und Adventskalendern über das eigentliche Fest und auch den Zeitverlauf des ›bürgerlichen‹ Kalenders hinausgeht. Der ›Andere Advent‹ macht Advent und Weihnachten als liturgische Zeit, als Festzeit des christlichen Glaubens, bewusst und stellt damit letztlich auch den Alltag bis ins neue Jahr hinein unter eine tiefergehende, christlich-religiöse Perspektive. Indem der Kalender auf subtile Weise mit seiner Dauer bis Epiphanias die Zeitorientierung des Kirchenjahres aufnimmt, stellt er der kalendarischen Zeitrechnung eine sinnvoll gefüllte Zeiterfahrung und darin auch eine inhaltlich andere Qualität an die Seite.[140]

H: Und was ich schon klasse finde ist, dass es versucht, einen eigenen Rhythmus zu prägen. Also wir haben das- Wir genießen es immer, das geht dann eben über Neujahr hinaus. Man hat immer den Eindruck, die Weihnachtszeit ist zu kurz, »Andere Zeiten« geht weiter, also es ist so eine Bewegung, die über die Weihnachtszeit hinaus geht und auf eine total

---

[140] Vgl. hierzu ausführlich Kapitel 1.4. zu Erinnerung und Inhaltlichkeit.

simple und selbstverständliche Art praktisch das liturgische Jahr mal einholt. Das ist eigentlich- Es ist dann ja auch so, es erinnert uns dann, wenn der »Andere Zeiten« aus ist, dann sollten wir wahrscheinlich den Weihnachtsbaum abbauen [...]

Indem er als liturgischer, am Kirchenjahr orientierter Kalender bereits implizit das ›Religiöse‹ der Advents- und Weihnachtszeit in das Alltagsleben der Zeit hineinbringt, gestaltet der ›Andere Advent‹ die Vorbereitung und Einstimmung auf Weihnachten als christlich-religiösem Fest und sorgt für ein anderes Zeitbewusstsein und einen anderen (Lebens-)Rhythmus auch über Advent und Weihnachten hinaus. Damit gelingt es dem ›Anderen Advent‹ auf außergewöhnliche Weise die religiöse Glaubensdimension in den Alltag zu integrieren und linear ausgerichtete Alltagszeit und liturgische Zeit zu verbinden. Er macht Weihnachten als einen Zeit*raum* erfahrbar anstatt wie andere Adventskalender in seiner zeitlichen Ausrichtung punktuell auf den Heiligabend als ›Höhepunkt‹ der Zeit hinzuzielen.

Dabei empfindet Hans den Kalender als »ästhetisch, schön und anregend« sowie in seiner rituellen Form als »niedrigschwellig«. Man müsse weder irgendwo hingehen, um den Kalender zu lesen und so am Ritual teilnehmen zu können, noch werde ein schlechtes Gewissen vermittelt, weil eine vermeintlich ›richtige‹ Adventsvorbereitung misslingt. Im Unterschied zu anderen Ritualen (wie beispielsweise im Gottesdienst) kann Hans hier selbst entscheiden, wo, wann und in welcher Intensität er den ›Anderen Advent‹ nutzt. Es ist ihm überlassen, wie er diesen in die rituelle Adventsgestaltung unter den Bedingungen seines Alltags einbindet, ohne dabei in seinem Umgang mit dem Kalender großem Aufwand oder ›externen‹ normativen Vorgaben oder Erwartungen unterworfen zu sein. Der Platz an der Küchentür erscheint dabei geradezu sinnbildlich für die »angenehme Alltagsbegleitung« durch den ›Anderen Advent‹. So hängt Hans diesen direkt an der Küchentür, einem zentralen und viel genutzten Durchgangspunkt im Haus, auf. Auf diese Weise ist der Kalender schon allein dadurch im Alltag der Familie immer präsent, da jedes Familienmitglied häufig an ihm vorbeigeht und so nicht vergisst, ihn umzuschlagen bzw. vergessene Kalenderblätter leicht bemerkt werden (»Das ist ganz merkwürdig, wir haben uns auch gefragt, haben wir nicht einen anderen Platz, aber es ist faktisch der Platz geworden, also die Küchentür, ist so eine alte Tür zwischen dem Essbereich und der Küche und er ist da sozusagen direkt am Durchgang, dass es auch nicht vergessen wird, umzuschlagen«). Der Kalender hängt immer an seinem bekannten Ort, der es jedem Familienmitglied auf »niedrigschwellige« Weise ermöglicht, sich ihm ohne große Wege und Umstände zuzuwenden und je nach Bedarf, Interesse und Möglichkeiten individuell zu nutzen. Gleichzeitig bringt der ›Andere Advent‹ mit seinen Bildern und Inhalten an seinem Platz in der Küche als gemeinschaftlich genutztem und zentralen Raum im Haus auf ganz subtile Weise die christliche Bedeutung von Weihnachten in den Blick. Er kann so zur Diskussion über das Gesehene und Gelesene motivieren und unverbindlich und indirekt familiäre religiöse Kommunikation anregen, ohne dass sich gerade die Kinder zu einer »religiösen Debatte«, wie sie sie sonst zu vermeiden suchen, gedrängt fühlen.[141] Durch diesen zentralen Platz im Haus hält das Ritual des ›Anderen Advent‹ die Adventszeit alltagspraktisch immer wieder im Gedächtnis, lädt inmitten des Alltags zu adventlicher Besinnlichkeit ein, indem er buchstäblich ›im Vorbeigehen‹ an das Näherkommen von Weihnachten und die besondere Bedeutung der Zeit erinnert. Er bringt in seiner Präsenz im Durchgang zur Küche auf subtile, unterschwellige und zugleich kontinuierliche Weise die »Glaubensdimension« in den Blick und regt so vermutlich oft auch unbewusst zur Beschäftigung mit Weihnachten an. Er ist Teil der Frömmigkeitstradition, da er Advent im ›eigentlichen‹ Sinne als religiöse Vorbereitungszeit auf Weihnachten gestaltet, ohne dabei jedoch zu explizit und aufdringlich zu sein.

Somit bietet der Kalender für Hans als Ritual in der Advents- und Weihnachtszeit nicht nur eine ästhetisch ansprechende ›Visualisierung‹ von Weihnachten, sondern zugleich eine in hohem Maße individualisierbare, an die adventlichen »Bedürfnisse« und den hektischen Alltag adaptierbare Form ritueller Gestaltung und religiöser Kommunikation im Rahmen des Advents. Geradezu sinnbildlich ermöglicht der ›Andere Advent‹ für Hans den emotional-atmosphärischen und zugleich implizit den inhaltlichen Übergang zwischen Alltag und »Advent haben«. Er gestaltet Momente der ›Besinnlichkeit‹ inmitten des Alltags und ermöglicht so die adventliche Einstimmung und Vorbereitung auf das Weihnachtsfest, indem er indirekt in seiner formalen Gestaltung bereits auf die christlich-inhaltliche Perspektive der Zeit verweist. Auf diese Weise gelingt es dem ›Anderen Advent‹, zwischen alltäglicher Hektik und gesuchter weihnachtlicher Besinnlichkeit zu vermitteln. Er ermöglicht Hans auf außergewöhnliche Art und Weise seinen Alltag und das Bedürfnis nach Religiosität und Glauben innerhalb der Advents- und Weihnachtszeit zu verbinden, ohne jedoch den Alltag zu stören oder für sich

---

[141] H: [...] Also unsere Kinder scheuen eigentlich die religiöse Debatte eher, weil sie denken, ah, das wird dann schnell zur Debatte und intellektualisiert und so weiter. Also wir kriegen immer eher so indirekt mit, was für eigene Entwicklungen sie da durchmachen [...]; siehe hierzu ausführlich unten 1.4. Erinnerung und »Inhaltlichkeit«: Der ›Andere Advent‹ als Medium religiöser Kommunikation.

einzunehmen, da er weder zusätzliche Anstrengungen und Verpflichtungen einfordert noch normative Erwartungen im Hinblick auf den Umgang mit seinen Inhalten und die eigene Religiosität und religiöse Praxis an die Leserinnen und Leser heranträgt.

1.4 Erinnerung und »Inhaltlichkeit«: Der ›Andere Advent‹ als Medium religiöser Kommunikation

Religiosität und religiöse Praxis spielen für Hans im Kontext von Advent und Weihnachten eine wesentliche Rolle. Ausgehend vom ›Anderen Advent verdeutlicht er im Verlauf des Interviews, dass es ihm dabei vor allem auch um die Beschäftigung mit christlichen Inhalten, den Texten und Themen des Evangeliums, geht. Setzt Religiosität verstanden als religiöse Kommunikation für Hans die Vermittlung konkreter Inhalte voraus, so nimmt er den ›Anderen Advent‹ als »rituelle Alltagsbegleitung« innerhalb der Advents- und Weihnachtszeit gerade aufgrund seiner »Inhaltlichkeit« als besonders positiv und anregend wahr.

I: Aber es spielt schon die religiöse Dimension, die in dem Kalender thematisiert wird, eine Rolle.

H: Ja. Und zwar, na ja, es ist ja für uns alle auf eigene Art und Weise schwierig, wie jetzt Alltag und eine religiöse Dimension, eine Glaubensdimension wie das jetzt irgendwie zusammenhängt. Wenn man jetzt nicht gerade Hardcore-Pietist ist und sowieso die Welt nur vierundzwanzig Stunden religiös erlebt, dann ist ja die Frage, wie kann so was zusammenkommen. Und da kann ich nur sagen, ich empfinde den Kalender als unaufdringlich und zugleich inhaltlich. Und die Kombination aus Inhaltlichkeit, aber nicht belehrend und nicht oberlehrerhaft, also nicht so haftend oder klebrig wie manche Alltagsfrömmigkeit ist, ist da prima. Irgendwie treffen die da einen guten Stil, einen guten Ton.

Hans' Empfinden nach setzt sich die angenehme Art des Kalenders, die ihn schon äußerlich in seiner Form als niedrigschwelliges, individualisierbares und vielseitig anschlussfähiges Ritual angesprochen hat, auch in dessen Kommunikationsstil bezüglich der Inhalte fort. So gelinge es dem ›Anderen Advent‹ im Unterschied zu anderen Angeboten, Inhalte »in einem guten Stil« zu vermitteln, ohne belehrend oder in irgendeiner Form »haftend oder klebrig wie manche Alltagsfrömmigkeit« zu sein. Er ist ästhetisch ansprechend gestaltet, in seiner Kommunikation zurückhaltend und unaufdringlich, indem er auf eine besserwisserische und »oberlehrerhafte« kommunikative Attitüde von oben herab verzichtet und verfügt nichtsdestoweniger zugleich über ein eindeutiges inhaltliches Profil. Er kommuniziert christliche Inhalte und Themen und bleibt dennoch in seiner ›Nutzung‹ und Anwendbarkeit sowie in seinem Kommunikationsstil offen und »schwebend«. In diesem Sinne erlebt Hans den ›Anderen Advent‹ als eine gelungene Verbindung zwischen ansprechender Gestaltung und explizit religiöser Glaubenskommunikation. In dieser »Schwebe« aus Ästhetik und Inhaltlichkeit, Konkretheit und Offenheit, fungiert der Kalender für Hans in zwei Richtungen als ein Medium der für ihn im Kontext von Advent und Weihnachten wichtigen religiösen Kommunikation. So ist der ›Andere Advent‹ zum einen ein Medium, das ihm selbst konkrete christliche Inhalte vermittelt, zum Nachdenken und zur aktiven Auseinandersetzung mit Advent und Weihnachten anregt und dabei explizit Religiosität und Glauben an ihn kommuniziert. Zum anderen nutzt Hans den Kalender als Vermittlungsweg, um selbst auf unaufdringliche und offene Weise in der Advents- und Weihnachtszeit religiöse Themen und Inhalte an Menschen seines Umfeldes heranzutragen und diese auf die christliche Bedeutung des Weihnachtsfestes aufmerksam zu machen. Dabei verschenkt Hans den Kalender ganz bewusst an Leute, denen er zwar eine Distanziertheit zur Kirche, dennoch aber ein generelles Interesse an christlichen Inhalten und somit auch dem Gehalt des Kalenders unterstellt.

I: Verbinden Sie irgendwelche besonderen Erfahrungen oder Erinnerungen mit dem ›Anderen Advent‹?

H: [...] Ich verbinde da jetzt nicht einzelne tiefe Erfahrungen, aber was ganz interessant ist, wir verschicken immer so an Freunde einen Weihnachtsbrief und wir kamen irgendwann mal drauf, irgendwie einigen Leuten auch so einen Kalender zu schicken, und zwar jetzt speziell an so ein Milieu in unserer Umgebung, was man gemeinhin als kirchenfern bezeichnen würde. Also zum Beispiel, wo meine Frau arbeitet, wo ich irgendwo im Umfeld getauft oder getraut habe, aber wo Leute nicht-, also die sind vielleicht noch Kirchenmitglied, aber jetzt nicht hoch aktiv. Aber es ist ein Zeichen, sozusagen ein gewisses kleines Geschenk, eine kleine Aufmerksamkeit, ein Hallo, sich in Erinnerung rufen, ohne dass es jetzt ein missionarisches Traktat ist. Also es ist eine Form, auch Frömmigkeit nicht nur kommuniziert zu bekommen zu einem selber, sondern auch anderen zu kommunizieren, die jetzt, wie gesagt, nicht aufdringlich ist, aber auch zugleich nicht inhaltslos. Und die Schwebe ist es, die wir sozusagen verschenken [...]

Über den ›Anderen Advent‹ bietet sich Hans die Möglichkeit, andere Menschen auf indirekte und zurückhaltende Weise auf die für ihn wichtige christliche Bedeutung des Festes aufmerksam zu machen. Er kann mitteilen und weitergeben, was ihm im in christlicher Hinsicht im Kontext von Advent und Weihnachten wichtig ist und darüber Impulse zum Nachdenken setzen, ohne den Eindruck von Missionierung oder Moralisierung zu erwecken. So bildet der Kalender in der »Schwebe« zwischen Ästhetik, Unaufdringlichkeit und Inhaltlichkeit aus Hans' Sicht gewissermaßen ein Medium außerhalb der ›klassischen religiösen Kommunikation‹, das nicht nur konkrete Inhalte offeriert, sondern gleichzeitig weiten Raum für den individuellen Umgang mit diesen ermöglicht.

H: [...] Ja, das ist eigentlich dies-, also weil es ein Geschenk ist und gut, da ist jetzt natürlich meine Perspektive drauf und, also, verschiedene Ebenen von Frömmigkeit anschlussfähig. Also man kann das stärker ästhetisch wahrnehmen. Wir haben es jemandem geschenkt, da kam eigentlich keine negative Rückmeldung und sie hatten ihn auch wirklich hängen und als wir mal dort waren, haben wir gemerkt, dass er umgedreht wird. Es sind Leute, die jetzt, ich weiß nicht mal, ob die Kirchenmitglied sind, aber sie sind so in einem Milieu mit einem humanen Pathos im Gesundheitswesen unterwegs, nicht die Vitalisten, sondern wirklich fürsorgliche Menschen, aber jetzt nicht religiös, aber da kann man den Kalender- Ich will jetzt die nicht missionieren, aber sie hatten einen Adventskranz und da dachte ich, na gut, wer einen Adventskranz hat, dem kann man auch ›Andere Zeiten‹ zumuten, weil man es auch vieles als ... sie arbeiten ja viel mit Gedichten, man kann es mal, also man kann die religiöse Seite, die da ist, die kann man ein bisschen zoomen, die kann man raus zoomen und die kann man eher dann in den Hintergrund treten lassen. Und nun ist das genau die, dieses Plastische auch, ja, macht es auch zu was, was ich meiner Mutter schenken kann, die da ja frömmer ist oder jemandem aus dem beruflichen Umfeld von meiner Frau.

Der ›Andere Advent‹ vermag laut Hans auf unverbindliche Weise gerade auch Menschen zu erreichen, die den institutionellen Formen religiöser Kommunikation wie beispielsweise dem Gottesdienst kritisch oder distanziert gegenüberstehen. Als niedrigschwelliges Angebot transportiert der ›Andere Advent‹ ein klares christliches Profil, ohne jedoch die Befürchtung von Vereinnahmung von Seiten der Kirche als Institution und ›Expertin‹ religiöser Kommunikation zu wecken. Je nach Belieben kann man mehr die religiöse oder auch mehr die ästhetische Seite »herauszoomen« und in den Vordergrund stellen. In diesem Sinne ist der ›Andere Advent‹, wie Hans reflektiert, für ganz unterschiedliche Stile und Ausprägungen von Frömmigkeit und Religiosität anschlussfähig und daher als Impulsgeber (unverbindlicher) religiöser Kommunikation jenseits von Mission und Belehrung gut geeignet. Diese außergewöhnliche Mischung aus Unverbindlichkeit und inhaltlicher Konkretheit, Ästhetik und expliziter Glaubenskommunikation macht den Kalender für Hans zu einem »typisch protestantischen« und damit reizvollen und anregenden Ritual im Kontext weihnachtlicher Religiosität.

I: Und was heißt denn dann diese Geschichte vom Kind in der Krippe für Sie?

H: Oh, wollen Sie jetzt meine Weihnachts-, das ist eine lange Geschichte. Also ich will Ihnen jetzt nicht meine eigene Inkarnationstheologie erzählen, sondern ich finde-, also vielleicht noch einmal einen Schritt zurück. Ich finde es spannend, dass man auch – also ich bin, na dann bin ich vielleicht Protestant und das ist der Bogen zum Andere-Zeiten-Kalender – wir haben ja einige durch Zuheirat einige katholische Verwandte jetzt und da merken wir, wir sind – also das ist dann wie gesagt auch Katholizismus in Bayern, also jetzt nicht irgendwie weichgespült hier, sondern schon in Bayern – Rituale sind welche, an denen man wieder etwas vollzieht. Und als Protestanten merkt man, dass wir stärkere Rituale haben, um wieder etwas zu erinnern. Ich habe es selber noch nicht wirklich theoretisch auf die Reihe mal gebracht oder mal reflektiert, aber da gibt es selbst einen Unterschied im protestantischen, vielleicht ist es unser Milieu auch, denn unsere Freunde da im Katholizismus, die sind exakt in der gleichen Bildungsschicht, das ist sozusagen vergleichbar. Aber dass Weihnachten ein Anlass ist, über was nachzudenken oder sich was inhaltlich wieder zu vergegenwärtigen, klar, durch Rituale und und und. Und da gibt es eine performative Dimension und man muss was tun und Plätzchen backen und zur Kirche gehen und Weihnachtslieder singen, das ist alles klar. Aber neben der Vollzugsdimension ist mein Eindruck, dass es eher, also wenn Sie so wollen, eigentlich ein intellektuelleres Abenteuer ist oder eine intellektuellere Sache. Und da ist irgendwo der Andere-Zeiten-Kalender als protestantische Erfolgsgeschichte ganz typisch. Da ist es nicht einfach ein Ritual als Vollzug, primär in der Performance, sondern gut protestantisch was zum Lesen, postmoderner Kontext, schöne Bilder dabei, mit der Schwebe zwischen Ästhetik und Glaubenskommunikation, aber man wird an Inhalte erinnert und zum Nachdenken angeregt. Also ich habe den Eindruck, das ist an dem Punkt was typisch Protestantisches. Also nicht einfach eine schöne Figur, die man jetzt aufstellt und die da ist, sondern Texte.

Es fällt zunächst auf, dass Hans die Frage nach der Bedeutung des Kindes in der Krippe zurückweist. Statt nun, wie er sagt, seine eigene »Inkarnationstheologie« zu schildern, erläutert Hans aus seinem Selbstverständnis als Protestant und anhand der eigenen Eindrücke und Überlegungen zum ›Anderen Advent‹ aus einer vergleichenden Perspektive mit katholischen Verwandten sein protestantisches Ritualverständnis. Sind im katholischen Bereich Rituale vor allem »welche, an denen man wieder etwas vollzieht«, so hätten »wir Protestanten« stärkere Rituale, um »wieder etwas zu erinnern«. Die Gültigkeit seiner Beobachtung unterstreicht Hans, indem er zum einen darauf hinweist, dass es sich bei dem Katholizismus seiner Familienangehörigen um eine keinesfalls »weichgespülte« Form des katholischen Glaubens und seiner Praxis handele. Zum anderen könne man die Verwandten durchaus dem gleichen Milieu wie Hans selbst zurechnen, was Vergleichbarkeit möglich mache.

Natürlich spiele auch im protestantischen Ritual die performative Dimension eine gewisse Rolle, doch sei aus protestantischer Perspektive heraus Weihnachten im Wesentlichen ein Anlass, um über die Inhalte des Festes und seine Botschaft nachzudenken und sich diese zu vergegenwärtigen. Weihnachten ist für Hans in diesem Sinne ein »intellektuelles Abenteuer«. Die weihnachtlichen Rituale sind Medien der Erinnerung und inhaltlichen Vergegenwärtigung.

Im Kontext dieses protestantischen Ritualverständnisses verortet Hans auch seine positive Wahrnehmung des ›Anderen Advent‹ und formuliert eine Erklärung für den Erfolg des Kalenders insgesamt. So erachtet er den ›Anderen Advent‹ gerade aufgrund seiner Inhaltlichkeit und Nachdenklichkeit als »typisch protestantisch«. Dabei machen für Hans die ansprechende Aufbereitung der christlichen Inhalte, die unaufdringliche Aufforderung zur Auseinandersetzung mit der Bedeutung von Advent und Weihnachten durch anregende (biblische und nicht-biblische) Texte und ansprechende Bilder sowie die aktuellen Bezüge den ›Anderen Advent‹ zu einem besonderen Angebot innerhalb der Advents- und Weihnachtszeit. Verfügt der Kalender als Ritual durchaus über eine performative Dimension, in dem er seinen Leserinnen und Lesern täglich ein mit Bildern ansprechend aufbereitetes Kalenderblatt zum Umblättern bietet und so das Fortschreiten der Zeit ästhetisch gestaltet und sinnlich erfahrbar werden lässt, so bringt er mit seinen Texten, seiner Inhaltlichkeit und Nachdenklichkeit explizit eine kognitive Dimension ein, die im ›klassischen‹ Ritual sonst nicht oder nur implizit zum Tragen kommt. Im Unterschied zum Anzünden der Kerzen auf dem Adventskranz oder dem Aufstellen einer Heiligenfigur als sinnlich-bildhafte Repräsentanten des ›Heiligen‹ und ›Anderen‹, lädt der ›Andere Advent‹ zur intellektuellen Auseinandersetzung und Beschäftigung mit Weihnachten ein. Er ist in diesem Sinne ein Medium religiöser Kommunikation, das mit seinen Inhalten in der Verknüpfung des Bekannten mit einem neuen, »postmodernen Kontext« gezielt andere, kognitiv herausfordernde Perspektiven präsentiert, anschlussfähige Impulse bietet. Der Kalender erscheint in Hans' Erzählung als ein ›gebrochenes Ritual‹, das einerseits ganz ›typisch‹ über Symbole und in der Performanz sinnlich-ästhetisches Erleben vermittelt, andererseits aber durch verschiedene Texte Anregungen zum subjektiven Nachdenken über das Vertraute setzt, an die konkrete Weihnachtsbotschaft erinnert und zugleich Neues einspielt und so die intellektuelle, kognitiv-reflexive Dimension religiöser Kommunikation in das Ritual einbringt.

Der ›Andere Advent‹ erscheint in diesem Sinne als eine attraktive religiöse Ausdrucksform jenseits des ›klassischen‹ religiösen Rituals, das die performative Dimension rituellen Handelns und damit sinnliches Erleben einerseits und intellektuelle Auseinandersetzung und geistig anregende religiöse Kommunikation andererseits im Rahmen von Advent und Weihnachten auf außergewöhnliche Weise miteinander verbindet. Er nimmt damit in Hans' Wahrnehmung das protestantische Bedürfnis nach Intellektualität, nach subjektivem Nachdenken wahr, indem er an die christlichen Inhalte von Weihnachten erinnert, Anregungen und Impulse für die kognitive Beschäftigung mit diesen anbietet und Texte statt nur Bilder oder bloßen rituellen Vollzug liefert. In diesem Sinne fungiert der ›Andere Advent‹ als ›Impulsgeber‹ religiöser Kommunikation.

Dies illustriert Hans besonders eindrücklich abermals am Beispiel des Weihnachtsfestes 2009. So ist ihm dieses Fest, jenseits des negativen Gottesdiensterlebnisses, als besondere Erfahrung ›gelungener‹ interaktiver religiöser Kommunikation als sehr positiv und außergewöhnlich in Erinnerung geblieben:

H: [...] oder, ich kann mich gut erinnern, wir hatten dieses Weihnachten, ich denke, das war 2009, mit »Es ist nicht gut in Afghanistan«, da hatten wir schon mit unseren Kindern debattiert, Frieden und so, was heißt jetzt Frieden. Und dann kam diese Ansprache und dann haben wir uns noch zu Silvester mit anderen Freunden, mit anderen Jugendlichen getroffen, da wurde das dann weiter debattiert, auch von den Kindern oder Jugendlichen, daran erinnere ich mich. Also, dass da sozusagen gerade dieses Friedensthema provozierend aus den Texten raus gesprungen ist. Ich weiß nicht mehr, da war sicher ein Friedenstext in ›Andere Zeiten‹ drin, aber den Kontext hat das noch mal befeuert. Das war dasselbe katastrophale Predigt-Weihnachten 2009.

Vermeiden die Kinder sonst aus Angst vor Intellektualisierung Gespräche über religiöse Themen und Inhalte mit ihren Eltern und verhalten sich auch zur Kirche eher distanziert, so entzündet sich 2009 ausgehend von der Situation des Afghanistankrieges eine intensive Friedensdebatte, die vor allem die Heranwachsenden weit über Weihnachten und den eigenen Familienkreis hinaus beschäftigt. In diesem Kontext schreibt Hans dem ›Anderen Advent‹ eine entscheidende Rolle zu und nimmt ihn als sehr anregend wahr. Der Kalender »befeuert« neben der Neujahrsansprache Margot Käßmanns und des daraus entnommenen Zitats »Nichts ist gut in Afghanistan« die Diskussion zusätzlich. Er provozierte, da die für alle vor dem Hintergrund des Krieges in Afghanistan relevant gewordene Diskussion über Krieg und Frieden regelrecht aus seinen Texten »heraussprang«. Bezieht sich Hans in seiner Schilderung aller Wahrscheinlichkeit nach auf den ›Anderen Advent‹ 2009/10, so fällt bei Betrachtung des Kalenders auf, dass entgegen seiner Erinnerung an eine geradezu ›provozierende Friedensthematik‹ im Kalender dieses Thema in keinem Text explizit aufgegriffen wird.[142] Nichtsdestotrotz wird der ›Andere Advent‹ rückblickend als wichtiger Impulsgeber wahrgenommen. Im Unterschied zur Predigt des Heiligabendgottesdienstes, die als grässlich und widersprüchlich abgelehnt wurde, schafft es der Kalender, über seine Texte und Inhalte gerade die sonst so zurückhaltenden Kinder zu erreichen, sie für das Thema Frieden ›brennen‹ zu lassen. Quasi von selbst entwickelt sich vor dem aktuellen Hintergrund des Krieges in Afghanistan über den ›Anderen Advent‹ eine intensive und lebendige (religiöse) Kommunikation im Familien- und Freundeskreis, die weit über das ›Normalmaß‹ der familiären Diskussionen, aber auch der ritualisierten religiösen Kommunikation und Praxis im Kontext von Advent und Weihnachten hinausgeht. Das Weihnachtsfest 2009

---

[142]   Am prägnantesten erscheint in diesem Zusammenhang wohl vor dem biografischen Hintergrund des Autors das Gedicht »Der Ort, an dem wir recht haben« des israelischen Schriftstellers Jehuda Amichai (09.12.2011):
An dem Ort, an dem wir recht haben, | werden niemals Blumen wachsen | im Frühjahr. | Der Ort, an dem wir recht haben, | ist zertrampelt und hart | wie ein Hof. | Zweifel und Liebe aber | lockern die Welt auf | wie ein Maulwurf, wie ein Pflug. | Und ein Flüstern wird hörbar | an dem Ort, wo das Haus stand, | das zerstört wurde.
in: Jehuda Amichai, Zeit, Frankfurt a. M., 1998. Jehuda Amichai gilt als einer der bekanntesten israelischen Dichter. Er wurde 1924 in Würzburg geboren und emigrierte 1935 mit seiner Familie nach Israel. Kämpfte er zunächst im Zweiten Weltkrieg für die jüdische Brigade der British Army und später im Palästinakrieg für die Unabhängigkeit Israels, so galt er danach als wichtiger Fürsprecher für Frieden und Versöhnung im Nahen Osten und arbeitete mit palästinensischen Autoren zusammen. Er starb im Jahr 2000, vgl. Der ›Andere Advent‹ 2009/10, Kalenderblatt zum 09.12.2011.

wird für Hans rückblickend zu einer exemplarischen Erfahrung angeregter und anregender (religiöser) Kommunikation innerhalb der Familie, zu der der ›Andere Advent‹ im Unterschied zu der negativen Predigt als ein wesentlicher Impulsgeber beigetragen hat. Das Weihnachtsfest ist nicht nur gerettet, es erhält in der Erinnerung überdies durch den vermittelnden und inhaltlichen Beitrag des ›Anderen Advent‹ eine besondere, positiv herausstechende Füllung und religiöse Qualität.

1.5 Weiterführende Perspektiven und neue Sprachformen für Vertrautes im ›Anderen Advent‹

Weihnachten bedeutet laut Hans vor allem ein »intellektuelles Abenteuer«. Es gilt, sich mit den Inhalten und Themen des Festes zu beschäftigen und dabei auch neue bereichernde Aspekte über das Bekannte hinaus zu entdecken.

I: Und die ist für Sie auch wichtig, die Weihnachtsgeschichte.

H: Ja. Also zusagen jetzt, in der Weihnachtsgeschichte weiterdenken und dran rum denken und mit Gedichten, mit Erzählungen irgendwie noch mal Dimensionen ausleuchten und nicht moralisierend aktualisieren. Mir ist eines der vielen Weihnachtserzählungsbücher letztes Weihnachten wieder in die Hand gekommen, ich habe vergessen, von wem oder was, aus den 60er Jahren, aber die Essenz war, Weihnachten ist eine Gelegenheit, wo wir unbekannten Menschen, die es nicht von uns erwarten, was Gutes tun. Und das ganze Ding war eigentlich komplett Moral. Und diese Transformation jetzt von »Weihnachten – tut Gutes« und wir werden ja überschwemmt mit Spendenaufrufen. [...] Aber, sozusagen der Außendruck, dass jetzt Weihnachten was ist, wo man, jetzt bitte mal moralisch angeregt handeln soll, der ist ja enorm, das nennt man binnenreligiös und der ist enorm [...].

Hans geht es darum, die Weihnachtsgeschichte »weiterzudenken«, daran »herumzudenken«. Es ist ihm wichtig, sich bewusst mit der weihnachtlichen Botschaft auseinanderzusetzen und diese gleichzeitig durch andere Texte und Themen mit neuen Perspektiven anzureichern. Es gilt für ihn persönlich, das Vertraute immer wieder aus anderen Dimensionen und Blickwinkeln zu betrachten, die vertraute Botschaft immer wieder neu »auszuleuchten«, zu perspektivieren und zu aktualisieren, ohne den gängigen Moralisierungen in Zusammenhang mit Weihnachten ausgesetzt zu sein. Besonders die (vor-) weihnachtlichen Spendenaufrufe empfindet Hans dabei als sehr negativ. Die »Transformation« beziehungsweise Reduktion von Weihnachten und seiner Aussage auf die ›Formel‹ »Tut Gutes«, erscheint in diesem Kontext nicht nur plakativ und pauschalisierend, sondern regelrecht übergriffig. Allein in ihrer Summe »überschwemmen« Hans und seine Frau die Spendenaufrufe in Form zahlreicher Briefe geradezu. Sie bringen ihr Anliegen unmittelbar zu ihm nach Hause und fordern die Adressaten sehr direkt und deutlich zum Spenden auf. Sie tragen ihre vermeintlich einzig ›richtige‹ Botschaft von Weihnachten als einer Zeit, in der ›man‹ Gutes tun sollte, an die Menschen heran und machen ausgehend davon ihre monetären Ansprüche geltend. Die Spendenaufrufe nehmen Weihnachten, seine Geschichte und Bedeutung für sich ein, versuchen, auf ihre Adressaten einzuwirken. Dabei versuchen sie in Hans' Wahrnehmung gezielt, ihrem Gegenüber ein schlechtes Gewissen zu vermitteln und ihn in seinem Denken und Handeln zugunsten ihres Anliegens zu beeinflussen, indem sie sich gerade auch die mit Advent und Weihnachten verbundenen Emotionen vieler Menschen und die besondere Atmosphäre, aber auch den Gedanken christlicher Nächstenliebe im Kontext der Zeit zu Nutze machen. Statt wie der ›Andere Advent‹ Impulse für das eigene Denken und die Beschäftigung mit Weihnachten zu setzen. Sie schreiben unter einer vermeintlich allgemeingültigen Prämisse ›von oben herab‹ vor, was aus moralischer Sicht zu tun und richtig sei und üben so laut Hans einen »enormen Außendruck« aus, gegen den er sich zur Wehr setzt. Weder dieser belehrende Sprachduktus im Sinne einer moralisierenden Attitüde noch die plakative inhaltliche Reduktion der weihnachtlichen Botschaft auf eine moralisch angeregte Handlungsaufforderung haben offenkundig für Hans etwas mit religiöser Kommunikation im Rahmen von Advent und Weihnachten oder einem angemessenen Umgang mit den christlichen Inhalten und der Bedeutung der Zeit zu tun (»das nennt man binnenreligiös«).

Den ›Anderen Advent‹ sieht Hans hingegen in deutlichem Kontrast zu dieser ›typischen‹ und weitverbreiteten moralisierenden Deutung und ›Nutzung‹ der weihnachtlichen Botschaft. Er ist in seiner Kombination aus Ästhetik, religiöser Kommunikation und Aktualität eine neue, andere Sprachform innerhalb der Advents- und Weihnachtszeit.

I: Und das [das Indirekte und Schwebende des Kalender, Anm.- A. H.] gefällt
       Ihnen gut, Sie haben es schon mehrfach gesagt.

H: Ja. Also ich denke, dass das ein fairer und würdigender Umgang mit der
       Sache des Evangeliums ist und ein Ernstnehmen, dass wir in so unter-
       schiedlichen Lebensverhältnissen leben, wo ja Vergleichbarkeit immer
       schwieriger wird, und da ist so eine Indirektheit und so ein Schweben-
       des, aber wie gesagt, nicht inhaltsfrei, das denke ich, ist gut. Anfügen
       möchte ich noch, ich denke, es ist total schwer, Ästhetik und Religion zu
       verbinden, so dass die Ästhetik nicht einfach instrumentalisiert wird für

religiöse Kommunikation oder für Glaubenskommunikation und nicht verkitscht. Also, ja, also da gibt es ja grässliche Sachen, lassen wir mal die konkrete Beschreibung, aber so dieses Verkitschen ist, in einer Art und Weise damit umzugehen, die für bestimmte Leute vielleicht den Alltag bereichert, aber die für mich wenig attraktiv sind. Aber es ist auch kein Abhauen in die Ästhetik, kein Auflösen von Religion in der Ästhetik oder eine ästhetisierte Religion und da gibt es den Umgang mit Geschichten und dann doch wieder einen Bibeltext oder Interviews, da ist das ein meines Erachtens gelungener Weg, andere Sprachformen für religiöse, für geistliche Kommunikation nutzbar zu machen.

Mit der »Schwebe« zwischen ästhetisch ansprechendem ›sinnlichen Erleben‹ und »intellektuellem Abenteuer« gelingt es dem Kalender, einen attraktiven ›Modus‹ der Kommunikation von Religiosität und christlichem Glauben zu finden, der aus dem besonderen Umgang mit den Bildern, Texten und Geschichten heraus entsteht. Jenseits von moralisierender Vereinfachung und zweckorientierter Vereinnahmung oder auch Kitsch im Sinne einer »ästhetisierten Religion« sieht Hans im ›Anderen Advent‹ und seiner Gestaltung sowie der Kommunikation der Inhalte und Themen von Weihnachten einen »fairen und würdigenden Umgang mit der Sache des Evangeliums«. Damit grenzt er nicht nur den ›Anderen Advent‹ in positiver Hinsicht von anderen Angeboten der Zeit ab, sondern distanziert sich auch selbst als Nutzer von diesen. Dem ›Anderen Advent‹ gelingt es offenkundig für Hans insbesondere durch seine inhaltliche Kombination aus biblischen und nicht-biblischen, vertrauten und unbekannten Texten und unterschiedlichen Textsorten, wie Gedichten oder Briefen, einen neuen, kreativen und individualisierbaren Weg religiöser Kommunikation zu eröffnen. Christlich-religiöse Inhalte und die weihnachtliche Botschaft werden dabei auf eine andere und damit anregende, stimmige und angemessene Weise vermittelt.

I: Also ist der »Andere Advent« schon wirklich anders im Vergleich zu anderen Angeboten oder generell zu denen?

H: Klar, er ist deshalb anders, weil es nicht nur eine Art Wiederholung ganz bestimmter Vertrautheit, also es geht nicht um Wiederholung von Vertrautheit. Das ist das Eigentümliche. Klar, wir haben so ein Liedheft mit Adventsliedern, das wurde auch so ein Teil der Tradition, man singt dann eigentlich Weihnachtslieder und man singt die auch gern, aber der »Andere Advent« ist deshalb anders, weil er es irgendwie schafft, diese hochgradig nur auf Wiederholung angelegte Kommunikation an Weihnachten aufzubrechen und irgendwelche total anregende Gedichte oder neue Wahrnehmungen irgendwie einzuspielen auf eine Art und Weise, die nicht belehrend ist und nicht zu wuchtig. Also es ist jetzt keine Predigt, es ist jetzt keine Andacht, es ist eine schwebende Form für mich, die man so halb ästhetisch, halb religiös irgendwie verwenden, erleben oder wahrnehmen kann.

Wie Merzyn in seinen Untersuchungen zur Tradition des Heiligabendgottesdienstes feststellt, ist es gerade die Kommunikation des Gewohnten und Wohlbekannten, die für viele Menschen im Kontext weihnachtlicher Religiosität entscheidend ist. Gehört die bekannte Weihnachtserzählung der Evangelien unabdingbar in diese Zeit hinein, so nimmt Hans gerade das Aufbrechen des Vertrauten am ›Anderen Advent‹ als besonders interessant wahr. Im Gegenüber zu den altbekannten nach wie vor in der Familie gesungenen Adventsliedern oder dem schlichten Vorlesen biblischer Texte sieht Hans gerade in seinem Verzicht auf ständige »Wiederholung von Vertrautheit«, der immer gleichen, bekannten Inhalte und ihrer Auslegungen, das besondere ›religiöse Potenzial‹ des Kalenders. So schaffe es der ›Andere Advent‹, die auf Wiederholung angelegte religiöse Kommunikation im Rahmen von Weihnachten zu verlassen, indem er einerseits die christliche Tradition präsent hält, andererseits aber immer wieder andere und ungewohnte Texte und Themen präsentiert, neue Dimensionen und Perspektiven »einspielt« und den Blick auf die vertraute Weihnachtsgeschichte und die weihnachtliche Botschaft verändert. Er verbindet diese mit Neuem, bringt fern ab von Kitsch und Moral andere Impulse ein und regt so zum Nachdenken an. In seiner »schwebenden Form« zwischen Ästhetik und explizit religiöser Thematik eröffne der ›Andere Advent‹ ganz eigene Möglichkeiten der Wahrnehmung und Deutung bekannter Inhalte und in diesem Sinne einen Weg religiöser Kommunikation des Bekannten und Wesentlichen über das Vertraute hinaus.

Als Beispiel dafür nennt Hans das Kalenderblatt zum 30.12.2011. Diese Seite ist komplett hellbeige und in den Ecken mit vierblättrigen Kleeblättern bedruckt. Die obere Hälfte des Kalenderblatts beinhaltet unter der Überschrift »Was mein Leben reicher macht« drei kurze Erzählungen aus dem Magazin »Die Zeit« von Personen zu diesem Thema.[143] So erzählt ein Mann von der wöchentlichen Probe seines Kirchenchors, die nach anfänglichen musikalischen und zwischenmenschlichen Misstönen schließlich immer in »Wohlklang«, Freundlichkeit und dem Stolz auf das gemeinsam Erreichte mündet. Dies sei es, was das Singen im Chor für ihn jeden Dienstag zu einer verbindenden und beglückenden Erfahrung und so auch sein Leben insgesamt reicher macht. Eine Frau schildert ein berührendes Gespräch mit ihrer

---

[143] Die Texte sind im Anhang zu finden.

muslimischen Nachbarin, die das Gespräch unterbricht, um, wie sie sagt, »für die ganze Welt« zu beten. Eine dritte Verfasserin erinnert sich an ein Auslandssemester, in dem sie ein Buch aus ihrer Kindheit auf einem Flohmarkt in Originalsprache kauft und sich beim Lesen wie damals als Kind von der Erzählung fesseln und überwältigen lässt. Auf der unteren Hälfte der Seite sind Linien abgedruckt, in denen die Leserinnen und Leser reflektieren und aufschreiben können, was für sie persönlich ihr Leben bereichert. Dieses Kalenderblatt hat rückblickend für Diskussionen bei Hans und seiner Familie gesorgt.

H: Ach das fand ich gut.
I: Das mit den Kleeblättern?
H: Nein, eher was, was mein Leben reicher macht. Da hatten wir nämlich noch drüber debattiert, was das eigentlich mit Weihnachten zu tun hat, weil es raus fällt. Also das Kleeblatt assoziiert man nicht mit Weihnachten.

Verbindet man auch Kleeblätter nicht unbedingt mit Weihnachten, so ist vor allem das Thema, die Frage danach, was das eigene Leben bereichert, für Hans im Kontext des Weihnachtsfestes außergewöhnlich. Es geht nicht wie so oft darum, die eigenen Wünsche, sondern vielmehr das, was man bereits hat, in den Blick zu nehmen und sich entgegen des Strebens nach ›Mehr‹ die positiven und erfüllenden Dinge im eigenen Leben vor Augen zu führen. Wie auch schon im Hinblick auf die Friedensdebatte gelingt es dem ›Anderen Advent‹, mit dieser ungewöhnlichen Perspektive eine Diskussion innerhalb der ganzen Familie auszulösen.

Dabei lässt sich aus interpretatorischer Perspektive anhand dieser sehr umfassenden und reflektierten Auseinandersetzung mit dem ›Anderen Advent‹ erkennen, wie Hans persönlich »religiöse Kommunikation« versteht und wie er diese im Kontext von Advent und Weihnachten gestaltet.

H: [...] Also mein Eindruck ist, deshalb auch der Versuch der Geschenke an Bekannte, es ist total schwer heute, so eine Art niederschwellige, nicht nur hoch theologische, aber auch nicht zu simplifizierende Erzählungen, Kommunikationen von Glauben, Sprachfähigkeit von Glauben zu finden. Und an dem Punkt ist, also wie gesagt nicht nur Wiederholung, drei Sachen ausgeschlossen, nicht nur Wiederholung, nicht hoch theologisch und nicht so Kleinkind-Niveau [...], aber so die Theologie »Gott liebt dich und Gott begleitet dich«, die ist für einen, der als Arzt irgendwie täglich zwischen Tod und Leben herum navigiert, einfach Blödsinn. Und wenn der dann heimkommt und sich entspannt und Weihnachten feiert, dann will er nicht diese Banalität und an dem Punkt, denke ich, haben wir viel versanden lassen als Protestanten. Das ist mein Eindruck. Und da stößt der Andere-Zeiten ..., ich frage mich immer, in welche Lücke stößt dieser Kalender. Aber offensichtlich stößt er in eine Lücke, wo Leute auch was zum Denken haben wollen.

Mit dem ›Anderen Advent‹ sucht Hans bewusst über die bekannten Inhalte und Vermittlungswege hinaus ansprechende, aus stilistischer und inhaltlicher Sicht niveauvolle, neue Wege für die Auseinandersetzung mit der Weihnachtsgeschichte und der weihnachtlichen Botschaft. Gerade in seiner Textorientierung schließt dabei für ihn der Kalender eine Lücke, die er im Kontext der Kirche als Expertin und Institution religiöser Kommunikation bisher vernachlässigt sieht. So bewegt sich der ›Andere Advent‹ aus Hans' Sicht in einem gelungenen Maß zwischen »hochtheologischer« und »simplifizierender« Inhaltlichkeit, das auch ansprechende Impulse für Menschen wie die kirchlich distanzierten Bekannten bietet, die subjektiv »etwas zum Denken« im protestantischen Sinne und nicht nur das Vertraute innerhalb der christlichen Themen und Deutungen suchen. Dafür sind neue Ideen und Impulse, andere Perspektiven und neue Dimensionen durch unbekannte und außergewöhnliche Texte elementar.

1.6 Die (Be-)Deutung der Weihnachtsgeschichte: Treuebeweis Gottes zu einer riskanten Welt

Die gedankliche Auseinandersetzung mit der Weihnachtsgeschichte ist ein zentraler Aspekt im Kontext von Hans' weihnachtlicher Religiosität. Über die Jahre hinweg hat sich dabei in seiner persönlichen, aber auch berufsbedingten theologisch-intellektuellen Beschäftigung eine ganz eigene Deutung und Reflexion, eine sehr elaborierte ›Weihnachtstheologie‹ entwickelt, die Hans auf die Frage der Interviewerin nach der Botschaft von Weihnachten darlegt.

I: Und Sie sagten ja schon so, dieses Moralisierende und so, sagt Ihnen ja nicht zu. Aber Sie haben schon das Thema Menschwerdung angesprochen, ist das irgendwie-, – ja, das ist ein bisschen platt, wenn man das so formuliert – die Botschaft von Weihnachten?

H: Also für mich ist die –, das ist ja so, man muss eher sagen, man hat ja selber so ein Amalgam aus eigener religiöser Biografie, wenn man ja da noch beruflich tätig ist natürlich auch intellektueller Biografie und wenn ich so dann dieses Amalgam betrachte, dann ist für mich ziemlich deutlich geworden, dass es, ja, dass es so eine elementare Treue Gottes zu dieser Welt gibt, die sich ja nur an Weihnachten artikuliert und dass Gott sich selber dieser Welt aussetzt und sozusagen sich auf diese hochriskante und auch brutale Welt der Kindermorde, Flucht und so weiter, dem aussetzt und dem nicht aus dem Weg geht. Wir sammeln so verschiedene Krippen aus verschiedenen Kulturen und da haben wir eine vietnamesische Krippe, das ist die einzige, wo als Weihnachtsmotiv die Flucht nach Ägypten drauf ist. Das hat uns sehr zu denken gegeben, weil das sozusagen die Gefährdung dieses Christus oder dieses Menschen, die ja sofort da ist, die vorausgeht oder sofort damit verbunden ist mit einem Kindermord und so, das noch mal wirklich prägnant fasst. Und an dem Punkt ist es so, die Bereitschaft Gottes auf, sozusagen in diese abgründig-schwierige Welt einzugehen, also die Treue, und das Risiko, was Gott eingeht mit der Inkarnation, mit der Menschwerdung, mit dem Gott kommt den Menschen so nahe, dass sie angerührt werden, aber auch sozusagen auch Gott anrühren können und auch umbringen können. Das fasziniert mich zunehmend an Weihnachten. Die Frage ist, wo findet man das? Das ist gar nicht einfach. Ich habe einige Jahre -, also diese Kindtypik fand ich nur kitschig und so. Aber ich finde zunehmend, der Trick daran ist natürlich, dass es kulturelle Differenzierungen unterläuft und ein sehr elementar menschlicher, so eine Art Default- Status ist, also bevor die Menschen sich kulturell ausdifferenzieren, erziehungsmäßig ausdifferenzieren oder so Lebensläufe ausdifferenzieren, da ist sozusagen das elementare und von daher überall anschlussfähig: das Kind. Nur verdeckt das Kind natürlich, dass es ein Weg in eine rohe, brutale, gierige, Macht suchende, vor Lebenszerstörung nicht scheuende Welt ist. Also und dadurch, dass dann das Familienmotiv reinkommt, wird eigentlich was verdeckt. Also deshalb ist auch meiner Meinung nach völlig richtig, dass wir keine Mariologie haben, weil dass Gott in eine Familie kommt, ist absolut sekundär gegenüber dem elementaren Menschwerden. Klar ist, wie ich selber erzählte, Weihnachten über gewisse Strecken ein Familienfest, ja, selbstverständlich. Auf der anderen Seite, Gott kommt zur Welt aber nicht in die Familie.

Hans versteht das neutestamentliche Weihnachtsgeschehen als den grundlegenden und entscheidenden Beweis einer »elementaren Treue Gottes zu dieser Welt«. Weihnachten ist für ihn das Fest der Inkarnation, der Menschwerdung Gottes. Gott selbst ist ›wirklich‹ Mensch geworden. Er hat sich ›in vollem Bewusstsein‹ der »hochriskanten und brutalen Welt« ausgesetzt und damit seine unbedingte Treue zu dieser auf einzigartige Weise zum Ausdruck gebracht. Gott selbst setzt sich dem Risiko menschlichen Lebens aus. Die ›tatsächliche‹ Dimension und Tragweite dieses Treuebeweises fasst für Hans jedoch nicht das Symbol des Kindes in der Krippe oder die weihnachtliche Geburtsgeschichte allein. In der biblischen Erzählung der Flucht nach Ägypten (Mt 2), die in einer vietnamesischen Krippe aufgenommen wird, wird ihm die existenzielle Gefährdung und Bedrohung, der sich Gott mit der Menschwerdung aussetzt, plastisch ansichtig. Die menschliche Welt, in die Gott hineinkommt, ist eine Welt, die vor Kindermord nicht zurückschreckt. Jesus ist von Beginn seiner Existenz an bedroht. Die menschliche Welt ist »abgründig und schwierig« und doch lässt sich Gott auf sie ein. Er kommt als Mensch den Menschen nahe, berührt sie und kann umgekehrt auch von ihnen angerührt werden. Gerade in diesem scheinbaren Paradox zwischen Lebenszerstörung, Risiko, Gefahr und dem Kommen Gottes in die Welt und unter die Menschen liegt für Hans das ›eigentlich‹ Faszinierende an Weihnachten. Die sich aus seiner Sicht schon aus den Begebenheiten der biblischen Erzählung begründende, hochgradig negative Wahrnehmung der Welt als riskant und lebensbedrohlich, die Hans mit drastischen Worten (»hochriskant«, »brutal«, »abgründig«, »roh«, »lebenszerstörend«) veranschaulicht, erscheint als wesentliches Leitmotiv, aus dem heraus er die aus seiner Sicht entscheidende Aussage von Weihnachten entfaltet. Angesichts dieser Abgründigkeit wird das Kommen Gottes im Weihnachtsgeschehen als besondere, existenziell berührende und ›heilsame‹ Zuwendung gedeutet.

In Anbetracht dieser Deutung von Weihnachten und der negativen Weltsicht empfand und empfindet Hans das ›klassische‹ Bild des neugeborenen Kindes in der Krippe als schwierig, gesteht ihm heute jedoch ein gewisses integratives Potenzial aufgrund seiner enormen Anschlussfähigkeit zu. So verkörpere das Kind im Sinne eines »Default-Status« das allen gemeinsame ›elementare Menschsein‹ jenseits aller soziokulturellen und biografischen Differenzierungsprozesse. Gleichzeitig verdecke das Kind in der Krippe allerdings einen wesentlichen Aspekt, nämlich dass Gottes Weg »ein Weg in eine rohe, brutale, gierige Macht suchende, vor Lebenszerstörung nicht scheuende Welt« ist und verschleiere damit die theologische Aussage von Weihnachten. Trotz des familiären Charakters, den das Fest auch für Hans hat, differenziert er theologisch Weihnachten deutlich von der Familie: »Gott kommt in die Welt, aber nicht in die Familie«. Es ist nicht die Feier einer glücklichen familiären Idylle angesichts des Kindes in der Krippe, die für Hans den Kern von Weihnachten ausmacht, sondern die Tat Gottes vor dem Hintergrund der Abgründigkeit der Welt.

Besonders konkret und präsent wird für Hans die Frage nach der persönlichen Bedeutung dieser Botschaft gerade auch in der Begegnung mit anderen Weihnachtssymboliken und -traditionen:

I: Religion oder Religiosität spielt in der Zeit wahrscheinlich auch eine Rolle oder?

H: [...] Also ich finde es immer wieder an Weihnachten die totale, für mich die Provokation, dass Gott Mensch wird ist weniger diese Kindheitssymbolik, die man so stark in der populären Kultur sieht und es ist eher zutiefst die Frage, was heißt eigentlich, dass Gott wirklich Mensch wird. [...] Da war ich mit meiner Frau in der Adventszeit in Kopenhagen und da haben wir festgestellt, es gibt dort viel weniger Engel, aber alles Mögliche mit Trollen und mit Erdgeistern und im Grunde genommen feiern die Dänen das, ich will mal sagen, zu, da ist fünfzig Prozent Heidentum. Eigentlich ist es ein Licht-Dunkel-Fest, also die Licht-Dunkel-Unterscheidung ist die zentrale Unterscheidung und der Jesus und die Menschwerdung, die kommt irgendwie ziemlich spät. Es hat uns total ins Nachdenken gebracht, also was heißt das jetzt eigentlich für uns. Wir haben sozusagen die Verkitschung und die Engel und das Verkindlichende, also das Christus*kind* ist überhaupt kein Typisches in Kopenhagen, überhaupt nicht, sondern, wie gesagt, irgendwie Trolle, Erdgeister und ich weiß ja gar nicht, wie die alle heißen. Also es ist ein naturreligiöses Fest von allem, was so in der Dunkelheit so rumgeistert. Und wir haben da erst sozusagen in dem Dreieck gemerkt, okay, wir haben diese Kinderverkitschung und den Engelskitsch und was ist es eigentlich für uns? Und wir hatten da, also ich erinnere mich gut, dass wir da viel, also ich habe mit meiner Frau viel mehr als sonst so diskutiert, was jetzt eigentlich Weihnachten ist und was es in einem bestimmten Kontext ist und was eigentlich die hilfreiche Erinnerung ist, dass Gott zu uns kommt, wenn wir immer so eher den Drive haben, Menschen müssen zu Gott gehen und sich Gott hinwenden und jetzt feiern wir eigentlich, dass Gott sich uns zuwendet und eigentlich die ganzen Erdgeister nichts mehr zu sagen haben und die ganzen Dämonen, von denen jeder selber verfolgt wird, auch nichts zu sagen haben.

Gerade angesichts der ganz anderen Akzentuierung als mystisches Licht-Dunkel-Fest wird Hans durch die Differenzerfahrung in Dänemark die dezidiert christlich-religiöse Bedeutung von Weihnachten besonders bewusst. Weihnachten ist die »hilfreiche Erinnerung« an die Zuwendung Gottes und gleichzeitig gewissermaßen die Umkehrung der bekannten Verhältnisse innerhalb der Gott-Mensch-Beziehung. Gott selbst unterläuft die gängige Richtung, indem er als Gleicher unter Gleichen den Menschen nahe kommt und sich ihnen an die Seite stellt. Damit haben auch die »Erdgeister« der dänischen Festsymbolik, das Bedrohliche und Böse, nichts mehr zu sagen. Das vorher formulierte ›Trotzdem‹ wird zu einem ›Dagegen‹ Gottes im Gegenüber zu den bedrängenden Erfahrungen des Lebens. Die »abgründige Welt« wird unter Gottes Zusage und Treue gestellt. Menschwerden und Menschsein, so wird in Hans' Ausführungen deutlich, bedeutet nach wie vor Leben in einer als riskant und abgründig, als brutal und machthungrig empfundenen Welt, zugleich aber auch Leben unter der elementaren Botschaft von Weihnachten, der Hoffnung stiftenden Zusage Gottes.

1.7 Der (lebens-)praktische Bezug des ›Anderen Advent‹: Aufmerksamkeit für andere Lebenssituationen

Zeigt sich in Hans' Verständnis der weihnachtlichen Botschaft ein durchaus kritischer und scharfer Blick auf die Welt, so wirft dies für ihn im Kontext der Advents- und Weihnachtszeit auch gewisse Ansprüche an die eigenen Lebenshaltung und -gestaltung und damit eine ethische Perspektive auf. Dies zeigt seine Antwort auf die Frage nach der ›idealen‹ Advents- und Weihnachtszeit *(Wenn Sie sich so die ideale Weihnachts- und Adventszeit vorstellen könnten, würden Sie was ändern wollen und wenn ja, was? Oder was dürfte nicht fehlen?):*

H: [...] Die ideale Weihnachtsgestaltung wäre, tja, das ist eine gute Frage. Also ich will mal sagen, auf jeden Fall eine relativ gezielte Vorbereitung auf Weihnachten durch Advent, das haben wir sehr vermisst *im Ausland,* weil es da gar keine Adventszeit in dem Sinne gibt, sondern eine diffuse Vorweihnachtszeit. Die sich aber hauptsächlich an offenen Shopping-Tagen oder speziellen Sonderangebotsaktionen dann entlang strukturiert. Und das verbunden mit, ja, mit einer Komponente, auch für andere was zu tun, wir haben als unsere Kinder noch im Kindergarten waren, dann immer auch soziale Aktionen in der Adventszeit mit den Kindern und mit dem Kindergarten gemacht. Und das fehlt uns etwas im Moment. Unsere Tochter hat dann mal auf dem Weihnachtsmarkt musiziert und war dann aber selber irritiert, ob das jetzt eigentlich so richtig ist, dass man nur für sich selber was sammelt. Ja, also, die hat das irgendwie gemerkt, dass das zwar ganz pfiffig ist, da mit dem Horn hinzustellen und Weihnachtslieder zu spielen, aber irgendwie hat sie gemerkt, das ist irgendwie, da stimmt was nicht, ist jetzt eigentlich die Weihnachtszeit dazu da, dass ich mehr verdiene oder ich sozusagen Geld mache. Also so in Klammer bemerkt.

I: Da kommt dann doch wieder so eine moralische Komponente mit rein?

H: Das ist eine gute Frage. Also so eine-, dass es an Weihnachten auch irgendwie um andere geht und nicht nur um mich. Ja, das ist richtig. Da kommt so eine Moral wieder rein. Also ich würde es auch so als Aufmerksamkeit für andere Lebenssituationen stärker sehen. Und das ist auch ein Stück, also so, wie ich es jetzt sehe, auch ein Teil des von *mir* wahrgenommenen Programms, dass jetzt »Andere Zeiten« nicht sagt, »du sollst!«, sondern eher über Aktivierung und Steuerung von Aufmerksamkeit läuft. Was jetzt, sozusagen von der Ethik her gedacht, natürlich völlig richtig ist, weil die Frage, welche Situationen rücken noch überhaupt in die Wahrnehmung, werden also irgendwie wahrgenommen, das liegt dem schon immer voraus, wenn ich irgendwas handeln soll, ja, oder etwas unterlasse. Und vielfach ist es ja der Streit, was ist überhaupt eine Situation und wie wird die wahrgenommen. Also, deshalb, die Aktivierung von Aufmerksamkeit und Wahrnehmung halte ich dafür, ja, schon für wichtig an Weihnachten, einfach ja, also der Barmherzigkeit Gottes etwas nachdenken, führt auch irgendwo so zu anderen Wahrnehmungen [...]

Neben der gezielten Weihnachtsvorbereitung im Advent wünscht sich Hans in dieser Zeit »auch etwas für andere zu tun«. Habe man in der Kindergartenzeit der Kinder regelmäßig an organisierten sozialen Aktionen im Rahmen des Festes teilgenommen, so fehle das im Moment.

Wie wichtig die Existenz und das Bewusstsein eines ›sozialen Aspektes‹ von Weihnachten ist, verdeutlicht Hans zunächst am Beispiel seiner Tochter. So habe diese beim Musizieren auf dem Weihnachtsmarkt »irgendwann« gemerkt, dass es ja nicht richtig sein könne, nur für sich selbst Geld zu verdienen. Der Gedanke an die Bedeutung von Weihnachten habe bei seiner Tochter zumindest implizit ein ethisch-moralisches Bewusstsein geweckt, diese Handlung zu überdenken. An Weihnachten, so interpretiert er ihr Verhalten und die Quintessenz ihrer Überlegungen, geht es »irgendwie um andere und nicht nur um mich«. Hat er zuvor strikt jede Moralisierung im Kontext von Advent und Weihnachten abgelehnt, so verleiht Hans nun selbst dieser Zeit einen gewissen moralischen Anspruch. Im Unterschied zu den von außen heran getragenen, direktiven Moralisierungen, wie er sie mit Blick auf die Spendenaufrufe wahrnimmt, schildert er hier am Beispiel seiner Tochter einen impliziten, selbsttätigen Wandel ihres Bewusstseins, der dazu führt, dass sie selbst ihr Handeln hinterfragt.

Diese »Aktivierung und Steuerung von Aufmerksamkeit« nimmt Hans auch im ›Anderen Advent‹ wahr. Nicht der moralische Zeigefinger, sondern ein eröffnender Blick auf die Welt und die Lebenssituation anderer Menschen ist für ihn ein Teil des »wahrgenommenen Programms« des Kalenders. Über diese Steuerung von Wahrnehmung und Aufmerksamkeit gelinge es dem ›Anderen Advent‹ bestimmte Situationen überhaupt erst in das Blickfeld zu rücken, implizit etwas anzusprechen, was sonst der Wahrnehmung entgeht, und so letztlich Handeln zu ermöglichen. Hier spiegelt sich auch Hans' Deutung der weihnachtlichen Botschaft wider: Der Kalender richtet mit seinen

Texten, Themen und Bildern den Blick darauf, was in der Welt problematisch ist und stellt diesem (zumindest implizit) die christliche Perspektive vom Kommen Gottes in die Welt gegenüber. Er erweitert und verdeutlicht die Bedeutung der Weihnachtsgeschichte, indem er sie auf einen aktuellen Kontext bezieht, ihr einen konkreten Lebensbezug verleiht und so die Verhältnisse unter ein neues Licht stellt. In seiner Offenheit und zugleich inhaltlichen Konkretheit mit seinen christlichen und auch alltagsnahen, oft kritischen Texten ermöglicht der ›Andere Advent‹, die von Weihnachten ausgehende Heilserfahrung, die Botschaft von Hoffnung und Zuspruch, aber auch die Notwendigkeit eines kritischen Blicks auf die Welt, an andere Menschen weiterzugeben und sie so auf subtile Weise zum Nachdenken und Handeln einzuladen. Indem der Kalender die religiöse Dimension der weihnachtlichen Botschaft und die oft schwierige Alltagsrealität »einspielt« und auf selbstverständliche Weise miteinander verbindet, nimmt er das Belastende und Abgründige in den Fokus und ruft zugleich die ›andere‹ Perspektive, die »hilfreiche Erinnerung« der Treue und Barmherzigkeit Gottes für diese Welt wach. Auf diese Weise regt der Kalender ganz ohne moralisierende Kommunikation oder eine belehrende Attitüde zum Nachdenken an und weckt die Aufmerksamkeit für die Probleme anderer. Die Auseinandersetzung mit dem Weihnachtsgeschehen, der Weihnachtsgeschichte und ihrer Bedeutung schafft Aufmerksamkeit »aus sich selbst heraus« und eröffnet so Möglichkeiten des Denkens und Handelns. Wie sich anhand des Beispiels der familiären ›Friedensdebatte‹ zeigt, werden über den ›Anderen Advent‹ Weihnachten und seine Inhalte vor dem Hintergrund aktueller Geschehnisse letztlich auch zu einem konkreten Anlass religiöser Kommunikation und damit möglicherweise auch zu einem Ausgangspunkt ethischen Handelns und verfügen somit zumindest indirekt über eine gewisse handlungspraktische Relevanz.

2 Die Analyse des Interviews mit Lara

Lara ist 28 Jahre alt und arbeitet im IT-Bereich eines Unternehmens. In ihrer Freizeit engagiert sie sich ehrenamtlich und hilft bei verschiedenen Aktivitäten von Jungschargruppen mit. Die Weihnachtstage verbringt sie seit der Trennung ihrer Eltern jeweils mit diesen und deren neuen Partnern, ihrem Bruder und der Großmutter. Oft kommen Besuche bei anderen Verwandten oder der Familie ihres Freundes hinzu. Den ›Anderen Advent‹ bekommt sie jedes Jahr geschenkt und liest ihn, wie sie sagt, »bestimmt auch schon zehn Jahre oder so, mindestens«.

2.1 DER ›ANDERE ADVENT‹: RITUELLE VERMITTLUNG ZWISCHEN ALLTAG UND ›BESINNUNG‹ AUF WEIHNACHTEN

Lara (L) empfindet die Advents- und Weihnachtszeit oft als eine stressige Zeit, was ihrer Wunschvorstellung hinsichtlich Gestaltung und Erleben, vor allem aber auch der für sie ›eigentlichen‹ Bedeutung von Advent und Weihnachten widerspricht. Sie wünscht sich mehr Ruhe und Besinnung, was jedoch in der vorweihnachtlichen Hektik des Alltags und seiner Vielzahl von Terminen schwierig zu realisieren ist:

I: Ja und diese Besinnung und das zur Ruhe kommen, das hast du ja gesagt, das ist wichtig.

L: Das ist wichtig, das ist so, ja, [...] und es geht eigentlich immer, egal, auf welchen Feiertag es zu geht, und das ist in der Weihnachtszeit, glaube ich, noch mal ganz besonders, alle suchen nach Ruhe. Aber je mehr man nach Ruhe sucht und sich eigentlich auf das besinnt, was Weihnachten *ist*, was Weihnachten vor über zweitausend Jahren eigentlich bedeutet, was damit angefangen hat und dass es heute irgendwie vielmehr darum geht, Geschenke zu besorgen und alles zu erledigen. Jedes Jahr gibt es irgendwie in der Adventszeit einen Termin, das ist auch total schön, aber das ist immer stressig: Plätzchen backen mit drei Freundinnen, also wir sind immer zu viert, bei der Mutter von einer Freundin, weil die zwei Backöfen hat und das ist immer die Super-Weihnachtsbäckerei, total genial, aber es ist halt auch irgendwie Hektik und noch ein Termin und noch ein Termin und noch ein Termin. Und das ist aber mit Ostern genau dasselbe, man hat sich vorgenommen, mal die Fastenzeit bewusst zu erleben, bis dann irgendwie es wieder Ostern ist und es ist doch irgendwie an einem vorüber gezogen, weil der Alltag einen so in seinen Bann zieht. Und das, was man eigentlich sucht, Ruhe, das kommt eben nicht von selber, Ruhe und Besinnung, sondern das muss man auch *aktiv* angehen. Das ist nichts, was einem zufliegt. Ja oder eben an solchen Momenten, wo man dann bewusst zusammen zu einem Adventsfenster geht, wo man einen Text liest. Es gibt von Jostein Gaarder »Das Weihnachtsgeheimnis«, das ist mein absolutes Lieblingsbuch. Ich muss mich immer zwingen, das nur alle zwei Jahre zu lesen, weil, ich möchte immer noch so überrascht sein. Manche Dinge möchte ich dann wirklich wieder neu entdecken.

Der Wunsch nach Ruhe ist aus Laras Sicht im Hinblick auf die meisten Feiertage typisch. Dennoch empfindet sie die Advents- und Weihnachtszeit in dieser Hinsicht als besonders. Zu dieser Zeit »suchen« alle regelrecht nach Ruhe, paradoxerweise gibt es jedoch aus Laras eigener Erfahrung heraus stattdessen noch mehr Hektik durch anstehende Termine und Besorgungen. Dabei geht es im Advent für Lara nicht nur um Ruhe im Gegenüber zur allgegenwärtigen Hektik, sondern im Wesentlichen darum, ausreichend Momente der »Besinnung« zu finden und sich daran zu erinnern, was Weihnachten ›eigentlich‹ bedeutet. Dabei steht für sie gerade auch die biblische Weihnachtsgeschichte, das Geschehen »vor über 2000 Jahren«, im Mittelpunkt. Denn mit Weihnachten hat etwas »angefangen«. Dementsprechend gilt es, sich an dieses Geschehen zu erinnern und die Bedeutung von Weihnachten als Anfang und damit etwas Besonderem wahrzunehmen, innezuhalten und darüber nachzudenken. Gleichzeitig erlebt Lara an sich selbst, wie sie der Alltag entgegen diesen Erwartungen und ihres eigenen Vorhabens »in seinen Bann zieht«. Zusätzlich zu den normalen Alltagsverpflichtungen kommen weitere Termine wie das ›traditionelle‹ Plätzchenbacken mit den Freundinnen und andere adventliche Aktivitäten hinzu, die einerseits schön sind und traditionell zur Advents- und Weihnachtszeit dazugehören, es andererseits in der Summe aber auch schwer machen, Zeiträume der Ruhe und Besinnung zu finden. Erfahrungsgemäß holt die Vielzahl der Termine Lara ein und sorgt eher für ein Gefühl zusätzlicher Beschleunigung und des Eingespanntseins (»noch ein Termin und noch ein Termin und noch ein Termin«) statt die Advents- und Weihnachtszeit bewusst erleben zu können.

Im Kontext ihrer Erzählung formuliert Lara dabei eine gewisse ›Eigenverantwortlichkeit‹ hinsichtlich der Realisierung der ersehnten Zeiträume für die Besinnung und ein bewussteres Erleben der Advents- und Weihnachtszeit. Die gesuchte Ruhe »kommt eben nicht von selbst«, man muss sie »aktiv angehen«. Die Advents- und Weihnachtszeit ist gestaltungsbedürftig. Statt sich passiv dem Alltag zu ›ergeben‹ und sich in seinen »Bann« hinein ziehen zu lassen, muss man selbst nach Wegen suchen, sich aktiv Zeiträume des Innehaltens und der Besinnung zu schaffen, indem man bewusst aus dem Alltag heraustritt, sich gezielt auf Advent und Weihnachten einstimmt und einlässt. Ruhe und Besinnung, so vermittelt Laras Erzählung, stellen sich nicht von selbst ein oder »fliegen« einem zu. Gleichzeitig schreibt sich Lara nicht nur Eigenverantwortlichkeit, sondern ebenso Freiheit und Handlungsfähigkeit für die Gestaltung und das ›richtige‹ Erleben von Advent und Weihnachten zu. Es ist durchaus möglich, sich selbst die gesuchten Zeiträume der Besinnung schaffen, indem man aktiv den eigenen Vorstellungen und Möglichkeiten entsprechend gegen den Zeitraub »angeht«, gezielt Zeiten der Ruhe und des Rückzugs in den adventlichen Alltag einbringt, um sich Advent und Weihnachten in ihrer Bedeutsamkeit zu vergegenwärtigen.

Lara selbst nutzt dafür bestimmte Rituale. Als ein Beispiel nennt sie auch über die vorliegende Sequenz hinaus immer wieder die »Adventsfenster«, die sie in der Adventszeit häufiger besucht. Die »Adventsfenster« sind, wie Lara bereits im Vorfeld des Interviews erzählte, eine Aktion in ihrem Heimatort, bei der 23 Familien an je einem Tag im Dezember bis zum Tag vor Heiligabend ein Fenster ihres Hauses oder ihrer Wohnung weihnachtlich schmücken. Auch Lara und ihre Mutter haben schon vor einigen Jahren bei der Aktion mitgemacht und ein eigenes Fenster zusammen gestaltet. Jeden Tag zu einer bestimmten Uhrzeit kommen interessierte Nachbarinnen und Nachbarn vor einem anderen Haus zusammen und es wird, ähnlich einem Adventskalender, ein neues Adventsfenster ›enthüllt‹. Dabei gibt es eine kurze Andacht, bei der ein weihnachtlicher Text, beispielsweise aus dem ›Anderen Advent‹, vorgelesen und gemeinsam gebetet wird. Anschließend werden oft noch Gebäck und Getränke angeboten. Neben dem Treffen und den Gesprächen mit den früheren Nachbarn und Menschen, die man vielleicht länger nicht gesehen hat, spielt dabei für Lara der religiös-spirituelle Aspekt eine wesentliche Rolle. Die Adventsfenster bieten ihr einen guten Weg, sich selbst eine rituelle, feste Gelegenheit am Tag für Besinnlichkeit, für Religiosität und religiöse Praxis in der Advents- und Weihnachtszeit einzuräumen. Sie kann zu einer festgelegten Zeit ein Fenster aufsuchen, an der Andacht teilnehmen und so aus der Hektik ihres Alltags austreten. Lara nutzt damit ein dezidiert religiöses Angebot, was einerseits einer gewissen Ritualisierung und einem bestimmten formalen Rahmen untersteht, andererseits aber als ein Ritual jenseits der institutionalisierten Formen kirchlich-religiöser Praxis individuell und niedrigschwellig nutzbar ist. Trotz des festen Termins kann sie über ihre Teilnahme an der Aktion jeden Tag neu entscheiden und sich überlegen, ob sie Zeit findet oder nicht. Darüber hinaus verbinden sich im Ritual der »Adventsfenster« die in der Advents- und Weihnachtszeit für Lara wichtigen Aspekte gemeinsam geteilter Zeit mit anderen Menschen und individueller religiöser Beschäftigung mit Weihnachten.

Im Hinblick auf Letzteres ist das von Lara genannte Buch »Das Weihnachtsgeheimnis« von Jostein Gaarder ein Beispiel. Ähnlich wie ein Adventskalender erzählt dieses Buch in 24 Kapiteln die Geschichte des Jungen Joachim, der zufällig in einer Buchhandlung einen Adventskalender findet, in dem hinter jedem Türchen anstelle von Schokolade eine Geschichte versteckt ist. Diese Geschichte erzählt von einer Reise. Jeden Tag bis zum 24. Dezember wird eine Episode dieser Reise erzählt, die schließlich bis zur Geburt Christi in Bethlehem zurückführt. Erst an Heiligabend erfahren Joachim und so auch die Leserinnen und Leser, wer diese Geschichte verfasst und in dem Kalender versteckt hat.[144] Lara liebt diese Erzählung sehr und doch versucht sie, diese nicht jedes Jahr zu lesen. Sie will sich selbst offen für das Erzählte halten, immer wieder »überrascht« werden und beim Lesen die Dinge immer wieder neu entdecken.

Interessanterweise nutzt sie für ihre adventliche Besinnung vor allem Formen, die als Adventskalender explizit den Advent als dezidierte Vorbereitungszeit auf Weihnachten gestalten und erfahrbar machen, indem sie die Tage bis zum Fest ›visualisieren‹ und dabei zugleich ganz konkrete Inhalte und Texte bieten, um sich auf Weihnachten einzustimmen und der Zeit eine andere Atmosphäre und eine besondere inhaltliche Qualität und Füllung zu verleihen. Lara will sich gezielt an die christliche Bedeutung von Weihnachten erinnern und gleichzeitig für neue Inhalte und Ideen offen bleiben, um sich jedes Jahr aufs Neue zum Nachdenken anregen zu lassen und die positive adventliche »Spannung« angesichts des herannahenden Festes zu spüren. Dies verdeutlicht auch ihre Antwort auf die Frage nach der idealen Advents- und Weihnachtszeit:

I: Und wenn du jetzt so deine ideale Weihnachtszeit gestalten könntest nach deinen Wünschen und deinen Vorstellungen, was dürfte da nicht fehlen? Was würdest du nie ändern wollen oder was würdest du ändern wollen vielleicht?

L: Also auf jeden Fall würde ich das Plätzchenbacken beibehalten, das ist so-, damit läutet die Weihnachtszeit ein. Ich finde auch grundsätzlich die Institution Adventskalender an sich absolut sinnvoll irgendwie, dass man sich auf was Großes vorbereitet, dass es jeden Tag näher rückt, dass Spannung in der Luft liegt und so, da hilft das ungemein, selbst Schokolade, wenn dann das große Stück erst am 24. kommt. Und ja, auf jeden Fall würde es Mitte Dezember anfangen zu schneien, damit man so auch an sich manche Dinge einfach nicht erreichen kann, das war so ein schönes Weihnachten als es letztes Jahr so total verschneit war und da *musstest* du einfach manche Dinge sein lassen [...] Und ja vielleicht auch wirklich noch bewusster sich eine Kerze anzünden irgendwie, das Telefon ausschalten und sich nicht nur eine halbe Stunde, sondern eine Stunde besinnen. Auf jeden Fall öfter zu den Adventsfenstern gehen. Und vielleicht auch, also das ideale Weihnachten wäre, glaube ich auch, einfach auch, wenn ich selbst gerne Sachen geschenkt kriege, aber irgendwann dahin

---

[144] Diese und weitere Informationen sind auf der Homepage des Hanser-Verlags, bei dem das Buch gegenwärtig erscheint, zu finden: URL: http://www.hanser-literaturverlage. de/buecher/buch.html?isbn=978-3-446-24319-4 [abgerufen am 10.12.2013].

zu kommen, dass man- man macht diesen ganzen Geschenkewahnsinn nicht, sondern man schenkt sich die Zeit miteinander, irgendwie vielleicht schon an den Adventswochenenden anzufangen, mit dem einen oder anderen sich zu treffen, zu brunchen oder so, nicht alles auf dieses geballte Weihnachts-, diese drei Tage oder zweieinhalb Tage Weihnachten zu fokussieren, weil das dann auch eigentlich ein Overflow ist von zu viel, ja. Also das wären so die wesentlichen Dinge.

Neben der Vielzahl der adventlichen Traditionen im Familien- und Freundeskreis braucht Lara auch stille Zeiten des Rückzugs ganz für sich allein, die es ihr ermöglichen, sich bewusst mit Advent und Weihnachten zu befassen und sich auf das Fest als etwas »Großes« vorzubereiten. Vor allem die »Institution« der Adventskalender ist dabei ein fester ritueller Bestandteil innerhalb ihrer Adventsgestaltung. »Weihnachtsstimmung« oder Advent ›haben‹ konstituiert sich für Lara, ähnlich wie bei Hans, allerdings nicht nur durch äußere Gestaltung oder eine performative Handlung, wie beispielsweise dem bloßen Enthüllen des Adventsfensters, sondern gerade auch in der Besinnung, im subjektiven Nachdenken über Weihnachten, seine Inhalte und seine Botschaft. Sie stellt sich den idealen Advent so vor, dass beiden ›Seiten‹, den Aktivitäten mit Freunden und Familie, aber auch der täglichen Besinnung genug Raum zukommt. Oft gelingt es ihr nicht, vor allem letzterem in dem Maße gerecht zu werden, wie sie es sich wünscht. Sie sehnt sich nach ›mehr‹, statt einer halben Stunde würde sie gern eine Stunde am Tag Zeit für Meditation und Stille finden. Indem sie eine Kerze anzündet und das Telefon ausstellt, gestaltet Lara bewusst für sich ein anschauliches Ritual und einen atmosphärischen Übergang von den Alltagsaktivitäten hin zu einer expliziten Zeit für weihnachtliche Religiosität. Vor diesem Anspruch erscheint auch die verschneite Advents- und Weihnachtszeit im vergangenen Jahr als geradezu ideal, da die Witterung für einen (erzwungenen) Rückzug aus dem hektischen Alltag gesorgt hat. Aufgrund der äußeren Umstände konnte Lara viele Termine nicht wahrnehmen und die Zeit somit ruhiger erleben.

In diesem Kontext sieht Lara den ›Anderen Advent‹ als ein besonderes »Hilfsmittel« bei der Vermittlung zwischen ihrem Alltag und dem Wunsch nach mehr Ruhe und Besinnung auf Weihnachten:

I: Die nennen sich ›Der *Andere* Advent‹. Ist es das, was den auch so anders macht? Das ist ja eigentlich ein Angebot unter vielen erstmal.

L: Ja. Ja, es ist anders, weil es eben - [...] Es ist recht einfach und so, ja es ist auch anders natürlich auch noch anders, wo ich gerade den 1., wo ich Neujahr sehe, ist auch noch anders, weil es bis Heilige Drei Könige geht.

Also es geht noch - Es ist noch nicht vorbei in dem Moment, wo Christus geboren ist. Und es fängt vorher an.

I: Warum spielt das eine Rolle?

L: Ja. Es leitet ein und es leitet aus. Also es ist nicht so dieses Abrupte wie alles in der kommerziellen Welt oder in der medialen Welt: *Jetzt* auf den Punkt, jetzt auf den Punkt Weihnachtsstimmung haben und jetzt auf den Punkt Weihnachtsstimmung wieder abstellen, (lacht) sondern einleiten. *(Deutet auf das aufgeschlagene Kalenderblatt zum 26.11.)* Vorabend ist immer so ein ganz schönes, auch ein schönes Wort eigentlich. Vorabend ist so Vorfreude, auch dieses Zur-Ruhe-Kommen, weil es Abend ist, Abend ist immer symbolisch für Zur-Ruhe-Kommen, sich einlassen und dann geht es *mit*. Und es ist aber nicht am 24. wie alle anderen, die sind ja am 24. vorbei, wo es eigentlich 25. und 26. auch noch gibt. Und dann eben auch bis in den Fokus der Heiligen Drei Könige, die, ja dann, eigentlich auch, das ist auch wieder so eine Perspektive, eine nicht unwesentliche Rolle gespielt haben und da, ja, da ist auch viel Symbolträchtigkeit drin in diesen Figuren, die dann ja irgendwie sich einem neuen König unterwerfen und einem Stern folgen, da kommt ja auch dieser Stern her und so. Dass es eben so ausläuft bis *dahin*.

Für Lara ist der ›Andere Advent‹ insbesondere durch seine Orientierung am Kirchenjahr als Ritual über das Weihnachtsfest hinaus ›anders‹. Er begleitet nicht, wie die Adventsfenster oder das Buch, die Zeit im Dezember bis zum Heiligabend, sondern nimmt sowohl die vierwöchige Adventszeit insgesamt als auch die Zeit über Weihnachten hinaus bis Epiphanias in den Blick. Der ›Andere Advent‹ macht die Zeit als liturgische, christlich-religiöse Festzeit erfahrbar, indem er schon in seiner formalen Gestaltung auf die inhaltliche Seite von Weihnachten verweist. Der Kalender beginnt bereits am Vorabend vor dem ersten Advent und reicht bis zum 06. Januar ins neue Jahr hinein. Er »leitet ein« und »leitet aus«, indem er den Übergang von der Alltagszeit zum Fest über einen längeren Zeitraum hinweg rituell gestaltet und auch den Weg vom Fest zurück in die Zeit des Alltags im neuen Jahr begleitet.

Das Wort »Vorabend« als Überschrift zum Text des Kalenderblattes zum 26.11., dem Samstag vor dem ersten Advent, versinnbildlicht für Lara zum einen das Einleitende des ›Anderen Advent‹, zum anderen auch die Atmosphäre von Advent und Weihnachten, die besondere »Weihnachtsstimmung« ›an sich‹. Sie assoziiert den Begriff »Vorabend« vor allem mit Vorfreude, einer besonderen positiven Spannung angesichts des Beginns der Adventszeit und dem damit verbundenen Wissen um das Nahen von Weihnachten. Gleichzeitig verbindet sie das Nomen »Abend« mit Zur-Ruhe-Kommen, still werden, sich auf etwas einlassen, was für sie gut zum Aspekt von adventlicher Ruhe und Besinnlichkeit passt. Im Gegensatz zur kommerzialisierten und medial geprägten Welt mit ihrem Anspruch, immer alles sofort und gleich »auf den Punkt« haben zu wollen und sich ebenso schnell wieder neuen Reizen und Einflüssen zuzuwenden, gestaltet der ›Andere Advent‹ die Advents- und Weihnachtszeit als einen ›Spannungsbogen‹, bei dem sich die »Weihnachtsstimmung« bis zum Höhepunkt des Weihnachtsfestes langsam auf- und danach auch langsam wieder abbaut. Weihnachten beginnt nicht mit dem festen Termin am 1. Dezember und bricht auch nicht nach Heiligabend als vermeintlichem Zielpunkt plötzlich ab. Der ›Andere Advent‹ unterläuft das Abrupte und Punktuelle der Alltagswelt. Er stellt keine Forderungen und Erwartungen an das emotionale und geistige Empfinden von Menschen und entlastet von der Vorstellung einer ›richtigen‹ Stimmung zur richtigen Zeit. Damit bietet der ›Andere Advent‹ aus Laras Sicht als Ritual ein explizites »Hilfsmittel«, das es einem selbst durch seinen eigenen Rhythmus ermöglicht, zwischen Alltag und besinnlicher Ruhezeit zu vermitteln und Advent und Weihnachten als einen Zeit*raum* und eine besondere Zeitqualität jenseits der auf punktuelle Ereignisse, schnelle Emotionen und eventartiges Erleben ausgerichteten kommerziellen und medial geprägten Welt zu erleben. Er nimmt damit gewissermaßen auch in ›psychologischer Hinsicht‹ Rücksicht auf die Menschen, ihre Alltagssituation und die emotionalen und geistigen ›Bedürfnisse‹ hinsichtlich des Erlebens dieser Zeit.

Die Einstimmung auf Weihnachten, das Gestalten und Empfinden der besonderen Stimmung und die Auseinandersetzung mit den Inhalten und der Bedeutung des Festes brauchen Zeit, Offenheit und ein bestimmtes Bewusstsein, ebenso braucht es Zeit und Vorbereitung, aus der Welt des Festes wieder in den Alltag einzutreten. Der ›Andere Advent‹ unterstützt diesen Übergang und bringt überdies mit seiner Dauer bis Epiphanias aus Laras Sicht auch eine konkrete inhaltliche Perspektive der Weihnachtsgeschichte und so die christliche Bedeutung der Zeit mit ein. Mit Epiphanias oder auch dem Tag der »Heiligen Drei Könige« kommen zum Abschluss der Weihnachtszeit Protagonisten der weihnachtlichen Erzählung in den Blick, deren Symbolträchtigkeit sonst in der bloßen Fokussierung auf Heiligabend verloren geht. Weihnachten endet eben nicht mit Christi Geburt, sondern hat eine Reichweite und Bedeutung über das Geschehen der Krippe hinaus, an die der ›Andere Advent‹ mit seinem Bezug auf das Kirchenjahr implizit erinnert. Er bringt mit der Orientierung am liturgischen Jahr sowohl den besonderen Zeitrhythmus des Festes als auch den Inhalt und die Symbolik des biblischen Geschehens ein und ermöglicht so anregende und neue Perspektiven. Der

Kalender gestaltet »Weihnachtsstimmung« im Sinne der Vorbereitung auf Weihnachten, indem er einen eigenen Zeitrhythmus im Gegenüber zur Alltagszeit bietet. Dadurch, dass er ein- und ausleitet und dabei den Blick auf die inhaltliche Seite des Festes lenkt, begleitet er seine Leserinnen und Leser durch die Zeit und vermittelt als inhaltlich geprägtes Ritual für jeden Tag zwischen Alltag und »Besinnung« über Advent und Weihnachten hinaus.

2.2 Das Kind in der Krippe: Konkretisierung der Liebe Gottes

Mit dem Verweis auf die christliche Weihnachtserzählung rahmt Lara von Beginn des Interviews an Advent und Weihnachten als eine christlich-religiös bedeutsame Zeit. Gehören gemeinsame Aktivitäten und Feierlichkeiten im Familien- und Freundeskreis für Lara zu Advent und Weihnachten dazu, so will sie sich in dieser Zeit ganz bewusst und intensiv auf die ›eigentliche‹ Bedeutung, den christlichen ›Kern‹ von Weihnachten »besinnen«. Was ihr Weihnachten im Kontext ihres Glaubens bedeutet, schildert Lara auf die Frage der Interviewerin nach ihrer persönlichen Deutung von Weihnachten:

I: Du sagtest gerade schon, Besinnung auf Weihnachten. Was ist denn die Bedeutung oder Botschaft von Weihnachten für Dich?

L: Also die Bedeutung von Weihnachten ist eigentlich-, also klar, es steht unter dem Motto ›Die Geburt Jesu Christi‹, was aber- Also mein persönlicher Glaube zielt ganz extrem darauf hin, dass es um die göttliche Liebe geht und die göttliche Liebe, die ist halt in dem Moment noch mal viel näher gekommen, in einem Menschen begreifbar gemacht worden. Ich habe jetzt selbst noch keine Kinder, ich glaube aber, dass man da dieses Wunder der Geburt-, das ist ja noch eine ganz andere Liebe als man die einem Partner oder in einer Freundschaft oder in einer Beziehung oder in einer Verwandtschaft irgendwie einem Verwandten gegenüber bringt und der Fokus für mich persönlich ist, diese »fleischgewordene Liebe«, auch wenn es blöd klingt. Ich habe auch sehr lange gebraucht und gehadert mit dieser Figur Jesus Christus, ich tue es eigentlich auch noch heute sehr oder mit der Dreifaltigkeit an sich und ich bin eigentlich für mich dazu gekommen zu sagen, es ist nur eine andere Darstellungsweise der Liebe Gottes. Also ich habe einmal den liebenden Gott, der aber eigentlich ziemlich abstrakt ist und wenn ich das halt auf eine Vater-Kind-Liebe herunter breche, was ja an Weihnachten quasi symbolisch wieder gefeiert wird, dann bringt es mir das näher, dann soll es das den Menschen näher bringen. Und das, was dann wieder noch schwieriger wird, ist dann das in Richtung Heiliger Geist, was eigentlich auch wieder mehr nur, also für mich nur die Erkenntnis dessen ist, dass es eben die Liebe ist oder so. Also dass ich das verstehe. Das ist das, was ich in mich einpflanze sozusagen als Heiliger Geist.

I: Und spielt Weihnachten in diesem Kontext, du sprichst ja von Glauben, eine besondere Rolle?

L: Eigentlich nur im Hinblick auf das, was ich sagte, die Symbolik, dass es einfacher ist für uns zu verstehen, wie man menschlich liebt und das noch mal jedes Mal wieder bewusst zu machen, dass es um diese göttliche Liebe geht, die symbolisch in diesem Kind dann erkennbar wird. Also es ist auch schon immer wieder ein Stück, jedes Weihnachten ist immer wieder ein Stück so ein ganz klein bisschen, ganz in der Tiefe muss man dann doch irgendwie schlucken oder ist es doch irgendwie was Dunkles, weil du das Ende schon kennst *(lacht)* Es ist immer so, man ist total bekloppt, man geht in den Titanic-Film und denkt, »na vielleicht fahren sie dieses Mal an dem Eisberg vorbei«, nein! Man weiß eigentlich schon, wenn man rein geht, es ist wieder so und man ist eigentlich in dem Moment, wo man Weihnachten feiert, ist man schon wieder auf dem absteigenden Ast, weil man weiß, dass das Leben endet und eigentlich mit Ostern ist es dann erst die richtige Befreiung. Also diesen Zyklus, eigentlich muss man den jedes Jahr viel bewusster erleben als ich es tue, aber so, wenn man darüber redet, dann wird einem bewusst, dass man das eigentlich doch schon so verinnerlicht hat.

Laras Religiosität ist wesentlich von dem Glauben an eine generelle Liebe Gottes zu den Menschen bestimmt. Weihnachten mit der Geburt Jesu wird in diesem Kontext implizit zu einem Verstehenshorizont, einem ›Schlüsselereignis‹ im Hinblick auf die Erkenntnis dieser göttlichen Liebe. Denn im Weihnachtsgeschehen und dem Kind in der Krippe wird diese für Lara sonst oft abstrakte und nur schwer greifbare Liebe Gottes konkret. Das Kind in der Krippe ist gewissermaßen Symbol und Vergegenwärtigung der »fleischgewordenen Liebe« Gottes, in dem diese den Menschen nahe gebracht, ansichtig und bewusst wird. Die Menschen brauchen aus Laras Sicht dieses Symbol, um die Liebe Gottes erkennen und begreifen zu können. Hat sie, wie sie selbst sagt, lange mit der Dreifaltigkeit und vor allem der »Figur Jesus Christus« gehadert und tut es auch heute noch, so hat sie die traditionelle christliche Gottesvorstellung Vater-Sohn-Heiliger Geist keineswegs für sich verworfen. Vielmehr gelingt es ihr »mittlerweile«, diese ausgehend von ihrer Vorstellung der göttlichen Liebe zu deuten und für sich zu plausibilisieren. So sind in Laras Augen Christus und der »Heilige Geist« lediglich andere Darstellungsformen der göttlichen Liebe. In dem konkreten Menschen Jesus wird ausgehend von seiner Geburt an Weihnachten sinnbildlich dieses ›Größere‹ und ›Abstrakte‹ der liebenden Beziehung Gottes zu ›seinen‹ Menschen ansichtig. Als Geschöpf Gottes ist er Gottes Sohn, der von Gott einem Vater gleich geliebt wird. An ihm als Mensch realisiert sich anschaulich und exemplarisch mit der biblischen Erzählung, welche Beziehung zwischen Gott und Mensch besteht, was die göttliche Liebe bedeutet. Jesus ist Mensch und damit Geschöpf Gottes und so gewissermaßen wie alle Menschen Gottes Sohn bzw. Tochter. Als symbolische Konkretion ist das Kind in der Krippe an Weihnachten für Lara gewissermaßen ein »Hilfsmittel« oder Erkenntnisweg, das ihr und allen anderen Christinnen und Christen in seiner lebensnahen und anschlussfähigen Symbolik exemplarisch an dem Menschen Jesus diese göttliche Liebe in der Beziehung Gott-Mensch veranschaulicht und so die Übertragung dieser auf das eigene Leben und die eigene Beziehung zu Gott und letztlich Erkenntnis und Verstehen ermöglicht. Weihnachten ist damit in der symbolischen Feier der Geburt Christi Vergegenwärtigung und Erinnerung an die väterliche Liebe Gottes gegenüber ›seinen‹ Menschen und des eigenen Aufgehobenseins in dieser. In diesem Deutungszusammenhang ist der Heilige Geist das Bewusstsein, dass es um diese göttliche Liebe geht. Der Heilige Geist ist für Lara die davon ausgehende Erkenntnis der Liebe Gottes, die sich der Mensch an Weihnachten vergegenwärtigt.

Gleichzeitig kommt mit dem Blick auf den Menschen Jesus und seiner Geburt an Weihnachten für Lara vor dem Hintergrund seiner Lebensgeschichte bereits »irgendwie was Dunkles« in den Blick, »weil du das Ende schon kennst«. Lara veranschaulicht dies am Beispiel des Titanic-Films. Verbindet Lara mit Weihnachten vor allem die anschauliche Liebe Gottes, Licht und Wärme[145], so hoffe man insgeheim, ähnlich wie bei dem Film, immer auf einen anderen Ausgang der Geschichte Jesu. Dass dies jedoch ausbleibt, macht für sie der Karfreitag bewusst und erfahrbar.

Im Bewusstsein des Lebenswegs Jesu kommt für Lara an Weihnachten mit seiner Geburt auch das Ende, der Tod und das Kreuz, in das Bewusstsein: »In dem Moment, wo man Weihnachten feiert, ist man schon wieder auf dem absteigenden Ast, weil man weiß, dass das Leben endet«. Die Lebensgeschichte Jesu versinnbildlicht den Zyklus des menschlichen Lebens aus Geburt und

---

[145] I: Welche Symbole sind denn da besonders zentral?
L: Also es ist auf jeden Fall Licht, jede Menge Licht. Licht und Liebe liegen da auch gar nicht so weit auseinander. Es ist auf jeden Fall Licht, Wärme, also es ist meistens nicht so fiktiv aufgemalt, sondern so das, was man da spürt, was einem dann so durchfließt. Es sind Sterne. Es sind Krippen, also der Stall mit all seinen Tieren. [...] Ja, also im Wesentlichen Licht und Stern und die Krippe so vor allem.

Tod. Gleichzeitig offenbart sich exemplarisch an diesem Lebensweg auch die mit der Liebe Gottes verbundene Hoffnungs- und Heilsperspektive der »richtigen Befreiung«, die letztlich auch das Dunkle und Endgültige des Todes überwindet. Im weihnachtlichen Bild des Kindes in der Krippe als Versinnbildlichung der göttlichen Liebe, wird für Lara eine heilvolle, halt- und kraftspendende Perspektive für ihr Leben deutlich.

I: Und dieses Symbol der Krippe, was hat das für eine Bedeutung für Dich, was spielt das für eine Rolle?

L: Das hat was von Geborgenheit, von Sicherheit, wenn ich da in so einem Stall liege oder so, da bin ich dann irgendwie warm und sicher, gut auf- gehoben und gewollt. So eigentlich.

I: Auch so in Bezug auf Dein Leben?

L: Hm, ja. Doch schon. Also in erster Linie für dieses Kind, was immer in der Krippe liegt, aber auch so für mein Leben, ja. Symbolisch. Da aufgehoben sein, in einer Hand liegen.

I: In wessen Hand?

L: In der Hand Gottes. Meine Freundin, die sagt immer, die hat immer so einen schönen Spruch: »Zu wissen, dass man nicht tiefer fallen kann als in Gottes Hände«. Das ist immer, ja -.

Angesichts des Kindes in der Krippe wird Lara ihr eigenes Aufgehobensein in Gott bewusst. Für sie als »medial geprägtem« Menschen ist das Kind in der Krippe mehr als ein ästhetisch ansprechendes Bild oder weihnachtlicher Schmuck. In der Darstellung der Krippe versinnbildlicht sich die Liebe Got- tes, sie wird ansichtig und für das eigene Leben spürbar. In Anbetracht des- sen kann sie ›alle Jahre wieder‹ die Wärme und Geborgenheit, die Sicherheit und das Aufgehoben- und Gewolltsein, die sie für das Kind im Stall assoziiert, auf sich selbst übertragen. Der Spruch ihrer Freundin »Du kannst nie tiefer fallen als in Gottes Hand« ist für Lara dabei bezeichnend und einprägsam. Sie ist aufgehoben in Gottes Liebe und Schutz, die ihr eine heilsame und trösten- de Perspektive auf das Leben auch im Hier und Jetzt ermöglicht und deutlich werden lässt, dass auch das ›Dunkle‹ nur begrenzt Macht und Raum hat.

2.3 DER ›ANDERE ADVENT‹ ALS »HILFSMITTEL« IM KONTEXT DER BESCHÄFTIGUNG MIT WEIHNACHTLICHEN INHALTEN

Religiosität im Kontext von Advent und Weihnachten bedeutet für Lara, sich zumindest zeitweise aus dem Alltag zurück zu ziehen, zur Ruhe zu kom- men und sich bewusst Zeit zum Nachdenken und zur Beschäftigung mit Weihnachten zu nehmen. Wichtig sind ihr dabei vor dem Hintergrund der

Weihnachtserzählung weiterführende und anregende Texte und Inhalte, die den christlichen Aspekt von Weihnachten fokussieren:

I: Also spielt Religion schon eine Rolle-

L: Hm. *(zustimmend)* [...] Also, ja mit den Texten, die ja nicht »einfach« nur Sprüche sind, sondern schon einen religiösen Hintergrund haben aus dem »Anderen Advent«. Die Adventsfenster sind ja im Prinzip auch kleinere Andachten, wenn man da singt oder wenn man da Gebete spricht da auch zusammen, was ja wirklich, wie gesagt, nur eine Mini-Andacht ist, aber auch auf jeden Fall einen stark christlichen Hintergrund hat. Und, ja auch das – also so wie das Buch von Jostein Gaarder oder so, das sind ja auch alles christliche Symbole, die da vorkommen, so würde ich sagen.

Lara sucht im Rahmen ihrer adventlichen Besinnung nicht »einfach nur Sprüche« im Sinne einer Lebensbegleitung durch schöne, poetische oder berührende Worte. Sie braucht ›richtige‹, aussagekräftige Texte mit einem christlich-religiösen Hintergrund, die etwas vermitteln und mit denen sie sich intensiv auseinandersetzen kann. Sie möchte sich Zeit nehmen, nachdenken und sich gezielt auf Weihnachten als ein christliches Fest einlassen. Dazu erhofft sich Lara auch vom ›Anderen Advent‹ immer wieder neue Impulse und konkrete Anregungen. In dem Kalender findet sie greifbare Inhalte, konkrete Texte und Themen mit explizit christlichem Bezug. Zusätzlich bietet der Kalender eine ansprechende Aufbereitung. In der Verbindung aus Inhaltlichkeit und Ästhetik gestaltet er für Lara einen hilfreichen Weg und erleichtert es ihr, sich mit Weihnachten auseinanderzusetzen, sich gedanklich auf das Fest vorzubereiten und einzustimmen:

L: Es ist nun nicht, natürlich muss man damit auch Geld verdienen, aber es ist nicht nur der Kommerz, es ist nicht nur die Schokolade oder nur Bilder oder eben eine Geschichte, sondern es ist immer *die* Geschichte, um die es eigentlich geht und auch anspruchsvoll. Es sind ja nicht nur Bilder, sondern ich muss schon auch mich auf einen Text einlassen, aber ich kriege Hilfsmittel an die Hand. Ich muss nicht nur diesen Text lesen in einer kleinen Schrift in einer, so, wie jetzt halt in der Bibel oder so, sondern ich habe das nett aufbereitet, jemand anders hat das für mich nett oder ansprechend, aber auch anspruchsvoll aufbereitet und ich kann auch noch mal irgendwie zurückblättern, was hat denn der andere – [...]

I: Also noch mal irgendwie eine andere-

L: Genau, deswegen auch anders als andere Adventskalender, abgesehen von Texten, viel Symbolik, schönen Bildern, die mir das vereinfachen, nicht nur Schokolade, nicht nur Text, nicht nur Bild oder, nein, überhaupt nicht Schokolade, aber nicht nur Text, nicht nur Bild und länger, also über einen längeren Zeitraum so.

Der ›Andere Advent‹ unterscheidet sich für Lara klar von den meist als kommerziell wahrgenommenen sonstigen Angeboten der Advents- und Weihnachtszeit und hebt sich auch in seiner Gestalt von anderen Adventskalendern ab. Er bietet weder eine rein-ästhetische Versinnbildlichung oder performative Ritualisierung im Kontext des Advents, indem er durch verschiedene Türchen mit einem Bild oder einem Stück Schokolade die Zeit bis Weihnachten ›versüßt‹, noch ist er in seinem Angebot an Texten, Themen und Inhalten beliebig. Im Unterschied zu anderen Adventsbüchern oder -kalendern stellt er nicht nur (irgend-)eine beliebige Geschichte oder einen schönen Spruch für jeden Tag bereit, sondern verfügt durch den eindeutigen Bezug auf die Weihnachtsgeschichte in Verbindung mit aussagekräftigen und weiterführenden Texten über ein klares christliches Profil. Sowohl in seiner Inhaltlichkeit als auch in seinem Umgang und der Aufbereitung der Texte und Themen ist der Kalender für Lara anspruchsvoll und in religiöser Hinsicht attraktiv. Man hat nicht nur ein schönes Bild, sondern muss sich auch auf die Texte »einlassen« und sich aktiv gedanklich damit befassen, um sich ihre Aussage und Bedeutung im Kontext von Advent und Weihnachten zu erschließen. Gleichzeitig ›vereinfacht‹ der ›Andere Advent‹ diese inhaltliche Auseinandersetzung, indem er *auch* Bilder einbindet, ohne dadurch jedoch an Gehalt oder Niveau einzubüßen und das Ästhetische zu sehr in den Vordergrund zu rücken.

Wie auch bei Hans, bewegt sich der ›Andere Advent‹ für Lara im richtigen Maß zwischen Ästhetik und Inhaltlichkeit. Er ist ein ›gebrochenes Ritual‹, das neben der performativen und symbolischen Dimension eine intellektuelle Dimension in die rituelle Gestaltung der Advents- und Weihnachtszeit einbringt. Dabei ist der ›Andere Advent‹ nicht nur Text und nicht nur Bild, sondern verknüpft beides auf sinnhafte Weise miteinander. Anstelle eines kleingedruckten, schwer zu lesenden und ›nüchternen‹ Bibeltextes ohne weitere Erklärungen bietet der Kalender mit seinen unterschiedlichen Texten, verschiedenen Symbolen und ausdrucksvollen Bildern, einer schönen Schrift und ansprechenden farblichen Gestaltung eine anschlussfähige Form, die christlichen Inhalte von Weihnachten bewusst zu machen und zu vermitteln.

Dabei ist er einerseits in seiner inhaltlichen Ausrichtung durch den klar erkennbaren Bezug auf die Weihnachtserzählung für Lara stringent und eindeutig, andererseits zugleich in seiner Form als Kalender im Hinblick auf den Umgang und die Beschäftigung mit seinen Inhalten sehr individuell und flexibel nutzbar. Man kann hin- und herblättern, Texte noch einmal lesen und sie untereinander in Verbindung bringen und so ggf. noch einmal Neues und

Anderes entdecken. Man kann sich immer wieder selbst neue Anregungen schaffen, sich mit den Texten beschäftigen, so oft und so lange man möchte. In der Verbindung aus religiöser Kommunikation und Ästhetik ist der ›Andere Advent‹ ein gelungenes »Hilfsmittel«, das es Lara erleichtert, sich auf die Inhalte und damit auf die gesuchte Besinnung auf Weihnachten einzulassen und Impulse zum Nachdenken zu finden.

2.4 Inhalte behalten und verstehen: Multimedialität und neue Perspektiven im ›Anderen Advent‹

Lara nimmt den ›Anderen Advent‹ in der Verbindung zwischen konkreter Inhaltlichkeit und einer ansprechenden Aufbereitung der christlichen Texte und Themen als ein attraktives »Hilfsmittel« für das Nachdenken über Weihnachten wahr. Neben den Texten sind es dabei für sie die einprägsamen und passenden Bilder, die ihr helfen, Zugang zu den Inhalten zu finden und ihr sozusagen ›auf den ersten Blick‹ Anregungen und Impulse zum Nachdenken bieten. Zudem ermöglichen Lara die neuen inhaltlichen Perspektiven und Dimensionen, die der ›Andere Advent‹ einbringt, einen anderen, weiterführenden Blick auf Weihnachten:

L: [...] Es ist schon immer spannend, jedes Mal wieder einen anderen Blick auf Weihnachten zu kriegen. Also das Ziel ist immer dasselbe, das Kind in der Krippe, die Liebe Gottes, das Licht, die Sterne, irgendwas kommt immer vor, also irgendwie eine Sternsymbolik, irgendwie das Kind da in der Krippe. Ja, es sind auch manchmal einfach nur die Bilder, die bleiben. Auch, ich weiß gar nicht, ob das in dem war oder in dem davor, nein, in dem ist es ja-, das hier, es gibt doch immer diesen Vorabend, ja genau. So was, das Haus mit den erleuchteten Fenstern, genau das, weiß ich, das mir das total in Erinnerung geblieben ist so dieses: Ah, jetzt. Also in dieser dunklen Jahreszeit ein Licht anmachen und zur Ruhe kommen. Da ist mir dann- Ich könnte den Text nicht wiedergeben in dem Moment, aber ich habe dieses Bild im Kopf. Das ist dann einfacher, sich Bilder zu merken.

Durch die wiederkehrenden Symbole der biblischen Sprach- und Bilderwelt, die Lara mit Weihnachten verbindet, bleibt für sie der christliche Hintergrund des ›Anderen Advent‹ präsent und eindeutig. Es geht um das Weihnachtsgeschehen, das Kind in der Krippe, den Stern und damit verbunden das Bewusstsein der Liebe und Nähe Gottes. Dabei bietet der Kalender zugleich ›mehr‹, indem er eben nicht nur Bibelverse und das Bekannte im Kontext von Advent und Weihnachten rezitiert. Sucht Lara also einerseits vertraute Texte und Inhalte, so ist es ihr andererseits auch wichtig, sich vom Bekannten zu

›lösen‹ und Weihnachten und seine Bedeutung immer wieder neu und anders in den Blick zu nehmen.

Als besonders einprägsam erinnert sie sich in diesem Zusammenhang an die Kalenderseiten zu den (Advents-)Sonntagen. Im ›Anderen Advent‹ 2011/12 erzählt an jedem Sonntag eine andere Person der biblischen Weihnachtserzählung ihre bzw. seine Sicht auf das Ereignis. Neben dem Engel kommen dabei die schwangere Maria, der König Herodes, die Wirtin der Herberge, einer der Hirten und Josef zu Wort. Diese unterschiedlichen Perspektiven auf das gleiche Ereignis machen die Texte des ›Anderen Advent‹ für Lara »spannend«, da sie ihr »einen anderen Blick auf Weihnachten eröffnen«. Solche Texte sowie die thematisch passenden Bilder machen es ihr leichter, in den vertrauten Inhalten auch Neues zu entdecken. Der Kalender liefert ihr zusätzlich zu den Texten visuelle Impulse und Anregungen zum Nachdenken und ermöglicht es ihr dadurch, relevante oder besonders interessante Inhalte besser im Gedächtnis behalten zu können. Über die Bilder gelingt ihr oftmals ein schnellerer Zugang zu den Inhalten. Dadurch, dass sie mit ihren eigenen Assoziationen, Gedanken und Erfahrungen unmittelbar und spontan an die Bilder anknüpfen kann, sind diese für Lara in der Erinnerung oft länger und tiefer präsent als das Gelesene. Über die visuelle Wahrnehmung gelingt es ihr, auch im Nachhinein bestimmte Gedanken und Eindrücke und darüber letztlich auch Textinhalte wieder abzurufen. Die Kombination aus Text und Bild schafft (kognitive) Verknüpfungen, die über die Beschäftigung mit Texten allein nicht gelingen würden. Für Lara selbst als »sehr medial geprägtem« Menschen bieten die Bilder als Ergänzung ein adäquates Medium, um Inhalte besser ›verarbeiten‹, für sich behalten und verstehen zu können:

I: Und das sind auch so die Texte und Bilder, die dich ansprechen direkt oder?

L: Ja. Genau. Die Kombination von Texten und Bildern und die Bilder bleiben meistens dann schon irgendwie länger hängen. Es macht es ja einfacher. Ich könnte das auch alles irgendwie von vorne bis hinten in der Bibel nachlesen, man könnte sich das ja auch vornehmen, immer Abschnitte zu lesen in der Bibel, was aber irgendwie schon, glaube ich, in unserer Zeit verlernt wurde, ja und jetzt in der Unterstützung mit Bildern oder mit Aktionen, mit Anregungen, irgendwas zu tun oder auszuprobieren, macht es mir das als auf jeden Fall schon sehr medial geprägtem Menschen, mit viel Rambazamba und vielen Bilder, auch einfacher. Also ich glaube, von dem reinen Text ohne so ein Bild würde ich mir noch viel weniger behalten. Klar, man kann die Weihnachtsgeschichte, die hat man oft genug gehört und gelesen. Das kann man schon irgendwie runterbeten, aber viele Dinge davor und auch das Herunterbeten ist es ja auch nicht. Ich muss es ja schon auch irgendwie begreifen. Und dafür, wie ich schon sagte, jedes Jahr wieder neu aus unterschiedlichsten Perspektiven und Blickwinkeln dahin zu kommen, setzt eigentlich das ganze Bild zusammen, wer ist überhaupt beteiligt oder. [...] Das weiß ich, dass mir das auch in Erinnerung geblieben ist, weil ich das sehr, sehr eingängig fand. Manche Personen, die bleiben ja außen vor oder - Also ich bin auf jeden Fall so ein Mensch, der auch sagt, auch die Bibel ist irgendwo von Menschenhand geschrieben, diese Texte auch, das hat immer irgendwas Subjektives und es ist eigentlich erfrischend, mal eine andere Seite mitzubekommen. Klar, bei Josef ist das auch schon in der Bibel so, dass man mitbekommt, dass er zweifelt, auch zu Recht, das kann man nachvollziehen, ich habe da irgendwie so ein »Kuckuckskind« so, dass das irgendwie nicht so toll ist, aber bei dem Herodes, dass es nicht einfach nur, ja, dass es nicht einfach nur pure Machtgelüste sind oder so, sondern einfach Angst oder Furcht, dass man irgendwas verliert, was man hat. Da ist ja auch nur so eine Herrschaft über ein Königreich, ist ja auch nur symbolisch, da kann ja alles Mögliche genommen werden, weswegen ich Angst habe und dadurch auch wieder zerbrechlich erscheine. Auch er ist ja ein Mensch. Er ist nicht nur grausam, sondern auch irgendwo ängstlich, fürchtet sich. Solche Gedanken werden dann dadurch so ein bisschen angeregt, dass man die Texte noch mal anders verpackt. Alles baut ja da drauf auf, was in der Bibel geschrieben worden ist, aber eben ohne unterschiedliche Blickrichtungen da drauf. Und jedes Jahr wieder anders, weil, das wird ja nächstes Jahr nicht wiederkommen, das war jetzt mal die Idee [...]

I: Und Du sagtest ja, die Texte regen zum Nachdenken an. Was sind das für Gedanken, was nimmst Du da mit?

L: Ja, wieder ganz speziell auf den letzten, die... also dass es eben andere Perspektiven gibt als die der Maria, dass man sich in manche Sachen leichter rein versetzen kann, dass man manche Dinge auch mehrmals lesen muss, um sie zu begreifen oder dann auch vielleicht erst im Austausch mit einer anderen Perspektive erfährt. Es ist schwierig.

Neben den Bildern sind es auch die Anregungen zu eigenen Aktivitäten durch den ›Anderen Advent‹, die Lara als hilfreich und unterstützendes Angebot im Rahmen ihrer religiösen Weihnachtsvorbereitung wahrnimmt. So offeriert beispielsweise das bereits von Hans erwähnte Kalenderblatt »Was mein Leben reicher macht« seinen Leserinnen und Lesern mit den eingezeichneten Linien einen Raum, ihre eigenen Gedanken und Überlegungen bewusst zu reflektieren und für sich niederzuschreiben. Der ›Andere Advent‹ eröffnet für

Lara drei sich ergänzende Zugangswege, um sich mit Weihnachten und seiner Bedeutung auseinanderzusetzen. Die Bilder lassen die Themen der Texte auf ästhetische Weise anschaulich werden und schaffen Raum für (erste) Assoziationen und Gedanken, für eigene Ideen und Emotionen. Die verschiedenen Dimensionen und Perspektiven der Texte führen zu einem anderen und neuen Blick auf die (vermeintlich) bekannten und vertrauten Inhalte von Weihnachten. Aktivitäten und Angebote laden gezielt zum reflektierenden Handeln ein, indem sie dazu ermuntern, selbst ›etwas zu tun‹, kreativ mit den weihnachtlichen Inhalten und Themen umzugehen und sie beispielsweise in ihrer persönlichen Relevanz und ihrem Bezug im Kontext von Advent und Weihnachten zu hinterfragen.[146] Ist es für Lara auch im Hinblick auf ihre Religiosität und religiöse Praxis sehr wichtig, selbst aktiv zu werden, etwas gestalten und für sich tun zu können,[147] so bietet ihr der ›Andere Advent‹ als individuelles und aktivierendes Angebot ein passendes, »wunderbares Hilfsmittel« für die religiöse Advents- und Weihnachtsvorbereitung. Der Kalender bringt neue Zugangswege und Sichtweisen ein, ohne den christlichen ›Kern‹ von Weihnachten aus dem Blick zu verlieren. Dabei ist vor allem das Kalenderblatt zum 11.12. mit einem Text aus der Erzählperspektive des Herodes Lara einprägsam im Gedächtnis geblieben.[148]

---

[146] L: Ja, also ein wunderbares Hilfsmittel dafür, dass man eben es nicht immer schafft-, also erstens die Fähigkeit vielleicht verlernt hat, nur den Text zu haben und durch Bilder wird es unterstützt, durch Aktionen wird es unterstützt, durch kleine Symbole [...].

[147] Dies zeigt sich mit Blick auf die Gottesdienste. Lara nimmt, mit Ausnahme des Heiligabendgottesdienstes, der im Kontext der familiären Frömmigkeitstradition selbstverständlich zu den Weihnachtsfeierlichkeiten dazugehört, mehrheitlich an Gottesdiensten teil, die sie selbst mitgestalten kann. Sie will sich aktiv einbringen und diesen etwas »mitgeben« statt passive Teilnehmerin zu sein. Generell macht sie jedoch Religiosität und Besinnung auf Weihnachten eher mit sich »selber aus« statt in der Kirche im gemeinsamen Weihnachtsgottesdienst mit anderen:

L: [...] Es ist weniger eigentlich in dieser Zeit Gottesdienst oder Andachten, also jetzt das, was über das Normale hinausgeht. Wenn ich bei der Jungschar aushelfe, mitarbeite, klar, dann ist das ein Thema oder wenn wir Vorstandssitzung haben, dann hat man einen Anlass, aber ich gehe in der Zeit nicht mehr oder nicht weniger in die Kirche als ich das über das Jahr tue, wo ich das auch meistens nur dann tue, wenn ich involviert bin, wenn ich dem ganzen Gottesdienst was mitgeben kann und ich bin seltener eigentlich ein passiverer Typ, sondern eher, dann möchte ich mitmachen. Also wenn, dann ist das mehr für mich, also das mache ich mit mir selber aus und nicht mit anderen bis zum Weihnachtsgottesdienst dann, klar.

[148] Siehe Anhang.

Mit Herodes kommt einer der Protagonisten aus dem weiteren Umfeld der Weihnachtsgeschichte zu Wort, der sonst im Kontext von Advent und Weihnachten meist nur am Rande erwähnt wird. In der bekanntesten Fassung der Weihnachtserzählung nach Lukas, die in der Wahrnehmung der meisten Menschen als *die* Weihnachtsgeschichte gilt, kommen weder der König noch der Kindermord vor. Angelehnt an Mt. 2 stellt der Kalender damit eine weniger zentrale Person in den Mittelpunkt der Beschäftigung mit Weihnachten, die zudem für die meisten Christinnen und Christen mit einem äußerst negativen ›Image‹ verbunden ist. Mit dem Wechsel von der Außenperspektive des Matthäus in die Ich-Erzählung und damit die fiktive Innensicht des Königs enthüllt sich beim ›Kindermörder Herodes‹ für Lara ein (möglicher) neuer Blick auf das Weihnachtsgeschehen gerade auch über die andere Seite des vermeintlich bekannten Charakters dieser Figur der biblischen Erzählung. Neben dem Aspekt von Machthunger und Herrschaftssicherung, die Hans in seiner Deutung von Weihnachten betont, nimmt Lara den König nicht allein als grausamen und unerbittlichen Herrscher wahr. Er ist vielmehr furchtsam und ängstlich angesichts der Gerüchte über den neugeborenen König, den möglichen Konkurrenten und seiner potenziellen Bedrohlichkeit.

Die Ich-Erzählung lässt Lara näher an das Geschehen und die Sicht, die Gedanken und Gefühle, des Sprechers heranrücken, sie kann empathisch agieren, sich in ihn »hineinversetzen« und das Gelesene vor dem Hintergrund ihrer eigenen Lebenswirklichkeit reflektieren und für sich deuten. Der Verlust der Herrschaft steht für sie symbolisch für einen generellen Verlust von im Leben bedeutsamen Dingen, für die Angst, »dass einem etwas genommen wird«. Ebenso wie die meisten Menschen und auch sie selbst (»weswegen ich Angst habe«), fürchtet sich der König vor diesem Verlust und zeigt damit auch eine »zerbrechliche« Seite. Seine Reaktion erscheint trotz aller Grausamkeit menschlich (»Auch er ist ja nur ein Mensch«). Der Perspektivwechsel in die Innensicht hilft Lara, mit ihren eigenen Erfahrungen, Emotionen und Eindrücken anzuknüpfen und ihre bisherige Sicht auf die Figur des Herodes zu revidieren und einen neuen Zugang zur Weihnachtserzählung zu finden.

Nicht das Auswendiglernen oder das bloße »Herunterbeten«, sondern die intellektuelle Auseinandersetzung mit der Weihnachtsgeschichte, zu verstehen und zu »begreifen«, was Weihnachten ›wirklich‹ bedeutet, ist für Lara das Entscheidende. Mit dem ›Anderen Advent‹ hat Lara ein Angebot gefunden, das sie immer wieder zu neuen Gedanken und Überlegungen herausfordert. Sie will sich »das ganze Bild« von Weihnachten erschließen, das für sie erst in der Beschäftigung mit den verschiedenen Perspektiven, in den Gemeinsamkeiten und Unterschieden und der Vielfalt der Dimensionen und Sichtweisen erkennbar wird. Legt der ›Andere Advent‹ durch die Auswahl seiner Texte, der kommunizierten Inhalte und ihrer Aufbereitung implizit auch eine mögliche (Be-)Deutung von Advent und Weihnachten nahe, so ist er für Lara vor allem ein Medium und Hilfsmittel ihrer individuellen und tiefergehenden Besinnung auf Weihnachten, indem er auf indirekte Weise Anregungen und Impulse für die eigenen Gedanken bietet und in der Reflexion weiterführende Perspektiven sichtbar werden lässt.

2.5 Der ›Andere Advent‹ als Stifter religiöser Kommunikation

Lara braucht einerseits Rückzugs- und Ruhezeiten, in denen sie allein sein und sich gezielt mit Weihnachten und seiner Bedeutung auseinandersetzen kann (»dann ist das mehr für mich, also das mache ich mit mir selber aus«). Andererseits sucht sie im Rahmen von Advent und Weihnachten, wie beispielsweise über die Teilnahme an den Adventsfenstern, bewusst Anlässe und Möglichkeiten (außerhalb des kirchlichen Angebotes), um Religiosität in der Gemeinschaft mit anderen zu erleben und sich auszutauschen. Mit dem ›Anderen Advent‹ bietet sich ihr ein Angebot, das beide Aspekte, sowohl die individuelle Besinnung auf Weihnachten als auch die interaktiv-religiöse Kommunikation und Gemeinschaftlichkeit, miteinander verbindet:

L: [...]Und das Schöne ist eigentlich, dass es schöne Geschichten gibt, die man dann auch weitergeben kann. [...] Also abgesehen von den Texten an *sich*, wo man schon viel raus ziehen kann, ist es eigentlich der Austausch darüber mit anderen. Also in erster Linie mit meiner Mutter und mit ihrem Mann, weil ich weiß, dass die den lesen, oder eben mit einer Freundin. Und dann eben viele Texte, die man auch schon irgendwoher mal kannte, die einem wieder in Erinnerung gerufen werden. [...] In den Texten geht es dann darüber hinaus und dadurch dass halt jetzt in dem Moment bei mir ich drei, vier, fünf Leute habe, die das auch parallel tun, hat man dann halt irgendwie so eine Grundlage, Gespräche zu führen, die man vielleicht so nicht führen würde, weil es gibt da keinen Text. Ich weiß, es war auch noch so ein Aha-Erlebnis, es gab mal Magnete mit Wörtern, die fast verloren sind. Und ich weiß noch das Aha-Erlebnis, ich komme zu meiner Mama in die Küche und sage Mama, ich habe *genau* die drei gleichen, *genau die drei gleichen* Begriffe habe ich bei mir am Kühlschrank hängen, die waren irgendwie »Sommerfrische«, »Kleinod« und ich weiß nicht, noch ein Drittes. Und sie hatte genau die gleichen und damit verbindet man so was Fröhliches, so was Liebevolles oder so was. Also das war wirklich auch so sehr, so ein Aha-Erlebnis halt irgendwie [...] So ein Erlebnis hätte man dann nicht, wenn man nicht so eine Grundlage

hätte. [...] Ja, das sind so die Dinge, an die man sich erinnert. Ich habe die
Kalender alle noch verwahrt und dann habe ich dieses Jahr Weihnachten oder das letzte Weihnachten, was war, habe ich mal verschiedene
Kalender mir genommen und habe mir Texte raus geschnitten, ich hatte
noch einen anderen Kalender, einen älteren. Ich habe mir die mal raus
geschnitten, jetzt kann ich diese Freude irgendwie weitergeben, diese
Texte, und wenn die nicht zu weihnachtlich waren, manche kann man ja
auch auf alle möglichen Zeiten des Jahres anwenden. Ich habe die meiner
Tante und einer guten Freundin halt weiter verschenkt. Und dann hat
man da bestimmt wieder einen Pool zusammen an einfach so *tröstenden*
Texten. Es bleibt einem nicht alles in Erinnerung. Es geht halt manches
verloren, dafür ist halt auch das nur gelesene Wort einfach, das bleibt
nicht alleine im Kopf. Solche Dinge wie das mit den Magneten oder diese
Weihnachtsgans, weil wir eben sie mehrmals gehört haben und auch an
verschiedenen Stellen, das bleibt dann.

Mit dem ›Anderen Advent‹ als festem Ritual für jeden Tag gelingt es Lara
regelmäßig, sich, wenn auch in wechselnder Intensität, bewusst mit Weihnachten zu beschäftigen, indem sie die Texte liest und Anregungen des Kalenders in ihre religiöse Gestaltung der Zeit integriert. Dabei sind die Texte
für Lara nicht nur im Hinblick auf ihr subjektives Nachdenken und Verstehen
hilfreich. Dadurch, dass der Kalender schriftliche Texte enthält, gibt er Lara
greifbare und anschauliche Inhalte an die Hand, die sie selbst als Text oder
mündlich an andere übermitteln kann. Im Unterschied zu Bibeltexten oder
auch Gedichten sind es dabei vor allem Geschichten und kleinere Erzählungen, die Lara als besonders geeignet erscheinen. Diese kann sie sich einfacher
merken und so auch leichter weitergeben, da es bei einer Geschichte reiche,
die wesentlichen Eckpunkte zu erinnern, um ihren Inhalt wiedergeben zu
können. Andere Texte, wie beispielsweise Gedichte, müsse man hingegen
»eins zu eins« auswendig lernen, um sie dem Gegenüber verständlich zu
übermitteln.[149] Es geht ihr nicht um eine wortwörtliches Behalten der Texte
und ihre möglichst korrekte Wiedergabe, sondern um die Tradierung ihrer

---

[149] L: Also ich glaube, wie gesagt, auch ganz ehrlich, weil es einfacher fällt, das was
Geschichten sind, ist einfacher zu merken, Geschichten sind auch einfacher weiterzugeben, denn einen Text oder ein Gedicht oder so, das muss immer, das muss man
auswendig gelernt haben, das muss man eins zu eins wiedergegeben..., also ich
muss es jemandem vorlesen oder ich muss es halt auswendig gelernt haben, um das
jemandem zu rezitieren. Aber eine Geschichte, da kann ich mir auch die Eckpunkte
merken und kann sie so weitergeben, auch mit den Anekdoten und das muss ich nicht
eins zu eins tun und so kann ich da auch meistens viel mit anfangen [...].

Aussagekraft und ihres Gehaltes. Der ›Andere Advent‹ ist für Lara dabei, ebenso wie für Hans, ein Medium, das ihr ermöglicht, christliche Inhalte an andere weiterzugeben. Die Texte und Geschichten des Kalenders sind die Mittler, die es möglich machen, diese mit anderen zu teilen, weil sie ihr als aussagekräftig, relevant und bereichernd erscheinen. So hat Lara beispielsweise ihrer Großmutter etwas aus dem ›Anderen Advent‹ vorgelesen oder einen Text zu einer Vorstandssitzung mitgenommen und so die Inhalte des ›Anderen Advent‹ in ganz verschiedene Kontexte eingebracht und verbreitet. Gleichzeitig nutzt sie den Kalender nicht nur, um etwas von sich aus an andere weiterzugeben. Sie sieht in seinen Texten zudem eine außergewöhnliche »Grundlage« für den wechselseitigen (religiösen) Austausch mit anderen Leserinnen und Lesern aus ihrem Familien- und Freundeskreis, wie ihrer Mutter, deren Mann oder einer Freundin. Lara will nicht nur etwas vermitteln, sondern auch sich selbst durch andere und ihre Sicht auf die Inhalte des Kalenders anregen und weiterführen lassen. Kann sie auch für sich alleine schon viel »aus den Texten ziehen«, so ist die Kommunikation mit anderen aus Laras Sicht interessant und bereichernd. Durch die Texte wird eine Basis geschaffen, die Inhalte dauerhaft zu bewahren, in Erinnerung zu halten und so etwas ›Bleibendes‹ zu haben. Sie schaffen einen Fundus bzw. ein ›Gedächtnis‹ von Inhalten, das den Moment des Lesens des Textes überdauert und Wege über die individuelle Auseinandersetzung mit diesen hinaus eröffnet.

Der ›Andere Advent‹ bietet mit seinen christlichen Texten und Themen für Lara eine »Grundlage, Gespräche zu führen, die man so nicht führen würde«. Gerade durch solche Gespräche entstünden in der Begegnung mit anderen überraschende »Aha-Erlebnisse«, durch die sich bestimmte Inhalte nachhaltig einprägen (»das bleibt dann«). Dies zeigt sich in Laras Erzählung am Beispiel der Magnete mit verlorenen Wörtern. So empfand Lara in der Erinnerung nicht nur die Auswahl der Worte durch die Redaktion des Kalenders als schön. Vielmehr ist ihr besonders einschneidend in Erinnerung geblieben, dass ihre Mutter, wie sie betont, »genau die gleichen Begriffe« wie Lara ausgewählt und aufgehängt hat. In diesem Zusammenhang bekommen die Inhalte des Kalenders einen besonderen, persönlichen Bezug und etwas ›Verbindendes‹. Auf diese Weise eröffnet sich durch den ›Anderen Advent‹ letztlich auch in zwischenmenschlicher Hinsicht eine Gemeinschaft.

Um die Inhalte und damit möglicherweise auch solche Eindrücke für sich immer wieder präsent werden zu lassen und sie direkt an andere weitergeben zu können, bewahrt Lara besonders ansprechende Texte aus dem ›Anderen Advent‹ über die Advents- und Weihnachtszeit hinaus auf, indem sie diese in ein persönliches »Sprüchebuch« überträgt[150] oder auch aus dem Kalender herausschneidet und sammelt. Sie will »diese Freude irgendwie weitergeben«, die ihr die Texte und ihre Inhalte bereiten, indem sie nicht nur für sich eine besondere Auswahl »in der Schublade« aufbewahrt, sondern auch für Verwandte und Freunde aufbereitet und weiterverschenkt. Lara will zumindest implizit das, was ihr der Kalender und seine Inhalte im Hinblick auf ihren Glauben bedeuten, den ihr wichtigen Menschen mitteilen. Sie bezeichnet die Texte als »tröstend« und findet im ›Anderen Advent‹ einen »Pool« von Trost und Kraft spendenden, gehaltvollen Worten. Augenscheinlich hofft Lara, auf diese Weise die besonderen Aha-Erlebnisse, die positiven Erfahrungen und Emotionen, die sie selbst beim Lesen gemacht hat, mit anderen teilen zu können und so eine (religiöse) Kommunikationsbasis auch über den ›Anderen Advent‹ hinaus zu schaffen.

> L: [...] Und das sind dann so Dinge, die bleiben und nur Texte oder nur Schokolade oder so was alles, das ist irgendwie auch sehr eintönig und eben der Austausch, auch der Austausch dann über nicht nur den Inhalt des Kalenders, sondern auch über das, was er aussagen möchte, über Religion, über Glaube, über die Geburt Christi, alles was danach folgt, macht es halt einfacher, wenn man so eine Grundlage hat. Jeder hat dasselbe gelesen, aber auch vielleicht was Unterschiedliches darunter verstanden und dann hat das so eine ganz gute Grundlage.

Der ›Andere Advent‹ offeriert Lara einen Weg, sich mit anderen über Religiosität und Glauben, religiöse Fragen und Themen im Kontext von Advent und Weihnachten und darüber hinaus auszutauschen. Auf subtile und unterschwellige Weise gestaltet der Kalender religiöse Kommunikation, indem er über konkrete Texte Sprachformen und Zugangswege zu den christlichen Inhalten bietet und zugleich eine sowohl individuell als auch gemeinschaftlich inhaltlich anschlussfähige Basis für (interaktive) religiöse Kommunikation schafft. Wie bei Hans ist der ›Andere Advent‹ für Lara hilfreicher Impulsgeber der sonst schwierigen oder gar nicht stattfindenden interaktiven religiösen Kommunikation im Familien- und Freundeskreis, ohne dabei zu direkt und aufdringlich zu sein. Ähnlich wie der Kalender religiöse Perspektiven und Impulse an sie heranträgt, entstehen durch den Dialog mit anderen weitere Perspektiven und Gedanken für ihre Beschäftigung mit Weihnachten. Zusätzlich eröffnen sich über den Kalender bisher unbekannte Seiten von Familienmitgliedern und Freunden und so auch interessante »Aha-Erlebnisse«,

---

[150] L: [...] wenn ich ihn wirklich sehr, sehr gerne mag den Text, dann würde ich mir den-, ich habe so ein Sprüchebuch, da würde ich den dahin übernehmen [...].

einprägsame Wahrnehmungen und Erfahrungen, die, wie das Beispiel der Magnete zeigt, ihrerseits durch ihren emotionalen Bezug dazu beitragen, bestimmte Inhalte über den Moment des Lesens hinaus in der Erinnerung zu behalten und zu bewahren.

3 Aspekte zur religiösen Attraktivität des ›Anderen Advents‹ und moderner Weihnachtsreligiosität im Vergleich der Interviews mit Hans und Lara

Sowohl Hans als auch Lara erleben Advent und Weihnachten als eine Zeit, die erfahrungsgemäß von einem Gefühl zunehmender Hektik und ansteigendem Organisations- und Termindruck auf der einen und dem Wunsch nach Ruhe und Besinnlichkeit in Vorbereitung auf das bevorstehende Weihnachtsfest auf der anderen Seite geprägt ist.

»Besinnlichkeit« bedeutet für Hans vor allem, Zeit mit seiner Familie zu teilen. Die Familie ist der Ort, an dem auf Grundlage der ›Familientradition‹ das gemeinsame Ideal von Advent und Weihnachten (und auch von Familie) gestaltet und gelebt wird. Religiosität und religiöse Praxis im Sinne einer interaktiven religiösen Kommunikation bilden dabei für Hans den wesentlichen Rahmen. Die Advents- und Weihnachtszeit ist konkreter Anlass und Ausgangspunkt nicht nur individueller, sondern vor allem auch der innerfamiliär-gemeinschaftlichen Beschäftigung mit religiösen Fragen, Inhalten und Themen.

Gehören die Aktivitäten und Feierlichkeiten mit Freunden und Familie auch für Lara selbstverständlich zu Weihnachten dazu, so betont sie stärker die individuelle Dimension weihnachtlicher Religiosität. Ihr ist es besonders wichtig, sich in ausreichendem Maße Freiräume und Momente des Rückzugs innerhalb des Alltags zu schaffen und für sich selbst Religiosität zu praktizieren. Lara will sich ›besinnen‹, sich bewusst gedanklich mit Weihnachten, der biblischen Geschichte und ihrer Bedeutung auseinandersetzen. Die religiöse Kommunikation in der Gemeinschaft mit anderen erfährt sie dabei in einem ›zweiten Schritt‹ als eine willkommene und anregende Erfahrung und Ergänzung zu ihrer subjektiven Beschäftigung mit Weihnachten.

In diesem Kontext sind es vor allem die individuellen und gemeinschaftlichen Rituale innerhalb der Advents- und Weihnachtszeit, die helfen, den Übergang zwischen Alltag und festlicher Besinnlichkeit, die ›äußerliche‹ und ›innerliche‹ Einstimmung und Vorbereitung auf Weihnachten zu gestalten. Der ›Andere Advent‹ bietet beiden in diesem Kontext ein besonderes Angebot.

Er ist offenkundig in der Wahrnehmung der Befragten mehr als nur »Anzeige- und Gestaltungsmedium«. Er ist vielmehr ein außergewöhnliches Ritual, das sich sowohl in seiner äußeren Form als auch in seinem inhaltlichen Gehalt qualitativ von anderen Gestaltungsmitteln der Zeit abhebt.

Im Vergleich der Interviews mit Hans und Lara zeigen sich im Rahmen der Bedeutung von Advent und Weihnachten als besinnlicher Vorbereitungs zeit auf Weihnachten insgesamt vier übergeordnete Aspekte, die mit Blick auf die ›religiöse Attraktivität‹ des ›Anderen Advent‹ sowie im Hinblick auf die Frage nach Ausprägungen, Relevanzen und Orientierungen (spät-)moderner Weihnachtsreligiosität insgesamt interessant und aufschlussreich sind.

Der erste Aspekt bezieht sich auf die formale Gestaltung des ›Anderen Advent‹ als Adventskalender, der im Sinne einer »rituellen Alltagsbegleitung« die Vermittlung zwischen Alltag und weihnachtlicher Besinnlichkeit unterstützt.

Als täglicher Kalender für Zuhause bietet der ›Andere Advent‹ für Hans und Lara niedrigschwellige, ästhetisch-ansprechende und zugleich sehr individuell nutzbare ›Einstiegsmöglichkeiten‹ für die gesuchten Räume der Besinnlichkeit innerhalb des Alltags. Gleichzeitig stellt der Kalender in seiner Orientierung am Kirchenjahr dem Alltag und seiner Linearität einen anderen Rhythmus und damit implizit auch eine andere Wahrnehmung der Zeit an die Seite. Der ›Andere Advent‹ beginnt am Vorabend des ersten Adventssonntages und endet erst im neuen Jahr mit Epiphanias statt wie andere Adventskalender punktuell auf den Heiligabend als Höhepunkt der Zeit ausgerichtet zu sein.

Der Kalender lässt Hans und Lara Weihnachten als Zeitraum über das ›eigentliche‹ Fest hinaus erfahren. Er macht Advent und Weihnachten in ihrer Bedeutung als liturgische christliche Festzeit bewusst und erinnert so bereits in seiner äußeren Form zumindest implizit an die christliche Bedeutung der Zeit. Indem er den Alltag durch den Festkreis Weihnachten hindurch begleitet, verweist der ›Andere Advent‹ auf die besondere inhaltliche Füllung der Zeit und verleiht ihr eine besondere Erlebensintensität und Qualität. In seiner rituellen Form als Adventskalender erlebt vor allem Lara den ›Anderen Advent‹ als ein Hilfsmittel, das die Vorbereitung und Einstimmung auf Weihnachten gestaltet und es so erleichtert, zwischen Alltag und weihnachtlicher Besinnlichkeit zu vermitteln.

Als zweiter wesentlicher Aspekt zeigt sich in den Interviews mit Hans und Lara die konkrete Inhaltlichkeit des Kalenders. In beiden Interviews erscheint der Kalender gewissermaßen als ›gebrochenes Ritual‹ zwischen Performanz und Inhaltlichkeit. Der ›Andere Advent‹ zählt nicht nur die Zeit bis Weihnachten herunter, sondern regt sowohl implizit in seiner liturgischen Ausrichtung, aber auch explizit durch konkrete Texte und Themen zum Nachdenken über Weihnachten und das Leben an. Er erinnert durch seine Inhalte und die bekannte christliche Symbolik an die biblische Weihnachtserzählung und das Geschehen an der Krippe und hält so die christliche Bedeutung von Weihnachten wach. Im Unterschied zu anderen Ritualen verbindet der Kalender sowohl die performative Dimension rituellen Handelns und damit affektiv-emotionales, sinnliches Gestalten und Erleben von Weihnachten mit einem klaren christlichen Profil und anregender religiöser Kommunikation über gehaltvolle und aussagekräftige Inhalte und Texte. In diesem Sinne kommt der ›Andere Advent‹ als tägliches Ritual dem Bedürfnis nach gedanklicher Beschäftigung mit den weihnachtlichen Inhalten entgegen. Er regt zu kognitiver Auseinandersetzung statt bloßem Vollzug an.

Die Weihnachtsgeschichte ist der gedankliche Mittelpunkt, an dem es »herum- und weiterzudenken« gilt. Der ›Andere Advent‹ bietet Hans und Lara einen Weg, sich einerseits den christlichen Kern der Weihnachtsbotschaft immer wieder präsent und bewusst zu halten und sich andererseits vom Bekannten zu lösen und neue Impulse und Anregungen für das Nachdenken über Weihnachten zu erhalten. So stellt der ›Andere Advent‹ einen außergewöhnlichen Impulsgeber religiöser Kommunikation dar. In der Mischung aus ästhetisch ansprechender Präsentation und anregenden Texten spielt der ›Andere Advent‹ neue Wahrnehmungen und Ideen ein, die für die Beschäftigung mit Weihnachten interessant und weiterführend sind.

Dabei ist vor allem für Lara die mediale Verknüpfung aus Text und Bild von großer Bedeutung. Die Bilder sind für sie mehr als nur ästhetisch ansprechendes Beiwerk, sondern aus ihrer »medial geprägten« Perspektive heraus wesentliche Symbolisierungen und Visualisierungen der kognitiven Inhalte. Über die zu den Texten passenden Visualisierungen kann sie spontan mit ihren eigenen Assoziationen, Eindrücken, Erfahrungen und Emotionen anschließen, sich Dinge besser ins Gedächtnis einprägen, sie verstehen und abrufen.

Des Weiteren sehen Hans und Lara im ›Anderen Advent‹ einen interessanten und anregenden Modus und einen anderen Weg der Vermittlung der bekannten weihnachtlichen Inhalte über die gängigen religiösen Sprachformen von Advent und Weihnachten hinaus. Der Kalender verzichtet dabei sowohl stilistisch als auch inhaltlich auf die ›typische‹, auf »Wiederholung des Vertrauten« angelegte Kommunikation innerhalb der Advents- und Weihnachtszeit. So bietet der Kalender neue Inhalte, andere Textsorten und ungewöhnliche Themen über die bekannten Wahrnehmungen hinaus. Fern ab von

Kitsch, Belehrungen oder Moral bringt der ›Andere Advent‹ neue Dimensionen, Perspektiven und Überlegungen in das Verständnis und die subjektiven Deutungen der Weihnachtserzählung ein.

In seiner Funktion als Impulsgeber nutzen Hans und Lara den Kalender auch über die subjektive Beschäftigung hinaus als Medium der interaktiv-religiösen Kommunikation mit Bekannten, Freunden und Familienmitgliedern. Der ›Andere Advent‹ fungiert als Mittler, der nicht nur christliche Inhalte und Themen an Hans und Lara selbst heranträgt, sondern es ihnen gleichzeitig ermöglicht, diese an andere zu vermitteln. Indem sie den Kalender weiterverschenken, können sie anderen mitteilen, was ihnen im Hinblick auf Advent und Weihnachten mitteilenswert und bereichernd zu sein erscheint und selbst Impulse zum Nachdenken und der Beschäftigung mit Weihnachten geben.

Dabei schafft der ›Andere Advent‹ für beide nicht zuletzt eine gemeinsame Basis und eine verbindende Grundlage der religiösen Kommunikation innerhalb ihres Familien- und Freundeskreises. Über den Kalender bietet sich die Möglichkeit, sich mit anderen Leserinnen und Lesern aus ihrem Umfeld über das Gelesene auszutauschen, eigene Eindrücke und Überlegungen weiterzugeben und umgekehrt über die Gedanken und Wahrnehmungen der anderen für sich selbst bisher unbekannte Perspektiven und Blickwinkel auf das Gelesene zu erhalten. Der ›Andere Advent‹ stimuliert damit nicht nur religiöse Kommunikation, sondern erscheint auch als ein ›verbindendes Element‹ und Stifter zwischenmenschlicher Gemeinschaftlichkeit. So lässt der ›Andere Advent‹ über das individuelle Lesen hinaus eine Gemeinschaft entstehen, die im Austausch mit anderen, insbesondere bei Lara, über das Entdecken von Gemeinsamkeiten und Parallelen zu gewissen ›Aha-Erlebnissen‹ und einem Gefühl der Verbundenheit führt. Über dieses emotionale Erleben bleiben wiederum bestimmte Inhalte, die sie mit eben solchen ›Aha-Erlebnissen‹ verbinden, besonders im Gedächtnis.

Als ein weiterer interessanter Aspekt innerhalb der Interviews erwies sich die Deutung der Weihnachtsgeschichte. Geht es hier weniger um den ›Anderen Advent‹ selbst, so lässt sich hier vor dem Hintergrund der theoretischen Betrachtungen zum modernen Weihnachtschristentum konkret der Frage nach Bedeutung und Relevanz der weihnachtlichen Inhalte im Kontext moderner Weihnachtsreligiosität nachspüren, die sich im Umkehrschluss auch im Umgang mit dem ›Anderen Advent‹ widerspiegelt.

In beiden Interviews ist Weihnachten als Fest der Geburt Jesu der entscheidende Bezugspunkt, das Schlüsselereignis für den Glauben an Gott. An Weihnachten erschließt sich Gottes Beziehung zur Welt und ihren Menschen.

Mit Weihnachten, der Erkenntnis der Zuwendung, der Liebe und Zusage Gottes kommt eine andere, eine heilsame und hoffnungsvolle Perspektive im Gegenüber zu den (oft negativen) Erfahrungen menschlichen Daseins in die Welt und das Leben hinein.

Weihnachten ist für Hans das Fest der Menschwerdung Gottes in Jesus. Gott hat sich als Gleicher unter Gleichen bewusst der gefährlichen, machthungrigen und abgründig bösen Welt ausgesetzt, ist Mensch geworden und hat die gängige Richtung der Gott-Mensch-Beziehung außer Kraft gesetzt. Das Risiko der Welt ist für Hans das entscheidende Leitmotiv, an dem sich die wahre Tragweite der Inkarnation und die damit verbundene heilvolle Dimension von Weihnachten als Treuebeweis Gottes entfaltet. Die Paradoxie zwischen lebensfeindlicher und zerstörerischer Welt und dem Kommen Gottes in diese hinein macht Weihnachten erst als entscheidenden Akt der Treue und Barmherzigkeit Gottes ansichtig und bewusst. Menschsein bedeutet nach wie vor Leben in einer riskanten und gefährlichen Welt, zugleich aber im Angesicht von Weihnachten eben auch Leben unter der Treue und Barmherzigkeit Gottes. Trotz seiner überindividuellen Anschlussfähigkeit tritt das Symbol des Kindes in der Krippe dabei bei Hans deutlich in den Hintergrund. Theologisch gesehen komme Gott nicht in eine Heilige Familie, sondern in die Welt.

Bei Lara hingegen ist gerade das Bild des Kindes in der Krippe das entscheidende Symbol, an dem sich ihr im Kontext von Weihnachten die besondere Beziehung Gottes zu den Menschen und zu ihr selbst erschließt. In der Geburt des Menschen Jesus an Weihnachten konkretisiert sich die sonst so abstrakte Liebe Gottes. Anhand der symbolischen, auf die zwischenmenschliche Vater-Sohn-Beziehung heruntergebrochenen Beziehung Gottes zu Jesus wird für Lara vor dem Hintergrund ihres eigenen Erfahrungsschatzes die göttliche Liebe auch im Hinblick auf das eigene Leben bewusst. An Jesus und seinem Lebensweg lässt sich für sie exemplarisch der Lebensweg aller Menschen unter dem Zuspruch Gottes erkennen, der zur endgültigen Befreiung auch über den Tod hinaus führt. In diesem Bewusstsein erfährt sie Trost und Kraft, Hoffnung und Heil auch angesichts des ›Dunklen‹ im eigenen Leben, dessen Begrenztheit ausgehend von der Geburt des Menschen Jesus an Weihnachten und später im Blick auf das Ostergeschehen deutlich wird. Die Krippe ist für Lara Symbol dieser Geborgenheit und Wärme, der Sicherheit und des Aufgehobenseins in Gott, die angesichts des Kindes auch für sie selbst und ihr Leben bewusst und spürbar wird.

In beiden Interviews ist das Weihnachtsgeschehen wesentlicher Bezugspunkt des Glaubens an Gott und sein Wohlwollen. An Weihnachten kommt dabei zumindest implizit auch die österliche Perspektive von Kreuz und

Auferstehung in den Blick. Angesichts der Menschwerdung Gottes bzw. des Kindes in der Krippe konstituiert sich das Bewusstsein von Gottes Zusage, die tröstende Hoffnungsperspektive von Heil und Erlösung.

Vor dem Hintergrund seiner Deutung des Weihnachtsgeschehens rückt bei Hans eine lebenspraktisch-moralische Dimension von Weihnachten und damit eine ethische Perspektive ins Bewusstsein, die er im ›Anderen Advent‹ deutlich wahrnimmt. Indem der ›Andere Advent‹ die weihnachtliche Botschaft mit aktuellen Themen verbindet und bewusst den Blick auf das Problematische in der Welt richtet, verleiht er der Weihnachtsgeschichte einen greifbaren Lebensbezug. Der Kalender lenkt durch seine Texte und Bilder den Blick auf andere Lebenssituationen, die sonst außerhalb der eigenen Wahrnehmung und Lebenswelt liegen und verbindet für Hans in der Erinnerung an die weihnachtliche Botschaft von Gottes Barmherzigkeit und Treue die Alltagsrealität mit einer religiösen Dimension. Über die »Aktivierung und Steuerung der Aufmerksamkeit und Wahrnehmung« lässt der ›Andere Advent‹ so unterschwellig ethisches Nachdenken und Bewusstsein aus sich heraus entstehen. Er zeigt lebensnahe und anschauliche Deutungsperspektiven der Weihnachtsgeschichte auf, die umgekehrt neue Horizonte und Blickwinkel auf die Welt und das Leben in dieser eröffnen und offen und bereit werden lassen für ethisches Denken und Handeln.

4 Der ›Andere Advent‹ und moderne Weihnachtsreligiosität: Die Interviews mit Hans und Lara im Vergleich mit den anderen Interviews

Im Folgenden sollen die zuvor bei Hans und Lara identifizierten Aspekte mit den Aussagen der anderen Interviewpartnerinnen und -partner verglichen werden. Im Sinne der »komparativen Analyse« ist es dabei Ziel, weitere Gemeinsamkeiten und Unterschiede zwischen den einzelnen Fällen herauszuarbeiten,[151] um das Bild hinsichtlich der ›religiösen Attraktivität‹ des ›Anderen Advent‹ und der Frage nach der Gestalt moderner Weihnachtsreligiosität weiter zu schärfen, zu ergänzen und zu verfeinern. Wie nehmen die anderen Befragten den ›Anderen Advent‹ im Rahmen ihrer Gestaltung weihnachtlicher Besinnlichkeit und religiöser Praxis wahr? Welche Bedeutung haben die christlichen Inhalte im Kontext ihrer weihnachtlichen Religiosität? Lassen sich andere, ergänzende oder zusätzlich neue Perspektiven, Orientierungen

---

[151] Vgl. Nohl, Art.: Komparative Analyse, 101.

und Aspekte zu den bisher bei Hans und Lara getroffenen Beobachtungen erkennen?

Analog zum bisherigen Vorgehen werden dabei relevante Interviewsequenzen unter thematischen Überschriften zusammengeführt, zitiert, analysiert und verglichen. Zuvor werden jeweils die neuen Interviewpartnerinnen und -partner kurz vorgestellt.[152]

4.1 ADVENT (ER-)LEBEN: ZEIT FÜR RUHE UND BESINNLICHKEIT

Wie der nachfolgende Vergleich der Interviews zeigt, ist auch für die anderen sechs Interviewpartnerinnen und -partner die Advents- und Weihnachtszeit eng mit der Idealvorstellung von mehr Ruhe und Besinnlichkeit verbunden. Kommt dabei im Interview mit Hans vor allem der interaktiven religiösen Kommunikation und dem gemeinschaftlichen Gestalten und Erleben weihnachtlicher Religiosität im Familienkreis ein herausgehobener Stellenwert zu, so findet sich dieser Aspekt in den anderen Interviews nur bei Andreas explizit wieder.

Ebenso wie Hans wünscht sich auch *Andreas* in der Advents- und Weihnachtszeit, mehr Zeit mit seiner Familie zu verbringen. Andreas ist etwa 45 Jahre alt und arbeitet als kaufmännischer Angestellter. Er ist verheiratet und Vater zweier kleinerer Kinder. Den Heiligabend und die Weihnachtsfeiertage verbringt er immer im großen Kreis seiner Familie. Dazu gehören neben seiner Frau und den beiden Kindern die (Groß-)Eltern und Schwiegereltern sowie seine Geschwister und die Geschwister seiner Frau mit ihren Familien. Den ›Anderen Advent‹ liest Andreas bereits seit mehreren Jahren.

Die Advents- und Weihnachtszeit gestaltet Andreas (A) dahingehend besonders, dass er konsequent versucht, sich im Rahmen des Möglichen aus dem ›öffentlichen Leben‹ in den privaten Bereich der Familie zurückzuziehen und so mehr Ruhe in den vorweihnachtlichen Alltag zu bringen. Er will Advent und Weihnachten mit seiner Frau und den Kindern als »Zeit der Besinnung« erleben, sich bewusst gemeinsam mit ihnen auf das Fest einstimmen und darauf freuen:

I: Ja, was bedeutet Ihnen denn die Weihnachts- und Adventszeit?

A: Also bedeuten tut sie für mich eigentlich auch eine Zeit der Besinnung, dass man ein bisschen ruhiger wird, dass man mit der Familie mal zusammenkommt. Ja, das ist für mich so die Adventszeit. Vorbereitung, das

---

[152] Die von den Befragten angesprochenen Texte sind in Gänze in der Reihenfolge ihres Erscheinens im Kalender im Anhang zu dieser Monografie zu finden.

ist jetzt übertrieben. Also Zeit der Besinnung einfach und Vorfreude aufs Fest.

I: Und was heißt Besinnlichkeit oder Besinnung in diesem Zusammenhang?

A: Eigentlich hoffe ich ja, dass ich dann mehr Zeit für die Familie habe, dass man mal zusammenkommt. Deswegen habe ich auch diesen ›Anderen Advent‹, dass man sich mal einen Tag zumindest rauspickt und man sich das mal durchliest. Was so nachdenklich macht und so weiter, was in dem Kalender dann so drin ist. Weihnachten ist hektisch und eigentlich möchte ich dieser Hektik so ein bisschen entfliehen. Aber da gehören ja immer mehrere dazu und deswegen gelingt es mir leider nicht so. Ich bin nebenberuflich auch politisch noch engagiert und ich versuche das einfach zu entzerren, indem ich sage, dass ich ab Dezember keine Sitzungen mehr einberufe und auch sauer bin, wenn großartig andere Sitzungen reinkommen. Ich verweise dann auf die Weihnachtszeit und ob das denn alles so sein muss. [...] Ich möchte in der Zeit einfach die Ruhe und ein bisschen Muße haben. Einfach in Ruhe reinkommen. Das ist einfach eine Auszeit, die man sich nimmt. Das ist für mich der Monat Dezember, wo man insgesamt die Zügel fallen lässt. Ja in Vorfreude auf Weihnachten [...] Ich habe zwei Kinder und da wollte ich eigentlich in Ruhe, dass man sich mal so zusammensetzt und dann auch mal eine Geschichte vorliest, die Weihnachtsgeschichte. Das muss man ja nicht auf dem Heiligabend machen, das kann man ja irgendwann machen und dann mal über Glauben auch sprechen. [...]

Weist Andreas auch eine dezidierte ›Weihnachtsvorbereitung‹ zurück (»Vorbereitung, das ist jetzt übertrieben«), so fällt auf, dass er durchaus gezielt die Advents- und Weihnachtszeit und konkret den Dezember angesichts des bevorstehenden Weihnachtsfestes als Zeitraum einer bewussten Auszeit vom Alltag und damit als Zeit ›anderer‹ Qualität gestaltet. Allerdings stehen »Hektik« und »Termindichte« der ›eigentlich‹ von Advent und Weihnachten erhofften »Ruhe« und »Besinnung« als negativer Gegenhorizont gegenüber und machen eine bewusste Gestaltung notwendig, um die Störfaktoren wenigstens zu reduzieren und der Hektik der Zeit zu »entfliehen«.

Andreas will bewusst innehalten und schafft sich dazu Freiräume jenseits des Alltags für sich selbst und die Familie, vor allem aber auch gemeinsame Momente der Besinnung auf Weihnachten, um sich mit der Weihnachtsgeschichte und davon ausgehend mit dem Glauben insgesamt zu befassen. Andreas will sich auf Weihnachten als besinnliche, christliche Festzeit einlassen, »in Ruhe reinkommen« und sich mit seiner Frau und den Kindern emotional und gedanklich auf das Fest einstimmen. Der Advent ist auf Weihnachten ausgerichtete Zeit mit einer anderen Stimmung und einer besonderen inhaltlichen Bedeutung, die er nicht nur für sich selbst wachrufen, sondern vor allem auch an seine Kinder zum Beispiel über das gemeinsame Lesen der Weihnachtsgeschichte vermitteln will.

Für Bernd, Gerda, Paul, Eva, Georg und Christine sind, ähnlich wie für Lara, gerade die individuellen Momente der Stille und des Rückzugs neben all den anderen Aktivitäten der Zeit ein wesentliches Bedürfnis innerhalb ihrer (religiösen) Advents- und Weihnachtsvorbereitung. Sie gestalten punktuelle Momente der Auszeit und der Besinnung inmitten ihres Alltags für sich allein, um sich gedanklich mit Weihnachten zu beschäftigen und ihre Religiosität nach ihren subjektiven Bedürfnissen und persönlichen Vorstellungen zu praktizieren und zu (er-)leben.

Auf die Frage nach der Bedeutung der Advents- und Weihnachtszeit steht für *Christine* besonders die außeralltägliche, gesamtgesellschaftliche Stimmung der Zeit im Vordergrund, die sie auch als prägend für ihre eigene Wahrnehmung, ihre Emotionen und das Erleben von Advent und Weihnachten erfährt. Christine ist Mitte 30 und Angestellte bei einer Versorgungskasse. Seit einigen Jahren feiert sie Weihnachten immer »in großer Runde« mit ihrem Mann, dessen Eltern, ihren eigenen Eltern sowie ihrer Großmutter. Christine versteht sich durchaus als »gläubig«, es sei jedoch für ihr persönliches »Glaubensbild«, wie sie sagt, weniger wichtig in die Kirche zu gehen. »Ab und zu« besuche sie einen Gottesdienst oder nehme an einer Andacht teil. Den ›Anderen Advent‹ liest sie nach eigenen Angaben zum Zeitpunkt des Interviews seit zwei Jahren.

Christine (C) versteht die Advents- und Weihnachtszeit als eine »sehr besinnliche Zeit«, die angesichts des herannahenden Festes zum einen durch die Vorfreude auf die gemeinsamen Feierlichkeiten und das Zusammenkommen mit der Familie und zum anderen von der bewussten Erinnerung an die ›eigentlichen‹ Inhalte und die Bedeutung von Weihnachten geprägt ist:

I: Ja, erzählen Sie doch mal, was Ihnen die Advents- und Weihnachtszeit bedeutet im Jahr.

C: Das ist immer eine sehr besinnliche Zeit auf jeden Fall, normalerweise sollte man da eigentlich ein bisschen mehr in sich gehen und ein bisschen mehr Ruhe einkehren lassen. Erfahrungsgemäß ist es aber eigentlich stressiger als alles andere würde ich sagen. Aus der eigenen Erfahrung her. [...].

I: Sie sagten, die Besinnlichkeit ist wichtig. Was heißt denn Besinnlichkeit für Sie?

C: Dass man mal Kerzen anzündet oder vielleicht auch mal kurz nachdenkt, was ist heute für ein Tag. Also Nikolaus zum Beispiel. Oder was feiert man eigentlich überhaupt jetzt in dieser Zeit oder was bedeutet das für mich persönlich auch? Also dass man jetzt auf Weihnachten mehr zusteuert, also in der Form vielleicht Besinnlichkeit. Oder auch dass man sich mit der Familie mehr trifft an Weihnachten, dass man da zusammenkommt. [...]

I: Warum ist das gerade in der Advents- und Weihnachtszeit so wichtig?

C: Weil es dazu immer ein Ereignis braucht. Man nimmt es sich zwar immer vor, ein bisschen kürzer zu treten, sich mehr Zeit für sich selbst zu nehmen. In der Weihnachtszeit hat man eh schon so Anlass drüber nachzudenken oder eher mal, wo du denkst, das ist eine andere Zeit, jetzt kommen irgendwie besondere vier Wochen zumindest und dass man vielleicht eher die Motivation hat und denkt, jetzt muss sich doch was ändern. Also in der Zeit zumindest.

I: Warum ist das so eine andere Zeit?

C: Weil einfach die Stimmung so in der Gesellschaft eine ganz andere ist. Das ist einfach sowas Besonderes, was so ein bisschen heraussticht, andere vier Wochen.

›Besinnlichkeit‹ bedeutet für Christine vor allem, »mehr in sich« zu gehen und trotz des erfahrungsgemäß eher stressigeren Alltags »ein bisschen mehr Ruhe einkehren« zu lassen und sich auf Advent und Weihnachten einzustimmen. So bemüht sie sich, wie das Beispiel vom Nikolaustag zeigt, Räume des Nachdenkens und der Besinnung entstehen zu lassen und sich gedanklich vor Augen zu führen, was ›eigentlich‹ gefeiert wird. Sie erinnert sie sich bewusst daran, dass sie nun »auf Weihnachten zusteuert«.

Die Advents- und Weihnachtszeit nimmt dabei offensichtlich einen besonderen Stellenwert ein, da es für Christine sonst schwer ist, Religiosität und Zeiten größerer Ruhe und des Innehaltens in ihren Alltag zu integrieren. Wie sie selbst sagt, braucht es dazu »immer ein Ereignis«. Das Nachdenken über Weihnachten und die Ausrichtung auf das Fest über den vierwöchigen Zeitraum des Advents, aber auch die Vorstellung von Weihnachten als ruhigerer, besinnlicherer Zeit verbunden mit einer gesamtgesellschaftlich ›anderen‹ Atmosphäre sorgen als konkreter Anlass bei Christine für eine gewisse innerliche Bereitschaft (»Motivation«) und besondere Gestimmtheit. Sie will die Zeit anders gestalten, sich mehr Raum und Ruhe für sich selbst und darin auch für die Beschäftigung mit religiösen Inhalten und Themen nehmen. Die Advents- und Weihnachtszeit ist für Christine vor allem durch ein anderes Erleben, eine außeralltägliche Atmosphäre in ihrem Alltag und der gesamten

Lebenswelt gekennzeichnet. Weihnachten ist sozusagen überall. Gleichzeitig ist dieses Erleben zeitlich auf den Advent begrenzt. Es sind »vier besondere Wochen«, die »herausstechen«, danach geht es erfahrungsgemäß unmittelbar nach Heiligabend in den ›normalen‹ Alltag zurück.

Im Unterschied zu Christine suchen Eva und Gerda ganz bewusst Abstand von der sie umgebenden Weihnachtswelt und ihren Einflüssen, um den Advent als Zeit der Stille zu erleben und für sich die Vorbereitung und Einstimmung auf das Fest zu gestalten.

Eva ist Mitte 50 und Mutter zweier erwachsener Kinder. Sie arbeitet als Lehrerin und unterrichtet unter anderem das Fach Religionslehre. Eva liest den ›Anderen Advent‹ schon seit etlichen Jahren und hat ihn regelmäßig auch an andere weiterverschenkt. Verbringt sie die Weihnachtstage durchaus gern im Kreis der Familie und empfindet sie den »Familienkontext« seit ihrer Kindheit als sehr schön[153], so wünscht sich Eva (E) im Rahmen der Advents- und Weihnachtszeit mehr Möglichkeiten des Rückzugs und Räume, um für sich allein Religiosität praktizieren zu können:

I: Ja, erzählen Sie doch mal, was bedeutet Ihnen denn die Advents- und Weihnachtszeit?

E: Ja, was bedeutet die mir? Also, sie bedeutet mir mehr als ich verwirklichen kann, weil ich jedes Jahr wieder die Erfahrung mache, dass es mit Schule so viel Anspannung ist, dass ich sie eigentlich gar nicht so still wahrnehmen kann, wie ich das gerne eigentlich öfter möchte. Also ich finde die Besinnung, man in die Adventszeit gemeinhin immer so hinpackt, die hätte ich gerne auch sonst im Jahr. Also insofern finde ich das nicht so unterschiedlich vom Gesamtjahr. Von der Kindheit her zum Erwachsensein hat sich das ziemlich verändert. Da ist es so eine Anspannung hin auf Weihnachten und es ist irgendwie besonders und das geht im Erwachsenenalter durch so viel Eingespanntsein auch ziemlich verloren. Was ich eigentlich eben daran schön finde, ist, dass ja diese dunkle Jahreszeit sowieso mit den Kerzen und dem allen, eigentlich mehr zur Ruhe einlädt als der Frühling, dann will ich raus, und das wünsche ich mir mehr, aber das geht nicht so […]

---

[153]   E: Also für mich positiv immer seit Kindheitstagen, ist natürlich auch so ein Familienkontext, der damit verbunden ist, ja. Also ich hatte das Glück da in einer frohen und in einem behüteten Kontext aufzuwachsen, sag ich jetzt mal, und insofern war das dann auch immer eine gute Zeit, weil meine Geschwister, meine Großeltern oder wie auch immer, also da kann ich mich schon so auch daran erinnern, jetzt abgesehen von dem religiösen Kontext, gehört das einfach gut dazu […].

I: Was heißt denn dann Besinnung in diesem Zusammenhang für Sie? Also wenn Sie sagen, Sie wünschen sich Besinnung.

E: Ich würde gerne einfach viel mehr *für mich* dann sein, auch ganz einfach das Evangelium mehr lesen, auch für mich mehr singen, auch vielleicht ein schönes Konzert besuchen, aber man kommt da eigentlich nicht so zu […] und auch die Weihnachtstage würde ich gerne an manchen Stellen besinnlicher erleben, aber das erlebe ich eben auch so, dass dann doch viel, was schön ist, z. B. Familie, viel Raum einnimmt, aber dass man irgendwie so in diese religiöse Tiefe eigentlich nicht so geht, nicht so kommt.

Auf die Frage nach der Bedeutung der Advents- und Weihnachtszeit differenziert Eva von Beginn ihrer Erzählung an stark zwischen ihren ›eigentlichen‹ Ansprüchen im Hinblick auf das Gestalten und Erleben dieser Zeit und der davon abweichenden Realität. Greift Eva einerseits mit der Aussage »sie bedeutet mir mehr als ich verwirklichen kann« die Proposition der Interviewerin auf, dass die Advents- und Weihnachtszeit eine Bedeutung haben, so relativiert sie andererseits diese Aussage gleich im Anschluss wieder. Die Ruhe und Besinnung, die man (und auch Eva selbst) »gemeinhin immer so« mit Advent und Weihnachten verbinde, möchte sie eigentlich das ganze Jahr über haben. Eva fühlt sich generell vom Alltag in ihren (religiösen) Bedürfnissen unterdrückt. Idealerweise sollte nach Eva die Advents- und Weihnachtszeit nichts Besonderes sein. Sie wünscht sich entgegen der allgemeinen Vorstellung auch über Weihnachten als konkretem Zeitraum hinaus ein Mehr an Besinnung auch innerhalb des ›normalen‹ alltäglichen Lebens. Trotz dieser Relativierung von Advent und Weihnachten als besonderer, besinnlicher Zeit, die im Interview auch an anderen Stellen deutlich wird, kommt der Advents- und Weihnachtszeit zumindest implizit in Evas Erzählung ein herausgehobener Stellenwert zu. Die für diese Zeit prägende Verbindung aus Kerzenlicht und winterlicher Dunkelheit gestaltet für Eva äußerlich einen Rahmen, der sie zu mehr Ruhe einlädt, das Bedürfnis nach Besinnung verstärkt und im Unterschied zum Frühling geradezu ›religiös anregend‹ wirkt (»Was ich eigentlich eben daran schön finde, ist, dass ja diese dunkle Jahreszeit sowieso, sag ich mal mit den Kerzen und dem allen, eigentlich mehr zur Ruhe einlädt als der Frühling, dann will ich raus«).

»Besinnung« bedeutet für sie dabei ganz wesentlich, allein zu sein und für sich Religiosität zu praktizieren. Dieser Rückzug nach Innen und die subjektive Perspektive weihnachtlicher Religiosität werden auf sprachlicher Ebene mit der mehrfach wiederkehrenden Zuordnung »für mich« sehr deutlich. Weihnachtliche Besinnlichkeit wird bei Eva in keiner Weise sozial gedacht.

Denn nicht nur die berufliche Eingebundenheit als äußerer Faktor, sondern auch das, »was schön ist«, wie die Feierlichkeiten in der Familie, verhindern für Eva die gesuchte Besinnung. Sie nehmen Raum ein, Eva fühlt sich begrenzt in ihrer Zeit, die sie eigentlich gern für sich selbst nutzen würde. Sie sehnt sich nach Stille und Kontemplation, nach »religiöser Tiefe«. So sucht sie die gedankliche Beschäftigung mit religiösen Inhalten und Texten, vor allem aber auch ›tiefes‹ sinnliches, emotionales Erleben, indem sie singt oder eigene Andachten für sich gestaltet:

I: Warum ist das [das Singen und Lesen, Erg. A. H.] so wichtig?

E: Ja, ich denke, dass die Lieder, also ich sag immer das sind Herzenslieder. Also auch was ich in der Schule mit meinen Kindern singe, also ich singe auch im Religionsunterricht mit denen und weil ich glaube man braucht Texte und Lieder für die Seele, die dann vielleicht auch manchmal unreflektiert abrufbar sind, weil sie einen tragen [...] So würde ich das irgendwie einordnen. Also weil es einen tief im Inneren trägt.

Evas Religiosität ist vor allem durch den Wunsch nach einer großen und emotionalen Erlebensintensität geprägt. Die biblischen Texte und insbesondere die Advents- und Weihnachtslieder berühren ihr »Herz« und ihre »Seele«, lassen sie das ›Andere‹ und ›Heilige‹ spüren, das Eva in ihrem Alltag vermisst. Über die Lieder muss sie nicht nachdenken, die Musik erreicht sie ganz unmittelbar und »trägt« sie so in ihrem Innersten.

Angesichts ihres eigenen hohen Anspruchs an »religiöse Tiefe« scheint Eva darunter zu leiden, dass es ihr trotz ihrer Bemühungen und ihrer von außen betrachtet intensiven (da beinahe täglichen) religiösen Praxis nicht gelingt, diese in für sie zufriedenstellendem Maße zu erreichen. Dies wird vor allem auch auf die Frage nach der idealen Advents- und Weihnachtszeit deutlich:

E: Zugegeben, dass es natürlich auch an mir selbst liegt, aber dass ich im Kopf so frei wäre, dass ich mir jeden Tag eine halbe Stunde Ruhe oder so eine Art Meditation nehmen könnte. Am liebsten würde ich den Tag so beginnen, wenn ich aber früh zur Schule muss, dann geht das nicht und dann läuft der ganze Tagesapparat und dann habe ich Schwierigkeiten, mich dazu zu disziplinieren. Aber das würde ich gerne. [...] Aber das ist einfach dieses Irgendwo-still-sein, ja, und dann vielleicht mal für mich auch was singen, aber die Kraft liegt in der Stille. Also das auch tatsächlich nicht nur im Kopf zu haben, sondern auch vielmehr zu praktizieren und daraus die Kraft dann eben auch wieder zu nehmen für den Tag.

Ähnlich wie Lara erlebt auch Eva immer wieder vom Alltag ›aufgesogen‹ zu werden. Wenn der »Tagesapparat« einmal angelaufen ist, sei es kaum mehr möglich auszusteigen und sich die gesuchten Räume der Ruhe und Besinnlichkeit zu schaffen. Besonders zugespitzt zeigt sich in diesem Abschnitt der Gedanke der Eigenverantwortlichkeit für das Gestalten und Erleben, das ›Gelingen‹ von Besinnung und Religiosität. Beinahe wie ein Schuldeingeständnis (»zugegebenermaßen, dass es natürlich auch an mir selbst liegt«) räumt Eva ein, dass es nicht nur die äußeren Faktoren wie die Arbeit oder die Familie sind, die es ihr unmöglich machen, die gesuchte »religiöse Tiefe« zu erreichen, sondern es vor allem bei ihr selbst liegt, dass dies nicht gelingt. Statt »Stille«, »Besinnung«, »Ruhe«, »Zeit«, »Dunkelheit« und »Tiefe« erlebt Eva »Stress« und »Eingespanntsein«, da sie im Kopf nicht frei ist, um sich gegen den Zeitraub zur Wehr zu setzen und Herz und Seele offen für das ›Andere‹ werden zu lassen. Der Kopf, oder besser der Verstand, steht Evas Empfinden nach dem Erreichen von Herz und Seele, dem emotionalen Erleben und Eintauchen in die Religiosität entgegen. Advent und Weihnachten, Besinnung und Ruhe, so macht Eva deutlich, muss man ›machen‹, man muss sich aktiv die Räume des ›Anderen‹ schaffen, um letztlich in der Stille und im Bewusstsein des Getragen- und Aufgehobenseins immer wieder neue Kraft für den Alltag zu finden.

Im Gegensatz zu Eva gelingt es *Gerda* ihre Ansprüche und Idealvorstellungen hinsichtlich der Advents- und Weihnachtszeit zu verwirklichen. Gerda ist Mitte 70, Hausfrau und Rentnerin und lebt zusammen mit ihrem ebenfalls verrenteten Mann in einer ländlichen Umgebung. Die drei erwachsenen Söhne wohnen mit ihren Familien weiter weg im Süden Deutschlands. Feierte die gesamte Familie sonst immer gemeinsam das Weihnachtsfest im Hause der (Groß-)Eltern, so haben Gerda und ihr Mann das vergangene Weihnachtsfest erstmalig allein ohne ihre Kinder und Enkelkinder an der See verbracht, wo sie Gerdas mittlerweile verstorbene Schwester im Krankenhaus besuchten. Seit jungen Jahren ist Gerda in ihrer örtlichen Gemeinde sehr aktiv und nimmt regelmäßig an Gottesdiensten und Veranstaltungen teil. Auch den ›Anderen Advent‹ lernte sie im Rahmen eines Gottesdienstbesuches kennen und liest ihn nun seit einigen Jahren.

Auf die Frage nach der Bedeutung der Advents- und Weihnachtszeit beginnt Gerda (G) ihre Erzählung zunächst mit einer Schilderung ihrer Erinnerungen an die Advents- und Weihnachtszeit ihrer Kindheit in den Kriegs- und Nachkriegsjahren, von wo aus sie dann zur gegenwärtigen Gestaltung und ihren Vorstellungen von Advent überleitet:

G: Seit Kindheitstagen bin ich daran gewöhnt, dass die Adventszeit ganz ohne Rummel abgeht. Ich bin in einer sehr christlichen Familie aufgewachsen, mit Großmutter. Geschenke wurden selbst gemacht, die Puppenstube, es wurde gehämmert, genagelt, genäht. [...] Ziemlich viel wurde auch bei uns in der Bibel gelesen, wir waren so dran und alles konzentrierte sich dann auf Weihnachten, man ging im Pfarrhaus aus und ein mit Flöte spielen und Besuche machen. [...] Wir hatten natürlich auch keine Ablenkung. Wir erlebten aber Weihnachten wirklich so als ruhige, schöne Zeit. [...] Wir haben ja als Familie auch versucht, jedenfalls *ich*, dieses ruhige Weihnachten zu behalten. [...] Einmal wurden wir in der Adventszeit gefragt, ob wir nicht mit der Jungschar ein Weihnachtsspiel vorführen würden in der Gemeinde. Dann haben wir »Ja« gesagt. Dann habe ich gemerkt, welche Hektik dieses Krippenspiel auslöst. Welche Unruhe das in unseren Gruppen gab, die Kinder außerhalb der Schule zusammen zu bekommen. [...] »So«, haben wir gesagt »so *einen Advent* wollen wir nicht noch mal haben.« Von da an werden im Dezember *keine* Weihnachtsgeschenke gekauft, ganz raus, wir gehen noch nicht mal auf Weihnachtsmärkte, weil das alles zu laut, zu bunt, zu rummelig ist. Wir schmücken unser Haus auch nicht mit irgendwelchen bunten Sachen. Das bleibt alles bis Weihnachten so. Der Schmuck – also Advent ist mehr so eine stille Zeit. Der Adventskranz, der selbstgemachte Adventskranz, aber schlicht ohne Faxen. Also ganz bewusst so ganz schlicht und dann kommt Weihnachten, dann ist das Fest da.

Indirekt macht Gerda von Beginn ihrer Erzählung an klar, dass Weihnachten und Advent für sie in einen christlichen Kontext gehören, sie das Weihnachtsfest von Beginn an als Christfest erlebt hat und sich selbst auch als christlich versteht. In diesem Sinne war die Advents- und Weihnachtszeit für sie und ihre Herkunftsfamilie eine Zeit der ›Konzentration auf Weihnachten‹. Gelebte Religiosität und bestimmte Frömmigkeitstraditionen, wie das Lesen in der Bibel, gehörten für Gerda unmittelbar und ganz selbstverständlich dazu. Ruhe und Stille ohne jede Ablenkung machen für Gerda in der Erinnerung das Wesentliche dieser Zeit aus. Die Advents- und Weihnachtszeit ihrer Kindheit, so fasst Gerda zusammen, war eine »ruhige schöne Zeit«.

So war und ist es Gerda wichtig, diese Prägung der Advents- und Weihnachtszeit ihrer Kindheit innerhalb ihrer eigenen Familie für sich, ihren Mann, die Kinder und nun auch die Enkel beizubehalten und fortzuführen. Dies zeigt die emotionale Schilderung der schwierigen Vorbereitung und Durchführung eines Krippenspiels im Rahmen der Jugendarbeit in der Gemeinde, die Gerda aufgrund der damit verbundenen Hektik und Unruhe in negativer Erinnerung geblieben ist. Mit dem Beschluss, einen solchen Advent nicht noch einmal haben zu wollen, vollzieht Gerda vor dem Hintergrund dieser Erfahrung eine ›Radikalisierung‹ im Hinblick auf ihre Haltung und das Begehen der Zeit, um das ›Gute‹ und ›Richtige‹ des Advents zu bewahren. Seitdem ist der gesamte Dezember für Gerda und ihren Mann ausschließlich ihrer ruhigen und beschaulichen Adventsgestaltung gewidmet. Man zieht sich »ganz raus«. Indem sie bewusst im Dezember keine Geschenke kauft oder Innenstädte besucht, verleiht Gerda der Advents- und Weihnachtszeit eine besondere Qualität. Die (notgedrungene) Stille und Schlichtheit ihrer Kindheit wird im Rückzug in die Welt des eigenen Zuhauses als explizites ›Programm‹ von Advent und Weihnachten weitergeführt und bewahrt.

In dem Interview mit Gerda kommt mit der Erinnerung an die Kindheit eine bei Hans und Lara zuvor nicht vorhandene biografische Komponente in die Bedeutung der Advents- und Weihnachtszeit hinein, die in den Interviews mit Bernd, Paul und Stefan noch einmal weitergeführt wird. Die ›weihnachtliche Kindheitserinnerung‹ erscheint als wesentlicher Abgleich für das ›richtige‹ Gestalten und Erleben von Advent und Weihnachten. Darüber hinaus bildet das Fest Weihnachten als ›Auszeit vom Alltag‹ vor dem Hintergrund der besonderen Atmosphäre und inhaltlichen Bedeutung der Advents- und Weihnachtszeit einen wichtigen Anknüpfungspunkt für die Bilanzierung und Reflexion des eigenen Lebens und einen wichtigen emotionalen und inhaltlichen Bezugspunkt für die Auseinandersetzung mit der eigenen Biografie. Dies zeigen die Interviews mit Bernd und Paul besonders eindrücklich.

Für *Bernd* geht es in der Advents- und Weihnachtszeit vor allem darum, »sich Fragen zu stellen«. Dies gilt im Hinblick auf Weihnachten und seine Botschaft und vor diesem Hintergrund vor allem auch in Bezug auf die persönliche Lebensführung und das eigene Denken und Handeln. Bernd ist Anfang 60 und als Arzt in einem Krankenhaus tätig. Er hat eine Frau und zwei erwachsene Kinder aus erster Ehe, mit denen und deren Familien er auch Weihnachten feiert. Bernd hat den ›Anderen Advent‹ vor einigen Jahren kennengelernt und liest ihn seitdem jedes Jahr wieder.

Um zu verdeutlichen, was ihm die Advents- und Weihnachtszeit bedeutet, blickt Bernd auf seine Kindheit zurück, die seine Empfindungen und seine Vorstellungen von Advent und Weihnachten bis ins Erwachsenenalter geprägt hat. Dabei ist Bernd (B) im Unterschied zu Gerda weniger die besondere Gestaltung und die damit verbundene Erlebensintensität, sondern vielmehr der andere zwischenmenschliche Umgang innerhalb der Familie in Erinnerung geblieben. So erzählt er auf die Frage nach der Bedeutung der Advents- und Weihnachtszeit folgendes:

B: Ja, das ist ein Stück weit schwierig. Wahrscheinlich ist es eher ein Sich-Zurückbesinnen an die Kindheit. Das sind ja dann so die ersten Kontakte damit, dass das eine besondere Zeit war. Und – zurückbesinnen auch sicherlich mit dem Ziel, etwas wiederzuholen. Ja – vielleicht auch etwas Neues zu finden, aber ich weiß nicht, ob das in meinem Alter geht. Möglicherweise ja, aber das ist mir noch nicht passiert. [...] Ja, das war das an sich ein besonderes Erlebnis. Das war weniger ein religiöses Erlebnis, sondern mehr: Die Eltern sind anders - dass ich beobachtete, wie sind die Menschen und bekam einen Vergleich: Wie sind die in der Weihnachtszeit und wie sind die außerhalb der Weihnachtszeit? Da habe ich Unterschiede festgestellt. Da waren also schon Dinge, die waren anders als sonst. Aber das Eigentliche, dieses Erlebnis: Zu Weihnachten sind die Erwachsenen anders.

Und ein Stück weit kommen logischerweise die Erinnerungen wieder, auf der anderen Seite halte ich es für richtig zu gucken, ob man diese Erlebnisse wieder reproduzieren kann, weil ich die schön fand. Logischerweise dann mit dem heutigen Wissen, mit den heutigen Erfahrungen. Glaube an das Christkind ist etwas Anderes geworden. Es hat natürlich eine ganz andere Basis, einen anderen Hintergrund.

Bernd hat in seiner Kindheit Erfahrungen dahingehend gemacht, dass Weihnachten eine besondere Zeit ist. Dieses ›Anderssein‹ konstituiert sich dabei in seiner Erzählung rückblickend vor allem über die Erfahrung einer anderen Gestimmtheit und eines anderen Verhaltens der Erwachsenen, alle waren »freundlicher, wärmer, offenherzig«. Indem er sich bewusst an seine Kindheit erinnert, stellt Bernd emotional eine Verbindung zwischen Kindheit und Erwachsenenweihnacht her und hofft, die positiven Empfindungen, wie er selbst sagt, immer wieder zu »reproduzieren«. Indirekt richtet sich darüber auch der Blick aus seiner heutigen Perspektive als erwachsener Mensch auf die Frage der eigenen Lebensführung und des Umgangs mit anderen. Weihnachtliche Besinnlichkeit und Religiosität beinhalten für Bernd somit ganz wesentlich, über sich selbst nachzudenken, in sich hineinzuspüren und sein eigenes Leben nicht zuletzt auch vor dem Hintergrund der weihnachtlichen Botschaft immer wieder neu zu betrachten und zu hinterfragen:

I: Sie sagten ja schon, Religion, Religiosität, spielt für Sie schon eine wichtige Rolle, und in der Weihnachtszeit auch noch mal besonders?

B: Alles braucht Zeit. Es ist nicht nur so, dass alles seine Zeit hat, sondern auch alles braucht Zeit. Und oftmals ist gerade die Zeit vor Weihnachten mit sehr, sehr vielen zu tuenden Dingen voll. Ich warte also, ich bin jetzt über 60 Jahre alt, auf die ruhigen Winterabende. Ich habe sie nie erlebt. Dass man sich einfach mal hinsetzt und fragt sich: Was war, was ist, wie habe ich da gehandelt, hätte ich das anders machen können? Das geht im täglichen Einerlei unter. Und ich glaube auch, dass man für das

Empfinden von Religiosität ein Stück weit Zeit braucht [...] Das Innehalten für sich selbst, das kann man nur selber machen. Und wahrscheinlich geht es darum sich zu besinnen. [...] So ein Stück weit Meditation, sich klar werden, wo stehe ich, was bin ich, brauche ich das alles, was mache ich überhaupt, wo renn ich hinterher[...] All diese Dinge und mitunter braucht man, um eine Antwort zu finden auf diese Fragen, einfach mal Zeit. Meistens alltags macht man das nicht, weil da der Rasen gemacht werden muss, Urlaubsplanung und so weiter. Dann ist man in einer anderen Euphorie, in einer Raumerfüllung und dann muss man sich dessen klar werden. Selbst wenn man sich klar wird: Ich habe die Zeit nicht, ist das ja schon ein Ergebnis. Sich dessen bewusst zu werden und sich dann zu fragen: Warum habe ich die Zeit nicht? [...] Wenn man es schafft in der Adventszeit, sich selber die Fragen zu stellen, dann denke ich hat man schon viel erreicht. Antworten – ob man die findet oder nicht – es geht erst einmal darum, Fragen zu stellen.

I: Und ist das gerade in der Adventszeit noch einmal so ein besonderes Bedürfnis?

B: Wenn wir Weihnachten als Anfang sehen, könnte ja dann auch das Weihnachtsfest ein Anfang für einen selber sein, etwas neu zu machen. Ja, aus ganz persönlichem Bezug. [...] Und so verknüpfe ich ein bisschen Religion oder religiöse Zeitpunkte oder religiöse Feste mit so ein bisschen – ich sag mal – Übergeordnetem. Quasi mit Ergebnissen.

Religiosität, so Bernd, »braucht Zeit«. Man muss innehalten, sich aus dem Alltag zurückziehen, um Religiosität empfinden zu können. Es geht ihm darum, sich jenseits des täglichen Einerleis »zu besinnen«, zu fragen, wo man steht, was man tut und wer man ist. Weihnachten stelle in diesem Sinne der »Raumerfüllung« und »Euphorie« des Alltags nicht zuletzt auch durch die inhaltliche Füllung als Neuanfang eine andere Perspektive gegenüber. Ähnlich wie an Weihnachten mit der Geburt Jesu etwas begonnen hat, versteht Bernd das Fest parallel dazu auch für sich selbst als Anlass und (sowohl zeitlichen als auch inhaltlichen) Anknüpfungspunkt dafür, etwas neu zu machen oder zumindest sein Leben genauer zu betrachten. Weihnachten und seine Botschaft haben somit für Bernd einen übergeordneten und persönlichen Bezug und werden auch über das eigentliche Fest hinaus sowohl im Hinblick auf seine regelmäßige Wiederkehr als auch in seiner religiösen Bedeutung zu einer Perspektive auf das gesamte Leben. Die Advents- und Weihnachtzeit als christliche Festzeit lädt dazu ein, innezuhalten, »sich Fragen zu stellen«, nach Sinn und Orientierung für das eigene Handeln und das Leben insgesamt zu suchen.

Ähnlich wie Bernd nimmt auch *Paul* Weihnachten im Rahmen weihnachtlicher Besinnlichkeit und Religiosität ausgehend vom Erleben seiner Kindheit als ›Ankerpunkt‹ seiner Biografie und konkreten Anlass der eigenen biografischen Reflexion wahr. Paul ist Mitte 60, vor seinem Ruhestand hat er an einer weiterführenden Schule als Lehrer gearbeitet und dort unter anderem das Fach katholische Religionslehre unterrichtet. Seit seiner Kindheit ist Weihnachten für Paul ein sehr schwieriges Fest, das von jeher vor allem mit einer besonderen Spannung, mit dem Verlust und der Traurigkeit ob des Todes des Vaters und der daraus resultierenden Trauer und Verzweiflung seiner Mutter auf der einen, zugleich aber auch mit einer großen Innigkeit, Harmonie, Freude, Gemütlichkeit und Feierlichkeit auf der anderen Seite verbunden ist. Paul ist in zweiter Ehe mit Eva verheiratet und verbringt mit ihr und ihrer Familie auch das Weihnachtsfest. Mit seinen eigenen Kindern hat er ein eher schwieriges Verhältnis und nur wenig Kontakt. Den ›Anderen Advent‹ liest Paul mittlerweile seit über zehn Jahren.

Weihnachten ist für Paul bis heute ein gebrochenes Fest, das »eine uneingelöste Sehnsucht nach dem verlorenen Paradies« einer heilen Familie und Welt thematisiert, die er jedoch auch als Erwachsener durch die problematische Beziehung zu seinen Kindern nicht erfüllt bekommt. Gerade im Kontext dieser gebrochenen und schwierigen biografischen Erfahrung ist Religion, obwohl er mittlerweile aus der Kirche ausgetreten ist, für ihn »lebensentscheidend«, ohne seinen Glauben käme er »nicht klar«. Ähnlich wie Eva versucht auch Paul bewusst, ganzjährig Zeiträume intensiv gelebter Religiosität und für religiöse Praxis in seinen Alltag zu integrieren. Die christlichen Feste und so auch Advent und Weihnachten sind für ihn Halt und Orientierung (»sie strukturieren mein Jahr und mein Leben«) und bieten ihm konkrete Inhalte und Anlässe des Innehaltens und der »Versenkung«. Weihnachten ist dabei für Paul dahingehend besonders, dass es ein »Fest des Lichts und der Wärme in einer kalten Zeit« ist, das in seiner besonderen Festlichkeit und Bilderwelt gut zu seiner Stimmung und den mit der Zeit verbundenen Emotionen passt.[154] In diesem Sinne bedeutet die Advents- und Weihnachtszeit für Paul (P) eine Zeit der Stille und Meditation und Konzentration auf die christlichen Inhalte:

---

[154] I: Also kann man dann sagen, dass Weihnachten überhaupt so eine übergeordnete oder eine besondere Rolle im Jahr hat?

P: Ja, es spielt eine besondere Rolle, weil es ein Fest der Wärme in einer kalten Zeit ist. Also in einer dunklen Zeit, wo man schwere Gefühle hat, also im Sommer bin ich leichter. Das hat, also diese Adventszeit entspricht eigentlich auch meinem Gefühl von Schwermut. Also Rorate-Messen oder so was, also ich mach das nicht, aber ich

P: [...] Also ich meditiere jeden Tag eine halbe Stunde die Messtexte der katholischen Kirche und da sind ja auch dann diese prophetischen Jesaja-Sachen und so, also die Ankündigung eines Kindes, eines Neuanfangs, nach etwas Lebendigem und also auch immer die Bilder von »in dem Schwachen wird das Starke ansichtig«. [...] Da gehören auch Psalmen dazu, also ich bin ja jemand, ich brauche ja nicht mehr arbeiten, mein Alleinunterhalter. Ich kann dann auch Adventslieder singen für mich [...] und dann bin ich eigentlich autark in dem liturgischen Bereich. Aber das ist –, also die Adventslieder, die habe ich dann, auch meinetwegen zusätzlich die Choräle [...].

Besinnlichkeit oder Religiosität bedeutet für Paul, sich viel für sich allein mit Texten der katholischen Tradition oder mit biblischen Texten zu beschäftigen. Im Kontext von Advent und Weihnachten gehört es für ihn dazu, die prophetischen Texte von der Ankunft des Kindes zu lesen, Adventslieder zu singen und seine eigene Liturgie zu praktizieren. Die Advents- und Weihnachtszeit bedeutet für Paul die bewusste gedankliche und emotionale Vorbereitung und Einstimmung auf das herannahende Christfest, zugleich aber auch die bewusste Beschäftigung und Wahrnehmung des eigenen Selbst. Dies zeigt vor allem Pauls Antwort auf die Frage nach der idealen Advents- und Weihnachtszeit.

I: Und wenn Sie sich jetzt eine ideale Weihnachts- und Adventszeit vorstellen könnten?

P: [...] Also für mich würde ich auch weniger tun und mehr sein, mehr Stille. Also, wenn ich meine Meditationen hinkriege, das wäre schon mal – das schaffe ich nicht immer. Also, wenn ich irgendwie Termine habe und so, das ist gut und auch z. B. weniger Fernsehen. Also auch die Gefahr sich zuzuschütten und abzulenken, obwohl man merkt, eigentlich will ich das gar nicht, die kenne ich auch. Also daran zu arbeiten, finde ich gut und also mit Weihnachten eine größere Innigkeit und Stimmigkeit von dem Gefühl her. Also zwischen dem, was ich fühle, was ich denke und was ich tue. Also das in eine Stimme geformt zu kriegen, das wäre schon ein hoher Anspruch. Also erstmal muss man ja auch überhaupt seine Gefühle wahrnehmen. Wie fühle ich mich denn? Also das wahrzunehmen. Also eine größere Achtsamkeit. Und das, was ich denke, auch zu überprüfen. Eigentlich ist es zurückgebunden an meine Gefühle. Woher kommen mei-

---

weiß, dass es das gibt, dass diese also Choräle, diese Texte, also die beruhigen mich und Weihnachten hat dann doch einen, also hat auch irgendwas von unglaublicher Festlichkeit und ja, von einer starken Bildwelt [...].

ne Gefühle und was tue ich eigentlich? Wie lebe ich? [...] Das fände ich in der Adventszeit, also finde ich den Anspruch von einer größeren Achtsamkeit für meinen eigenen Weg. Aber meistens ist die Realität durch Weihnachtsstress größer, dass es eher schwieriger wird [...].

Paul will sich angesichts von Weihnachten in der Stille und Besinnung bewusst auf seine Gefühle und seine eigenen Wahrnehmungen konzentrieren. Er will ausgehend von den mit Weihnachten verbundenen Erfahrungen und Gefühlen versuchen, seine eigenen Stimmungen und Emotionen im Kontext der Zeit zu spüren und sie in Einklang mit seinem Denken und Handeln zu bringen. Paul wünscht sich mehr »Achtsamkeit für den eigenen Weg« und findet in Weihnachten als Zeit der Kontemplation und Stille gerade auch vor dem Hintergrund der weihnachtlichen Botschaft der Geburt Jesu einen konkreten Anknüpfungspunkt für den Blick auf die eigene Biografie.

Gehören mehr Zeit mit den Nächsten, die besonderen Traditionen und Feierlichkeiten im Familien- und Freundeskreis selbstverständlich und unabdingbar zu Advent und Weihnachten dazu, so bedeutet weihnachtliche ›Besinnlichkeit‹ übereinstimmend für alle Befragten, sich bewusst an die christlichen Inhalte von Weihnachten zu erinnern, über diese nachzudenken und die biblische Geschichte und ihre Botschaft und Bedeutung in den Blick zu nehmen. Sie wollen zumindest zeitweise aus dem mehrheitlich als hektisch und unruhig wahrgenommenen (vorweihnachtlichen) Alltag zurücktreten und innehalten, sich besinnen und sich auf das herannahende Weihnachtsfest als Fest der Geburt Jesu einstimmen und vorbereiten. In diesem Kontext ist Weihnachten als Auszeit vom Alltäglichen nicht zuletzt auch Anlass und Anknüpfungspunkt für ganz persönliche Erinnerungen, für Rückschau, Betrachtung und Reflexion des eigenen Lebens.

4.2 Der ›Andere Advent‹ im Kontext der weihnachtlichen Rituale: Gebrochenes Ritual zwischen Performanz und Inhaltlichkeit

Mit Blick auf die Frage nach der Bedeutung von Advent und Weihnachten wird deutlich, dass die Advents- und Weihnachtszeit von Seiten der Befragten mit sehr konkreten Erwartungen, Ansprüchen und Vorstellungen hinsichtlich ihrer Gestaltung und ihres Erlebens verbunden ist. Dabei findet sich auch zugleich in beinahe allen Interviews, mit Ausnahme von Gerda, das Gefühl eines Konflikts zwischen diesem Ideal und der vorweihnachtlichen Realität wieder. Nicht nur im persönlichen Leben, sondern in der gesamten Gesellschaft scheint statt der gesuchten Ruhe und Besinnlichkeit vor allem eine größere Hektik und Unruhe im Hinblick auf das bevorstehende Weihnachtsfest Einzug zu halten. Um sich dennoch die gewünschten Momente der Ruhe und Besinnlichkeit innerhalb ihres Alltags zu schaffen, nutzen die Befragten verschiedene Rituale, die gewissermaßen den Übergang von der Alltagszeit zur besinnlichen Festzeit gestalten.

Der ›Andere Advent‹ erscheint in diesem Kontext nicht nur bei Hans und Lara, sondern auch bei den anderen Interviewpartnerinnen und -partnern als ein außergewöhnliches Ritual, das zum einen in seiner Gestalt als täglicher Kalender und dabei zum anderen in einer besonderen Kombination aus ästhetisch-ansprechender äußerer Form und konkreter Inhaltlichkeit die gesuchte Vorbereitung auf Weihnachten gestaltet, begleitet und unterstützt.

4.2.1 Der ›Andere Advent‹ als ritueller Begleiter durch die Zeit

Neben Hans und Lara nehmen auch Christine, Andreas und Gerda den ›Anderen Advent‹ bereits in seiner formalen Gestalt als Kalender als einen »rituellen Alltagsbegleiter«[155] durch die Advents- und Weihnachtszeit wahr. Im Unterschied zu den anderen weihnachtlichen Ritualen begleitet dabei der ›Andere Advent‹ als tägliches Ritual nicht nur weit über den Heiligabend hinaus, sondern bringt zudem in der täglichen Beschäftigung mit den Kalenderblättern Zeiträume der gesuchten weihnachtlichen Besinnung in den Alltag ein. Dies wird im Folgenden exemplarisch bei Christine und Andreas deutlich.

Über den ›Anderen Advent‹ findet *Christine* einen Weg ritueller Alltagsbegleitung, der es ihr ermöglicht, die besondere »Weihnachtsstimmung«, die sie vor allem im Advent und an Heiligabend erlebt, auch über das Fest hinaus zu bewahren:

I: Ja, wenn Sie jetzt sagen Besinnlichkeit und so weiter, spielt dann da auch der Kalender irgendeine Rolle in der Advents- und Weihnachtszeit?

C: Ja, ich finde den ganz gut, einfach weil er nicht nur diese vier Wochen, sondern darüber hinaus geht, bis ins neue Jahr auch hineingeht und es halt keiner dieser Standardadventskalender ist, wo man da ein bisschen Schokolade herausholt oder irgendwas, sondern weil er für jeden Tag irgendwie auch was zum Nachdenken gibt. Er ist ein Begleiter durch die Zeit und greift auch oft die Punkte auf, die jetzt wirklich gerade aktuell sind. Also die wirklich in der Zeit wo man Geschenke kauft, dann passt das oft dazu oder eben auch zwischen den Jahren, wo dann oft nichts los ist, wo man hier mit ein paar Leuten im Büro sitzt oder eben auch zu Hause erfahrungsgemäß nichts los ist. Da passt einfach so die Stimmung des Kalenders sehr schön zu den Tagen.

---

[155] Interview Hans.

I: Sie sagten, das finden Sie so toll, dass der über die eigentliche Weihnachtszeit hinausgeht. Warum ist denn das so toll?

C: Weil normalerweise ist der 24. so der tollste Tag. Am 25. wird dann noch mal ordentlich gegessen und dann trennt man sich schon wieder und geht auseinander. Spätestens am 26. denke ich ja schon wieder: Morgen muss ich wieder arbeiten gehen. Dann ist Weihnachten abgehakt so. Das finde ich ganz schön, dass man ein bisschen noch diese Stimmung mit ins nächste Jahr nehmen kann einfach. Noch ein bisschen darüber hinaus weiter führen kann. Zumindest geistig. Das finde ich eine ganz gute Sache.

I: Sie können das dann für sich irgendwie integrieren? Sie sagten ja, Sie brauchen was zum Nachdenken.

C: Ja ich denke, die fünf oder zehn Minuten, die man sich dann damit beschäftigt, das ist schon was anderes, ist schon ganz nett, finde ich. Würde man vielleicht sonst nicht machen, gerade wenn man dann im Stress ist, dann sollte man wirklich so fünf bis zehn Minuten eine Auszeit von dem Betrieb nehmen und das man nachdenkt vielleicht. Das ist schön.

Im Unterschied zu den gewöhnlichen Adventskalendern nimmt der ›Andere Advent‹ für Christine nicht nur den Advent als »besondere vier Wochen« vor Weihnachten und den Heiligabend als ›Höhepunkt‹ dieser Zeit in den Blick, sondern begleitet sie darüber hinaus bis ins neue Jahr hinein. Ist erfahrungsgemäß sowohl dem persönlichen als auch dem allgemeinen Empfinden nach Weihnachten mit Heiligabend oft schon wieder »abgehakt« und sind die Gedanken, bevor das Fest überhaupt richtig begonnen hat, wieder auf den Alltag ausgerichtet, so bringt der ›Andere Advent‹ dem gegenüber eine andere Wahrnehmung ein.

Indem der Kalender weitergeht, ermöglicht er es für Christine, etwas von Advent und Weihnachten in die Zeit danach ›hinüberzuretten‹. Er bewahrt zumindest eine Zeitlang das ›Andere‹ und Besondere der Zeit, die spezielle Weihnachtsstimmung, wenn der normale Alltag schon längst wieder begonnen hat. Der ›Andere Advent‹ verlängert damit für Christine gewissermaßen den Zeitraum von Advent und Weihnachten und damit auch die atmosphärisch und emotional ›andere‹ Erlebensintensität und -qualität, indem er den nachfestlichen Alltag noch ein Stück weit begleitet und so dem abrupten, äußeren Stimmungswechsel in der Gesellschaft etwas entgegenstellt. Wie für Lara, vermittelt auch für Christine der Kalender zwischen Alltag und Fest. Er führt wieder in den Alltag zurück und ermöglicht so emotional und psychologisch einen sanften Übergang zwischen beiden Sphären. Auch wenn äußerlich das ›normale‹ Leben spätestens mit dem 1. Januar beginnt, kann

Christine »geistig« über die Beschäftigung mit dem Kalender weiterhin das ›Andere‹ und ›Besondere‹ von Weihnachten spüren und das Außeralltägliche des Festes im Alltäglichen noch eine Zeitlang bewahren.

Der Kalender lädt Christine mit seinen Bildern und Texten dazu ein, sich Auszeiten »vom Betrieb« zu nehmen, die sie sich sonst gerade angesichts der beruflich stressigen Phasen vor Weihnachten nicht einräumen würde. Das Lesen einer Kalenderseite dauert nur »fünf bis zehn Minuten«, fordert damit weder großen zeitlichen Aufwand noch einen Ortswechsel, sondern bietet quasi am Schreibtisch kurze, punktuelle Momente des Ausstiegs aus dem gewöhnlichen Alltagsgeschehen. Die Beschäftigung mit dem Kalender lässt Advent und Weihnachten unmittelbar im Tagesgeschehen bewusst und er-fahrbar werden und vermittelt so zwischen Alltag und Besinnlichkeit. Zudem nimmt er neben den dezidiert christlichen Inhalten in Christines Augen auch aktuelle, gerade zu den verschiedenen Stimmungen, Tätigkeiten und Themen der Zeit passende Aspekte in den Blick und regt somit zum Nachdenken an. Der Kalender rahmt für sie gewissermaßen die Zeit als besondere und greift so über seine Texte auch die Atmosphäre und Christines innerliche Gestimmtheit auf. Er begleitet sie inhaltlich und gefühlsmäßig durch die Zeit, sie kann mit ihren eigenen Emotionen und Erfahrungen anknüpfen und so in die besondere »Weihnachtsstimmung« eintauchen.

Für Andreas ist der ›Andere Advent‹ ein Weg, den Wunsch nach mehr Ruhe und Besinnung in seiner Familie umzusetzen. Gelingt dies auch nicht immer, so bietet der Kalender dennoch ein Gestaltungsmittel weihnachtlicher Besinnlichkeit, indem er es Andreas ermöglicht, sich anhand des Kalenders gezielt Zeit zu nehmen, den Text zu lesen und so Momente des Nachdenkens jenseits der Hektik des Alltags zu finden. Dies führt Andreas auf Nachfrage der Interviewerin noch einmal aus:

I: Welche Rolle spielte der ›Andere Advent‹ dann so in diesem Kontext von weniger Hektik?

A: Dass man sich auch mal Zeit nimmt. Also nicht nur Sprüche klopfen, sondern auch mal das ein bisschen verinnerlichen.

I: Also dieses sich Zeit nehmen.

A: Genau Ich habe zwei Kinder und da wollte ich eigentlich in Ruhe, dass man sich mal so zusammensetzt und dann auch mal eine Geschichte vorliest, die Weihnachtsgeschichte. Das muss man ja nicht auf dem Hei-ligabend machen, das kann man ja irgendwann machen und dann mal über Glauben auch spricht. Da ist ja auch wiederum der Andere Advent zum Beispiel dafür da, dass man da was liest. Aber wie gesagt, das passt nicht immer so, wie man es eigentlich möchte.

Als festes Ritual und Kalender für jeden Tag schafft der ›Andere Advent‹ in Andreas' Wahrnehmung einen Raum für die Beschäftigung mit Weihnachten. Der ›Andere Advent‹ verhilft Andreas dazu, zumindest zeitweise seine Vorstellungen von Advent und Weihnachten zu verwirklichen, das Vorgenommene zu praktizieren und nach und nach sowohl diese religiöse Praxis als auch die Inhalte des Kalenders zu »verinnerlichen«. Indem er angibt, etwas aus dem Kalender »herauszupicken« und ihn auch nur gelegentlich zu nutzen, charakterisiert Andreas den ›Anderen Advent‹ als Kalender für Zuhause indirekt als niedrigschwellig und vor allem individualisierbar im Hinblick auf seine eigenen Bedürfnisse.

In diesem Zusammenhang erscheint der Kalender ähnlich wie bei Hans und Lara auch für Andreas in seiner rituellen Form als Adventskalender sehr individuell und flexibel nutzbar, da er ihm die Möglichkeit bietet, hin- und herzublättern und gezielt interessante und ansprechende Inhalte auszuwählen. Darüber hinaus bildet der ›Andere Advent‹ für Andreas einen rituellen Ausgangspunkt und eine Gelegenheit, Zeiträume der Besinnung auf Weihnachten gemeinsam mit der Familie zu gestalten und über den Kalender religiös mit seinen Kindern zu kommunizieren.

Bietet der ›Andere Advent‹ in seiner Gestalt als Kalender für jeden Tag der Advents- und Weihnachtszeit gewissermaßen ein regelmäßiges Ritual, das zum einen mit einer bestimmten Seite für jeden Tag einen gewissen Rahmen vorgibt und eine bestimmte Praxis nahelegt, so wird zum anderen in den Interviews zugleich die Niedrigschwelligkeit und Individualisierbarkeit hinsichtlich des Umgangs mit dem ›Anderen Advent‹ deutlich. Trotz seines rituellen Rahmens ist der Kalender sehr individuell nutzbar und an den jeweiligen Alltag und die Vorstellungen weihnachtlicher Besinnlichkeit adaptierbar. So unterliegt die Beschäftigung mit dem ›Anderen Advent‹ keinen normativen Vorgaben hinsichtlich Zeit oder Ort, man kann den Kalender lesen, wo, sooft und so lange man will, man kann hin und her blättern, Gelesenes erneut lesen oder Seiten überspringen und Vergessenes ggf. nachholen. So zeichnet sich der ›Andere Advent‹ als ritueller Begleiter der Zeit gerade durch seine ›rituelle Offenheit‹ und Flexibilität aus. Er offeriert zwar ein gewisses rituelles Angebot, lässt in diesem jedoch weiten Raum und ermöglicht eine höchst individuelle und vielfältige Nutzung.

4.2.2 Die Verbindung von Ästhetik und Inhaltlichkeit im ›Anderen Advent‹

Bei Hans und Lara, aber auch in den zuvor dargestellten Interviews mit Christine und Andreas klingt bereits die inhaltliche Perspektive des ›Anderen Advent‹ an. So nehmen alle Befragten in ihren Erzählungen den Kalender als dezidiert christliches Angebot mit einem klaren religiösen Gehalt wahr. Er bietet nicht nur eine ansprechende Gestaltung, sondern wird auch über seine konkreten Texte und Themen zu einem Begleiter durch die Zeit, indem er an die christliche Bedeutung von Weihnachten erinnert und zur gedanklichen Beschäftigung mit den Inhalten und der Botschaft des Festes einlädt.

Wie für Hans und Lara ist es auch für *Christine* vor allem das schlüssige Gesamtkonzept, die Verbindung aus einer ansprechenden, ästhetischen Aufbereitung und konkreten Texten für jeden Tag, die den ›Anderen Advent‹ von den übrigen »Standardadventskalendern« abhebt:

I: Und was macht ihn so anders im Vergleich zu anderen Angeboten? Es gibt ja eigentlich viel zu dieser Zeit.

C: Einmal die Form. Also ich finde das schön, dass man den an die Wand hängt und dann in der Zeit auch sieht und die Aufmachung. Ich finde das Design ist richtig toll gemacht. Also man merkt richtig, wie viel Arbeit da drin steckt, also jede Seite ist wirklich genau überlegt und auch inhaltlich sehr schlüssig gemacht, das macht halt Spaß. Für mich ist halt, wenn ich da raufe gucke, sehe ich dann eben die Bilder da hängen und eben *auch* einen guten Text dazu. Also ich lese das jeden Tag auch und freue mich dann schon drauf was den nächsten Tag kommt.

Der ›Andere Advent‹ unterscheidet sich aus Christines Sicht zunächst in seiner Form als Kalender in seiner dauerhaften Präsenz und seiner ansprechenden Gestaltung von den anderen Angeboten der Zeit. Der Kalender hängt an der Wand und ist so die ganze Zeit über sichtbar. Christine muss ihn nicht bewusst zur Hand nehmen, sondern hängt ihn einmal auf und kann ihn dann »die ganze Zeit auch sehen«. Sie kann sich so immer wieder im Vorbeigehen damit beschäftigen und sich an ihm erfreuen. Der ›Andere Advent‹ ist ästhetisch, »das Design ist richtig toll gemacht« und wird von ihr als sehr wertig empfunden (»Also man merkt richtig, wie viel Arbeit da drin steckt«). Der Kalender erscheint ihr dabei nicht nur optisch gelungen und aufwendig, sondern in seiner Gesamtkonzeption aus Form und Inhalt ansprechend und niveauvoll. Jede Seite scheint genau durchdacht und inhaltlich schlüssig. Diese Kombination macht Christine »Spaß« den Kalender zu lesen und weckt bei ihr Vorfreude auf die nachfolgenden Blätter. Durch seinen Anblick erinnert der ›Andere Advent‹ sie immer wieder auf subtile Weise an die Bedeutung der Zeit und macht Advent und Weihnachten ganz alltagsnah und praktisch bewusst. Er lässt Weihnachten im Alltag präsent werden und begleitet damit Christine bei ihrer Einstimmung und Vorbereitung auf das Fest.

Der ›Andere Advent‹ ist für sie nicht nur Visualisierung von Weihnachten wie andere Adventskalender, sondern bietet zugleich Texte zum Lesen und Nachdenken:

I: Welche Rolle spielt denn dieser religiöse Aspekt in dem Kalender? Da sind
    ja auch Gebete, Meditationen.

C: Also wie gesagt, es kommt immer wieder drin vor. Man merkt es auch,
    dass das so über dem Allem ein bisschen schwebt, aber es ist jetzt nicht
    so in den Vordergrund gekehrt. Also man ist nicht mit Bibelzitaten zuge-
    schlagen, sondern es wird immer wieder drauf hingewiesen, praktisch
    wo die christlichen Wurzeln sind oder was vielleicht an christlichen Wer-
    ten oder Vorstellungen hinausragt, in den Alltag hineinragt. Auch wenn
    da irgendwelche privaten Geschichten erzählt werden oder eben ja aus
    Zeitungsartikeln oder irgendwas, dann merkt man trotzdem, dass ein
    bisschen interpretiert wird oder gezeigt wird, das kann man so lesen,
    man kann es aber auch darüber hinausgehend jetzt in diesem Advents-
    kontext sehen, in diesem christlichen Kontext. Ich finde das ist ganz gut
    gemacht. Man merkt es schon, dass es halt so Meditation ist, aber das ist
    da nicht im Vordergrund, sondern es ist immer nur so beiläufig mit dabei.
    Das finde ich auch ganz angenehm, weil ich denke, wenn es wirklich
    jetzt so wäre, dass man da wirklich nur Bibelzitate hätte oder man mit
    der Keule die Bedeutung von Weihnachten vorgehalten kriegt, das wäre
    nicht so interessant. So spricht er auch Leute an wie mich jetzt, die jetzt
    nicht nur den christlichen Aspekt von Weihnachten sehen, sondern eben
    auch den sozialen oder emotionalen.

I: Aber trotzdem darf das irgendwie nicht so fehlen. Diese Erinnerung. Das
    sagten Sie schon, warum ist das so wichtig dieser Hintergrund noch mal
    was Weihnachten eigentlich –

C: Ja, weil man sich immer dem Ursprung der Dinge bewusst sein sollte,
    dem Ursprung des Ganzen um vielleicht auch zu verstehen, wie es sich
    weiterentwickelt und warum. Dass Weihnachten eine tiefere Bedeutung
    hat, als nur den Konsum und nur Lichter und Party. Das sollte man wis-
    sen, um es auch ein bisschen bewahren zu können. Dafür denke ich ist
    es schon wichtig. In dem Hinblick passt natürlich auch der Kalender ganz
    gut dazu. Weil man den einerseits schon hat, klar, man freut sich, man
    liest das und hat auch die gute Stimmung, aber man erwartet auch diesen
    latent christlichen Grundsatz dabei.

Wie auch Hans und Lara beschreibt Christine explizit ihre Wahrnehmung
des ›Anderen Advents‹ als einem christlichen Angebot, das über konkrete
Inhalte eine klare Botschaft an sie heranträgt und ihr Augenmerk auf die
christliche Bedeutung des Festes lenkt. So kommt der christliche Bezug des
Kalenders, das ›Religiöse‹ »immer wieder« vor und »schwebt über allem«. Wie
bereits in den Verben »vorkommen« und »schweben« und »hingewiesen« an-

klingt, ist für Christine zwar das christliche Profil des Kalenders erkennbar, dabei jedoch subtil und eher unterschwellig im Hintergrund präsent. Indem der ›Andere Advent‹ als christlicher Kalender bestimmte Texte aufnimmt und den Adventskontext einbringt und gestaltet, transportiert er implizit auch eine bestimmte Lesart und eine gewisse christliche Interpretations- und Deutungsperspektive dieser Inhalte, die Christine als Leserin durchaus bewusst ist, da sie ja auch um den christlichen Bezug des Kalenders weiß. ›Man‹ weiß, worum es im ›Anderen Advent‹ geht und liest die Texte nicht ohne diesen ›Hintergedanken‹. Dadurch, dass man bestimmte Inhalte und Themen im ›Anderen Advent‹ und im Kontext von Advent und Weihnachten findet, lenke der Kalender implizit den Blick auf eine christliche Deutung (»dann merkt man trotzdem, dass ein bisschen interpretiert wird oder gezeigt wird, das kann man so lesen, man kann es aber auch darüber hinausgehend jetzt in diesem Adventskontext sehen, in diesem christlichen Kontext«). Dennoch ist der Kalender in seiner Inhaltlichkeit und seinem Kommunikationsstil in Christines Wahrnehmung unaufdringlich. Es gibt eine Vielzahl unterschiedlicher Texte und Themen, die durchaus Bezug auf die christlichen Wurzeln von Advent und Weihnachten nehmen, gleichzeitig aber auch »private Geschichten«, die auf den ersten Blick nichts mit dem »christlichen Aspekt« des Festes zu tun haben. Der ›Andere Advent‹ kommuniziert die christlichen Inhalte und die Bedeutung von Weihnachten eher beiläufig und indirekt, statt einen, wie Christine es formuliert, mit »Bibelzitaten zuzuschlagen«.

Christine will sich selbst Gedanken machen, den christlichen Aspekt nicht aus den Augen verlieren und zugleich aber auch andere Wege jenseits der ›klassischen‹ Bibeltexte zur Deutung und zum Verständnis der weihnachtlichen Inhalte aufgezeigt bekommen. Indem der Kalender eben eine bestimmte Auswahl von Texten in einen gewissen Kontext einbindet, bietet er implizit Deutungsmöglichkeiten und Interpretationsangebote an und lässt zugleich Raum und Offenheit für eigene Überlegungen und Deutungsperspektiven.

Der Kalender ist mithin einerseits inhaltlich, andererseits gerade in seiner konkreten Inhaltlichkeit offen und schwebend. So ist das Christliche latent immer im Hintergrund präsent und gegenwärtig, zugleich aber nicht »erschlagend«. Das macht den ›Anderen Advent‹ für Christine als einen Menschen, dem neben dem christlichen auch der emotionale und soziale Aspekt von Advent und Weihnachten wichtig ist, interessant. Der Kalender berührt in seiner Offenheit sowohl den Aspekt der Beschäftigung mit weihnachtlichen Inhalten und Themen und lässt zugleich in seiner Hintergründigkeit und Unaufdringlichkeit Raum, auch andere Komponenten mit einzubringen, sich beispielsweise durch persönliche Leserbriefe auch emotional berühren und ansprechen zu lassen. Gleichzeitig gehört neben dem emotional-sozialen auch der christliche Aspekt für Christine im Kontext von Advent und Weihnachten unabdingbar dazu. Weihnachten habe »eine tiefere Bedeutung als nur den Konsum und nur Lichter und Party«.

Offensichtlich sucht sich Christine in diesem Kontext den ›Anderen Advent‹ bewusst in seiner Eigenschaft als christlich-religiöses Angebot aus, in dem sie eben diesen »christlichen Grundsatz« findet, der über das ›Äußerliche‹ der medialen und kommerziellen Weihnachtswelt hinausgeht. Der Kalender erinnert an die christlichen »Wurzeln«, das ›Eigentliche‹ und Grundlegende von Weihnachten und passt damit gut in den Rahmen ihrer adventlichen Besinnlichkeit und die gesuchte Beschäftigung mit Weihnachten hinein. Mit Hilfe des Kalenders und seiner Inhalte wird es für Christine möglich, sich die christliche Bedeutung des Festes immer wieder ins Bewusstsein zu rufen und das ›Eigentliche‹ von Weihnachten zu erinnern und zu bewahren.

Der ›Andere Advent‹ verknüpft in der Verbindung aus Ästhetik und expliziter religiöser Kommunikation die Performanz und das ästhetisch-sinnliche Erleben des Rituals mit konkreten inhaltlichen Dimensionen. Der Kalender ist damit mehr als nur ritueller Vollzug im Sinne eines vorgegebenen Handlungsmusters, er fordert zur individuellen Gestaltung hinsichtlich des Umgangs und zugleich über seine Texte zur aktiven kognitiven Auseinandersetzung mit den weihnachtlichen Inhalten heraus.

Die Mehrheit der Befragten erfährt trotz des eindeutigen christlichen Bezugs den Kalender dabei in seiner Offenheit, in seinem unaufdringlichen und indirekten Kommunikationsstil als besonders anregend und positiv. Der christliche Bezug ist zwar in den verschiedenen Geschichten und Textformen immer präsent und erkennbar, dennoch erscheint der Kalender den Interviewten niemals aufdringlich, sondern wird als offen und »schwebend« wahrgenommen. Legt der ›Andere Advent‹ als dezidiert christliches Angebot implizit durch die Auswahl der Texte und ihre Einordnung in den Kontext von Advent und Weihnachten eine bestimmte Lesart und einen christlichen Deutungshorizont nahe, so lässt er dennoch Raum für subjektive Deutungen und Perspektiven. Er ermöglicht es, jeweils unterschiedliche Aspekte aus den Texten heraus zu »zoomen«, die für die eigenen ›Bedürfnisse‹ und Interessen im Kontext von Advent und Weihnachten hilfreich und passend sind und knüpft so auf unterschiedlichen Ebenen an die Inhalte des Kalenders und letztlich auch ›das Religiöse‹ und die Frage nach der Bedeutung von Advent und Weihnachten für das eigene Leben an.

4.3 Der ›Andere Advent‹ als ›Impulsgeber‹ religiöser Kommunikation

Auffällig oft findet sich in den Erzählungen der Befragten zum ›Anderen Advent‹ das Stichwort des »Impulses«. Indem der Kalender als ›gebrochenes Ritual‹ zwischen Performanz und Inhaltlichkeit rituelle Räume eröffnet, ästhetisch ansprechende Visualisierungen und zugleich einen klaren christlichen Bezug durch konkrete Texte bereit stellt, rege er, so die Interviewpartnerinnen und -partner übereinstimmend, zum Nachdenken über Weihnachten und zur Beschäftigung mit seinen Inhalten an. In diesem Zusammenhang lassen sich ausgehend von den Beobachtungen bei Hans und Lara in den Erzählungen der anderen Befragten zwei Komponenten im Hinblick auf die Frage nach dem Anregungspotenzial und die besondere religiöse Attraktivität des ›Anderen Advents‹ im Rahmen weihnachtlicher Religiosität und religiöser Praxis erkennen. So kommen in den Interviews erstens immer wieder die besondere Verbindung aus Bild und Text auf den Kalenderseiten und davon ausgehend die ästhetische und anregende Darstellung und Aufbereitung der Inhalte im Kalender zur Sprache. Daher soll im Folgenden zuerst die Multimedialität des Kalenders untersucht werden. Der zweite thematische Fokus in den Aussagen zum ›Anderen Advent‹ liegt in den Interviews vor allem auf den außergewöhnlichen Texten und Textformen, die im Anschluss analysiert werden. Der Kalender beinhaltet eben nicht nur die ›klassischen‹ Bibelverse, sondern eine Vielfalt an Geschichten, Gedichten und Briefen etc. unterschiedlicher Verfasserinnen und Verfasser, die die Befragten als anders und besonders an dem Kalender und seiner Vermittlung religiöser Texte und Themen wahrnehmen.

4.3.1 Die Verbindung aus Bild und Text im ›Anderen Advent‹

Im Interview mit Lara wird deutlich, dass die Bilder ein wesentliches »Hilfsmittel« für die kognitive Auseinandersetzung mit den Texten und Inhalten des ›Anderen Advent‹ und der Beschäftigung mit Weihnachten insgesamt darstellen. Für Lara sind die Bilder mehr als nur schmückendes Beiwerk oder ästhetischer Rahmen. Vielmehr bieten die Visualisierungen durch die Bilder und die gestalterische Aufbereitung der Seiten einen Zugangsweg, der über das Lesen hinaus die Annäherung an die Texte und so letztlich auch das Verstehen dieser erleichtert.

Auch *Bernd* ermöglichen es insbesondere die ungewöhnlichen Bilder des ›Anderen Advents‹ im Kontext seiner Beschäftigung mit Weihnachten die Bedeutung und Botschaft des Festes immer wieder neu für sich zu hinterfragen und zu beleuchten. So verweist er auf die Frage der Interviewerin danach, was denn den Kalender anders im Vergleich zu anderen Angeboten mache, direkt auf das Titelbild sowie das Foto zum Vorwort des ›Anderen Advent‹ auf der Kalenderseite zum 26.11.2011, auf der neben dem Text mit dem Titel »Vorabend« ein hellerleuchtetes Haus in der Abenddämmerung zu sehen ist:

B: Ich mein, das hier ist ja verrückt. *(deutet auf das Titelbild des »Anderen Advent« 2011)*. Da ist ja eh alles offen. Warum muss ich noch was offen machen? Und das wirft eine Frage auf. Warum muss ich etwas offen machen, was offen ist? Und die Frage ist dann: Ist es wirklich offen? Das wäre so ein Gedanke, den ich spontan dazu hätte. Aber man bleibt erst einmal hängen mit den Augen. Man geht nicht drüber hinweg. Und wenn dieses Interesse geweckt wird, das ist das Eigentliche. Dann wende ich mich der Sache zu. Und wir haben ja so eine, so eine Reizüberflutung durch Fernseher und Rundfunk und so. Und trotz dieser Reizüberflutung noch ein Interesse zu wecken, das ist schwierig. [...] Hier jetzt da mit Text und Bildern, aber das erste ist nicht der Text. Ich gehe ja nicht überall hin und sag: Ach, was steht denn da? [...] Lesen ist für mich die zweite Information. Die Erste ist: Was sehe ich? Und wenn ich jetzt hier dieses Bild sehe *(zeigt auf das Kalenderblatt zum 26.11.)* Ich fokussiere auf das Licht. Da bin ich neugierig. Was ist da? Licht heißt Leben. Licht heißt Leben, Wärme, da tut sich was. Denn die Sonne ist weg, das Licht von draußen ist weg, der Himmel ist noch so ein bisschen fahl grau, da wird's gleich noch dunkler, so dunkel, wie die Bäume schon sind. Ja, das zeichnet sich ab, ich sag mal, das wissen wir alles. Aus dem eigenen Erlebniskontext. Aber wir wissen nicht, was in dem Haus passiert. Das macht neugierig. [...] Das heißt, das Bild signalisiert eine Frage [...]. Der eine beschreibt mit Worten, der andere mit Bildern. Und auf einmal ergibt sich eine völlig andere Perspektive. Der gleiche Sachverhalt, der geht genauso in einen Kopf, aber da spricht für mich der Inhalt der Bilder. Dann sage ich mir: Ah, guck mal. Wenn das überhaupt dann sogar mit Worten erforderlich ist. Und das öffnet andere Perspektiven.

Das außergewöhnliche Titelbild des Kalenders lässt Bernd sofort assoziieren. Das Foto einer Tür inmitten eines bis auf ein Pferdegespann einsamen Strandes wirft für ihn angesichts seiner Ungewöhnlichkeit (»das ist doch verrückt«) »eine Frage auf«. Es erregt seine Aufmerksamkeit und führt dazu, Überlegungen über die Bedeutung und Aussage dieses Bildes anzustellen. Wie sich in Bernds Erzählung anhand seiner spontanen Gedankengänge und Assoziationen zeigt, bilden die Bilder für ihn den wesentlichen Zugang zu einem Kalenderblatt, um dann weiterführend über die Inhalte nachzudenken und sich den Texten zuzuwenden. Trotz einer generellen »Reizüberflutung«, die Bernd auch bei sich selbst wahrnimmt, schaffen es die Bilder des ›Anderen Advents‹ im Gegensatz zu vielen anderen Einflüssen Bernds Aufmerksamkeit zu wecken und motivieren ihn zur nachhaltigen Beschäftigung mit dem Kalender. Gerade in ihrer direkten Präsenz, ihrer Unmittelbarkeit und der Spontaneität bieten die Fotos und Illustrationen des ›Anderen Advent‹ einen visuellen Reiz. Sie wecken Interesse und bieten zugleich Raum für subjektive und spontane Assoziationen und Fragen, die zum Weiterdenken einladen.

Das Erste ist für Bernd, wie er sagt, nicht der Text. An den Bildern bleibt er »mit den Augen hängen«, kann direkt und unmittelbar etwas fokussieren und muss nicht erst etwas lesen und sich ausführlich darauf einlassen, um (erste) inhaltliche Eindrücke und Informationen vermittelt zu bekommen und neugierig zu werden. Bernd kann mit seinem eigenen Erfahrungs- und Erlebnishorizont unmittelbar an das Gezeigte anknüpfen und so spontane Überlegungen und Eindrücke, Ideen und Vermutungen entwickeln.

Gleichzeitig implizieren die Bilder immer eine gewisse Uneindeutigkeit und Offenheit, die es überhaupt erst möglich machen, Fragen zu stellen. Sie bieten Interpretationsspielraum, keine eindeutigen und vorgeformten Inhalte und setzen so Impulse zum Nachdenken und Hinterfragen, statt direkt eindeutige Antworten zu vermitteln. Erst im Anschluss an die Beschäftigung mit dem Bild kommt für Bernd als »zweite Information« das Lesen hinzu. Geht ein Sachverhalt über einen Text oder ein Bild »genauso in den Kopf«, so ist es für Bernd doch zuerst der visuelle Zugang, der ihm in seiner größeren Offenheit neue Perspektiven eröffnet und daher für ihn anschlussfähig und weiterführend ist. Oft ergeben sich für Bernd schon allein über die ungewöhnlichen Bilder und die eigenen Gedanken dazu kognitive Zugänge und »neue Perspektiven auf den gleichen Sachverhalt«, die ein Text allein nicht bieten kann.

Darüber hinaus erleichtern die Bilder ihm offensichtlich auch das Herausfiltern der für ihn interessanten und weiterführenden Informationen und thematischen Gehalte. Sie bieten gewissermaßen eine kognitive Entlastung dahingehend, dass Bernd in seinem sonstigen Alltag schon viel lesen muss und hier bereits ohne große intellektuelle Anstrengung Zugang zu interessanten und vielfältigen Impulsen bekommt. Über die erste Attraktion und die spontanen Assoziationen kann Bernd zumindest unbewusst für sich entscheiden, ob er sich weiter mit dem Kalenderblatt beschäftigen will bzw. ob das Lesen überhaupt noch ›nötig‹ und spannend ist. Über die Bilder, ihren anderen Kontext und die ›andere Darstellung‹ des Bekannten lässt sich Bernd, wie er auf die Frage der Interviewerin nach dem ›Besonderen‹ des ›Anderen Advent‹ weiter ausführt, von dem Kalender »einfangen«:

B: Es ist der andere Kontext. Worum es geht, ist klar. Aber wie es dargestellt wird. Sagen wir einmal so: wie werde ich eingefangen? Ich lasse mich ja einfangen. Ich könnte das ja auch alles ablehnen. Aber ich lasse mich einfangen und finde das dann toll, wenn das funktioniert oder manchmal sag ich: Nee, das hat nicht funktioniert. Und da [beim ›Anderen Advent‹, Anm. A. H.] funktioniert das. Dadurch, dass die Bilder da sind, die wir angesprochen haben: Warum steht im weiten Wattenmeer, wo alles offen ist kein Haus, kein Strauch, da ist ja nur dieser Wagen mit dem Pferd, Warum steht da eine Tür? Über die Frage fängt es mich dann ein.

Die Bilder bieten für Bernd ähnlich wie für Lara über den visuellen Reiz hinaus einen wesentlichen Zugangsweg für die intellektuelle und kognitive Beschäftigung mit den Inhalten des Kalenders und davon ausgehend mit Advent und Weihnachten. Über den ersten Blick gelingt es dem ›Anderen Advent‹ Bernd neugierig zu machen. Wecken die Bilder sein Interesse, so ist er auch eher bereit sich mit seinen Fragen und Gedanken dem Text als »zweiter Information« zuzuwenden. Die Bilder ziehen Bernd in ihren Bann, machen neugierig und setzen das Nachdenken und die weiterführende Beschäftigung mit den Texten und Inhalten scheinbar wie von selbst in Gang. Sie sind leichter und unmittelbarer zu verarbeiten als das geschriebene Wort, ermöglichen eine intensive Beschäftigung ohne großen Aufwand und eröffnen so in ihrer ungewöhnlichen Darstellung Fragen bezüglich des Gehalts, neue Perspektiven und davon ausgehend auch Impulse für die gedankliche Beschäftigung mit Weihnachten.

Auch *Gerda* empfindet die Bilder als eine wesentliche Stärke des ›Anderen Advent‹. Doch im Unterschied zu Lara und Bernd und ihrer Wahrnehmung der Bilder bilden für Gerda die Bilder des Kalenders ausschließlich auf emotionaler Ebene einen Anknüpfungspunkt. Sie fühlt sich von diesen in ihrer ›Konzentration auf Weihnachten‹ »ein Stück weit getragen«. Die Bilder »bewegen« und »verändern« etwas bei ihr:

I: Was gefällt Ihnen denn besonders gut an dem Kalender? Sie haben ja gesagt, Impulse gibt er.

G: Mir gefallen oft die Fotos sehr gut, die gestalterischen. Zum Beispiel als ich in der Klinik war bei meiner Schwester, da hatte sie den Kalender aufhängen lassen im Zimmer. Da ist dieses eine Bild mit diesen Blüten, in so einem Krankenzimmer, das muss man sich vorstellen, wo einer liegt, der so schwer krank ist. [...] Das hatte eine Wirkung da in dem Krankenhaus. [...] Ja, die Blütenblätter, die dann da auf dem Schreibtisch sind, runterfallen auf den Fußboden und im Krankenhaus, die Schwestern, jeder blieb

vor diesem Kalender stehen und nahm sich Zeit mal draufzuschauen. Das
verändert, das kann ich Ihnen sagen-

I: Warum ist das so beeindruckend gewesen für Sie?

G: Ja, da löst sich alles auf. Dann der Text dazu von Rainer Maria Rilke.
Das kann man eigentlich nicht beschreiben, wenn man dann so ein Blatt
aufschlägt.

Als ein Beispiel für die besondere Prägekraft und »Wirkung« der Bilder des
›Anderen Advent‹ erinnert sich Gerda an das Kalenderblatt zum 09.12.2011.
Im Fokus dieser Seite steht das Foto eines Schreibtisches, auf den von oben
Rosenblüten ›herabregnen‹. Sowohl der Tisch als auch der Fußboden sind bei-
nahe vollständig mit den roten Blüten bedeckt und auch der Rest der Seite ist
komplett in Rot gehalten. Im unteren Teil ist das Gedicht »Lieben« von Rainer
Maria Rilke abgedruckt. Das Bild entfaltet bei Gerda nicht zuletzt durch den
Kontext, in dem sie dieses wahrnimmt, seine Wirkkraft. Sie begegnet ihm im
Krankenhaus beim Besuch ihrer schwerkranken Schwester. Das Kalenderblatt sticht aus der nüchternen und kalten Umgebung des Krankenzimmers
deutlich hervor. Die Blütenblätter und vor allem auch die Farbe lenken die
Aufmerksamkeit Gerdas und der anderen Personen, die das Zimmer betreten,
auf den Kalender und lassen sie innehalten. Dieses Bild in Verbindung mit
dem Text zum Thema Liebe sorgt bei Gerda für eine andere Wahrnehmung,
»alles löst sich auf«, bekommt scheinbar einen Sinn und eine Bedeutung, die
sie emotional tief berührt und etwas in ihr »verändert«[156]. Die besonderen
Emotionen, die das Bild in ihr weckt, sind für Gerda nicht kognitiv zu fassen.
Auch auf Nachfrage der Interviewerin ist es ihr nicht möglich, ihre Eindrücke
und Wahrnehmungen rückblickend zu verbalisieren. Die von ihr verwendeten Verbformen »getragen werden«, »wirken« und »verändern« lassen Gerda
passiv erscheinen. Sie »kann nicht beschreiben«, was mit ihr passiert, wenn

---

[156] Die Formulierung ›da löst sich alles auf‹ findet sich vorher im Interview mit Gerda
auch an anderer Stelle im Kontext des Krankenhausbesuches bei der Schwester, wodurch
die Interpretation dieser Aussage als Zuschreibung von Sinn unterstützt und plausibel
wird. Hat Gerda das erste Weihnachtsfest ohne ihre Kinder und deren Familien zunächst
als sehr einsam erfahren, so hat ihr das Fernbleiben der Kinder gleichzeitig die Möglichkeit gegeben, ihre schwer erkrankte und mittlerweile verstorbene Schwester im weit
entfernten Krankenhaus zu besuchen und diese ein letztes Mal vor ihrem Tod zu sehen.
Mit dem Tod der Schwester bekommt das einsame Weihnachten rückblickend für Gerda
einen Sinn, indem sie eben diesen letzten Besuch bei der Schwester im Krankenhaus als
Fügung der Engel deutet, die eben diesen bewirkt hätten. Der Glaube an die wohlwoll-
ende Führung und Begleitung Gottes in ihrem Leben, hier symbolisiert durch die Engel,
bewirkt eine ›Veränderung‹ der Sicht auf das einsame Weihnachten. »Alles löst sich auf«
und das Geschehen bekommt nachhaltig einen tiefen Sinn als Wegweisung Gottes.

sie so ein Blatt aufschlägt, nur dass es etwas bei ihr »bewirkt«. Es geht weniger um eine inhaltliche Auseinandersetzung mit dem Kalenderblatt als darum, über den ›Anderen Advent‹ das ›Heilige‹ und ›Andere‹ für sich zu spüren und wahrzunehmen. Ist Gerdas Frömmigkeit stark von der emotionalen Überzeugung der Nähe und Liebe Gottes in ihrem Leben bestimmt, so setzt der Kalender gerade mit seinen Bildern für sie Impulse dahingehend, dass er die Erfahrung von Sinn, von einem ›Mehr‹ im Leben, vermittelt und den Glauben an das Wirken Gottes bestätigt. Sie kann sich mit ihrem Glauben, ihren Emotionen und Vorstellungen in dem Bild ›wiederfinden‹.

4.3.2 Andere Perspektiven und neue Sprachformen für Vertrautes

Neben Hans und Lara nehmen auch die anderen Interviewpartnerinnen und -partner die unterschiedlichen und vielfältigen Texte und Themen des ›Anderen Advents‹ als besonders anregend und interessant wahr. Der Kalender erinnert einerseits an die Weihnachtsgeschichte und ihre Inhalte, verlässt dabei andererseits jedoch die vertrauten Pfade der Bibeltexte und Vermittlungswege religiöser Kommunikation in der Advents- und Weihnachtszeit. Dies wird im Folgenden anhand der Interviews mit Eva, Bernd, Georg und Christine besonders anschaulich.

Bei ihrer Suche nach religiöser Tiefe hat *Eva* neben den biblischen Texten und dem Singen von Advents- und Weihnachtsliedern immer wieder auch den ›Anderen Advent‹ als dezidiert christliches Angebot im Rahmen ihrer persönlichen Andachten eingebunden in der Hoffnung, dort das Gesuchte zu finden. Allerdings wünscht sie sich von dem Kalender mehr konkrete Rede von Gott und eine stärkere Fokussierung auf den »Glaubensaspekt«[157], auch wenn sie, wie sie selbst sagt, keineswegs vom ›Anderen Advent‹ »ständig nur Bibelauslegungen« erwartet. Dennoch hat Eva den Kalender weiter bestellt, da sie im ›Anderen Advent‹ trotz aller Kritik durchaus auch ›tiefergehende‹

---

[157] I: Ja, Sie sprachen ja jetzt schon von Texten und Dingen, die Sie tragen, welche Rolle spielt denn in diesem Kontext der ›Andere Advent‹?

E: Das ist unterschiedlich. Als ich den zum ersten Mal hatte, war ich ziemlich angetan und habe mich jeden Morgen gefreut und ich lese so einen Text und es ist, ich kann es aber nicht richtig festmachen, es ist etwas, ja, es ist etwas abgeflacht. Also es fehlt mir an vielen Stellen ein bisschen die Tiefe in den Texten in dem Sinne, dass auch so der religiöse oder Glaubensaspekt mir auch ein bisschen fehlt. Also manchmal ist es ja irgendwie so eine nette Geschichte, so sag ich jetzt mal, ok. Aber das spricht nicht so meine Seelentiefe an [...], also man darf auch dann von Gott reden, also den theologischen Aspekt tatsächlich haben, finde ich, wenn man schon auch Advent will, man will ja schon Menschen auch mit einem religiösen Hintergrund ansprechen, denke ich.

Inhalte und Gedanken findet, die ihr ansprechende und weiterführende Impulse und Anregungen für ihre Vorbereitung auf Weihnachten bieten.

I: Aber inwiefern ist er denn anders für Sie oder warum haben Sie ihm denn noch eine Chance gegeben?

E: Ja wegen mancher guter Gedanken, die ich so z. B. noch nicht kannte und wo ich dann auch bereit bin, darüber nachzudenken und wenn das dann auch noch mal eine andere Perspektive auf Weihnachten oder auf Vorbereitung, eigentlich die Adventszeit ja auch eine Fastenzeit ist, das haben wir ja nun vergessen. [...] Dass ich sage, »oh ja, das ist jetzt ein Text, den will ich mir auch noch mal länger angucken« und der hat vielleicht irgendwo doch intensiver was mit mir zu tun oder mit meinem Glauben oder gibt mir noch mal einen neuen Impuls da drauf, dann finde ich das schön, also erwarte ich nicht, dass da jetzt irgendwie nur ständig irgendwelche Bibelauslegungen sind oder so was, deswegen finde ich ihn ja auch gerade gut, ja.

Der Kalender beinhaltet für Eva »gute Gedanken« dahingehend, dass er ihr neue und andere Perspektiven über das Gewohnte und Bekannte von Weihnachten aufzeigt, die sie nach eigener Aussage bisher nicht kannte oder so nicht gedacht hat. Zumindest einige seiner Texte liefern ihr neue Perspektiven und interessante Blickwinkel, die sie zum Nachdenken anregen und Weihnachten anders in den Blick nehmen. Eva sucht Texte, an die sie anknüpfen kann, die dadurch »intensiv« sind, dass sie mit ihr persönlich »zu tun« haben (»das hat intensiver etwas mit mir zu tun«). Kriterium für einen guten und anregenden Text ist, dass Eva das Bedürfnis hat, sich mit diesem auch über den Tag der Kalenderseite hinaus öfter und ausführlicher beschäftigen zu wollen, weil er sie persönlich berührt und anspricht. Es geht ihr um Erlebnisintensität und Gefühl, sie will sich mit ihren Vorstellungen und Überzeugungen, ihren Emotionen und ihrem Glauben in den Texten wiederfinden. Sie will sich »getragen fühlen« können ohne groß reflektieren zu müssen und sucht nach neuen Impulsen. Es soll um Gott und die weihnachtliche Botschaft und in diesem Kontext nicht zuletzt um sie gehen.

Als Beispiel für einen anregenden Text nennt Eva die ›Anrede‹ des Engels auf dem Kalenderblatt zum ersten Adventssonntag am 27.11.2011:

I: Haben Sie dann in dem Kalender, ich habe jetzt den neuen noch mal mit, schon eine Lieblingsseite?

E: Ich sag ja, da bin ich sofort drauf angesprungen, dachte ich »oh, das lässt ja irgendwie hoffen, diesmal ist er wieder intensiver.« [...] Das fand ich gut mit dem Engel. Also da dachte ich, »oh fängt ja gut an«. Ich muss mal gucken, also gerade diese zwei ersten Seiten, da dachte ich »oh super, freue ich mich drauf auf den Kalender« und dann hörte das ein bisschen auf.

I: Und warum, weil es um Gott geht und da das adventliche Thema aufgegriffen wird oder warum?

E: Mhm (zustimmend). »Du trägst Gott in dir, erschrick nicht, Gott wird wachsen in dir. Gib ihm Wohnung und bring das Heilige zur Welt.« Also das ist ein Gedanke, den nehme ich dann mit oder den beweg ich und ich möchte gerne das bewegen und nicht sagen »ach ja, kann man, ist nicht schlecht«, aber dann geht der wieder weg. Das finde ich eben gut, wenn ich dieses Erlebnis habe, dann denke ich »ja den Text, den will ich doch öfter lesen und da ist ein Gedanke, da gucke ich heute noch mal drauf« oder so, dann finde ich persönlich, ist es gut (Lachen).

I: So was, was haften bleibt irgendwie?

E: Genau, oder anregt, noch mal drauf zu gucken und sich damit noch mal auseinanderzusetzen.

Die Erzählung aus der Sicht des Engels erweckt bei Eva den Eindruck von Intensität und Tiefe (»diesmal ist er wieder intensiver«). Insbesondere durch die letzten beiden Zeilen des Textes in direkter Rede, die sie zitiert, fühlt sich Eva offensichtlich persönlich angesprochen. Angesichts ihres Wunsches sich getragen zu fühlen und Gott in ihrem Innersten zu spüren, passt die Botschaft des Engels »Du trägst Gott in dir, erschrick nicht, Gott wird wachsen in dir. Gib ihm Wohnung und bring das Heilige zur Welt« gut zu Evas eigener Glaubensvorstellung und -überzeugung. An diesen Gedanken kann sie anknüpfen, ein neues Bewusstsein und eine Gewissheit für ihr Leben und ihren Glauben bekommen und sich in Gottes Liebe und Nähe bestätigt wissen. Diesen Gedanken nimmt sie mit und »bewegt« ihn. Er wird für Eva sowohl im Hinblick auf ihren Glauben als auch für ihr persönliches Leben eine weiterführende und tiefergehende Perspektive. Die ungewohnte Sicht auf die weihnachtliche Botschaft und die direkte Anrede berühren sie ›im Innersten‹, bieten Trost und Kraft und laden ein, sich weiter mit dem Text zu beschäftigen, seine Gedanken auch über den Moment des Lesens hinaus zu bewahren.

Im Hinblick auf die Perspektive des ›Anderen Advent‹ als Impulsgeber religiöser Kommunikation ist auch die Erzählung von *Bernd* interessant und aufschlussreich. So schließt Bernd auf die Frage der Interviewerin nach seiner persönlichen Deutung von Weihnachten folgende Überlegungen an:

B: [...] Als die katholische Kirche noch in Latein die Predigten hielt und es keiner verstand, da gab's dann ja das Glöckchen, nach dem Motto: Hallo, jetzt passiert hier mal was. Die Worte versteht ihr ja nicht, jetzt müsst ihr mal wieder aufstehen und dergleichen. Diese Dinge wurden beibehalten bis heute, obwohl in Deutsch gepredigt wird. Und auch im Bereich der evangelischen Kirche wird ja Bibelauslegung im Sinne der Predigt immer noch so gemacht als brauchten die Leute das. Wenn das ein Pastor schön macht, ist das auch klasse, wenn der also einen Tagesbezug herstellt. Das ist vielleicht höchstens in der Hälfte der Fälle so. Kirche trifft nur noch wenige Leute im Innersten. [...] Ich glaube, diese tiefe Religiosität wird nicht mehr oft vermittelt. Ich sag mal nicht mehr oft, weil es sicherlich einzelne Pastore gibt, die noch so ein Charisma haben und die Leute durch ihre Art in die Kirche ziehen. Da geht man hin, weil da was rüberkommt. Und was da rüberkommt ist zum einen erkennbare gelebte Frömmigkeit. Die ist glaubhaft, die ist authentisch. Viele schaffen das nicht, die rüber zu bringen. Und zum anderen die Botschaften, die rüberkommen, dass man sagt: »Jetzt bin ich ein Stück weiter. Ja, jetzt hab ich bestimmte Dinge verstanden.« Ansonsten muss ich gar nicht hingehen.

Im ersten Teil seiner Schilderung äußert Bernd ›konfessionsübergreifend‹ Kritik an der Predigt als der ›klassischen‹ Form kirchlich-religiöser Kommunikation. Angesichts seiner Aussagen zur katholischen Kirche und ihrer Liturgie ist zu vermuten, dass Bernd auch bei der evangelischen Kirche nur eine geringe Wertschätzung hinsichtlich der ›Verstehenskompetenz‹ der Gottesdienstbesucherinnen und -besucher in Bezug auf das Evangelium sieht (»Und auch im Bereich der evangelischen Kirche wird Bibelauslegung im Sinne der Predigt immer noch so gemacht als brauchten die Leute das«). Hier schwingt der Verdacht einer direktiven und belehrenden Perspektive durch die Kirche und ihre Pfarrerinnen und Pfarrer, Expertinnen und Experten religiöser Kommunikation, mit. Die Predigten enthalten in Bernds Wahrnehmung vor allem (vorgefertigte) Bibelauslegungen, die in ihrer Eindeutigkeit ein bestimmtes Verstehen und eine feste Deutung vermitteln sollen. Zudem gelingt es Bernds Erfahrung nach nur wenigen Pfarrerinnen und Pfarrern, in ihrer Predigt einen aktuellen »Tagesbezug« herzustellen, dem biblischen Text einen Alltags- und persönlichen Lebensbezug zu verleihen, der die Menschen erreicht und letztlich über die exegetische Deutung des Bibeltextes hinaus zum Nachdenken anregt.

»Die Kirche«, so Bernd, »trifft nur noch wenige Leute im Innersten«. Es gelingt ihr in ihrem Verkündigungshandeln und mit ihren ›klassischen‹ Wegen religiöser Kommunikation nicht, die Leute mit ihrer Botschaft sowohl kognitiv als auch emotional und persönlich zu erreichen. Bernd vermisst insgesamt bei den Pfarrerinnen und Pfarrern die Vermittlung einer »tiefen Religiosität«, die sich für ihn an zwei Punkten festmacht. Wesentlich ist für ihn zuerst das exemplarische Vorleben von Frömmigkeit, das glaubhafte und authentische Gestalten und Leben von Religiosität und religiöser Praxis und damit auch ein gewisses »Charisma« auf Seiten der Pfarrerinnen und Pfarrer. Bernd will etwas spüren, sich ansprechen und »einfangen« lassen, es soll etwas Glaubhaftes »rüberkommen«. Der zweite Aspekt ist die inhaltliche Vermittlung der Botschaft. Kirche soll in der Lage sein, die christliche Botschaft so an ihre Gläubigen zu kommunizieren, dass diese sie verstehen, etwas für sich erkennen und mitnehmen können. Kirchliche Verkündigung sollte, so lassen sich Bernds Aussagen zusammenfassen, sinnlich ansprechend sein, vor allem aber auch geistig anregen und berühren, die Menschen direkt ansprechen und sie gedanklich »ein Stück weiter« führen.

Vor diesem Hintergrund erlebt Bernd im ›Anderen Advent‹ zum einen die »andere Darstellung« der bekannten weihnachtlichen Erzählung und ihrer Botschaft, zum anderen den Lebensbezug der Inhalte des Kalenders als besonders inspirierend. Wie die Bilder lenken in Bernds Wahrnehmung auch die Texte des ›Anderen Advents‹ durch den unerwarteten und anderen Kontext den Blick auf das Weihnachtsfest und die Bedeutung seiner Inhalte:

I: Und welche Rolle spielt dann in diesem Kontext der ›Andere Advent‹?

B: Ja, es ist Advent, aber es wird nur anders dargestellt. Und zwar dann völlig weg von Bibelversen und dergleichen – ich sag mal, ein bisschen losgelöst von dem Verstaubten, wobei ich jetzt selber ja recht traditionell bin in meinen Sichtweisen, aber ich hab auch gerne mal was anderes. Und diese andere Darstellung ist das Reizvolle daran […] Botschaften einmal anders zu hören, dann ist man nicht mehr so abgestumpft. Ich drehe zum Beispiel wenn ich morgens zur Arbeit fahre, dann hör ich erst den einen Radiosender, dann hör ich mir den Wetterbericht an auf dem anderen Sender, dann kommt Werbung. Ich drehe grundsätzlich Werbung weg. Dann schalte ich weiter um, dann kommt das geistliche Wort, eine kurze Andacht jeden Morgen. Da gibt es tolle Sachen bei, es gibt blödsinnige Sachen, finde ich. Wenn mir einer dreimal sagt, ich soll beten, dann dreh ich sogar das weg. Und von daher beobachte ich mich, wie ich auf Reize, Bildreize, Wortreize, die geschrieben sind oder die gesprochen sind, reagiere, ob ich sag, das ist interessant, da bleib ich bei. Ich hab ja die Möglichkeit beim Radio wegzudrehen und genauso gut habe ich die Möglichkeit hier. Ich könnte es ja einfach zur Seite legen und das ist hier nicht der Fall. Und das ist das Interessante daran. […] Vielleicht ist es einfach, dass Neugierde geweckt wird, von Tag zu Tag, von Seite zu Seite. Neugierde – worauf? Und dann kommt das Eigentliche. Und das wäre dann Weihnachten, ein Hinlenken. Und selbst wenn die Sprüche nichts mit Weihnachten zu tun haben, aber ich werde neugierig. Und das andere, das denke ich mir vielleicht. [...] Das ist in etwa so wie in der Musik. Wir würden jetzt gar nicht mehr Musik der 50er Jahre hören. Da sucht man nach was Neuem – neue Botschaften, neue Lebensformen, die trotzdem die Menschen in ihrem Kern treffen. Ja – und dieses Treffen muss es haben. Man muss sich angesprochen fühlen.

Ist der christliche Bezug des ›Anderen Advent‹ für Bernd klar (»ja es ist Advent«), so liegt die »andere Darstellung« für ihn vor allem darin, dass religiöse Kommunikation jenseits der klassischen Bibelverse und ihrer typischen Auslegung gestaltet wird. Im Unterschied zur kirchlichen Kommunikation, bei der er die exegetische Auslegung stark wahrnimmt, bietet der ›Andere Advent‹ über seine ungewöhnlichen Bilder und Texte neue Anregungen und bereichernde Perspektiven, die die Botschaft auf neue Weise vermitteln und wahrnehmen lassen und damit eine neue Darstellung und einen anderen Kontext des Bekannten. Sie laden dazu ein, sich intensiver mit den christlichen Aussagen und Inhalten von Advent und Weihnachten zu beschäftigen. Der ›Andere Advent‹ ist für Bernd im Unterschied zum Altbekannten und damit aus seiner Sicht oft auch Veralteten im Kontext der Advents- und Weihnachtszeit ein Weg, Weihnachten anders zu entdecken und sich immer wieder neu zur Beschäftigung mit den christlichen Inhalten anregen zu lassen und für sich Zugänge zu diesen zu finden. Bernd sucht nicht das Immergleiche, sondern braucht neue Impulse. Wie Hans und Lara will auch Bernd das Bekannte und Erwartete im Kontext von Advent und Weihnachten nicht verlieren. Doch zugleich will er offen und neugierig bleiben für neue und andere Wahrnehmungen und Perspektiven auf das Vertraute, um nicht »abzustumpfen«.

Dies zeigt sich am Beispiel der Radioandacht. Auf dem Weg zur Arbeit schaltet Bernd häufig das »geistige Wort« im Radio ein in der Hoffnung, etwas für ihn Interessantes zu hören. Dabei lässt er sich selbst immer die Möglichkeit, jederzeit abzuschalten, sollte ihn das Gehörte nicht ansprechen. In dieser prinzipiellen Unverbindlichkeit sieht Bernd eine entscheidende Parallele zwischen der Radioandacht und dem ›Anderen Advent‹ und beobachtet zugleich bei sich selbst Unterschiede im Umgang mit beiden Angeboten. Ebenso wie er beim Radio einfach umschalten kann, könnte er auch den Kalender jederzeit zur Seite legen, wenn ihm seine Inhalte nicht zusagen. Im Unterschied zur Radioandacht, die er durchaus schon abgeschaltet hat, hat er den Kalender allerdings bisher noch nie weggelegt.

In seiner außergewöhnlichen Darstellung der Botschaft und über seinen indirekten Kommunikationsstil, der keine direkten Aufforderungen oder normative Erwartungen kommuniziert (»wenn mir einer dreimal sagt, ich soll beten«), weckt der ›Andere Advent‹ Bernds Interesse gerade auch über Inhalte, die augenscheinlich nicht direkt mit Weihnachten zu tun haben. Es gelingt dem Kalender, Bernd immer wieder neugierig zu machen und diese Neugier und das Interesse an seinen Inhalten über den gesamten Zeitraum aufrecht zu erhalten. So lenkt der ›Andere Advent‹ »Seite für Seite« über die Fragen, die Bernd sich in der Beschäftigung mit Advent und Weihnachten stellt, auf das ›Eigentliche‹, auf das Fest und seine Botschaft hin.

Gleichzeitig gelingt es dem ›Anderen Advent‹, auch »neue Botschaften« einzuspielen und Bernd direkt anzusprechen. Der Kalender bietet ihm nicht nur die eine, sondern durchaus vielfältige und andere Botschaften über das Vertraute hinaus, indem er auch den Blick auf das Leben mit einbringt. Über die alltagsnahen Texte eröffnet er Einsichten in »neue Lebensformen« und so implizit andere Wege und Perspektiven auch für das eigene Leben. Er spricht seine Leserinnen und Leser direkt an, trifft die Menschen »in ihrem Kern«, sein konkreter Lebensbezug und seine Alltagsnähe werden als ansprechend wahrgenommen. Dem ›Andere Advent‹ gelingt es über seine andere, lebensbezogene Darstellung der christlichen Inhalte für Bernd die Verbindung aus kognitivem Verstehen, emotionalem ›Berührtwerden‹ und biografischer Dimension im Hinblick auf die Frage nach der Bedeutung der Botschaft für das eigene Leben herzustellen, die er in Predigten oft vermisst.

Georg ist Ende 50 und bei einer Versicherung tätig. Seit etlichen Jahren ist er Mitglied des Presbyteriums seiner Gemeinde. Ähnlich wie Gerda unterscheidet auch Georg zwischen ›richtigen‹ christlichen Weihnachten auf der einen und ›falschen‹ kommerziellen Weihnachten auf der anderen Seite. Weihnachten ist für Georg das »Christfest«, das er nicht feiern würde, wenn er eben nicht Christ wäre (»Wenn ich nicht evangelisch wäre, nicht religiös wäre, nicht Christ wäre, würde ich auch nicht unbedingt Weihnachten feiern. Dann würde ich mich darüber freuen wahrscheinlich, dass andere das tun und ich an den Tagen arbeitsfrei habe.«) Die Advents- und Weihnachtszeit ist für ihn eine Zeit »alle Hektik sein zu lassen«, Ruhe zu finden, Gottesdienste zu besuchen, die ›klassischen‹ Advents- und Weihnachtslieder zu hören, zu lesen und sich seinen Hobbys zu widmen. Im Rahmen seiner ehrenamtlichen Gemeindearbeit hat Georg den ›Anderen Advent‹ kennengelernt. Er hat den Kalender 1999 erstmalig als Geschenk durch den Pfarrer erhalten und verschenkt ihn selbst auch an Freunde und Bekannte weiter.

Wie Lara spricht auch Georg (Ge) von »Aha-Erlebnissen« in Bezug auf den ›Anderen Advent‹. Für ihn gibt es diese vor allem bei den in seinen Augen ungewöhnlichen Texten, die er in dem Kalender vorfindet.

I: Welche Rolle spielen denn die religiösen Elemente des Kalenders für Sie?

Ge: Die haben für mich also ein Aha-Erlebnis.

I: Inwiefern?

Ge: Ja, weil zu manchen Dingen ja die Überlegungen des Verfassers sehr interessant sind. Zum Beispiel, ich habe hier gerade aufgeschlagen Herodes. Das was dann da so steht, sagt schon eigentlich, ja – Dass der Mann eigentlich aus einer großen Angst heraus so gehandelt hat wie er gehandelt hat. Wie zum Beispiel beim Kindermord. Hier dann so, jetzt habe ich das schon wieder – Weil das ja zusammenhängend ist. Die Wirtin und welche Überlegungen die so hatte. Dann hier das mit dem Tagesgeschenk, das fand ich dann auch so interessant. Das fängt ja mit Euro an und endet dann mit Sekunden. Ja, so unser Umgang mit der Zeit, das stimmt schon. Also es ist manches sicherlich da drin bedenkenswert und verschafft einem Aha-Erlebnisse und das ist vielleicht ganz wichtig.

Wie auch Hans und Lara nennt Georg als erstes Beispiel für einen gelungenen Impuls den Text aus der Sicht des Herodes auf der Kalenderseite zum 11.12.2011. Hier nimmt er eine andere, bisher unbekannte Perspektive auf die vertraute Weihnachtsgeschichte wahr, die ein neues Licht auf die Person des Herodes und den Kindermord wirft. Nicht allein Grausamkeit, sondern auch große Angst könnte ein mögliches Motiv für dessen Handeln gewesen sein. Gleichzeitig sieht Georg im Hinblick auf die Adventssonntage, die in dem vorliegenden Kalender jeweils der Perspektive einer der beteiligten Figuren der biblischen Weihnachtserzählungen gewidmet sind, eine schlüssige Gesamtkomposition, die die Geschichte aus einer anderen Perspektive beleuchtet. So erscheint ihm als zweites Beispiel auch die Kalenderseite aus der Sicht der Herbergswirtin der Weihnachtsgeschichte mit ihren Überlegungen interessant, »weil das ja zusammenhängend ist«. Das dritte Beispiel mit dem Titel »Tagesgeschenk« ist auf dem Kalenderblatt zum 27.12.2011, also für die Zeit »zwischen den Jahren«, abgedruckt und befasst sich mit dem »Umgang mit Zeit« und der Frage danach, wie man die (begrenzte) Zeit, die einem jeden Tag geschenkt wird, nutzt. Dieser Text bringt Georg auf die Frage nach seinem eigenen Umgang mit der Zeit und weckt seine Zustimmung (»Ja unser Umgang mit der Zeit, das stimmt schon.«). Indem Georg über solche Texte nachdenkt, neue Perspektiven und fremde Überlegungen vorgestellt bekommt, kommt er auch für sich selbst ins Nachdenken und gelangt letztlich zu neuen Erkenntnissen und Einsichten sowohl in Bezug auf die Weihnachtsgeschichte als auch im Hinblick auf sein Leben und seine Lebensführung insgesamt.

Dabei sind es für Georg explizit die Überlegungen und Gedanken nicht-theologisch geprägter Persönlichkeiten, die ihm besonders »bedenkenswert« erscheinen:

I: Die nennen sich ja jetzt der »Andere Advent«. Was macht denn der ›Andere Advent‹ irgendwie anders für Sie? Sie lesen den ja jetzt schon eine ganze Weile.

Ge: Er macht ihn für mich deswegen anders, weil ja auch Autoren und Leute dabei sind, die mit Theologie nun gar nichts zu tun haben. [...] Texte, Gedanken zur Adventszeit, zur Weihnachtszeit, von Leuten wie Rilke, Erich Kästner, Peter Ustinov, oder was weiß ich wem. Das macht das Interessante daran aus.

I: Warum?

Ge: Das ist ganz einfach. Jeder Laie liest ja vielleicht einen Text, der was mit Gott, Christus, dem heiligen Geist, mit Bibelstellen zu tun hat, anders als ein Theologe. Der ist ja irgendwann mal darauf, ja ich nenne das jetzt mal so, getrimmt worden. [...]. Die Blickwinkel, mit der manche Texte, manche Ereignisse in der Adventszeit, in vergangenen Adventszeiten oder so, erzählt werden, das ist für mich das Interessante. Wie andere das so sehen, einordnen, welche Ideen die zur Adventszeit haben. Wo ich dann sagen kann: Ach ja, das kann ich eigentlich mit unterschreiben. Oder dass es passiert, dass ich sagen kann: Kann ich nicht mit unterschreiben, das war eigentlich noch nicht. Aber es gibt dann auch so Texte wo ich dann hinterher sage: Mmh, Mmh, Ja. Mehr kann man dann dazu nicht sagen.

Trotz des klaren christlichen Bezugs des ›Anderen Advents‹ kommen in Georgs Wahrnehmung im Kalender mehrheitlich Texte von »Autoren und Leuten« vor, »die mit Theologie nun gar nichts zu tun haben«. Trotz oder gerade wegen seines engen Bezugs zur Kirche ist es für Georg offensichtlich besonders spannend und bereichernd, etwas zu Advent und Weihnachten von Leuten zu hören, die er aus einem anderen Kontext kennt. Er will nicht nur eine theologische Auslegung der Weihnachtsgeschichte hören, sondern auch Texte, die auf den ersten Blick eher einen literarischen statt einen dezidiert theologischen Hintergrund haben, vermittelt bekommen. Die anderen Perspektiven von bekannten Persönlichkeiten zur Advents- und Weihnachtszeit, aber auch die andere Darstellung oder die Sprachformen der literarischen Texte machen für ihn einen besonderen Reiz des Kalenders aus. Theologinnen und Theologen, so seine Vermutung, sind durch ihr Studium und ihre berufliche Expertise und Professionalität auf einen bestimmten Umgang mit den christlichen Inhalten sowie auf eine bestimmte Lesart und Deutung der biblischen Texte »getrimmt«[158] und damit im Gegensatz zu Laien nicht frei und offen für Neues, sondern im Hinblick auf die christlichen Inhalte und ihre Auslegung sowohl methodisch als auch interpretatorisch begrenzt und festgelegt.

Der ›Andere Advent‹ lasse hingegen vielfältige und sehr unterschiedliche Perspektiven und Gedanken zu Advent und Weihnachten zu Wort kommen. Die Ideen anderer ›Laien‹ sind für ihn auch deshalb interessant, weil Georg mit seinen eigenen ›laienhaften‹ Überlegungen und Überzeugungen an diese anknüpfen kann. Ihm wird die Möglichkeit eines ›Abgleichs‹ geboten, er kann sich überlegen, ob er etwas »mitunterschreiben«, also auch für sich in seinem Glauben und im Hinblick auf sein Leben so sehen würde oder nicht. Er findet nicht nur eine, sondern eine Vielzahl von möglichen Deutungen und Perspektiven, Gedanken und Überlegungen zu Advent und Weihnachten, die ihn zum Nachdenken anregen, ihn zu Einschätzungen und Bewertungen herausfordern, die er aber auch einfach nur lesen und wahrnehmen oder schlicht ablehnen kann. Der Kalender bietet für Georg eine weiterführende und bereichernde Ergänzung hinsichtlich seiner Beschäftigung mit Weihnachten und dem Glauben über den bekannten und vertrauten Rahmen der Kirche hinaus.

Gerade diese Offenheit und Multiperspektivität hebt den Kalender wahrnehmungsgemäß von anderen christlichen Angeboten der Advents- und Weihnachtszeit ab. So sieht Georg die christlich geprägten Angebote und Aktionen rund um Advent und Weihnachten sehr kritisch und prüft sie eingehend für sich:

I: Würden Sie sagen, Sie finden vielleicht was in dem Kalender, was Sie so woanders nicht finden? Es gibt ja viele Angebote zu der Zeit, die auch einen christlichen Hintergrund haben.

Ge: Ja, aber da gucke ich schon sehr genau hin, was da angeboten wird. Wie schon gesagt, ich bin ja kein Evangelikaler. Und gerade die Zeit vor Weihnachten wird auch von den Evangelikalen selber dazu genutzt um Druckerzeugnisse anzubieten, so eine Art absolutes Christentum nach dem Motto: Wir haben Recht! Davon gehen ja Fundamentalisten aus und Evangelikale halte ich für solche. Das bedeutet ja jetzt nicht, dass die wie andere Fundamentalisten zur Waffe greifen und zum Sprengstoffattentat. Fundamentalisten sind ja der Meinung, sie haben die Wahrheit gepachtet.

---

[158] Die Verwendung des Ausdrucks »getrimmt« legt zugespitzt die Sicht Georgs einer bestimmten theologischen Lehrmeinung nahe, die im Studium gelehrt wurde und die es dann von Seiten der Theologinnen und Theologen zu vermitteln gilt. Dies lässt sich jedoch nicht näher belegen.

Von der Seite her, fundamentalistische Texte habe ich da noch nie drin gefunden. Von der Seite her ist das ganz gut. Aber zum Beispiel diese Aktion von Peter Hahne. Peter Hahne gehört ja zum Rat der EKD, ist Journalist beim ZDF und arbeitet mit so einem katholischen Verlag zusammen und propagiert jetzt: Weihnachtsmann raus, Nikolaus rein. Aber das wird dann auch wieder mit so einem Sendungsbewusstsein gemacht, das mir persönlich fremd ist. Wenn er dafür wirbt, ja. Nichts gegen zu sagen. Aber wenn der so ein Sendungsbewusstsein dabei entwickelt [...] Oder wenn einer Weihnachten mit seinen Texten total verkitscht, so versüßlicht, so verklebt, wo man kaum noch den Mund auseinander kriegt, wenn man das liest. Das auch nicht. Das kommt da eben nicht vor [...].

Die Advents- und Weihnachtszeit ist Georgs Eindrücken nach eine Zeit, die gerade auch von Seiten evangelikaler Gruppierungen oft für ihre Zwecke und die Vermittlung ihrer Glaubensüberzeugungen genutzt wird. Im Laufe des Interviews hat sich Georg schon an anderer Stelle von »den Evangelikalen« distanziert und tut dies erneut. Unter »evangelikal« versteht Georg die Verkündigung eines »absoluten Christentums«, das von einem absoluten Wahrheitsanspruch ausgeht. Wie andere Fundamentalisten auch gingen evangelikale Christen davon aus, »die Wahrheit für sich gepachtet zu haben« und würden dies auch entsprechend in ihren Angeboten und »Druckerzeugnissen« kommunizieren. Als ein aktuelles (Negativ-)Beispiel dafür nennt Georg die Aktion des Journalisten Peter Hahne und dessen Zusammenarbeit mit einem katholischen Verlag. So »propagiere« Hahne die Ersetzung des Weihnachtsmannes durch den Nikolaus und dies mit einem »Sendungsbewusstsein«, das Georg strikt ablehnt. Im ›Anderen Advent‹ hingegen findet Georg solche Gedanken nicht. Der ›Andere Advent‹ wolle in seinen Augen weder belehren oder habe den Anspruch, irgendeine unumstößliche und ›richtige‹ Wahrheit zu vermitteln noch kommuniziere er ein solches »Sendungsbewusstsein«. Ähnlich wie Hans empfindet Georg den Kalender in seinem christlichen Profil gerade in seiner Indirektheit, seinem offenen und schwebenden Kommunikationsstil, als besonders positiv. Der Kalender versucht nicht, seine Leserinnen und Leser für einen bestimmten Zweck oder eine bestimmte Meinung zu vereinnahmen. Er kommuniziert nicht ›von oben herab‹, sondern begegnet seinen Leserinnen und Lesern auf Augenhöhe und lässt andere und ungewöhnliche Überlegungen und Gedanken explizit zu Wort kommen. Vor dem christlichen Hintergrund von Advent und Weihnachten lädt der Kalender zur individuellen Beschäftigung und zu eigenen Einschätzungen ein, statt selbst Bewertungen vorzunehmen oder bestimmte Ansichten und Deutungen zu postulieren. Das andere (negative) Extrem bilden in Georgs Erzählung die vielen seiner

Auffassung nach kitschigen Angebote dieser Zeit. Georg erlebt den ›Anderen Advent‹ weder als missionarisch noch als belehrend, ebenso wenig werde in seinen Texten und Inhalten Weihnachten »verkitscht, versüßlicht und verklebt«, wie es bei vielen anderen Angeboten oft der Fall sei.

Ähnlich wie Georg empfindet auch *Christine* die Vielfalt der Texte als besonders interessant:

I: Was gefällt Ihnen dann so am besten an diesem Kalender? Welche Texte sprechen Sie denn besonders an? Sie dürfen auch gerne noch mal blättern, wenn Sie möchten.

C: Ja, dass es halt, was anderes ist. Dass es nicht nur jetzt rein theologisch ist, sondern es sind ja auch oft Zeitungsausschnitte oder Gedichte, also aus völlig verschiedenen Bereichen. Also es ist jetzt nicht so einseitig, sondern es ist jeden Tag wirklich was anderes und immer wieder auch vom Layout total schön gemacht und gut umgesetzt. Immer anders umgesetzt. Mal viel Text, mal wenig Text, schöne Fotos. Das finde ich einfach gut, dass es abwechslungsreich ist. Dass es nicht nur auf einen Fokus fokussiert ist, manchmal ist es nur Theologie oder einen Liebesspruchkalender oder so was. Sondern es ist wirklich aus allen Lebensbereichen immer mal was abgedeckt [...]

Auch Christine gefällt es, dass im ›Anderen Advent‹ nicht nur »rein theologische« Texte und Gedanken, sondern hauptsächlich andere Texte wie z. B. Zeitungsberichte oder Geschichten zu finden sind. Es sind Texte aus »völlig verschiedenen Bereichen«, die nicht nur vielseitig sind, sondern auch nicht sofort und oft nur sehr subtil eine theologische Deutung oder einen gewissen christlichen Anspruch beinhalten und vermitteln. Jede Seite ist im Hinblick auf die Textauswahl, die Textform und -gattung anders gestaltet. Der ›Andere Advent‹ ist als Adventskalender nicht einseitig, sondern bietet sowohl hinsichtlich des Layouts als auch mit Blick auf die inhaltliche Komponente für jeden Tag etwas anderes. Mal kommt der theologische Aspekt explizit in den Blick, oft aber auch nicht. Der ›Andere Advent‹ gestaltet die Einstimmung und Vorbereitung auf Weihnachten, indem er sowohl den christlichen Aspekt thematisiert, als auch einen klaren Lebensbezug mit einbringt. Dies zeigt auch die nachfolgende Interviewsequenz:

I: Finden Sie dann was in dem Kalender, was Sie vielleicht woanders nicht finden würden, andere Angebote?

C: Man wird das vielleicht jetzt in entsprechenden Büchern sehen. Aber das sind halt Themen oder Themenkomplexe, wo man sich nicht unbedingt ein ganzes Buch zu holen wollen würde. Das sind halt immer nur so kurze

Punkte, kurze Anregungen quasi oder verschiedene Schlaglichter auch zu verschiedenen Themen und Sachen, die aber irgendwo unter diesem großen Thema Weihnachten stehen. Das finde ich eigentlich schön und deswegen würde ich wahrscheinlich auch diese Sache jetzt gar nicht unbedingt vertiefen wollen oder das auch anders lesen. Es reicht, diesen kurzen Denkansatz zu haben, auch wenn er aus verschiedenen Bereichen kommt und ich denke, das macht den Reiz des Kalenders irgendwie aus. [...] Ich finde auch gut, wo ich das gerade sehe, dass auch nicht nur immer- Also dass viele Leute zitiert werden aber jetzt nicht vorrangig aus dieser christlichen Sparte kommend sage ich mal, sondern irgendwelche Orte sind oder auch Fotos oder so was, jetzt nicht unbedingt immer Personen oder aus dem Ursprungsraum wo man sofort denkt: »Achja, der ist immer christlich und hat immer ein gesalbtes Wort dazu zu sagen«. Sondern auch andere Leute mal was sagen. Wo man überrascht ist, ach der hat auch so tiefgründige Gedanken zu Weihnachten oder sonst zum Christentum. Das finde ich auch ganz gut. Dass auch mal andere Leute da zu Wort kommen. Weil es immer überraschend ist einfach dann auch eine andere Seite von Leuten zu sehen, die man vielleicht vorher gar nicht so erwartet hätte. Ich finde es jetzt nicht. Ah, hier. Ich glaube das ist es. Das ist der 10.12., das war auch so eine Art Leserbrief. Da schreibt sie: Ich bin auch auf den ›Anderen Advent‹ aufmerksam geworden und so was. Das finde ich auch eine gute Sache, dass jemand seine eigenen Erfahrungen schreibt und warum er den Kalender bestellt.

Indem der ›Andere Advent‹ unterschiedliche Bereiche und Themen anspricht, bietet er Christine die Möglichkeit, sich mit vielfältigen Themen und Gedanken ihres Glaubens und ihres Lebens zu beschäftigen statt sich auf ausgewählte Aspekte zu beschränken. Im Unterschied zu Büchern bereitet er nicht ein Thema besonders ausführlich auf, sondern bietet kurze inhaltliche »Schlaglichter«. Christine muss sich nicht direkt ausführlich mit einer Thematik beschäftigen. Stattdessen bekommt sie eine inhaltliche Vielfalt präsentiert und kann dabei jeden Tag etwas Neues und Anregendes entdecken, ohne viel Zeit dafür aufwenden zu müssen. Unter dem bekannten Oberthema Weihnachten bringt der ›Andere Advent‹ erste Zugänge in Form von »kurzen Anregungen« und punktuelle Möglichkeiten der Beschäftigung und damit zumindest implizit immer wieder die Frage nach der Bedeutung der präsentierten Texte und Themen im Hinblick auf Advent und Weihnachten in den Blick.

In diesem Kontext kommt sie ebenso wie Georg auch auf die nicht-theologischen Texte und Verfasser zu sprechen. Hat der Kalender einen klar erkennbaren christlichen Bezug, so äußern sich nicht nur theologische Profis, sondern auch Prominente und ganz ›normale‹ Leute wie sie selbst, die sich »tiefgründige Gedanken« zu Weihnachten machen. Diese oft unerwarteten und überraschenden Gedanken machen den Kalender für Christine interessant, da sie sich oft selbst in den Erfahrungen der ›Anderen‹ mit ihren Gedanken, Überzeugungen und Wahrnehmungen wiederfindet. Dabei sind es insbesondere die Eindrücke anderer Leserinnen und Leser des ›Anderen Advents‹, die in Form von Leserbriefen im Kalender abgedruckt sind, mit denen sich Christine identifizieren kann. Ihre Emotionen, Erfahrungen und Meinungen finden Raum in dem Kalender und verleihen diesem einen persönlichen und lebensnahen Bezug: Sie bekommt Einblicke in die Religiosität, die religiöse Praxis, aber auch die Lebenswelt anderer, die ihr letztlich auch Anknüpfungspunkte und Ideen für ihre eigene Weihnachtsgestaltung und Beschäftigung mit dem Fest eröffnen:

I: Warum finden Sie die Erfahrungen der Anderen so interessant?

C: Weil es interessant ist zu lesen, was jeder mit Weihnachten verbindet. Weil jeder da doch was Anderes hat und andere Erinnerungen hat und einen anderen Fokus setzt und es ist einfach interessant auch zu sehen: Wie feiern andere Leute Weihnachten? Was ist anderen Leuten wichtig? Da vielleicht auch mal Anregungen zu bekommen, was kann ich vielleicht in der eigenen Weihnachtszeit mit aufnehmen? Was ist auch eine gute Idee? Wenn man nochmal Kinder hat, was kann ich da machen? Was auch ein schönes Weihnachtsfest gibt. Das finde ich echt eine ganz gute Sache. [...] Da war auch von, ein Leserbrief oder sowas in der Art. Wo Leute praktisch dann die Reaktionen beschrieben haben auf- Ja so praktisch in der Art Reaktionen beschrieben haben auf den Kalender, dann aber so allgemein kundgetan. Das fand ich ganz gut. Oder eben auch, was hier so ein bisschen biografisch ist *(deutet auf das Kalenderblatt zum 10.12.).* Deswegen hat man auch seine eigenen Erfahrungen, schreibt was bedeutet Weihnachten für mich. Da hat jeder irgendein anderes Thema. Das fand ich auch eine gute Sache.

Es interessiert Christine zu lesen, was andere Menschen mit Weihnachten verbinden und diese Gedanken mit ihren eigenen Wahrnehmungen und Erfahrungen in Beziehung zu setzen und zu überdenken. Dabei erhofft sie sich, durch die Schilderungen der Anderen ganz konkrete Einsichten und neue Perspektiven für ihre eigenen Überlegungen und ihre eigene Festgestaltung zu gewinnen. Vorbereitung auf Weihnachten und weihnachtliche Religiosität wird ihr hier durch andere Leserinnen und Leser lebensnah und alltagspraktisch vorgelebt und bietet Christine nicht zuletzt Inspiration für die eigene (religiöse) Praxis.

4.4 DIE (BE-)DEUTUNG DER WEIHNACHTSGESCHICHTE

Die subjektive Deutung der Weihnachtsgeschichte spielt in den Erzählungen der hier vorgestellten Interviewpartnerinnen und -partner eine wesentliche Rolle. Dabei werden die Botschaft von Weihnachten, vor allem aber das Symbol des Kindes in der Krippe durchaus unterschiedlich akzentuiert.

Bei *Georg* rückt angesichts der Frage nach der Bedeutung von Weihnachten besonders deutlich die österliche Perspektive von Tod und Auferstehung in den Fokus. Richtet sich indirekt auch bei Lara vor dem Hintergrund des Lebenswegs Jesu der Blick bereits von Weihnachten her auf das Kreuz, so verweist Georg auf den direkten Bezug zwischen Weihnachtsgeschehen und österlicher Auferstehung im Kontext des christlichen Glaubens.

I: Sie sagten gerade: Die Botschaft von Weihnachten. Würden Sie die formulieren können für sich? Was wäre denn die Botschaft?

Ge: Da kann ich einfach ein Lied zitieren, eine Liedzeile. »Christ der Retter ist da«, er ist da irgendwo.
Das ist die Botschaft. Während Ostern heißt die Botschaft ja: »Christ ist erstanden.« [...]

Die Liedzeile »Christ der Retter ist da« fasst für Georg besonders eindrücklich die Kernaussage von Weihnachten zusammen. An Weihnachten ist Christus in die Welt und den Menschen nahe gekommen, um sie zu »retten«. Mit der Geburt Jesu an Weihnachten ist der »Retter« gekommen, die Erlösung bereits sicher, denn »er ist da irgendwo«. Mit Weihnachten hat etwas begonnen. Mit diesem Anfang kommt für Georg gleichzeitig unmittelbar auch das ›Ende‹, das Kreuz und die Auferstehung an Ostern in den Blick. Denn gerade am Ostergeschehen, so Georg, entzünde sich das ›Wesentliche‹, die entscheidende Aussage des christlichen Glaubens. Dies verdeutlicht er bei der Frage nach der Bedeutung des Kindes in der Krippe:

I: Und welche Rolle spielt dann diese Geschichte vom Kind in der Krippe für Sie? Und auch so für Ihr Leben?

Ge: Lassen wir das mal mit dem Kind weg. Das mit dem Kind ist dann manchmal auch dazu benutzt worden, Weihnachten zu verkitschen. Ich kenne also ein Bild, da wird diese Szene mit dem Stall in Bethlehem total falsch dargestellt von diesem Künstler des Mittelalters. Er hat das so als Stall dargestellt, wie man sich das so im Mittelalter vorstellte, mit Fenstern drin und durch ein Fenster sieht man dann im Hintergrund den Berg und das Kreuz [...] Es kam dem Künstler darauf an, nicht nur diese Geburtsszene in einer total europäischen Umgebung darzustellen, sondern auch schon dann darauf hinzuweisen, wo das Ganze enden wird. Sie können das ja auch an vielen Menschen ablesen. So eine Geschichte von einem herzigen Kind, das lachend in einer Krippe liegt und von seinen Eltern umsorgt wird und dann von drei Weisen, die dann später kommen und das Kind beschenken. Ach, das ist so was Schönes, Herzerwärmendes. Dann Ostern wird 30 Jahre später der gleiche Mann, der da als Kind in der Krippe lag, ans Kreuz geschlagen. Vorher haben Sie alle geschrien: »Hosianna, dem Sohn Davids!« und hinterher dann: »Kreuzigt ihn, kreuzigt ihn!« Das wollen dann viele wieder nicht wahr haben. [...] Entweder kann ich glauben, dass da eine Auferstehung stattgefunden hat, oder ich kann es nicht. Mit Weihnachten, so einer Geburtsszene da können sich viele Leute mit anfreunden. Deswegen: Krippe als Symbol ja, aber nicht vergessen, da geht es nicht nur um ein wonnig lachendes Kind.

I: Sondern?

Ge: Um denjenigen, der dann, um uns zu erlösen, 30 Jahre später ans Kreuz geschlagen wurde. [...] Also, Weihnachten ist natürlich ein besonderes Fest, weil da ist der Beginn des Christentums, die Anfänge, aber 30 Jahre später, da scheiden sich dann eben die Geister an Ostern.

Wie Hans lehnt auch Georg das Bild vom Kind in der Krippe für sich und seine persönliche Deutung von Weihnachten ab (»lassen wir das mit dem Kind mal weg«). So sei das Symbol des Kindes vielfach dazu »benutzt« worden, Weihnachten zu verkitschen.

Anhand des Gemäldes eines mittelalterlichen Künstlers, das ihm besonders im Gedächtnis geblieben ist, verdeutlicht Georg indirekt, worum es ›eigentlich‹ aus seiner Sicht an Weihnachten geht. Könnten sich viele Menschen durchaus leicht mit der Geschichte eines »herzigen Kindes, das lachend in einer Krippe liegt und von seinen Eltern umsorgt wird« identifizieren, so steht für Georg an Weihnachten keine idyllische Familiengeschichte im Mittelpunkt. Stattdessen lasse sich ausgehend von der Geburtsgeschichte zu Anfang des Evangeliums auch der weitere Lebensweg Jesu und damit auch das Ende am Kreuz und die Auferstehung nicht ausblenden. Die gleichen Menschen, so Georg, die vorher das Kind mit dem Ausruf »Hosianna« als Retter gepriesen und verehrt hätten, hätten nun mit den Worten »Kreuzigt ihn« nur 30 Jahre darauf seinen grausamen Tod gefordert. Entgegen der Geburtsgeschichte und dem Symbol eines Kindes lasse sich diese Begebenheit allerdings nur schwer für die meisten Menschen nachvollziehen und werde daher aus der (weihnachtlichen) Wahrnehmung oftmals verdrängt (»Das wollen dann viele wieder nicht wahr haben«). Doch gerade in der Schwierigkeit von Kreuz und Auferstehung liegt für Georg die Kernaussage, an der sich der christliche Glaube entscheidet. Ist die Krippe als Symbol für das weihnachtliche Kommen des Retters und Erlösers in die Welt für Georg durchaus von Bedeutung, so erscheint in seiner Erzählung das Ostergeschehen als zentraler Punkt seines Glaubens. Christsein, so wird indirekt deutlich, entscheidet sich nicht an Weihnachten, sondern vielmehr im Glauben an Tod und Auferstehung Jesu (»Entweder kann ich glauben, dass da eine Auferstehung stattgefunden hat, oder ich kann es nicht«). Es gehe an Weihnachten nicht um ein »wonnig lachendes Kind«, sondern um den Erlöser Christus, »der dann um uns zu erlösen, 30 Jahre später ans Kreuz geschlagen wurde«. Nichtsdestotrotz ist Weihnachten für Georg ein besonderes Fest. Das Geburtsgeschehen ist der Ausgangspunkt, der »Beginn des Christentums, an dem die Lebens- und Leidensgeschichte des »Retters« Jesus Christus und damit die Verheißung von Heil und Erlösung ihren Anfang nimmt und die letztlich durch Kreuz und Auferstehung ihre Vollendung findet.

Für *Eva* geht es an Weihnachten weniger um das »hohe heilige Familienfest mit Geschenken«, sondern vor allem um »die Botschaft dahinter«. Diese Botschaft habe sich allerdings im Laufe ihres Lebens von ihrer Kindheit bis zum Erwachsenenalter verändert. Das »Geheimnisvolle« sei verschwunden, die Weihnachtsgeschichte und darin das Symbol des Kindes in der Krippe haben eine andere Bedeutung gewonnen:

E: [...] So und Weihnachten ist ja natürlich auch anders, als man das als Kind erlebt hat, weil einfach so dieses Geheimnisvolle ist weg, so sag ich jetzt mal, und die Botschaft von Weihnachten hat sich auch verändert. Also so dieses, was man so als Kind dann auch hat und Geschenke und Jesu Geburt, also in dem Sinne von Christkind und so, das hat eine andere Bedeutung, nämlich die der Menschwerdung überhaupt und die Menschwerdung, finde ich nicht so fokussiert auf Jesus, sondern Gott wird für einen Mensch oder gibt die Botschaft die Menschwerdung meiner selbst und das ist vom Kopf her, glaube ich, jetzt ein ganz starker Impuls, also jeder Mensch ist Kind Gottes [...].

I: Was würden Sie denn sagen, ist die Botschaft von Weihnachten?

E: [...] also Jesus ist für mich nicht der Sohn Gottes, sondern ich bin Tochter Gottes und jeder ist Kind Gottes so und dieses Entgegenkommen Gottes, was ich dann in der Weihnachtsbotschaft als Angebot und Vertrauensangebot wahrnehme, das auch ein Stück zu vermitteln. [...]

I: Was bedeutet Ihnen in diesem Zusammenhang diese Geschichte von dem Kind in der Krippe?

E: [...] Ja, das Kind in der Krippe ist einfach die wunderbare, wirklich im wahrsten Sinne des Wortes, Geschichte, jede Geburt ist ein Wunder und ein Neuanfang und dieser Impuls ist einfach gut, finde ich. Den kann man auch gut weitergeben. Aber dass der eben auch verbunden ist, wie gesagt, mit einem Zuspruch Gottes für jeden, so finde ich.

Im Unterschied zu früher fokussiert sich für Eva heute ›ihre‹ Botschaft von Weihnachten weniger konkret auf Jesus als dem »Christkind« und die Geschichte seiner Geburt. Stattdessen bilde nun vor allem die »Menschwerdung überhaupt« den gedanklichen Mittelpunkt von Weihnachten und seiner Deutung im Kontext ihres Glaubens. In der Menschwerdung Gottes in Jesus wird für Eva dabei exemplarisch ihre eigene »Menschwerdung« deutlich. Angesichts der weihnachtlichen Geburt gebe ihr Gott, »die Botschaft von der Menschwerdung meiner selbst«. Genau wie bei Lara ist Jesus auch für Eva im Wesentlichen ein Mensch und Geschöpf Gottes und so wie alle Menschen gleichermaßen Gottes Kind. Jesus ist Evas Verständnis nach nicht *der* Sohn Gottes oder gar der am Kreuz stellvertretend Geopferte. Die biblische Darstellung der Vater-Sohn-Beziehung zwischen Gott und Jesus verdeutlicht für Eva exemplarisch die Beziehung aller Menschen und so auch ihre eigene zu Gott. Ebenso wie Jesus Gottes Sohn ist, sind alle Menschen und so auch sie selbst Gottes Kinder. Angesichts der Geschichte von der Geburt Jesu an Weihnachten, des exemplarischen Menschen, und seiner Beziehung zu Gott, eröffnet sich Eva damit die heilsame Perspektive eines Lebens unter der Nähe, dem Entgegenkommen und Zuspruch Gottes. Diese Erkenntnis ist für Eva »vom Kopf her ein ganz starker Impuls«. In der Weihnachtsbotschaft kommt Gott ihr entgegen, hier kommt das »Angebot und Vertrauensangebot« Gottes an die Menschen explizit zum Ausdruck. Auch Eva kann Vertrauen haben, sich im Bewusstsein der Nähe Gottes im Leben aufgehoben und getragen fühlen.

E.: [...] Also, weil das ist was, was mich durchträgt und ich sag mal, das hat sich im Laufe des Lebens verändert dahingehend, dass ich – also ich sag auch immer den Schülern, man darf Erwachsenwerden im Glauben. Also dieser kindliche Glaube, ob das jetzt die Geburt angeht oder ob es die Auferstehung ist oder ob es der Schöpfergott ist, also der Gottesbegriff hat sich für mich geweitet und entscheidend ist für mich, ob ich mich im Leben getragen fühlen kann von Gott. Auf jeden Fall mit ganz vielen Fragen und Zweifeln durch und durch und dennoch der Erfahrung, dass es gut ist und dass ich auch mit meinen vielen Widerschwankungen und Zweifeln trotzdem ein grelles Gefühl habe, das Vertrauen zu Gott geht nicht weg. Aber ich hinterfrage ganz viel und komme trotzdem immer wieder auf Gott zurück. [...] Also Jesus Christus ist nicht für mich der eingeborene Sohn, er ist auch nicht der von Gott geopfert ist am Kreuz für mich. Jesus ist seinen Weg konsequent, seinen Glaubensweg konsequent gegangen und deswegen auch ans Kreuz gekommen oder hat das in Kauf genommen, um vor sich selber glaubwürdig zu sein in seiner Glaubensbotschaft, aber nicht für meine Sünden gestorben. So z. B., das ist für mich auch ein Erwachsenwerden im Glauben, weil ich glaube, das passt nicht in mein Gottesbild, dass Gott jemanden opfert, sondern das kann ein Mensch entscheiden, ich gehe meinen Weg konsequent, selbst um den Preis des Todes. Also da kann ich auch Bonhoeffer nehmen, das ist für mich ein sehr beeindruckender Mensch in dieser Richtung, der ja dann auch entschieden hat, ich muss mir selber treu bleiben in meiner Erkenntnis, dass ich da dem Rad in die Speiche fallen muss und also das hat auch im Zweifel zur Folge, dass ich nicht kneife und dass ich ins Gefängnis gehe und das ich im Zweifel auch sterben muss. Also das ist z.B. was, wo sich mein Gottesbild ganz extrem verändert hat. Ich brauche auch nicht die Jungfrau Maria, das glaube ich nicht. Jesus hat einen leiblichen Vater und das darf ich auch aussprechen und das bricht nicht meinem Glauben einen Zacken aus der Krone, im Gegenteil, ja? Oder ein Jesus in Gethsemane ist für mich ein unglaublich beeindruckender Mensch, weil er nicht einfach heroisch auf seine Hinrichtung zugegangen ist, sondern darum gerungen hat und auch Angst hatte und am liebsten das abgewendet hätte, aber er kriegt die Stärke und die Kraft seinen Weg konsequent zu gehen und das wünsche ich mir eigentlich auch oder das ist, ich bin noch nicht in diese Herausforderung gekommen oder so, aber sich selber da treu zu bleiben und die Kraft zu haben seinen eigenen Weg zu gehen, das finde ich schon eine Kraft, die aus dem Glauben kommen kann.

Die Weihnachtsgeschichte der Geburt versinnbildlicht für Eva den Neuanfang, das Wunder der Menschwerdung und des Menschseins unter dem bedingungslosen Zuspruchs Gottes. Es ist im »wahrsten Sinne des Wortes (eine) Geschichte«, an der ihr im Menschen Jesus exemplarisch auch für sich selbst das Vertrauensangebot und die Zuwendung Gottes bewusst wird. Angesichts des weihnachtlichen Bildes vom Kind in der Krippe und der damit verbundenen Perspektive des Neuanfangs findet Eva einen grundlegenden Impuls, eine Vertrauen und Zuversicht spendende Perspektive für ihr Leben. Das Wissen um Gottes Zuspruch ausgehend von Weihnachten wird zu einem lebensbestimmenden und existenziellen Gefühl des Aufgehoben- und Getragenseins.

Für Eva ist es »entscheidend«, sich auch angesichts von Zweifeln und »Widerschwankungen« im Leben von Gott getragen fühlen zu können. Auch wenn sie selbst viel hinterfragt und oft unsicher ist, so kommt Eva »immer wieder auf Gott zurück«. Die Liebe und der Zuspruch Gottes sind der entscheidende Halt, die Sicherheit und die Vertrauensperspektive, die ihr Leben grundlegend bestimmen. Mag der Kopf auch zweifeln, das tiefe Bewusstsein und die innerliche Gewissheit, das »grelle Gefühl« des Vertrauens auf Gott und seiner Nähe bleibt für sie als tragende Konstante in ihrem Leben bestehen.

An Jesu Lebensweg zeigt sich für Eva in diesem Zusammenhang ganz konkret, was Leben im Glauben und Vertrauen auf Gott bedeutet. Das Vertrauensangebot und Entgegenkommen Gottes, das sie angesichts des weihnachtlichen Bildes vom Kind in der Krippe für sich wahrnimmt, und seiner Bedeutung für das eigene Leben spiegelt sich für Eva auch mit Blick auf den Lebensweg Jesu wider. So ist Jesus für Eva nicht, wie bei Georg, der »eingeborene Sohn« oder Retter der Menschen. Für sie ist es in ihrem Gottesbild ausgeschlossen, dass Gott einen Menschen opfert. So passt es auch nicht zu Evas Glaubensbild, dass Gott einen Menschen stellvertretend für die Sünden anderer opfert. An Weihnachten hat sich die bedingungslose Zuwendung und Liebe, das Vertrauensangebot Gottes offenbart. Die Vorstellung von Schuld, Strafe und Sühne ist mit ihrem Glauben an das unbedingte Vertrauen auf Gott unvereinbar. Der biblische Jesus ist für Eva in erster Linie ein besonders beeindruckender *Mensch*, da sich in ihm eben exemplarisch die Gotteskindschaft jeder und jedes einzelnen offenbart. So sei Jesus seinen Glaubensweg trotz aller Widrigkeiten konsequent gegangen. Statt heroisch seiner Hinrichtung entgegenzusehen, habe er Angst und Zweifel verspürt und sich dennoch aus der Stärke und Kraft seines Glaubens heraus aus freien Stücken dazu entschieden, seinen Weg auch »um den Preis des Todes« bis zum Ende zu gehen. In der biblischen Erzählung des Lebensweges Jesu zeigt sich für Eva ganz konkret die Tragweite und -fähigkeit des Glaubens an die Liebe und den Zuspruch Gottes im Hinblick auf das eigene Leben. Denn Jesus ist für Eva, ebenso wie auch Dietrich Bonhoeffer oder auch Martin Luther King, vor allem ein besonders beeindruckender Mensch, der in seinem Gottvertrauen und darin aus seinem Glauben heraus die Kraft hatte, seinen Weg zu gehen und für seine Überzeugungen trotz aller Ängste und Zweifel angesichts der drohenden Folgen bis zuletzt einzustehen. Der historische Jesus und sein Glaubens- und Lebensweg geprägt von Konsequenz und Stärke im Vertrauen auf Gott ist für Eva Vorbild und Inspiration, Identifikations- und Anknüpfungspunkt für ihre eigene Glaubensstärke und Vorbild für ihre eigene Haltung und das Handeln im Leben insgesamt. Hier zeige sich exemplarisch, welche Kraft aus dem Glauben heraus für das eigene Leben und Handeln entstehen kann, wie viel Standhaftigkeit, Stärke und Mut das Vertrauen auf Gott bieten kann.

Ist es für *Gerda* von besonderer Bedeutung, das Wirken und Handeln Gottes in ihrem Leben zu erfahren, so wird für sie gerade im Anblick des Kindes in der Krippe dieses ›Heilige‹ regelrecht ansichtig und spürbar:

I: Was bedeutet denn die Krippe zum Beispiel? Dieses Bild vom Kind in der Krippe in diesem Zusammenhang für Sie?

G: Für mich ist das schon immer als Kind so gewesen, wenn man auf dem Land aufwächst, so diese Weihnachtsgeschichte und dieses Bejammernswürdige, dass die arme Marie und der Josef keine Herberge gefunden haben, das hat mir nie gefallen. Weil, wenn ich in den Stall ging, hatte ich immer das Gefühl, da waren die Schäfchen, da war es warm, da roch es gut und in die Krippe kam das Heu, das sah alles so nett aus. Da habe ich gedacht, das ist doch ein wunderbarer Platz für so ein Kindchen. Also für mich hatte die Krippe immer so einen beschützten Raum. Manchmal ist es ja- Wenn Kinder das auch aufführen in der Krippe und so behutsam die Puppe reinlegen, das Jesuskind, da spürt man so ein bisschen was von dem geschützten Raum und wenn dann Maria und Josef so drüber stehen, das ist eine heilige Handlung, das gehört einfach dazu.

Seit ihrer Kindheit auf dem Land sind der Stall und die mit Heu gefüllte Krippe für Gerda mit Wärme, Wohlgeruch und Heimeligkeit verknüpft (»alles sah so nett aus«), so dass die oft negative Interpretation der in der biblischen Erzählung geschilderten Situation für sie nicht nachvollziehbar ist. Denn die Krippe ist für sie die Verkörperung eines »beschützten Raumes« und sehr positiv besetzt. In der Projektion der eigenen Erfahrungen auf die in der biblischen Weihnachtsgeschichte beschriebene Situation bettet Gerda diese in einen biografischen und persönlichen Bezug ein und verleiht ihr letztlich so Nachvollziehbarkeit und eine emotionale Bindung. Die eigenen Kindheitserinnerungen, die Emotionen und Assoziationen werden unmittelbar in die biblische Weihnachtsgeschichte und ihr Bild vom Kind in der Krippe hereingetragen. So wird für sie, wie sie anhand des Krippenspiels erklärt, in diesem geschützten Raum das Heilige und Bedeutsame des Geschehens ansichtig und regelrecht spürbar. In dem engen biografischen Bezug, den Gerda in diese Geschichte hineinbringt, und der Überzeugung einer transzendenten Lebensbegleitung erscheint die Krippe mit dem darin liegenden hilflosen »Kindchen« als Symbol des Beschützt- und Aufgehobenseins im Heiligen für sie selbst.

In den Interviews mit Bernd und Paul kommt ganz explizit eine (handlungs-)ethische und lebenspraktische Dimension in die Deutung von Weihnachten hinein.

So stellen die Weihnachtsgeschichte und dabei das Bild vom Kind in der Krippe für *Bernd* ein »Schlüsselerlebnis« nicht nur für seinen Glauben, sondern für die »heutige Zeit« und das Leben in dieser insgesamt dar:

I: Und diese Weihnachtsgeschichte spielt schon eine Rolle für Sie - diese Geschichte von dem Kind in der Krippe?

B: Das ist letzten Endes ein Schlüsselerlebnis, ein Schlüsselerlebnis für die heutige Zeit. Das stellt ja das gängige Handlungsmuster völlig auf den Kopf. Und wenn man sich dessen bewusst ist, dass es was anderes gibt als Macht und Kampf und geistige oder körperliche Kraft, sondern da liegt einfach so ein Baby mit 3.500 Gramm, 52 Zentimetern – was soll davon ausgehen? Und schon wenn man anfängt, sich die Frage zu stellen, da beginnt die Weihnachtsgeschichte. Ja, die Weihnachtsgeschichte beginnt da, wo man anfängt zu fragen: Was soll davon ausgehen? Das ist das Eigentliche. Denn dann hat man – oder so sehe ich das – dann habe ich in jedem Kind und ein Kind wird zum Erwachsenen – in jedem Menschen ein Stück weit Weihnachten, auch wenn es manche schon fast nicht wert sind. Ich habe so einen gewissen Anspruch an einen Menschen und auch an Verhalten und Umfeld und es gibt welche, die sind sehr zerstörerisch. Lassen wir das einfach einmal offen, ohne das jetzt weiter auszudiskutieren. Aber das Primäre ist, das geht von einem Menschen aus. Und so ein Baby hat ja bis auf Maße, wie ich sie genannt habe, 3.500 Gramm, 52 Zentimeter, noch nichts an Aussage. Und von daher ist alles möglich. Ja – und dieses »alles möglich« ist an sich das Schöne und das Interessante und das Spannende.

I: Und das ist so auch die Botschaft von Weihnachten »Alles ist möglich«?

B: Ich denke eine – wahrscheinlich nicht *die* Botschaft, aber sicherlich eine mögliche. Warum ist denn im Neuen Testament das Bild beschrieben von dem Christkind? Man hätte ja was anderes wählen können. Das könnte ein Prinz sein oder- da waren ja viele Möglichkeiten. Wenn wir einfach etwas sehen, was in der damaligen Welt an – menschlichen Eigenschaften war: Größe, Gestalt, Reichtum, Fähigkeiten und, und, und. Aber man nimmt gerade ein Neugeborenes.

[...] und letzten Endes wird ja in der Bibel nur beschrieben, was passiert ist, mehr nicht. Da war ein Stern, der wird beschrieben, was ist passiert, da in Betlehem und so weiter. Und Unterkunft im Stall und dann die Deutung dessen kommt dann ja entweder über den Engel oder die Hirten auf dem Felde oder es kommt ein paar Tage später mit den Heiligen drei Königen, dass die sagen: »Da ist was Besonderes passiert.« Und gut, dass wir sagen: »Es ist Gottes Sohn geboren.« [...] Das heißt: Die Bedeutung kommt später. Oder die vermeintlichen Feinde legen dem Ganzen die Bedeutung bei, indem sie sagen: »Oh, da kommt ein Konkurrent«. Herodes, der dann sagt: »Ach, da muss ich mal gegen angehen« und dann fliehen

Maria und Josef mit dem Kind. Also die Bedeutung durch andere. Aber direkt eine Bedeutung zur Leidenszumessung? Zu dem Zeitpunkt? »Euch ist heute der Heiland erschienen«. Gut, was ist das? Was macht der? Das ist genau so eine Sachaussage wie: »Da ist ein Kind geboren«. Und von daher sehe ich dahinter ja auch wieder viele Möglichkeiten, sich selber eine Deutung zu geben.

Semantisch betrachtet impliziert die Bezeichnung »Schlüsselerlebnis« ein Ereignis, das eine Erkenntnis beinhaltet, die neues Denken und Handeln eröffnet und letztlich eine Wirkung oder sogar Veränderung auslöst. Das Kind in der Krippe bedeutet für Bernd dahingehend ein nachhaltiges und hochwirksames »Schlüsselerlebnis«, dass das »gängige Handlungsmuster völlig auf den Kopf« gestellt wird. Kein mächtiger König, »nicht Macht oder Kampf und körperliche oder geistige Kraft«, sondern ein handlungsunfähiger und auf andere Menschen hochgradig angewiesener Säugling »ohne jede Aussage« stehe im Mittelpunkt von Weihnachten. Gerade dieses Bild des ›nichts - aussagenden‹ Säuglings führt Bernd jedoch aufgrund seiner Unbestimmtheit und Offenheit dazu, sich »Fragen zu stellen«, darüber nachzudenken und diesem weihnachtlichen Bild des Kindes eine (eigene) Deutung zu verleihen. Das Kind in der Krippe wirft Fragen auf, die nach einer Antwort und inhaltlichen Füllung verlangen, womit gewissermaßen die Weihnachtsgeschichte beginne. Die Frage nach der Bedeutung des Kindes in der Krippe führe so letztlich zum ›Eigentlichen‹ nämlich der Aussage und Botschaft von Weihnachten.

In seiner eigenen Deutung werden dabei das Kind Jesus in der Krippe und sein weiteres Leben für Bernd zu einem Sinnbild für das menschliche Leben allgemein. Jedes Menschsein beginnt mit Geburt und Kindheit, »ein Kind wird zum Erwachsenen«. So lässt sich das Geschehen der Weihnachtsgeschichte und des weiteren Lebensweges Jesu auch auf das Leben jeder und jedes Einzelnen übertragen. In diesem Sinne stecke »in jedem Menschen ein Stück Weihnachten«. Weihnachten geht, und das ist für Bernd das Primäre und Wesentliche der Geschichte, »von einem Menschen« aus. Gleichzeitig zeigt sich gerade im Symbol des neugeborenen Kindes implizit auch das besondere Potenzial dieses Menschlichen und jedes Menschen ›an sich‹. Das Bild des Kindes markiert auch in Bernds Deutung, wie Hans es formuliert, einen »Default-Status«, das Sinnbild des elementaren Menschseins, aus dem heraus sich alles entwickeln kann. Gerade diese Perspektive von »alles ist möglich« mache die Weihnachtsgeschichte und die Auseinandersetzung damit so spannend und interessant. Es gebe eben nicht nur eine mögliche Deutung des Bildes vom Kind in der Krippe, sondern jeder und jede könne diesem selbst für sich eine Deutung geben, sich Fragen stellen und darin (individuelle) Perspektiven und Antworten für sich finden.

Ebenso wie das Bild des Säuglings ist auch die gesamte Weihnachtserzählung für Bernd in vielerlei Hinsicht anschlussfähig für subjektive Deutungen und Fragen. So sei die biblische Erzählung zunächst schlichtweg nicht mehr als ein Tatsachenbericht über die Geburt eines Kindes und die Geschehnisse rings um dieses Ereignis. Erst die Protagonisten der Erzählung bzw. die theologische Deutung habe dem Geschehen sozusagen aus einer späteren Interpretationsperspektive heraus eine (mögliche) Aussage und Bedeutung aus dem Kontext der vielen Möglichen verliehen. Damit weist Bernd für sich den Bezug auf die Lebens- und Leidensgeschichte zurück. Für ihn steht das Kind in der Krippe als Symbol des Menschseins ›an sich‹ mit all seinen Facetten und Möglichkeiten im Mittelpunkt. Gerade angesichts dieser Kernaussage von ›Weihnachten in jedem Menschen‹ sieht Bernd einen gewissen Anspruch oder eine Erwartungshaltung hinsichtlich des Verhaltens der Menschen und ihres Umganges miteinander gegeben. Über das Kind in der Krippe wird im Sinne eines Schlüsselerlebnisses deutlich, dass eben auch Veränderung und Umkehrung der gängigen Verhältnisse und Vorstellungen möglich sind. Am Kind eröffnet sich, was Geburt und Menschsein jenseits aller Differenzierungen und äußeren Faktoren und Bedingungen bedeuten, die Perspektive von (Neu-)Anfang und vor allem von einem ›anderen‹ und neuen Handeln kommt in den Blick.

I: Und welche Rolle spielt dann Weihnachten im Kontext mit den anderen christlichen Festen?

B: Damit fängt's an. Das ist der Anfang. Ostern hat die Besonderheit - oder Karfreitag – der Tötung, aber auch der Wiederauferstehung. Das ist schon eine deutliche Zäsur, aber wie ein Märchen mit Happy End. Aber Weihnachten ist der Beginn. Und von diesem Beginn, und das ist ja auch was Interessantes, gibt es ja in dem Sinne nicht das Ende. Es begann, aber es hat kein Ende. Und deshalb ist Ostern nur so eine Zäsur [...] Weihnachten als Beginn, als Beginn für die neue Zeit. Und dann ist die Frage: Was machen wir daraus? Und von daher halte ich Weihnachten für sehr wichtig. Es würde irgendwas fehlen, auch wenn das neue Jahr nicht beginnt. Es passt ja kalendarisch nicht genau zusammen. Aber für mich beginnt quasi mit - anders herum: Weihnachten ist ein Beginn. Ein Beginn mit der ganzen Symbolik und auch ein Beginn mit einer neuen Zeit und die neue Zeit ist eine andere Lebensform, ein anderer Umgang mit den Menschen. Und wenn das wirklich so sein sollte, was wir ja alle glauben, aber nicht wissen, ohne jetzt jemandem da zu nahe treten zu wollen. Wenn das von

Gott kommt, ich will da jetzt gar nicht daran zweifeln, dann ist das was
ganz Tolles. Wenn es den nicht gibt, dann ist es auch was Tolles.

Das Symbol des Kindes in der Krippe als Symbol für etwas Neues, für Veränderung und eine Offenheit, dass alles möglich ist, impliziert für Bernd
den Beginn einer neuen Lebensform, eines neuen Denkens und Handelns
letztlich auch der Menschen untereinander. Das Ostergeschehen mit Jesu Tod
und Auferstehung, das in anderen Interviews immer wieder als ›Höhe‹ - oder
Endpunkt des an Weihnachten beginnenden Heils- und Erlösungsgedankens
auftaucht, bildet für Bernd lediglich eine »Zäsur«. Dabei ist für Bernd der
Transzendenzbezug irrelevant oder zumindest diskutabel. Es ist zweitrangig,
ob die Erkenntnis oder die Botschaft von Weihnachten als Neubeginn von
Gott kommt oder nicht, auch wenn er selbst keine Zweifel an Gottes Existenz
hat. Es geht für ihn angesichts von Weihnachten primär um die Erkenntnis
und die Botschaft, dass anderes Handeln möglich und nötig ist und davon
ausgehend letztlich um die Frage nach der eigenen Lebensführung und dem
eigenen Umgang mit anderen Menschen und der Menschen untereinander.
Allein aus einer rationalen Perspektive heraus sei die Erkenntnis von Weihnachten als einer neuen und anderen Zeit im Umgang untereinander logisch,
da es »sinnvoll ist so zu handeln«. Es sei erfahrungsgemäß schön, sich den
anderen zuzuwenden und mit ihnen in positiver Weise umzugehen. Bernd
verknüpft das Bild des Kindes in der Krippe mit einer konkret lebensprakti-
schen und ethischen Aussage für das eigene Denken und Handeln und darin
mit einer stark immanent ausgerichteten Perspektive. Es geht für ihn im
Blick auf die weihnachtlichen Inhalte und ihre Botschaft weniger um Gott
und seine Beziehung zu den Menschen oder die christliche Hoffnung auf
Heil und Erlösung, sondern konkret um das Handeln und Denken im Hier
und Jetzt. Menschliches Leben bedeutet für Bernd ganz entscheidend Leben
in der Gemeinschaft. Leben im Selbstverständnis als Christ impliziert dabei
ganz bestimmte Vorstellungen hinsichtlich des eigenen Handelns an und
mit anderen und gewisse Erwartungen und Forderungen an ein ›anderes‹
zwischenmenschliches Miteinander, eine ›andere Lebensform‹ im Umgang
untereinander. Christsein ist demnach für Bernd immer auch mit einem individuellen und gemeinschaftlichen Handlungsauftrag verbunden. Die Botschaft von Neuanfang und Veränderung beinhaltet einen direkten Lebensbezug und fordert eine konkrete Umsetzung im Sinne einer Handlungsethik
oder -orientierung, ein bestimmtes christliches Ethos für das eigene Leben
und den Umgang mit anderen gleichermaßen:

I: Und was geben Sie dem für eine Deutung für sich?
B: Tja - ich sehe Christentum ein großes Stück weit als Handlungsauftrag

an die Christen. Christ sein hat für mich nicht die Bedeutung, dass jemand Samstagabend und sonntagmorgens in die Kirche geht, sondern Christ sein ist für mich mehr Handlungsauftrag im täglichen Leben, in dem Moment, in der Situation. Dass das einen Abgleich braucht, was ist die Handlung, die sinnvoll ist, was erforderlich ist? Das bedeutet dann auch christliches Leben in der Gemeinschaft. Dass man da so ein bisschen, wenn man aufs falsche Gleis kommt, zurecht gestutzt wird und deshalb dann auch die Auslegung in der Predigt und dergleichen [...].

Christsein definiert sich für Bernd weniger in einer besonderen Frömmigkeit oder einer bestimmten religiösen Praxis, sondern ganz entscheidend über das eigene Handeln, die Fähigkeit und Bereitschaft in einer Situation ›richtig‹ und sinnvoll zu agieren. Es geht darum, zu erkennen, wann und wo Handeln notwendig ist, wie gehandelt und vorgegangen werden soll. Das Christentum, die christliche Tradition und der eigene Glaube, bilden für Bernd dabei einen wesentlichen »Abgleich«, da sie einerseits den Blick für bestimmte Situationen öffnen. Andererseits bietet die christliche Gemeinschaft, ihre Inhalte und ihre Tradition, wie sie beispielsweise die Predigt vermittelt, eine Orientierungshilfe oder sogar ein ›Korrektiv‹ für das eigene Handeln. Christliches Leben spielt sich nicht nur auf subjektiver Ebene ab, sondern bedeutet auch immer Leben in der Gemeinschaft mit anderen, »dass man da so ein bisschen, wenn man aufs falsche Gleis kommt, zurecht gestutzt wird«.

An Weihnachten geht es für Bernd vor allem um die zwischenmenschlichen Beziehungen, um bewusste Interaktion und Gemeinschaft. Dies verdeutlicht er am Beispiel der gemeinsamen Feierlichkeiten im Familienkreis.

I: Sie sagten, das Zusammensein mit anderen ist wichtig?!

B: Ja, zusammen sein, Mitmenschen wahrnehmen, Mitmenschen beschenken, zusammen mit ihnen essen, das Leben in der Gemeinschaft. In die Kirche gehen, zurückkommen, sich klar werden: Was haben wir, was machen wir, was feiern wir? Weihnachten alleine aus irgendeinem Grund, sei es jemand ist alleine von einer Familie übrig geblieben - das könnte ich mir schwer vorstellen.

I: Warum ist diese Gemeinschaft so wichtig an Weihnachten?

B: Menschliches Leben, jetzt nicht nur das biologische Leben, dass da einer ist - ja - was weiß ich, 1,80 m groß mit 80 Kilo, das kann jeder für sich auf einer einsamen Insel. Aber menschliches Leben bedeutet also mindestens zwei mit Interaktion, die reden miteinander, die beachten sich, die helfen sich oder vielleicht meckern sie auch miteinander - alles Mögliche. Und diese Form menschlichen Lebens ist mehr als einer allein. Und ich denke, dass das etwas ist, das man feiert, dieses nicht alleine sein [...].

I: Aber das könnte man ja auch an jedem anderen Tag im Jahr.

B: Tja klar, geht auch, aber Jesus wurde ja nicht geboren einfach so. Da waren ja Maria, Josef und als Ersatz für die anderen Leute waren die Tiere da. Da war ja die Gemeinschaft: Esel und Ochse und wie es alles heißt. Und ich glaube, dass diese Symbolik darin nach einer Erfüllung sucht, auch in der heutigen Zeit. Also Weihnachten heißt, nicht alleine sein. Weihnachten heißt, mit Eltern sein, Kind und Eltern. Und das geht in alle Richtungen. Und dann sind da die Großeltern und die Enkelkinder und von Kind und Eltern geht es zu der einen und in die andere Richtung und schon ist die Familie da. Gerade von daher halte ich das für ganz wichtig [...].

Menschliches Leben ist, so Bernd, mehr als eine einzelne biologische Existenz, sondern bedeutet unabdingbar Leben in Gemeinschaft und Interaktion. Weihnachten als Beginn der neuen Zeit ist das Fest, wo diese Interaktion, die Mitmenschlichkeit thematisiert und gefeiert wird. Man ist nicht allein. Dieser existenzielle Aspekt der Interaktion zeigt sich exemplarisch an Weihnachten und der biblischen Weihnachtserzählung. Auch Jesus wurde in eine Gemeinschaft hineingeboren. Er war nicht allein, sondern die biblische Geschichte berichtet von der Anwesenheit seiner Eltern, von Besuchern und sogar den Tieren des Stalls. Diese symbolische Gemeinschaft sucht auch in der heutigen Zeit eine »Erfüllung«, die sie in der Familie als zwischenmenschliche Gemeinschaft findet. Auch heute bedeute Weihnachten angesichts des Bildes der Krippe nicht allein, sondern in einen wechselseitigen Familienkontext eingebunden zu sein und die Gemeinschaft der biblischen Erzählung immer wieder lebendig werden zu lassen. Im Angesicht des Kindes in der Krippe bekommt so die Familienweihnacht bei Bernd und seiner Erzählung eine geradezu theologische Deutung und einen tieferen (religiös aufgeladenen) Sinn.

Ähnlich wie Bernd nimmt auch *Paul* das Symbol des neugeborenen Kindes als besonderen Anknüpfungspunkt für seine Deutung und sein Verständnis von Weihnachten.

I: Was bedeutet Ihnen diese Geschichte vom Kind in der Krippe?

P: Die bedeutet mir ziemlich viel, weil ich finde, das ist das Entscheidende, dass das Christentum zurückgeht auf nicht irgendwie eine wunderbare Geburt eines strahlenden Gotteshelden, sondern wirklich ein ganz schlichtes Kind, zur falschen Zeit geboren, am falschen Ort geboren, von den falschen Leuten geboren, also unter ziemlich schwierigen Umständen und dass gerade oder obwohl das so war, da jemand heranwächst, der in besonderer Weise menschlich wurde und dass z. B. eben natürlich auch die Könige zu diesem Kind kommen, das ist natürlich eine schöne

Legende, aber an erster Stelle erst mal Hirten. [...] Und da muss ich sagen, das finde ich gerade das Besondere, dass dieser Jesus von Anfang an, von Krippe bis zum Kreuz so ein Normalo ist und das Göttliche dennoch in ihm durchscheint, wie das dann schon in der Weihnachtsgeschichte deutlich wird. Also dieses »Gloria in excelsis Deo« das empfinde ich dann schon sehr gut, dass es eigentlich schon sich andeutet, das wird ein Besonderer. Aber ein besonderer Mensch und dann könnte man immer noch sagen Gottes Sohn.

Die Weihnachtserzählung bildet für Paul den Ausgangspunkt oder Ursprung des christlichen Glaubens und entfaltet ihre besondere Aussage dabei ganz wesentlich ausgehend von dem Bild des »schlichten Kindes« in der Krippe. Die Weihnachtsgeschichte erzähle weder von einem König noch von einem »strahlenden Gotteshelden«. Das Kind in der Krippe ist für Paul nicht auf den ersten Blick der heilbringende Gottessohn, sondern vielmehr ein besonderer *Mensch*, der noch dazu unter in jeder Hinsicht schwierigen Umständen geboren ist (»Zur falschen Zeit geboren, am falschen Ort geboren, von den falschen Leuten geboren«). Von Anfang an sei Jesus ein Mensch wie jeder andere gewesen, er war »ein Normalo von Anfang an, von der Krippe bis zum Kreuz«. Jesus ist in Pauls Augen in erster Linie ein besonderer *Mensch*, erst in zweiter Linie »könnte man immer noch sagen Gottes Sohn«. Gerade angesichts der widrigen Bedingungen und Umstände seiner Geburt entfaltet sich die besondere Aussagekraft und Bedeutung des Kindes in der Krippe, des Menschen Jesus und seines Lebensweges. So wächst, wie die biblischen Erzählungen zeigen, trotz aller Widrigkeiten und der schlechten ›Startbedingungen‹ mit dem Menschen Jesus jemand heran, »der in besonderer Weise menschlich wurde«. Die auf den ersten Blick paradoxe Aussage, dass der Mensch Jesus »menschlich wurde« impliziert gewissermaßen eine bestimmte Erwartung und Bedeutung dessen, was Menschwerden bzw. Menschsein bedeutet. Menschsein bedeutet »menschlich« sein, eine bestimmte (ethische) Haltung und ein entsprechendes Handeln. Jesus ist ein normaler Mensch, gleichzeitig scheint in ihm und seinem Leben und Wirken »das Göttliche dennoch in ihm durch«. Gerade die Verbindung aus dem ›normalen‹ Menschsein einerseits und der besonderen Menschlichkeit andererseits machen die Person Jesu und seine Lebensgeschichte für Paul zu einem starken Identifikations- und Anknüpfungspunkt sowohl für die eigene Biografie als auch im Hinblick auf das eigene Handeln.

I: Und sehen Sie diese Geschichte dann in Bezug auf Ihr Leben?

P: Also ich lebe ganz stark in dem Lebensweg Jesu, weil ich finde, das ist ein exemplarisches Leben mit Einsamkeit, mit Freude, mit Gemeinschaft, mit Heilung. [...] Ja, das hat damit zu tun, dass ich also selber aus, ich sag mal kleinen Verhältnissen komme. Also man könnte sagen Armut, also erzwungene Armut, weil mein Vater direkt vor meiner Geburt gestorben ist und er war eigentlich Ingenieur, aber wir hatten dann kein Geld und das ich dafür..., also ich kämpfe bis heute für Gerechtigkeit in der Gesellschaft ... Also das finde ich eine total sympathische Geschichte, dass dieser Jesus nicht so ein abgehobener Platon oder Sokrates ist, also Sokrates war ja auch ein Einfacher. Also »den Zug nach unten«, sagt Ernst Bloch [...] also die Ankündigung eines Kindes, eines Neuanfangs, nach etwas Lebendigem und also auch immer die Bilder von »in dem Schwachen wird das Starke ansichtig«. Die Verwandlung des Schwachen in Stärke und das Kind, das normale Kind, das sich entwickelt zu einem Heilsbringer inkl. der Jesaja-Prophetie mit dem Kind, auf dessen Schulter die Herrschaft ruht und eben nicht militärisch gedacht wird. Also eben nicht an Karl den Großen und Friedrich den Großen, die alle immer nur Kriege machen, sondern ein Kind kann entwaffnend sein. [...] Also Weihnachten hat ja erstmal auch was Verniedlichendes. Als Kind muss es auch schön sein. Aber man muss auch sehen, dass Weihnachten, die ganzen Umstände, unter denen dieses Ereignis stattfindet, politisch schrecklich ist, sozial schrecklich ist, temperaturmäßig schrecklich ist, von der Familienherkunft, von der Familie des Kindes schrecklich ist, also das darf nicht verloren gehen, weil darin auch ein Trost steckt. Also, weil, wenn alles zu perfekt, zu idyllisch, zu harmonisch ist, dann fühlen sich ja Leute draußen, die gar nicht so empfinden.

Paul lebt, wie er sagt, selbst sehr stark »im Lebensweg Jesu«. Wie er bereits zuvor erzählt hat, bilden gerade die kirchlichen Feste, die diesen Lebensweg nachzeichnen immer wieder sehr konkrete Anlässe für die Erinnerung an das Leben Jesu, das Nachdenken darüber und die innerliche Sammlung und ›Versenkung‹. Die Ausrichtung am liturgischen Jahr bietet bereits in ihrer regelmäßigen Abfolge für Paul Halt und Orientierung, ein stützendes Korsett angesichts der eigenen biografischen Erfahrung von Unwägbarkeit und Unvollständigkeit. Die biblische Erzählung über das Leben Jesu ist darüber hinaus für Paul ein wichtiger Identifikationspunkt. Er findet sich dort mit seinen eigenen Emotionen und Erfahrungen wieder. Das Leben Jesu ist »exemplarisches Leben« aus Einsamkeit, Freude, Gemeinschaft und Heilung und damit menschliches Leben in all seinen bekannten Facetten. Hier kann Paul inhaltlich direkt mit seiner eigenen Situation anknüpfen, Deutungsmöglichkeiten und Perspektiven, vor allem aber auch Trost und Hoffnung für sein eigenes Leben finden. Paul selbst hat Trauer, Not und Ungerechtigkeit in seinem Leben erfahren. Die Geschichte des Menschen Jesus, der trotz aller widrigen Bedingungen seines Lebens von Anfang an im wahrsten Sinne des Wortes »menschlich« wurde, ist angesichts dieser eigenen Erfahrungen eine wichtige Inspirations- und Kraftquelle angesichts seiner eigenen Wahrnehmungen und Erfahrungen. Kein König oder Feldherr ausgestattet mit Macht und Gewalt, sondern ein normales Kind entwickelt sich zu einem »Heilsbringer«. Aus dem »Schwachen«, dem neugeborenen Kind in der Krippe, entwickelt sich letztlich das »Starke«, der Erlöser, im Alltäglichen erwächst etwas ›Großes‹ (»Die Verwandlung des Schwachen in Stärke und das Kind, das normale Kind, das sich entwickelt zu einem Heilsbringer ...«). Die Weihnachtsgeschichte erzählt nicht von einer idyllischen oder verniedlichenden Familiengeschichte. Das Ereignis der Geburt Jesu findet unter in vielfältiger Hinsicht schrecklichen Bedingungen statt. Gerade die Umstände zur Zeit der weihnachtlichen Geburt und die von dieser ihren Anfang nehmenden ›Entwicklung‹ des Kindes zum Heilsbringer lenken Pauls Blick auf die heutige soziale und gesellschaftliche Situation. So ist es eben diese Botschaft der außergewöhnlichen Menschwerdung Jesu unter widrigen Bedingungen, die die Weihnachtsgeschichte aus Pauls Sicht zu einer besonderen Hoffnungsperspektive gerade für diejenigen macht, die selbst am Rande der Gesellschaft stehen. Gleichzeitig sieht er die weihnachtliche Botschaft und vor allem das exemplarische Leben und Wirken des Menschen Jesus, wie es die Evangelien beschreiben, eng mit einer Handlungsaufforderung verbunden, sich für sozial schwache und in Not geratene Menschen und eine ›andere‹ Gesellschaft jenseits der bestehenden Verhältnisse einzusetzen:

I: Und wenn Sie das jetzt so zusammenfassen würden, was ist dann die Botschaft von Weihnachten eigentlich für Sie persönlich?

P: Die Botschaft wäre für mich: Macht es wie Gott, fangt klein an, werdet Mensch! [...] Nein, also dass im Kleinen, in dem Alltäglichen, in dem Unauffälligen Großes geschieht.

I: Und versuchen Sie das dann auch irgendwie für sich umzusetzen?

P: Das ist jetzt natürlich ein hoher Anspruch. Also ich meine, erstmal lebe ich bürgerlich [...] Ich arbeite im Tafelladen mit, also weil ich einfach Kontakt haben will zu Leuten, die anders ticken als ich und die reden anders, die riechen anders, die sind anders. Ich verstehe die auch nicht immer. Ich finde die auch manchmal schrecklich, auch unverschämt manchmal sogar. Aber erstmal lerne ich Leute kennen, also die sind Analphabeten, die sagen: »Kannst du mir mal, ich habe einen Brief, kannst du mir das mal eben vorlesen«. Ja und dann lese ich denen das vor. Aber ich finde diese Gesellschaft so schrecklich ungerecht, die kann ich kaum aushalten, so dass ich in kleinen Schritten und ohne dass ich jetzt hier zum Sozialrebell werde, weil ich auch noch leben will und auch noch das Leben lustig finden will- Aber dass es in unserer Gesellschaft Suppenküchen für Kinder geben muss- Also der Tafelladen oder die Tafelbewegung verteilt täglich 1.500 Essen, davon 300 an Kinder, die noch abends sich auf Spielplätzen rumtreiben und dann verdient so ein Moderator am Abend 12.000 Euro. Aber wir haben uns daran gewöhnt an diese Missverhältnisse, an diesen Wahnsinn. Also das hat zu tun mit Weihnachten, also mit einer Geschichte, die von Bescheidenheit und Armut geprägt ist, die aber nicht Armut als Selbstzweck jetzt irgendwie propagieren würde, sondern weil die Welt so ist, wie sie ist, kann man eigentlich jetzt nicht ein großes Auto fahren, weil die Umwelt dann zugepustet wird oder weil auch so teure Autos eigentlich nicht gerecht sein können. Aber das hat durchaus was mit Weihnachten zu tun. Also eine sozialkritische Lebensweise, vielleicht könnte man einfach sagen *einfach* leben. Also *einfach* leben, auch ein bisschen frei, aber im Sinne von bescheiden, nicht arm.

Das Zitat »Macht es wir Gott, fangt klein an, werdet Mensch« fasst für Paul die wesentliche Kernaussage von Weihnachten zusammen. Indirekt überträgt Paul diese Botschaft auch auf seine eigene Situation und macht sie zu einer ethischen Perspektive für das eigene Denken und Handeln. So bieten ihm einerseits die Weihnachtsgeschichte und das Leben Jesu insgesamt eine tröstende und stärkende Perspektive für sein eigenes Leben. Andererseits zeigt sich hier exemplarisch, was Menschwerden bzw. menschlich sein auch in der heutigen Zeit bedeuten. So implizieren die weihnachtliche Geschichte vom Menschen Jesus und der Blick auf dessen Leben und Wirken für Paul nicht nur eine kritische Sichtweise auf die eigene Lebensführung, sondern auch die aktive Auseinandersetzung mit den politischen, gesellschaftlichen und sozialen Umständen seiner Lebenswelt und der Lebenssituation anderer Menschen. Diesen hohen Anspruch, den Paul in der weihnachtlichen Botschaft an sich selbst formuliert, versucht er auch in seinem eigenen Leben zu realisieren. Ganz bewusst sucht er mit der Arbeit bei der Tafel einen Zugang zu sozial schwachen Menschen, zu denjenigen, die ›anders‹ sind als er. Die Einblicke in deren ›andere‹ Welt machen Paul regelrecht wütend auf die Gesellschaft und führen ihm die Missstände deutlich vor Augen. Die Botschaft von Weihnachten impliziert für Paul einen kritischen Blick auf die Gesellschaft und eine Aufforderung zum eigenen Handeln. Es ist Paul sehr wichtig, eine sozialkritische Lebensweise zu pflegen und sich eben nicht mit der Welt so abzufinden, wie sie ist. Die weihnachtliche Geschichte, die für ihn stark von »Bescheidenheit und Armut« geprägt ist, erinnert ihn daran, »einfach«

im Sinne von bescheiden zu leben, die Welt kritisch zu betrachten und diese zu verändern. Die Weihnachtsgeschichte lässt den Blick offen werden gerade auch für die Ungerechtigkeiten und Missstände vor der eigenen Haustür und in der Welt insgesamt. Die Lebensgeschichte Jesu führt Paul letztlich seine eigene und die soziale Verantwortung jeder und jedes Einzelnen vor Augen, sie hat nicht zuletzt eine politische Dimension.

C Weihnachtschristentum und moderne Weihnachtsreligiosität im Spiegel des ›Anderen Advent‹

I DIE ›RELIGIÖSE ATTRAKTIVITÄT‹ DES ›ANDEREN ADVENT‹:
Ästhetik und religiöse Kommunikation

In den Interviews werden angesichts der Aussagen zum ›Anderen Advent‹ die besondere Relevanz und Bedeutung der christlichen Inhalte sowie der Wunsch nach gezielter Beschäftigung mit der Botschaft von Advent und Weihnachten im Kontext weihnachtlicher Religiosität deutlich. Für die Mehrheit der Befragten ist die Advents- und Weihnachtszeit eng mit dem Bedürfnis nach Auszeiten von den (vor-)weihnachtlichen Aktivitäten, nach individuellen Momenten des Rückzugs und der Kontemplation verbunden, um sich gezielt in der Stille mit Weihnachten zu beschäftigen und gedanklich auf das Fest vorzubereiten. Die Befragten wollen bewusst über die biblische Weihnachtserzählung und ihre Botschaft nachdenken, sich an das ›Eigentliche‹, »die christlichen Wurzeln«[1] von Advent und Weihnachten erinnern und sich darauf besinnen, »was Weihnachten ist, was Weihnachten vor über zweitausend Jahren eigentlich bedeutet hat«.[2] Immer wieder unterstreichen die Interviewpartnerinnen und -partner in diesem Kontext auch die inhaltliche Dimension des ›Anderen Advents‹ und die besondere Unterstützung, die der Kalender ihnen durch sein christliches Profil verbunden mit einer ungewöhnlichen Darstellung und Vermittlung der Inhalte im Rahmen ihrer gesuchten Besinnung auf Weihnachten bietet.

Im Unterschied zu anderen Gestaltungsmitteln, Ritualen und Symbolen der Zeit, wie etwa dem Adventskranz oder einem Schokoladenadventskalender, ist der ›Andere Advent‹ nicht nur symbolischer Verweisgeber und ästhetische Versinnbildlichung des Näherrückens des Festes, sondern auch inhaltlicher Begleiter weihnachtlicher Besinnlichkeit. Er fungiert als Medium und Impulsgeber religiöser Kommunikation, indem er die rituelle Form des Adventskalenders mit einem »tollen Design«[3] und zugleich mit konkreten Texten und Themen zu einem in formaler und inhaltlicher Sicht »schlüssigen Gesamtkonzept«[4] verbindet. Indem er als tägliches Ritual die besondere Bedeutung der Zeit bereits in formaler Hinsicht wachruft, lässt er Advent

---

[1]   Interview Christine.
[2]   Interview Lara.
[3]   Interview Christine.
[4]   Ebd.

und Weihnachten ästhetisch ansprechend erfahrbar werden, macht das Fest inmitten des Alltags bewusst und schafft mittels seiner Texte Räume und Gelegenheiten zur inhaltlichen Beschäftigung mit Weihnachten. Der Kalender ruft über die bekannten Symbole der biblischen Sprach- und Bilderwelt und der kirchlichen Tradition die Erinnerung an die Weihnachtsgeschichte wach und bringt gleichzeitig durch anregende Bilder, gehaltvolle Erzählungen, Geschichten, Gedichte und alltagsbezogene Themen lebensnahe und anschlussfähige Inhalte in den weihnachtlichen Kontext ein, die über den Bibeltext hinaus Advent und Weihnachten in den Blick nehmen und zum Nachdenken über das Fest und seine Botschaft motivieren. In seiner Kombination aus Ästhetik und konkreter Inhaltlichkeit verbindet der Kalender sowohl sinnliches und emotionales Erleben als auch die kognitive Dimension religiöser (Glaubens-)Kommunikation im Kontext von Advent und Weihnachten. Indem er die rituelle Performanz mit einer inhaltlichen Dimension, einem klaren christlichen Profil und zugleich außergewöhnlichen und verfremdenden Texten und Themen verknüpft, fordert er zur aktiven, kognitiven Auseinandersetzung heraus, setzt Impulse für das Nachdenken und unterstützt so nicht nur die atmosphärische Einstimmung, sondern auch die gedankliche Vorbereitung und gesuchte Besinnung auf Weihnachten.

Im Hinblick auf die religiöse Attraktivität des ›Anderen Advent‹ und das Anregungspotenzial seiner Bilder, Texte und Inhalte werden dabei mehrere Aspekte deutlich. Der Vergleich der Interviews mit Lara, Bernd und Gerda zeigt, dass der Kalender in der Verbindung aus Bild und Text auf unterschiedlichen Ebenen anschlussfähig für die Vorbereitung auf Weihnachten ist. So bieten die Bilder ›auf den ersten Blick‹ einen affektiv-assoziativen Anknüpfungspunkt, einen visuellen Reiz, über den die Leserinnen und Leser unmittelbar mit ihren eigenen Gedanken, ihrem Erfahrungsschatz, ihren Emotionen und Wahrnehmungen an diese anknüpfen und spontan Gedanken und Interpretationen entwickeln können. Für Bernd und Lara erleichtern die Bilder die kognitiv-intellektuelle Beschäftigung mit Weihnachten. Sie werden aufmerksam und offen für die Inhalte und eine intensive gedankliche Auseinandersetzung. Bernd interessiert sich vor allem für die Bilder, für Lara liegt der Fokus eher auf den Texten, die durch die Bilder allerdings erschlossen werden können. Bei Gerda hingegen rückt über den persönlichen Bezug zur Situation der Schwester die emotionale Komponente in den Vordergrund. Gerade über das einprägsame Bild wird ›das Andere‹ im Kontext von Advent und Weihnachten für sie erfahrbar.

Neben der klaren christlichen Perspektive von Advent und Weihnachten sowie der biblischen Weihnachtserzählung, die als Ausgangspunkt im

Fokus des ›Anderen Advent‹ steht, bietet der Kalender darüber hinaus durch seine vielfältigen Texte und unterschiedlichen Themen neue Blickwinkel und Dimensionen auf das Vertraute auch über die ›eigentliche‹ Weihnachtsgeschichte hinaus. Indem der ›Andere Advent‹ Geschichten, Zeitungsberichte oder auch Leserbriefe unter das Oberthema Weihnachten stellt, verleiht er den bekannten Inhalten eine »andere Darstellung«[5] und stellt sie in neue Kontexte. Er bringt verschiedene Themen und Perspektiven ein, ermöglicht so weiterführende Erkenntnisse und ein neues Verstehen. Er ist in intellektueller Hinsicht anregend, da er die bekannten Wege religiöser Kommunikation, die ›traditionelle‹ »Wiederholung des Vertrauten«[6] im Kontext von Advent und Weihnachten verlässt, die Weihnachtsgeschichte immer wieder neu und anders präsentiert und gleichzeitig die Frage nach der Bedeutung der Inhalte aufwirft.

Dabei gelingt es dem ›Anderen Advent‹ auch, die Befragten nicht nur in kognitiv-reflexiver Hinsicht zu erreichen, sondern sie zugleich auch, wie Bernd es ausdrückt, in »ihrem Kern zu treffen«. Wie insbesondere aus den Interviews mit Eva, Bernd und Christine hervorgeht, ist es für die Interviewten sehr wichtig, sich angesprochen zu fühlen. Sie wollen sich mit den Inhalten des Kalenders und darüber hinaus auch mit den Inhalten von Advent und Weihnachten identifizieren können, Anknüpfungspunkte für ihren eigenen Glauben und ihr Leben insgesamt finden. Dabei fällt auf, dass in diesem Kontext bei der Mehrheit der Befragten vor allem die nicht-theologischen Texte als besonders interessant und anregend wahrgenommen werden. Sie wecken Interesse und Neugier dahingehend, dass die Interviewten Einblicke in die Gedanken und Überzeugungen anderer erhalten, an die sie mit ihren eigenen Überlegungen anschließen können. Der ›Andere Advent‹ erscheint in seiner Multiperspektivität und mit seinen lebensnahen Texten jenseits der ›klassischen‹ Bibelverse und Kommunikationswege offen und bietet Raum zur individuellen Beschäftigung mit Weihnachten.

Neben der inhaltlichen Vielfalt und der ›Lebensnähe‹ ist es auch der Kommunikationsstil, der geschätzt wird. Jenseits von Kitsch und Mission gelingt es dem ›Anderen Advent‹, neue Inhalte und Sichtweisen auf die bekannte Weihnachtsgeschichte zu kommunizieren und so zur Auseinandersetzung mit der christlichen Bedeutung von Weihnachten anzuregen. Er lenkt den Blick auf die Bedeutung der Botschaft für das eigene Leben und vermag einen persönlichen Bezug zu den weihnachtlichen Inhalten herzustellen und

---

[5]   Interview Bernd.
[6]   Interview Hans.

seine Leserinnen und Leser somit sowohl intellektuell als auch emotional zu erreichen.

Die Mehrheit der Befragten erfährt trotz des eindeutigen christlichen Bezugs den Kalender in seiner Offenheit und »schwebenden Form«[7] mit seinem unaufdringlichen und indirekten Kommunikationsstil dabei als besonders anregend und positiv. Der christliche Bezug ist zwar in den verschiedenen Geschichten und Textformen immer präsent und erkennbar, aber niemals aufdringlich. Legt der ›Andere Advent‹ als dezidiert christliches Angebot implizit durch die Auswahl der Texte und ihrer Einordnung in den Kontext von Advent und Weihnachten eine bestimmte Lesart nahe, so lässt er dennoch Raum für subjektive Deutungen und Perspektiven und bleibt damit trotz seiner christlichen Bestimmtheit offen und anschlussfähig für subjektive Glaubensvorstellungen sowie individuell gestaltete und gelebte Religiosität. Der ›Andere Advent‹ gestaltet und begleitet weihnachtliche Besinnlichkeit, indem er die Advents- und Weihnachtszeit explizit als christliche Festzeit und die Vorbereitung auf das herannahende Weihnachtsfest visuell, emotional, sinnlich-ästhetisch erfahrbar und dabei zugleich inhaltlich ansichtig und bewusst werden lässt und zum Nachdenken und zur Reflexion über Weihnachten anregt. In seiner Gestalt als Adventskalender bietet der Kalender dabei die Regelmäßigkeit und Performanz eines Rituals, indem er für jeden Tag der Advents- und Weihnachtszeit eine Kalenderseite zum Umblättern und Betrachten bereitstellt. Dabei können im Unterschied zum ›klassischen‹ Ritual die Leserinnen und Leser selbst entscheiden, wie sie dieses Ritual für sich gestalten und füllen wollen. Sie sind frei darin, wann und wo sie den ›Anderen Advent‹ lesen möchten, müssen weder irgendwo hin gehen, um religiöse Inhalte vermittelt zu bekommen und zu kommunizieren noch sind mit der Teilnahme bestimmte normative Erwartungen oder ›Regeln‹ verbunden, wie beispielsweise bei der Teilnahme am Gottesdienst. In seiner rituellen Form als Kalender *für Zuhause* bietet der ›Andere Advent‹ einen sehr niedrigschwelligen Zugang zu religiösen Inhalten und Themen, der es ermöglicht, die gesuchte religiöse Kommunikation im Kontext von Advent und Weihnachten den eigenen Bedürfnissen und Möglichkeiten entsprechend in den Alltag zu integrieren. Vor allem aber ist der Kalender hoch individualisierbar im Hinblick auf die Intensität und den Umfang der Nutzung sowie den Umgang mit seinen Inhalten, ihrer Interpretation und Deutung. Er erlaubt es den Befragten sowohl auf formaler als auch auf inhaltlicher Ebene »herauszuzoomen«[8],

---

[7]   Interview Hans.

[8]   Ebd.

was für sie im Kontext ihrer Suche nach weihnachtlicher Besinnlichkeit attraktiv und passend erscheint. So können sie zum einen je nach Präferenz mehr die ästhetisch-rituelle Komponente des ›Anderen Advent‹ oder die religiöse (Glaubens-)Dimension in den Vordergrund stellen, zum anderen aber auch aus den Inhalten diejenigen auswählen, die für die oder den Einzelnen besonders anregend und ansprechend sind. In der Kombination aus Ästhetik und religiöser Kommunikation, aus Offenheit und inhaltlicher Konkretheit gelingt es dem Kalender, eine differenzierte Leserschaft in ihren unterschiedlichen Lebenswelten und Milieus, mit verschiedenen Glaubensvorstellungen und Frömmigkeitsstilen, vom Hochschulprofessor bis hin zur Rentnerin und Hausfrau zu erreichen, sei es nun mehr als »intellektuelles Abenteuer«[9] oder als sinnlich-emotionale Erfahrung.

Moderne Weihnachtsreligiosität ist vor allem durch die »symbolische Kommunikation des Evangeliums und eine ästhetische Interaktion religiöser Subjekte«[10] konstituiert. Morgenroth versteht das Weihnachts-Christentum daher als »symbolisches Christentum«, in dem sich durch das Spiel mit Symbolen, den besonderen Atmosphären und Stimmungen der Zeit individuelle Religiosität gemeinschaftlich zum Ausdruck bringen und feiern lässt. »Weihnachtsreligiosität [...] spielt mit leibhaftig erfahrbaren Dingen. Sie bringt ins Bild, was unanschaulich ist. Sie geht die Sinne an, verzaubert mit Musik und Geruch [...] und lässt sich sehen und fühlen«[11]. Weihnachtsreligiosität lebt im Wesentlichen von den Erfahrungen, vom Ergriffenwerden, dem sinnlichen Erleben und der Ahnung des ›Anderen‹ und ›Heiligen‹.

Zweifelsohne ist, das zeigt auch diese empirische Studie, weihnachtliche Religiosität von der sinnlichen Erfahrung, dem Gefühl und dem Erleben des Außeralltäglichen und Besonderen bestimmt. »Religion ist immer an Bedingungen des Sinnlichen gebunden. Sie bedarf besonderer Orte und Zeiten und einer anregenden Atmosphäre, um gedeihen zu können.«[12] Weihnachten ist Auszeit vom Alltag, eine ›andere‹ (Fest-)Zeit, geprägt von einer besonderen (Erlebens-)Intensität, einer außergewöhnlichen »Weihnachtsstimmung« und Ausrichtung auf das bevorstehende Fest innerhalb des Alltags. Dabei ist sie zugleich in der Wahrnehmung der Befragten auch eine Zeit von einer besonderen inhaltlichen Füllung und Qualität und darin für Menschen, die sich generell als ›religiös‹ verstehen, im Hinblick auf individuelle und gemeinschaftliche Religiosität und religiöse Praxis in besonderer Weise anregend

---

[9]   Ebd.

[10]   Morgenroth, Weihnacht-Christentum, 142.

[11]   Ebd.

[12]   Karle, Die markante Physiognomie der Religion, 314.

und produktiv. Übereinstimmend nehmen die Interviewpartnerinnen und -partner Advent und Weihnachten als eine Zeit wahr, die sich sowohl äußerlich in ihrer besonderen Stimmung als auch in der eigenen innerlichen Gestimmtheit, den subjektiven Wahrnehmungen und Emotionen, vor allem aber in ihrem (christlich-religiösen) Aussagegehalt, ihrer inhaltlichen Prägekraft und Bedeutung deutlich vom Alltag und den anderen Festzeiten des Jahres unterscheidet. Sie nutzen bestimmte Rituale und Symbole, bedienen sich religiöser Sprach- und Symbolformen, inszenieren und gestalten ihre Vorstellungen von weihnachtlicher Besinnlichkeit, um sich auf Advent und Weihnachten einzustimmen, das ›Andere‹ und ›Heilige‹ der Zeit zu spüren und zu erleben und sowohl sinnlich als auch emotional zwischen Alltag und weihnachtlicher Besinnlichkeit zu vermitteln. So feiert beispielsweise Eva ganz bewusst kleine Andachten für sich und lässt sich durch das Singen der Advents- und Weihnachtslieder ihrer Kindheit berühren. Lara und Christine zünden Kerzen an, besuchen Andachten oder Adventsfenster. Gerda, Paul und Bernd lassen sich von den Erinnerungen an ihre Kindheit ergreifen und versuchen, diese in ihrer Feierpraxis zumindest teilweise wieder aufleben zu lassen.

> »Das Wesentliche der Weihnachtszeit«, so Morgenroth, »bewegt sich nicht auf der reflexiven Ebene und die vielfältige symbolische Kommunikation der Weihnachtszeit verdichtet sich in eigentümlichen Stimmungen und Atmosphären [...] Das Weihnachts-Christentum ist eine Festreligion, sie inszeniert und sucht Stimmungen und darin eingebettet die Erfahrungen des ganz Anderen. Nur in der leibhaftigen Erfahrung einer heiligen Atmosphäre ist Religion lebendig. Ohne diese Erfahrung ist sie tot«[13].

Vieles, was Morgenroth über das moderne Weihnachtschristentum und seine Religiosität schreibt, findet sich in den Erzählungen der Interviewpartnerinnen und -partner wieder. Gleichzeitig deckt seine Feststellung von moderner Weihnachtsreligiosität als einer vorrangig symbolisch grundierten Stimmungsreligiosität nicht das ganze Bild weihnachtlicher Religiosität und religiöser Praxis ab. Die Analyseergebnisse zum ›Anderen Advent‹ zeigen deutlich, dass moderne Weihnachtsreligiosität und die Erfahrung und das Bewusstsein des ›Anderen‹ für viele Menschen nicht ohne greifbare Inhalte und das Verstehen dieser Inhalte zu denken sind. Bewusst suchen die Leserinnen und Leser des Kalenders nach Inhalten, die sie »weiterbringen«, sie hören das »geistige Wort« im Radio, lesen Bibeltexte oder die Geschichten, Gedichte und Gedanken des ›Anderen Advents‹. Moderne Weihnachtsreligiosität ist

---

[13] Morgenroth, Weihnachts-Christentum, 145 und 147.

mit Blick auf die Erfolgsgeschichte des ›Anderen Advents‹ offensichtlich für eine nicht unerhebliche Zahl von Menschen nicht nur als »Einschwingen«[14] in eine besondere festliche Atmosphäre und ein ästhetisch-sinnliches Ergriffenwerden zu verstehen, sondern ganz wesentlich durch den Wunsch und das Bedürfnis nach einer kognitiven und reflexiven Beschäftigung mit dezidiert christlichen Inhalten, gehaltvollen Texten und Themen und religiöser Kommunikation bestimmt. Es geht nicht nur um eine bloße »Stimmungsreligiosität« jenseits der »christlichen Deutungssysteme«[15]. Das symbolische Weihnachts-Christentum, wie es Morgenroth beschreibt, fokussiert das ästhetisch-sinnliche und emotionale, symbolisch vermittelte Erleben und unterschätzt dabei zugleich die Bedeutung und Wirkkraft der konkreten christlichen Inhalte und Deutungsperspektiven und damit letztlich auch die kognitive und reflexive Komponente weihnachtlicher Religiosität, die sich in den Interviews mit den Befragten im Kontext von Advent und Weihnachten zeigt.

Sind die Lebenswelten und vor allem auch die individuellen Glaubensüberzeugungen und Vorstellungen der hier vorgestellten Leserinnen und Leser durchaus unterschiedlich, so lässt sich in ihren Aussagen zum ›Anderen Advent‹ übergreifend und stellvertretend entdecken, was Christinnen und Christen neben dem sinnlichen Erleben und dem Eintauchen in die ästhetische Weihnachtswelt im Kontext von weihnachtlicher Religiosität und religiöser Praxis wichtig ist. »Religiöse Kommunikation kann sich in Bildern, Riten und Symbolen auch indirekt äußern und Unbestimmtheit zulassen.«[16] Gleichzeitig erinnert der ›Andere Advent‹ an die Bedeutung direkter reli-

---

[14] Vgl. a. a. O., 145.

[15] Böntert, Vom Himmel hoch, 232 f.: »Das Fest ist wie die meisten anderen christlichen Deutungskontexte in den allgemeinen gesellschaftlichen Sog der Koexistenz und Interaktion multipler Weltanschauungen und Wertesysteme geraten, der landläufig gerne als Postmoderne bezeichnet wird. Auf dem segmentierten Markt der Sinngebungsinstanzen eignet sich das Fest für eine Vielzahl von Deutungen und Verwendungen. Der überwiegende Anteil des weihnachtlichen Brauchtums spielt sich außerhalb christlicher Deutungssysteme ab und kann trotz seiner ursprünglichen Wurzeln problemlos auf diese verzichten. Die Vielzahl der ästhetischen Inszenierungen des Festes, an dem die Alltagswelt zu einem großen glitzernden Festplatz zu werden scheint, bewegen sich weitgehend in Distanz zu jeder Gemeindekirchlichkeit und entfernen sich sogar aus dem Koordinatensystem des Christlichen schlechthin. Was das Fest aus christlicher Sicht an Bedeutungsinhalten besitzt [...] existiert dabei nur in einzelnen Versatzstücken oder ist gar gänzlich abgetrennt. Weihnachten ist vor allem ein Fest der ästhetischen Inszenierung und der symbolisch vermittelten Emotion, nicht ein Fest des christlichen Bekenntnisses«.

[16] Karle, Kirche im Reformstress, 67.

giöser Kommunikation durch das Wort, auch wenn er selbst oft in seiner Bedeutung und seinem Bezug zur weihnachtlichen Erzählung offen und symbolisch bleibt. Letztlich bleiben die symbolischen und rituellen Sprach- und Ausdrucksformen im Kontext moderner Weihnachtsreligiosität immer an inhaltliches Verstehen und damit an Reflexion gebunden, da »ohne ein wenigstens rudimentäres Verstehen die rituelle Kraft religiöser Gesten, Riten und Sprachformen versiegen würde«[17].

Die Interviewpartnerinnen und -partner wollen sich an die Botschaft des Evangeliums erinnern, christliche Inhalte und Deutungsperspektiven vermittelt bekommen und religiös kommunizieren. Sie wollen spüren und erfahren, sich berühren lassen und zugleich »etwas zum Denken haben«[18], sich aktiv mit dem Gelesenen oder Gehörten beschäftigen, statt »in der Schwebe zwischen aktiver Inszenierung und passiver Wesensschau«[19] zu verbleiben. Sie versuchen, die Inhalte zu verstehen und diese für sich zu adaptieren, um etwas Aussagekräftiges, anschlussfähige Deutungen und inhaltliche Identifikations- und Anknüpfungspunkte für Fragen und Themen ihres Glaubens zu finden. Sie suchen nach lebensnahen Zugängen zur biblischen Erzählung von Weihnachten, nach Antworten auf ihre Frage nach Gott, nach neuen Eindrücken und Gedanken. Sie wollen sich persönlich ansprechen und emotional berühren lassen, aber auch kognitiv nachdenken. Sie suchen nach Impulsen für eigene Gedanken und Überlegungen und wollen mit ihren Wahrnehmungen und Vorstellungen, ihren Emotionen und Erfahrungen an Texte und Themen anknüpfen. Sie »spielen«, wie Morgenroth es formuliert, auch im Kontext des ›Anderen Advent‹ mit dem weihnachtlichen Symbol der Krippe und der Geschichte von der Geburt zu Bethlehem[20] und suchen dabei zugleich sehr konkret nach anregenden Gedanken, erhoffen sich neue Sichtweisen und weiterführende Perspektiven für das Bekannte und Vertraute. Sie wollen die weihnachtliche Botschaft vom Kommen Gottes in die Welt für sich hinterfragen, sich auf ihre Bedeutung besinnen, sie verstehen und für sich »bewegen«[21], an dieser »herum- und weiterdenken«[22] und davon ausgehend über Weihnachten hinaus (neue) Wahrnehmungen für sich, ihren Glauben und ihr Leben insgesamt gewinnen und mitnehmen. Darüber hinaus brauchen sie Formen religiöser *Glaubens*kommunikation, die nicht nur ihnen

---

[17] Ebd.
[18] Interview Hans.
[19] Morgenroth, Weihnachts-Christentum, 142.
[20] A. a. O., 150 f.
[21] Interview Eva.
[22] Interview Hans.

selbst etwas geben, sondern auch Wege zwischenmenschlicher und inhaltlich tragfähiger religiöser Kommunikation eröffnen und die kognitiv-anregende Diskussionen und einen ›religiösen Austausch‹ über die konkreten Fragen und Themen ermöglichen. Die religiöse Attraktivität des ›Anderen Advent‹ liegt gerade in der Verbindung aus Ästhetik und inhaltlich aussagekräftiger religiöser Kommunikation, aus performativem Gestalten und Erleben und einem explizit christlichen und zugleich offenen Profil. Nicht zuletzt die Kritik Evas am ›Anderen Advent‹, an dem manchmal geringen inhaltlichen Tiefgang und ihrem Wunsch nach einer (noch) stärkeren Fokussierung auf den »Glaubensaspekt«[23] unterstreicht das Bedürfnis und das Interesse an den christlichen Inhalten und der Vermittlung kognitiv-anregender Kommunikation. Natürlich geht es dabei im Rahmen weihnachtlicher Religiosität, wie Morgenroth zu Recht feststellt, weder um eine starre Dogmatik noch um das verbindliche Bekenntnis zu bestimmten Glaubensgrundsätzen.[24] Die Befragten wollen nicht belehrt oder zu einer vermeintlich allgemeingültigen Wahrheit bekehrt werden, aber sie suchen nach Impulsen und einer Kommunikation auf Augenhöhe. So sind es gerade auch die Weihnachtsgeschichte und davon ausgehend die Inhalte und Texte des ›Anderen Advent‹, die in ihrer Offenheit zum Suchen einladen.

Das moderne Weihnachtschristentum ist nicht nur Festreligion und Stimmungsreligiosität, sondern für viele Menschen, wie die Interviews zeigen, über die Auseinandersetzung mit der inhaltlichen Seite des Festes eng mit der Frage nach dem eigenen Glauben und der Suche nach inhaltlicher Konkretheit verbunden. Auch weihnachtliche Religiosität lebt von der Ästhetik, dem Schwebenden und Offenen, von sinnlichen und tiefgreifenden Erfahrungen des Heiligen und ›Anderen‹, von symbolischer und bildhafter Sprache und einer ansprechenden und anregenden Form, aber eben auch von aussagekräftigen Inhalten, anschlussfähigen Botschaften, konkreten und anregenden Deutungsperspektiven, einer transzendenten Perspektive auf die Welt und das Leben. Die Advents- und Weihnachtszeit ist Anlass und Raum religiöser Kommunikation, die nicht nur von Stimmungen und ästhetischer Festlichkeit lebt, sondern auch konkreter Inhalte und Botschaften bedarf, um sinnhaft und sinnvoll erfahren zu werden und im Hinblick auf den persönlichen Glauben und die individuelle Existenz tragfähig zu sein. Denn ohne Inhalte und zumindest ein basales Verstehen bleiben auch die religiösen Riten, Handlungen und Symbole, bleibt religiöse Sprache in ihrer Wirkung und

---

[23]   Interview Eva.
[24]   Morgenroth, Weihnachts-Christentum,150.

Bedeutsamkeit leer und verliert ihre wesentliche, existenzielle Aussagekraft. »Übrig bleibt ein fleischloses Gerippe, dem das Wesentliche verloren ging.«[25]

Im Rahmen der empirischen Studie geben die vielfach sehr elaborierten Deutungen, die große Sprachfähigkeit, mit der die hier vorgestellten Gesprächspartnerinnen und -partner ihre Botschaft von Weihnachten und ihre Glaubensvorstellungen und -überzeugungen formulieren, Aufschluss über die Glaubensüberzeugungen und -vorstellungen spätmoderner Christinnen und Christen. Haben die Beobachtungen zum ›Anderen Advent‹ und zu moderner Weihnachtsreligiosität den Blick auf die besondere Relevanz der christlichen Botschaft sowie auf den Wunsch nach kognitiver Auseinandersetzung gelegt, so soll nun die Frage, welche konkrete Inhalte dabei präferiert werden, noch einmal beleuchtet werden.

---

[25] Karle, Kirche im Reformstress, 29 in Bezugnahme auf Volkhard Krech, Götterdämmerung. Auf der Suche nach Religion, Bielefeld 2003, 17.

II Weihnachten: Menschwerdung und Kommen Gottes in die Welt

Die empirische Studie zeigt, dass bei der Mehrheit der Interviewten weniger die bloße Geschichte von der Geburt Jesu, sondern vor allem die davon ausgehende Botschaft von der Inkarnation und Menschwerdung, dem Kommen Gottes in die Welt, von entscheidender Bedeutung für ihren Glauben ist.

Im weihnachtlichen Inkarnationsgeschehen, der »elementaren Menschwerdung Gottes«, wird für Hans die grundlegende Treue Gottes zur Welt und den Menschen sichtbar. Angesichts der Bereitwilligkeit und Kompromisslosigkeit, mit der sich Gott den Gefährdungen und dem Risiko menschlichen Lebens im Menschen Jesus aussetzt, eröffnet sich ihm eine neue Perspektive auf die als schwierig wahrgenommene Welt und das eigene Leben. Gott ist als Gleicher unter Gleichen den Menschen nahegekommen, hat somit das gängige Verhältnis der Gott-Mensch-Beziehung umgekehrt und so seine Nähe und Treue zu dieser Welt unabdingbar und bedingungslos zum Ausdruck gebracht. Gott kommt in die Welt und stellt damit den negativen Erfahrungen menschlichen Lebens die heilvolle und Hoffnung spendende Perspektive seiner Treue und Zusage entgegen. Nicht im Kind in der Krippe, sondern im Wesentlichen in der Paradoxie zwischen Abgründigkeit der Welt und dem Kommen Gottes in diese Welt entfaltet sich die wesentliche Aussage von Weihnachten.

Für Lara ist die Geschichte vom Kind in der Krippe und darin die Beziehung zwischen Gott und Jesus der Schlüssel zur Erkenntnis der sonst so abstrakten Liebe Gottes, die ihren Glauben wesentlich bestimmt. Im Menschen Jesus als exemplarischer Verkörperung der »fleischgewordenen Liebe Gottes« wird auf der zwischenmenschlichen Ebene die göttliche Liebe zu den Menschen und so auch zu ihr selbst ansichtig und spürbar. Lara erfährt das weihnachtliche Bild vom Kind in der Krippe als symbolische Versinnbildlichung des Aufgehobenseins in Gott, seiner Nähe und Begleitung im Hier und Jetzt.

Eva versteht die weihnachtliche Menschwerdung als Entgegenkommen und Vertrauensangebot Gottes. Gott wird Mensch und gibt Eva damit die »Botschaft der Menschwerdung meiner selbst«. Die Person Jesu und seine Geburtsgeschichte stehen demgegenüber im Hintergrund. Sie versteht sich wie Jesus als Geschöpf und Kind Gottes und sieht sich darin miteingenommen in seine Liebe und Zuwendung. Die traditionell christliche Vorstellung vom

Gottessohn und Erlöser hat für sie keine Bedeutung, stattdessen rückt der historische Jesus als exemplarischer Mensch und als Vorbild im Glauben in den Fokus. Der konsequente Lebens- und Glaubensweg Jesu von der weihnachtlichen Geburt bis hin zu seinem Tod ist für sie eine Inspirations- und Kraftquelle. An Jesus und seinem Lebensweg zeigt sich für Eva vorbildhaft, was dieses Menschsein im, wie Schleiermacher es formuliert, »schlechthinnigen Abhängigkeitsgefühl«[26] ›eigentlich‹ bedeutet, nämlich ein konsequentes Leben im Vertrauen auf Gott auch im Angesicht von Zweifel und Angst.

Hans, Lara und Eva nehmen die weihnachtliche Menschwerdung ganz wesentlich als Beziehungsgeschehen zwischen Gott und Mensch und darin als eine existenzielle Perspektive auf ihr Leben wahr. An Weihnachten wird die Beziehung Gottes zur Welt und zum eigenen Leben erkennbar. Dabei lassen sich in den Interviews mit Lara und Eva teilweise Züge aus Schleiermachers ›Weihnachtstheologie‹ wiedererkennen. Die von Weihnachten ausgehende Erkenntnis von Gottes Zuwendung und die davon ausgehende Hoffnungs- und Heilsbotschaft seiner Liebe und Fürsorge bilden für Eva und Lara das lebensbegleitende »Grundgefühl«, eine Kraft und Trost spendende Perspektive für ihr Leben auch über Weihnachten hinaus. Die Menschwerdung Gottes gibt die Antwort auf die Frage nach dem ›Mehr‹ menschlicher Existenz, indem sie das menschliche Leben in seinem Transzendenzbezug erfahrbar macht. Das weihnachtliche Bewusstsein der eigenen Gotteskindschaft führt als Impuls »vom Kopf her«, wie Eva sagt, zu »einem grellen Gefühl« des Aufgehobenseins, das trotz aller Zweifel und »Widerschwankungen« letztlich immer wieder auf Gott verweist und an seine Nähe erinnert. Eva und Lara erfahren sich angesichts des exemplarischen Kindes in der Krippe als »getragen«[27] und finden darin Kraft und Halt angesichts der Unwägbarkeiten und Kontingenzerfahrungen in ihrem Leben. Gleichzeitig kommt in beiden Interviews und darüber hinaus auch bei Paul und Georg im Blick auf die Geburt Jesu auch dessen weiterer Lebensweg, sein Tod und damit das »Dunkle«[28] im Leben, aber auch die Auferstehung und ihre Botschaft von der Rettung und »endgültigen Befreiung«[29] in den Blick. Im Angesicht der Krippe an Weihnachten wird den Befragten der gesamte Lebensweg Jesu bewusst, an dem sich exemplarisch der Lebensweg aller Christinnen und Christen aus Geburt, Tod und Auferstehung zeigt. Der Mensch Jesus wird zur Identifikationsfigur, an dem sich der göttliche Heilswillen erkennen lässt, der letztlich zu einem

---

[26] Schleiermacher, Der christliche Glaube, 36.
[27] Interview Eva.
[28] Interview Lara.
[29] Ebd.

neuen Bewusstsein und einer neuen Perspektive für die eigene Existenz führt: »Christus ist der Anfang einer Menschheit, die sich hinter ihm einreihen kann in ein neues Gottesbewusstsein und, damit verbunden, in ein neues Selbstbewusstsein.«[30]

Jesus ist darüber hinaus, wie insbesondere auch aus dem Interview mit Paul hervorgeht, in seinem Leben und Wirken Vorbild im Hinblick auf die ›typisch‹ moderne Frage nach dem guten und richtigen Leben. Die weihnachtliche Botschaft »Mach es wie Gott, fang klein an, werde Mensch!« wird für Paul zur Orientierungshilfe für den eigenen Lebensweg und sein Denken und Handeln. Im »Schwachen«, dem Kind Jesus, wird für ihn das Handeln und Wirken Gottes erkennbar. Die Weihnachtsgeschichte bietet für Paul einen Anknüpfungspunkt, an den er direkt mit seiner eigenen biografischen Erfahrung anschließen und zugleich eine weiterführende Perspektive für seine Lebensführung erhalten kann.[31] Der Blick auf die Weihnachtsgeschichte und das Leben und Wirken Jesu weckt bei Paul das Bewusstsein für die eigene soziale Handlungsverantwortung angesichts der negativen Zustände der Welt. Mit dem Bedürfnis nach einem bescheidenen Lebensstil und einem Engagement für soziale Gerechtigkeit wird dabei eine ethische und politische Dimension der weihnachtlichen Botschaft sichtbar.

Auch bei Bernd ist die weihnachtliche Botschaft eng mit einer ethischen Dimension verbunden. Das Interview mit Bernd stellt allerdings im Vergleich zu den anderen Interviews hinsichtlich der Interpretation der Weihnachtsgeschichte einen Sonderfall dar. Als einziger der Interviewten stellt Bernd explizit die Geburt und das Bild des neugeborenen Kindes in den Fokus, welches er nur indirekt mit der biblischen Weihnachtserzählung verbindet. Es geht ihm nicht um die ›traditionelle‹ Botschaft von der Inkarnation Gottes. Das weihnachtliche Geburtsgeschehen markiert für ihn vielmehr den Beginn einer neuen Zeit, einer anderen zwischenmenschlichen Lebensform. Christliches Leben bedeutet für ihn Leben in der Gemeinschaft und dabei vor allem, einen positiven Umgang mit anderen Menschen zu pflegen und im Abgleich mit den Werten und Vorstellungen der christlichen Tradition das eigene Leben und die individuelle Lebensführung zu hinterfragen.

Weihnachten ist im Kontext des modernen Christentums vor allem der Feier der »primären Lebenswelt« gewidmet. »Die Privatsphäre und ihre Bedingungen, die Familie mit den dazugehörigen Liebes- und Freundschaftsstrukturen und darin eingelagert die eigene Individualität und Geburtlichkeit«,

---

30   Morgenroth, Weihnachts-Christentum, 104.
31   Vgl. Zimmermann, Das Wunder jener Nacht, 209.

die typisch moderne Frage nach der »Ich Findung« und dem Selbst stehen im Zentrum und finden in der weihnachtlichen Botschaft von der Inkarnation ihren wesentlichen Anknüpfungspunkt an die christliche Tradition.[32] Die Deutungen der Weihnachtsgeschichte in den Interviews zeigen, dass sich moderne Weihnachtsreligiosität wesentlich mit der Frage nach der eigenen Existenz beschäftigt, damit, was Menschwerden und Menschsein eigentlich bedeuten. Dabei geht es weniger um eine »Heiligung« der privaten Lebenswelt, sondern vor allem um eine christlich-verfremdende Perspektive auf das eigene Leben, die als heilsam erfahren und gedeutet wird. Das Motiv der »Heiligen Familie«, das Morgenroth in seiner Darstellung des Weihnachtschristentums als besonders prägend herausstellt, findet sich mit Ausnahme von Bernd in keinem der anderen Interviews wieder. Das Familienmotiv wird im Kontext der eigenen ›Weihnachtstheologie‹ teilweise sogar abgelehnt und die theologische Aussage von Weihnachten von der Familie differenziert. An Weihnachten offenbart sich für die Interviewten die Beziehung Gottes zur Welt und zum eigenen Leben. Das Inkarnationsgeschehen wird damit letztlich zum Schlüsselereignis für den eigenen Glauben. In den Interviews wird deutlich, dass menschliches Leben in Beziehung zu Gott bzw. im Gefühl oder Bewusstsein »der schlechthinnigen Abhängigkeit« gedacht und interpretiert wird. Am Kommen Gottes in die Welt wird die Geschichte Gottes mit den Menschen ansichtig und greifbar, bewusst und erfahrbar.[33] Mit seinem Kommen in die Welt stellt Gott das menschliche Leben unter seinen Zuspruch. Das Gottesbild, das die Befragten ausgehend von Weihnachten zeichnen, ist ein positives, vertrauensstiftendes und heilsames. Gott kommt den Menschen entgegen. Die Interviews machen klar, dass christliches Leben im Glauben an den weihnachtlichen Gott Leben unter einer Kraft, Trost und Hoffnung spendenden Perspektive bedeutet. Jesus Christus kommt aus Sicht der Befragten nicht als der geopferte Gottessohn, der zur Erlösung der Sünden gestorben ist, vor. »Das Kommen Gottes ist nicht nur der formale Rahmen, in dem Gott sprachlich zur Welt kommt, das Kommen Gottes in Jesus Christus ist auch das Grundthema christlicher Theologie und löst gegenwärtig Interpretamente wie den Opfergedanken ab, ohne das Zentrum des christlichen Glaubens dabei aus dem Blick zu verlieren.«[34] So lehnt Eva den Opfertod Jesu explizit und strikt für sich ab. Nicht im stellvertretenden Opfertod des Sohnes, sondern in der Inkarnation offenbart sich für sie die Nähe Gottes. Folglich ist weihnachtlicher Glaube weniger Christusglaube oder Erlöserglaube. Im Kon-

---

[32] Vgl. Morgenroth, Weihnachts-Christentum, 127 f.
[33] Vgl. Hasse, Weihnachten in der Presse, 60.
[34] Morgenroth, Weihnachtschristentum, 237.

text der Menschwerdung Gottes steht mit Blick auf Jesus dessen Menschsein im Mittelpunkt. Nicht der Tod, sondern Jesu Eintreten in die Welt, die Menschwerdung Gottes, wird als entscheidendes Ereignis interpretiert. Weihnachten ist, so Georg, der »Beginn des Christentums«, »mit Weihnachten hat etwas angefangen«[35]. Die weihnachtliche Botschaft von der Menschwerdung Gottes erscheint in den Interviews im Schleiermacherschen Sinne als »Schlüsselstelle im Heilsplan Gottes«[36].

Weihnachten, seine Inhalte und Botschaften sind im Hinblick auf moderne christliche Religiosität insgesamt für viele Christinnen und Christen besonders anschlussfähig. Zugleich wird das Kreuz Jesu nicht vergessen. Der Blick von der Krippe aus richtet sich vor allem auf das Leben, auf das ›Woher‹[37], von dort aus zumindest implizit aber auch auf das ›Wohin‹, indem das Kreuz als Hoffnungsperspektive mitgedacht wird. »Zur Geschichte von Jesus Christus«, so stellt Morgenroth fest, »gehört unbestreitbar unmittelbar auch das Kreuz«[38]. Eröffnet sich mit dem Eintreten Jesu in die Welt für alle Menschen der Zugang zu Gott, so erinnert das Kreuz auch an die ›dunkle Seite‹ der Geschichte Jesu und warnt davor, Weihnachten zu verniedlichen und zu trivialisieren.

Sicherlich ist es für die Mehrheit der Menschen im Wesentlichen die besondere Stimmung und Atmosphäre der Zeit, die ihre Wahrnehmung, die Erlebensintensität und -qualität und darin auch die besondere Bedeutung von Advent und Weihnachten prägt. Selbstverständlich haben auch weihnachtliche Religiosität und Christlichkeit insgesamt unter den Bedingungen der Moderne eine Wandlung erfahren. Die Säkularisierung schreitet fort und tut es zweifelsohne auch weiterhin. Nichtsdestotrotz zeigt diese Studie, dass nach wie vor die christlichen Inhalte für viele religiös orientierte Menschen ein wichtiges Anknüpfungs- und Anregungspotenzial bieten, dass auch und vielleicht gerade im Kontext der Advents- und Weihnachtszeit ein großes Interesse und sogar ein gewisses inhaltliches ›Bedürfnis‹ besteht, sich mit der christlichen Tradition, ihren konkreten Inhalten und ihrer Botschaft auseinanderzusetzen. Für eine nicht unerhebliche Zahl von Christinnen und Christen geht es offensichtlich im Kontext von Advent und Weihnachten weniger um eine Ästhetisierung und heiligende Bestätigung ihrer privaten Lebenswelt im Sinne der von Morgenroth beschriebenen säkularisierten Stimmungsreligiosität. Diese empirische Studie zeigt, wie groß bei vielen Menschen gerade

---

[35] Interview Lara.
[36] Käfer, Inkarnation und Schöpfung, 175.
[37] Vgl. Morgenroth, Weihnachts-Christentum, 107.
[38] A. a. O., 236.

in der Advents- und Weihnachtszeit das Bedürfnis ist, sich über ›das Symbolische‹ und ›Ästhetische‹ hinaus konkret mit den christlichen Inhalten der Zeit zu befassen, sich mit der Botschaft von Weihnachten zu beschäftigen und religiös zu kommunizieren. Jenseits des vermeintlich ›boomenden‹ Marktes an Sinnangeboten bietet die christliche Tradition mit ihren Aussagen und Botschaften nach wie vor viele wichtige Impulse und Anknüpfungspunkte im Hinblick auf die eigene Religiosität und religiöse Praxis. Es geht ihnen um konkrete Inhalte und Aussagen, mit denen man sich auseinandersetzen kann, sinnhafte Deutungs- und Sinnangebote jenseits einer unbestimmten und beliebigen esoterischen Mischung. Menschen suchen nach gehaltvollen und tragfähigen Botschaften, die zum Nachdenken und zur kognitiven Beschäftigung anregen und neue Sichtweisen und Blickwinkel auf den Glauben und das eigene Leben eröffnen. Dabei geht es offenkundig weniger um ein bestimmtes »Bekenntnis«[39] als vielmehr darum, sich kognitiv und reflexiv mit den christlichen Inhalten zu befassen, sie immer wieder neu und anders wahrzunehmen, neue Zugänge zu finden und weiterführende Perspektiven und Dimensionen auf das Vertraute und Bekannte zu entdecken.

Der ›Andere Advent‹ greift den Wunsch nach inhaltlicher, kognitiver Beschäftigung und Reflexion auf. Ihm gelingt eine Form der religiösen Kommunikation, der Vermittlung und Verkündigung der christlichen Botschaft, die in ihrer inhaltlichen Ausrichtung zum einen sowohl in formal-gestalterischer als auch in inhaltlicher Hinsicht die Bedeutung des Ästhetischen, die sinnliche und emotionale Dimension religiöser Kommunikation nicht außer Acht lässt. Zum anderen bietet er aber darin eine inhaltliche Konkretheit, die wiederum gerade in ihrem dezidiert christlichen Bezug und ihrem Kommunikationsstil offen und schwebend bleibt. Die Interviews zeigen, dass diese Gradwanderung zwischen ästhetisch-ansprechender Gestaltung und zugleich inhaltlich-anregender und weiterführender religiöser Kommunikation gerade auch im Blick auf die kirchliche Praxis und Verkündigung oft nur schwer zu erreichen ist und vielfach auch nicht gelingt.

So nehmen die Interviewten stellvertretend für viele andere Christinnen und Christen die Predigten in den Kirchen oftmals als nur wenig lebensnah und aktuell oder darin vor allem als belehrend und moralisierend und somit als wenig ansprechend wahr. Es gelinge vielfach nicht »die Menschen in ihrem Innersten zu treffen«, Religiosität glaubhaft und authentisch zu vermitteln und zu kommunizieren.[40] Christine vermisst einen klaren Lebensbezug,

---

[39] Morgenroth, Weihnachts-Christentum, 21.
[40] Interview Bernd.

den »emotionalen und sozialen Aspekt«, der ihr neben »dem Theologischen« im Kontext von Advent und Weihnachten wichtig ist.

Im Gegenüber dazu bietet der ›Andere Advent‹ in der Wahrnehmung der Befragten über seine ansprechenden Bilder, die verfremdenden Texte und lebensnahen Themen verbunden mit einem eindeutig christlichen Profil interessierten Menschen einen alltags- und lebensnahen Weg, sich mit der christlichen Tradition und ihrer Botschaft von Advent und Weihnachten zu befassen, diese über andere Formen, Zugangswege und weiterführende inhaltliche Perspektiven auf verschiedene und ›andere‹ Weise für sich (wieder) zu entdecken. Vor diesem Hintergrund lassen sich am Beispiel des ›Anderen Advent‹ anregende Perspektiven für die theologische Praxis und für das kirchliche Verkündigungshandeln erkennen.

Gerade durch seine ›Lebensnähe‹, die aktuellen Kontexte und den »Tagesbezug«, die der ›Andere Advent‹ einbringt, setzt der Kalender Impulse zum Nachdenken. Er spielt neue Blickwinkel und Dimensionen ein, die über die ›klassische Bibelauslegung‹ und die bekannten (biblischen) Texte und Themen im Rahmen von Advent und Weihnachten hinausgehen. Im Blick auf die Predigt bedeutet dies, dass Form und Inhalt, ästhetisch-stilistisch ansprechende Gestaltung und inhaltliche Botschaft, Sprache und Aussage zusammengehören.[41]

Das Beispiel des ›Anderen Advents‹ und die Aussagen der Interviewpartnerinnen und -partner zum Kalender zeigen, wie religiöse Kommunikation gelingen kann. Hier zeigt sich deutlich, dass die »Orientierung, die Konzentration auf Inhalte Erfolg haben kann, wenn es auf eine barmherzige Art und Weise kommuniziert wird«[42]. Dies sei ein

> »Zeichen, dass Leute bereit sind, auch inhaltlich geprägt, gediegen Weihnachten zu feiern, dass es auch überhaupt nicht stimmt, dass alle nur abgerutscht sind in den Konsum und in den Kommerz, dass es auch nicht stimmt, dass alle nur in den Kitsch abgerutscht sind. Da gibt es ein Bedürfnis, gut, niederschwellig, aber auch mit einem echten Anregungspotenzial Weihnachten zu feiern«[43].

Indem der ›Andere Advent‹ die biblische Weihnachtserzählung und ihre Botschaft auf ästhetisch-ansprechende und zugleich zurückhaltende Weise immer wieder neu und anders einspielt, bleibt der Kalender in seiner religiösen

---

[41] Vgl. zur Rezeptionsästhetik der Predigt u. a. W. Engemann, Einführung in die Homiletik, Tübingen/Basel 2002.

[42] Interview Hans.

[43] Ebd.

Kommunikation einerseits sehr konkret und zugleich auch offen und anschlussfähig für die individuellen und subjektiven Deutungen und religiösen Bedürfnisse. Jenseits von Moral oder der Vermittlung einer (vermeintlich) allgemeingültigen Wahrheit gelingt es ihm, Interesse für die weihnachtlichen Inhalte des christlichen Glaubens zu wecken, indem er seine Leserinnen und Leser in ihrem Wunsch nach kognitiver Auseinandersetzung und sinnlichem Erleben, nach religiöser Kommunikation in der Kombination aus Inhalt und Form ernst nimmt. Er begegnet ihnen auf Augenhöhe statt den Zuhörinnen und Zuhörern von oben herab zu begegnen und ihnen vorgefertigte Auslegungen und Wahrheiten zu präsentieren, »als bräuchten die Leute das«[44].

Nicht wenige Menschen wünschen sich inhaltlich gehaltvolle und aussagekräftige und zugleich verständliche und zeitgemäße Wege und Sprachformen religiöser Kommunikation und christlicher Verkündigung.[45] Der Kalender gibt Anregungen dafür, wie sich sowohl Ästhetik und religiöse Kommunikation, Performanz und Reflexion jenseits der ›klassischen‹ Kommunikationswege auf eine ansprechende und anregende, zeitgemäße und vor allem lebensnahe Weise miteinander verknüpfen lassen, die für moderne Christinnen und Christen ein in religiöser Hinsicht ›attraktives‹ Angebot im Kontext christlicher Verkündigung bereitstellt. Wie die Studie zeigt, ist gerade die Weihnachtsgeschichte anschlussfähig für unterschiedliche Deutungen und Akzentuierungen. In den Interviews lässt sich erkennen, wie wichtig die inhaltliche Perspektive und die Botschaft von Weihnachten ist und wie sich Christinnen und Christen bei ihren individuellen Glaubensüberzeugungen und -vorstellungen an den traditionellen Deutungs- und Sprachmustern der christlichen Tradition orientieren, diese adaptieren und verändern. Weihnachten bietet mit seiner Botschaft vom Kommen Gottes in die Welt einen Anknüpfungspunkt, der es ermöglicht, »sich mit den anspruchsvollen, realistischen und heilsamen Lebensdeutungen und -haltungen des christlichen Glaubens auseinanderzusetzen«[46] und anregende und neue Perspektiven auf das eigene Leben sowie Antworten auf die persönlichen religiösen Fragen und Themen zu finden.

---

[44]   Interview Bernd.
[45]   Vgl. Karle, Kirche im Reformstress, 227.
[46]   Karle, Die markante Physiognomie der Religion, 314.

Anhang

Literaturverzeichnis

von Albrecht, Michael: Art.: Vergil, in: Ders. (Hrsg.), Die römische Literatur in Text und Darstellung Bd. 3: Augusteische Zeit, Stuttgart 2009, 20-133.

Alexander, J. Neil: Art.: Advent, in RGG 1, Tübingen ⁴1998, Sp. 126-127.

Art.: Emergenz, in: Duden, Das Fremdwörterbuch [Duden Bd. 5], hrsg. vom wissenschaftlichen Rat der Dudenredaktion Matthias Wermke/Kathrin Kunkel-Razum/Werner Scholze-Stubenrecht, Mannheim ¹⁰2010, 291.

Assmann, Jan: Der zweidimensionale Mensch: das Fest als Medium des kollektiven Gedächtnisses, in: Assmann, Jan/Sundermann, Theo (Hrsg.), Das Fest und das Heilige. Religiöse Kontrapunkte zur Alltagswelt, Gütersloh 1991, 13-33.

Assmann, Jan: Das kulturelle Gedächtnis. Schrift, Erinnerung und politische Identität in frühen Hochkulturen, München ⁶2007.

Barth, Karl: Schleiermachers »Weihnachtsfeier«, in: Zwischen den Zeiten 3 (1925), 38-61.

Barth, Karl: Die Theologie und die Kirche. Gesammelte Vorträge 2. Band, München 1928.

Barth, Karl: Die Theologie Schleiermachers. Vorlesung Göttingen Wintersemester 1923/24, hrsg. von Dietrich Ritschl, Zürich 1978.

Baumann, Maurice: Ritualisierung und Religiosität der erzählten Familiengeschichte, in: Baumann, Maurice/Hauri, Roland (Hrsg.), Weihnachten – Familienritual zwischen Tradition und Kreativität [Praktische Theologie heute Bd. 95], Stuttgart 2008, 25-63.

Bausinger, Hermann: Der Adventskranz. Ein methodisches Beispiel, in: Scharfe, Martin (Hrsg.), Brauchforschung [Wege der Forschung Bd. 627], Darmstadt 1991, 225-255.

Bausinger, Hermann: Das Weihnachtsfest in der Volkskunde. Zwischen Mythos und Alltag, in: Faber, Richard/Gajek, Esther (Hrsg.), Politische Weihnacht in Antike und Moderne. Zur ideologischen Durchdringung des Fests der Feste, Würzburg 1997, 169-181.

Becker-Huberti, Manfred: Feiern – Feste – Jahreszeiten. Lebendige Bräuche im ganzen Jahr. Geschichte und Geschichten, Lieder und Legenden, Freiburg im Breisgau 1998.

Beck-Gernsheim, Elisabeth: Auf dem Weg in die postfamiliale Familie – Von der Notgemeinschaft zur Wahlverwandtschaft, in: Beck, Ulrich/Beck-Gernsheim, Elisabeth, Riskante Freiheiten. Individualisierung in modernen Gesellschaften, Frankfurt a. M. 2008, 115-138.

Beck-Gernsheim, Elisabeth: Freie Liebe, freie Scheidung. Zum Doppelgesicht von Freisetzungsprozessen, in: Beck, Ulrich/Beck-Gernsheim, Elisabeth, Das ganz normale Chaos der Liebe, Frankfurt a. M. 1990, 105-134.

Berlejung, Angelika: Heilige Zeiten. Ein Forschungsbericht, in: Ebner, Martin et al. (Hrsg.), Das Fest: jenseits des Alltags [JbTh 18], Neukirchen-Vluyn 2004, 3-61.

Bieritz, Karl-Heinrich: Das Kirchenjahr. Feste, Gedenk- und Feiertage in Geschichte und Gegenwart, München 1987.

Bieritz, Karl-Heinrich: Der Text, die Predigt und die Zeit. Prolegomena zu einer Adventspredigt, in: Cornehl, Peter/Dutzmann, Martin/Strauch, Andreas (Hrsg.), »... in der Schar derer, die da feiern«. Feste als Gegenstand praktisch- theologischer Reflexion, Göttingen 1993, 71-87.

Bohnsack, Ralf: Rekonstruktive Sozialforschung. Einführung in qualitative Methoden, Opladen 2003.

Bohnsack, Ralf: Typenbildung, Generalisierung und komparative Analyse: Grundprinzipien der Dokumentarischen Methode in: Bohnsack, Ralf/Nentwig-Gesemann, Iris/Nohl, Arnd-Michael (Hrsg.), Die dokumentarische Methode und ihre Forschungspraxis. Grundlagen qualitativer Sozialforschung, 2., erweiterte und aktualisierte Auflage, Wiesbaden 2007, 225-253.

Bohnsack, Ralf/Nentwig-Gesemann, Iris/Nohl, Arnd-Michael: Einleitung: Die dokumentarische Methode und ihre Forschungspraxis, in: Dies. (Hrsg.), Die dokumentarische Methode und ihre Forschungspraxis, Grundlagen qualitativer Sozialforschung, 2., erweiterte und aktualisierte Auflage, Wiesbaden 2007, 9-27.

Bohnsack, Ralf, Art.: Dokumentarische Methode, in: Bohnsack, Ralf/Marotzki, Winfried/Meuser, Michael (Hrsg.), Hauptbegriffe qualitativer Sozialforschung, 3., durchgesehene Auflage, Opladen & Farmington Hills 2011, 40-44.

Böntert, Stefan: Vom Himmel hoch, da kommt nichts her?: Erkundungen zu der Kunst, an Weihnachten Gottesdienst zu feiern, in: LJ 54 (2004), 223-248.

Börsch, Ekkehard: Zur Entstehung der »Weihnachtsfeier« von Friedrich Schleiermacher, in: ThZ 13 (1957), 354-356.

Brandt, Sigrid: Hat es sachlich und theologisch Sinn, von »Opfer« zu reden?, in: Janowski, Bernd/Welker, Michael (Hrsg.), Opfer. Theologische und kulturelle Kontexte, Frankfurt a. M. 2000, 247-281.

Brandt, Sigrid: War Jesu Tod ein »Opfer?, in: Weth, Rudolf (Hrsg.), Das Kreuz Jesu. Gewalt, Opfer, Sühne, Neukirchen-Vluyn 2001, 64-76.

Bude, Heinz, Art.: Fallrekonstruktion, in: Bohnsack, Ralf/Marotzki, Winfried/Meuser, Michael (Hrsg.), Hauptbegriffe qualitativer Sozialforschung, 3., durchgesehene Auflage, Opladen & Farmington Hills 2011, 60-61.

Corbin, Juliet, Art.: Grounded Theory (übersetzt durch Arnd-Michael Nohl), in: Bohnsack, Ralf/Marotzki, Winfried/Meuser, Michael (Hrsg.), Hauptbegriffe qualitativer Sozialforschung, 3., durchgesehene Auflage, Opladen & Farming ton Hills 2011, 70-75.

Cornehl, Peter: Christen feiern Feste. Integrale Festzeitpraxis als volkskirchliche Gottesdienststrategie, in: PTh 70 (1981), 218-233.

Dege, Martina: Bürgerliche Weihnacht oder die erlaubte Regression. Schleiermachers Weihnachtsfeier und die Säkularisierung der Gefühle. Ein Unterrichtsentwurf für die Sekundarstufe II, in: ZDPE 19 (1999), 235–248.

Dinkel, Christoph: Was nützt der Gottesdienst? Eine funktionale Theorie des evangelischen Gottesdienstes [PThK 2], Gütersloh 2000.

Fechtner, Kristian: Im Rhythmus des Kirchenjahres. Vom Sinn der Feste und Zeiten, Gütersloh 2007.

Fechtner, Kristian: Späte Zeit der Volkskirche. Praktisch-theologische Erkundungen [Praktische Theologie Bd. 101], Stuttgart 2010.

Forssman, Holger: »Alle Menschen sind mir heute Kinder«. Weihnachten als Fest der Schöpfung und der Erlösung, Erlangen 1998.

Förster, Hans: Die Anfänge von Weihnachten und Epiphanias. Eine Anfrage an die Entstehungshypothesen [Studien und Texte zu Antike und Christentum Bd. 46], Tübingen 2007.

Friebertshäuser, Barbara, Art.: Dichte Beschreibung, in: Bohnsack, Ralf/Marotzki, Winfried/Meuser, Michael (Hrsg.), Hauptbegriffe qualitativer Sozialforschung, Opladen & Farmington Hills 2011, 33–35.

Fuchs, Guido: Heiligabend: Riten – Räume – Requisiten, Regensburg 2002.

Gajek, Esther: Adventskalender. Von den Anfängen bis zur Gegenwart, München 1988.

Gajek, Esther: Nationalsozialistische Weihnacht. Die Ideologisierung eines Familienfestes durch Volkskundler, in: Faber, Richard/Gajek, Esther (Hrsg.), Politische Weihnacht in Antike und Moderne. Zur ideologischen Durchdringung des Fests der Feste, Würzburg 1997, 183–215.

Gajek, Esther: Adventskalender und Weihnachtskrippe, in: Unseld, Werner (Hrsg.), »... Zur Krippe her kommet. Evangelische Weihnachtstraditionen im Wandel, Ludwigsburg 2005, 54–61.

Gandow, Thomas: Weihnachten. Glaube, Brauch und Entstehung des Christfestes, München 1994.

Gandow, Thomas: Die Quadratur des Adventskranzes oder »Atheismus unterm Weihnachtsbaum«, Berliner Dialog 4 (1996), 18–20, online unter URL: http://www.religio.de/dialog/496/496s18.html [abgerufen am 18.04.2012].

Gebhardt, Winfried: Der Reiz des Außeralltäglichen. Zur Soziologie des Festes, in: Casper, Bernhard/Sparn, Walter (Hrsg.), Alltag und Transzendenz. Studien zur religiösen Erfahrung in der gegenwärtigen Gesellschaft, Freiburg im Breisgau 1992, 67–88.

Geertz, Clifford: Dichte Beschreibung. Beiträge zum Verstehen kultureller Systeme, Frankfurt a. M. 1983.

Gräb, Wilhelm: Lebensgeschichten, Lebensentwürfe, Sinndeutungen. Eine praktische Theologie gelebter Religion, Gütersloh 1998.

Gräb, Wilhelm: Religion als Deutung des Lebens. Perspektiven einer praktischen Theologie gelebter Religion, Gütersloh 2006.

Halbmayr, Alois: Zwischen Menschwerdung und Geldwertung. Weihnachten im Spannungsfeld von religiöser Entleerung und ökonomischer Überformung, in: ThPQ 156 (2008), 346-355.

Harz, Frieder: Dem Weihnachtschristentum auf der Spur. Theologischer Zugang zum konkurrenzlos bedeutendsten Fest des Jahreskreises, in: PGP 4 (2005), 28- 31.

Hasse, Edgar S.: Weihnachten in der Presse. Komparative Analysen der journalistischen Wahrnehmung des Christfestes anhand der »Weihnachtsausgaben« ausgewählter Tageszeitungen und Zeitschriften (1955 bis 2005) [Studien zur christlichen Publizistik Bd. XIX], Erlangen 2010.

Heim, Walter: Volksbrauch im Kirchenjahr heute, Basel 1983.

Hirsch, Emanuel: Schleiermachers Christusglaube. Drei Studien, Gütersloh 1968.

Hirschauer, Stefan, Art.: Konstruktivismus, in: Bohnsack, Ralf/Marotzki, Winfried/ Meuser, Michael (Hrsg.), Hauptbegriffe qualitativer Sozialforschung, 3., durchgesehene Auflage, Opladen & Farmington Hills 2011, 102-104.

Honer, Anne, Art.: Interview, in: Bohnsack, Ralf/Marotzki, Winfried/Meuser, Michael (Hrsg.), Hauptbegriffe qualitativer Sozialforschung, 3., durchgesehene Auflage, Opladen & Farmington Hills 2011, 94-99.

Janssen, Bernd-Holger: Die Inkarnation und das Werden der Menschheit. Eine Interpretation der Weihnachtspredigten Friedrich Schleiermachers in Zusammenhang mit seinem philosophisch-theologischen System, Marburg 2003.

Jeggle, Utz: Schöne Bescherung. Spekulationen über Weihnachten, in: Faber, Richard/ Gajek, Esther (Hrsg.), Politische Weihnacht in Antike und Moderne. Zur ideologischen Durchdringung des Fests der Feste, Würzburg 1997, 277-286.

Jeggle-März, Birgit: Weihnachten feiern in postsäkularer Zeit. Chance der Begegnung mit dem Heil Gottes, in: Diak 39 (2008), 392-399.

Jetter, Werner: Symbol und Ritual. Anthropologische Elemente im Gottesdienst, 2., durchgesehene Auflage, Göttingen 1986.

Josuttis, Manfred: Weihnachten - das Fest und die Predigt, in: Cornehl, Peter/Dutzmann, Martin/Strauch, Andreas (Hrsg.), »... in der Schar derer, die da feiern«. Feste als Gegenstand praktisch-theologischer Reflexion, Göttingen 1993, 88-97.

Karle, Isolde: Seelsorge in der Moderne. Eine Kritik der psychoanalytisch orientierten Seelsorgelehre, Neukirchen-Vluyn 1996.

Karle, Isolde: Der Pfarrberuf als Profession. Eine Berufstheorie im Kontext der modernen Gesellschaft, Gütersloh 2001.

Karle, Isolde: Die markante Physiognomie der Religion. In: Härle, Wilfried/Haese, Bernd-Michael/Hansen, Kai/Herms, Eilert (Hrsg.), Systematisch Praktisch. Festschrift für Reiner Preul zum 65. Geburtstag [Marburger theologische Studien Bd. 80], Marburg 2005, 305-314.

Karle, Isolde: Kirche im Reformstress, Gütersloh 2010.

Käfer, Anne: Inkarnation und Schöpfung. Schöpfungstheologische Voraussetzungen und Implikationen der Christologie bei Luther, Schleiermacher und Karl Barth [Theologische Bibliothek Töpelmann Bd. 151], Berlin 2010.

Kirchhoff, Hermann: Christliches Brauchtum. Feste und Bräuche im Jahreskreis, München 1995.

Kohli, Martin:»Offenes« und »geschlossenes« Interview: Neue Argumente zu einer alten Kontroverse, in: Soziale Welt 29 (1978), 1–25.

Kohli Martin, Normalbiografie und Individualität: zur institutionellen Dynamik des gegenwärtigen Lebenslaufregimes, in: Jürgen Friedrichs/Deutsche Gesellschaft für Soziologie (DGS) (Hrsg.), Technik und sozialer Wandel: 23. Deutscher Soziologentag 1986: Beiträge der Sektions- und Ad-hoc-Gruppen, Opladen 1987, 432–435.

Korsch, Dietrich: Weihnachten – Menschwerdung Gottes und Fest der Familie. Systematisch-Theologische Gedanken zu gelebter Religion, in: IJPT 3 (1999), 213–228.

Kretzschmar, Gerald: Mitgliederorientierung und Kirchenreform. Die Empirie der Kirchenbindung als Orientierungsgröße für kirchliche Strukturreform, in: PTh 101 (2012), 152–168.

Kruse, Jan: Reader »Einführung in die qualitative Interviewforschung (Version Oktober 2011, überarbeitete, korrigierte und umfassend ergänzte Version), Freiburg 2011 [Bezug über www.qualitative-workshops.de].

Kunstmann, Joachim: Fest/Feiern/Event, in: Fechtner, Kristian et al. (Hrsg.), Handbuch Religion und populäre Kultur, Stuttgart 2005, 52–62.

Kunze, Axel Bernd: Weihnachten in der Gemeinde – eine liturgische und theologische Herausforderung, in: BiLi 82 (2009), 188–196.

Köhle-Hezinger, Christel: Art.: Weihnachten, RGG 8, Tübingen ⁴2005, Sp. 1335–1338.

Kürzdörfer, Klaus: Luther und Schleiermacher als Didaktiker. In: Härle, Wilfried/ Haese, Bernd-Michael/Hansen, Kai/Herms, Eilert (Hrsg.), Systematisch praktisch. Festschrift für Reiner Preul zum 65. Geburtstag [Marburger Theologische Studien Bd. 80], Marburg 2005, 243–257.

Leipold, Andreas: Die Feier der Kirchenfeste: Beitrag zu einer theologischen Festtheorie, Göttingen 2005.

Lenz, Sandra, Von Salonlöwen und anderen Paradiesvögeln. Literarische Salons als Stätten europäischer Kultur- und Geistesgeschichte, Kritische Ausgabe – Zeitschrift für Germanistik & Literatur 11 (2004): »Großstadt«, 22–24.

Luckmann, Thomas: Die unsichtbare Religion, Frankfurt a. M. 2005 [Nachdruck der 1. Auflage].

Luhmann, Niklas: Religion als Kommunikation, in: Tyrell, Hartmann/Krech, Volkhard/Knoblauch, Hubert (Hrsg.), Religion als Kommunikation [Religion in der Gesellschaft Bd. 4], Würzburg 1998, 135–145.

Mann, Friedhelm/Schmidt-Lauber, Hans-Christoph: Art.: Epiphaniasfest, in: TRE 9, Berlin/New York 1982, Sp. 762–770.

Mannheim, Karl: Beiträge zur Theorie der Weltanschauungsinterpretation, Wien 1923.

Marotzki, Winfried, Art.: Leitfadeninterview, in: Bohnsack, Ralf/Marotzki, Winfried/Meuser, Michael (Hrsg.), Hauptbegriffe qualitativer Sozialforschung, 3., durchgesehene Auflage, Opladen & Farmington Hills 2011, 114.

Marquard, Odo: Moratorium des Alltags. Eine kleine Philosophie des Festes, in: Haug, Walter/Warning, Rainer (Hrsg.), Das Fest [Poetik und Hermeneutik Bd. 14], München 1989, 684–691.

Merzyn, Konrad: Alle Jahre wieder – Praktisch-theologische Erwägungen zur Predigt an Heiligabend, in: EvTh 73 (2013), 6–17.

Meuser, Michael, Art.: Rekonstruktive Sozialforschung, in: Bohnsack, Ralf/Marotzki, Winfried/Meuser, Michael (Hrsg.), Hauptbegriffe qualitativer Sozialforschung, 3., durchgesehene Auflage, Opladen & Farmington Hills 2011, 140– 142.

Michaels, Axel: Wozu Rituale?, in: Spektrum der Wissenschaft Spezial 1 (2011), 6–9.

mindline media: Der Kalender ›Der Andere Advent‹ und das Magazin ›Andere Zeiten‹ – Ergebnisse der Leserinnen- und Leserbefragung, Berlin 2010.

Moltmann, Jürgen: Der Gott der Hoffnung [Vortrag vom 10.01.2007 an der Augustana-Hochschule Neuendettelsau], online unter URL:http://www.augustana.de/newsletter/Nummer10/Juergen%20Moltmann,%20Der%20Gott%20der%20Hoffnung.pdf [abgerufen am 15.02.2013].

Morgenroth, Matthias: Weihnachts-Christentum. Moderner Religiosität auf der Spur, 2., durchgesehene Auflage, Gütersloh 2003.

Morgenroth, Matthias: Heiligabend-Religion. Von unserer Sehnsucht nach Weihnachten, München 2003.

Nachtwei, Gerhard: Alle Jahre wieder?, in: Diak 39 (2008), 382–386.

Nohl, Arnd-Michael: Interview und dokumentarische Methode. Anleitungen für die Forschungspraxis, 4., überarbeitete Auflage, Wiesbaden 2012.

Nowak, Kurt: Schleiermacher. Leben, Werk und Wirkung, Göttingen 2001.

Osthövener, Claus-Dieter: Erlösung. Transformation einer Idee im 19. Jahrhundert [Beiträge zur historischen Theologie Bd. 128], Tübingen 2004.

Patsch, Hermann: Die zeitgenössische Rezeption der ›Weihnachtsfeier‹, in: Selge, Kurt-Victor (Hrsg.), Internationaler Schleiermacher-Kongress 1984, Bd. 2, Berlin 1985, 1215–1228.

Peschel, Tina: Zur Geschichte der Adventskalender in: Dies. (Hrsg.), Adventskalender – Geschichte und Geschichten aus 100 Jahren, Husum 2009, 9–15.

Pollack, Detlef: Entzauberung oder Wiederverzauberung der Welt? Die Säkularisierungsthese auf dem Prüfstand, in: von Vietinghoff, Eckhardt/May, Hans (Hrsg.), Zeitenwende – Wendezeiten, Hannover 1998, 125–150.

Pollack, Detlef: Säkularisierung – ein moderner Mythos? [Studien zum religiösen Wandel in Deutschland und Europa I], Tübingen 2003.

Pollack, Detlef: Rückkehr des Religiösen? [Studien zum religiösen Wandel in Deutschland und Europa II], Tübingen 2009.

Preul, Reiner: So wahr mir Gott helfe! Religion in der modernen Gesellschaft, Darmstadt 2003.

Quapp, Erwin H.U.: Barth contra Schleiermacher? »Die Weihnachtsfeier« als Nagelprobe. Mit einem Nachwort zur Interpretationsgeschichte der »Weihnachtsfeier«, Marburg 1978.

Reichertz, Jo: Art.: Abduktion, in: Bohnsack, Ralf/Marotzki, Winfried/Meuser, Michael (Hrsg.), Hauptbegriffe qualitativer Sozialforschung, 3., durchgesehene Auflage, Opladen & Farmington Hills 2011, 11–14.

Rendttorff, Trutz: Die soziale Struktur der Gemeinde. Eine kirchensoziologische Untersuchung, Hamburg ²1959.

Rexer, Jochen: Die Entwicklung des liturgischen Jahrs in altkirchlicher Zeit, in: Ebner, Martin et al. (Hrsg.), Das Fest: Jenseits des Alltags [JbTh 18], Neukirchen-Vluyn 2004, 279–305.

Roll, Susan K./Stuhlmann, Rainer: Art.: Weihnachten/Weihnachtsfest/Weihnachtspredigt, in: TRE 35, Berlin/New York 2003, Sp. 453–471.

Rössler, Dietrich: Unterbrechungen des Lebens. Zur Theorie des Festes bei Schleiermacher, in: Cornehl, Peter/Dutzmann, Martin/Strauch, Andreas (Hrsg.), »... in der Schar derer, die da feiern«. Feste als Gegenstand praktisch-theologischer Reflexion, Göttingen 1993, 33–40.

Schellong, Dieter: Schleiermachers »Weihnachtsfeier«. Ein Dokument des evangelischen Bürgertums zum Anfang des 19. Jahrhunderts, in: Faber, Richard/Gajek, Esther (Hrsg.), Politische Weihnacht in Antike und Moderne. Zur ideologischen Durchdringung des Fests der Feste, Würzburg 1997, 75–85.

Schleiermacher, Friedrich: Die Weihnachtsfeier. Kritische Ausgabe, hrsg. von Hermann Mulert [Philosophische Bibliothek 117], Leipzig 1908.

Schleiermacher, Friedrich: Die Weihnachtsfeier. Ein Gespräch [Reihe »Libelli« Bd. XI], Darmstadt 1984 [Text in der Originalfassung von 1806].

Schleiermacher, Friedrich: Über die Religion. Reden an die Gebildeten unter ihren Verächtern (1799), hrsg. von Günter Meckenstock, Berlin/New York 2001.

Schleiermacher, Friedrich: Der christliche Glaube. Nach den Grundsätzen der evangelischen Kirche im Zusammenhange dargestellt. Zweite Auflage (1830/31), Erster und zweiter Band, hrsg. von Rolf Schäfer, Bd. 1, Berlin/New York 2008.

Schulz, Claudia: Die Kirche voller Weihnachtschristen. Ein soziologischer Blick auf den Gottesdienst zur Weihnachtszeit, in: ZGP 26 (2008), 5–8.

von Soosten, Joachim: Riskante Rituale. Weihnachtskult und Kindheitsroman, in: PTh 88 (1999), 474–490.

Späth, Hans: Krippe und Kreuz. Für eine authentisch christliche Feier von Weihnachten, in: Gottesdienst 23 (2007), 177–179.

Strauss, Anselm/Corbin, Juliet: Grounded Theory: Grundlagen qualitativer Sozialforschung, Weinheim 1996.

Strauß, David Friedrich: Charakteristiken und Kritiken. Eine Sammlung zerstreuter Aufsätze aus den Gebieten der Theologie, Anthropologie und Aesthetik, 2. wohlfeilere Auflage, Leipzig 1844.

Strübing, Jörg, Art.: Theoretisches Sampling, in: Bohnsack, Ralf/Marotzki, Winfried/Meuser, Michael (Hrsg.), Hauptbegriffe qualitativer Sozialforschung, 3., durchgesehene Auflage, Opladen & Farmington Hills 2011, 154–156.

Vogd, Werner: Systemtheorie und Rekonstruktive Sozialforschung – Eine Brücke. 2., erweiterte und vollständig überarbeitete Auflage, Opladen & Farmington Hills 2011.

Weber-Kellermann, Ingeborg: Das Weihnachtsfest: Eine Sozial- und Kulturgeschichte der Weihnachtszeit, München 1987.

Weber-Kellermann, Ingeborg: Die deutsche Familie. Versuch einer Sozialgeschichte, 1. Auflage dieser Ausgabe, Frankfurt a. M. 1996.

Wehrung, Georg: Einführung, in: Friedrich Schleiermacher, »Die Weihnachtsfeier. Ein Gespräch«, Darmstadt 1984, I-XVI.

Weihnachten wohnt an der Elbe, in: TOP-Magazin Hamburg 3 (2008).

Well, Jula Elene: Ressourcen stärken. Seelsorge für Eltern letal erkrankter Kinder, Leipzig 2013.

von Wilpert, Gero: Art.: Dialog, in: Ders., Sachwörterbuch der Literatur, 8., verbesserte und erweiterte Auflage, Stuttgart 2001, 165-167.

Wittekind, Folkhart: »... die Musik meiner Religion«. Schleiermachers ethische Funktionalisierung der Musik bis zur ›Weihnachtsfeier‹ und seine Kritik der frühromantischen Kunstreligion, in: Arndt, Andreas/Barth, Ulrich/Gräb, Wilhelm (Hrsg.): Christentum – Staat – Kultur. Akten des Kongresses der Internationalen Schleiermacher-Gesellschaft in Berlin, März 2006, Berlin/New York 2008, 271-300.

Wulf, Christoph/Suzuki, Shoko/Zirfas, Jörg: Die Familie, das Glück und das Fest. Eine thematische und methodische Einleitung, in: Wulf, Christoph et al., Das Glück der Familie. Ethnographische Studien in Deutschland und Japan, Wiesbaden 2011, 14-35.

Wulf, Christoph et al.: Einleitung, in: Dies., Das Glück der Familie. Ethnographische Studien in Deutschland und Japan, Wiesbaden 2011, 39- 43.

Zimmermann, Petra: Das Wunder jener Nacht. Religiöse Interpretation autobiographischer Weihnachtserzählungen [Praktische Theologie heute Bd. 5], Stuttgart/ Berlin/Köln 1992.

Verzeichnis der Internetquellen

Die Internetquellen sind der Reihenfolge ihres Erscheinens im Rahmen dieser Monografie nach aufgeführt.

Homepage der EKD zur Aktion »Advent ist im Dezember« (2011): http://www.ekd.de/advent_dezember/alles_hat_seine_zeit.html [abgerufen am 04.06.2012].

Evangelische Kirche in Deutschland. Zahlen und Fakten zum kirchlichen Leben hrsg. vom Kirchenamt der EKD (2011): http://www.ekd.de/download/broschuere_2011_mit_Links.pdf [abgerufen am 04.06.2012].

Artikel des Oberkirchenrates Matthias Kreplin auf der Homepage der Ev. Landeskirche in Baden (2011): http://www.ekiba.de/14988_16855.php [abgerufen am 04.06.2012].

Studie der Stiftung für Zukunftsfragen »Was die Deutschen mit Weihnachten verbinden« (2011): http://de.statista.com/statistik/daten/studie/169294/umfrage/was-die-deutschen-mit-weihnachten-verbinden/[abgerufen am 04.06.2012].

Pressemitteilung des Vereins ›Andere Zeiten e. V.‹ vom 17.11.2011: http://www.anderezeiten.de/presseinformationen/pressemitteilung-17-november-2011/ [abgerufen am 11.06.2012].

Kirchenjahr erneuern. Gottesdienstliche Praxis im Rhythmus des Jahreskreises, hrsg. von der Liturgischen Konferenz der EKD 2005: www.ekd.de/liturgische_konferenz/download/TB-3-Kirchenjahr.pdf [abgerufen am 01.11.2012].

Auszug aus dem Amtsblatt der Diözese Augsburg 1930, 52-54: http://www.bistum-augsburg.de/index.php/bistum/layout/set/print/Hauptabteilung-VI/Glaube-und-Lehre/Glaubenslehre/Glaubensfragen/Fastenzeit-frueher-und-heute [abgerufen am 01.11.12]

Hauptseite ›Andere Zeiten e.V.‹: http://www.anderezeiten.de/hauptseite [abgerufen am 14.01.2013].

Homepage zu den Zielsetzungen von ›Andere Zeiten e.V.‹: http://www.anderezeiten.de/ueber-uns/unsere-ziele/[abgerufen am 14.01.2013].

Übersicht zu den Aktionen von ›Andere Zeiten e. V.‹: http://anderezeiten.de/unsere-aktionen/[abgerufen am 14.01.2013].

Forum zum Kalender ›Der Andere Advent‹: http://www.forum.anderezeiten.de/forum.php [abgerufen am 14.01.2013].

Pressemitteilung ›Andere Zeiten e.V.‹ vom 13.09.2012: http://www.anderezeiten.de/presseinformationen/pressemitteilung-13-september-2012/[abgerufen am 14.01.2013].

Witzel, Andreas (2000): Das problemzentrierte Interview [25 Absätze], in: Forum Qualitative Sozialforschung/Forum: Qualitative Social Research, 1(1), Art. 22: http://nbn-resolving.de/urn:nbn:de:0114-fqs0001228 [abgerufen am 07.02.2013].

Informationen zu Jostein Gaarder »Das Weihnachtgeheimnis«: http://www.hanser-literaturverlage.de/buecher/buch.html?isbn=978-3-446-24319-4 [abgerufen am: 10.12.2013].

SONSTIGE QUELLEN

Jubiläums-DVD zum zehnjährigen Bestehen der Aktion »Der Andere Advent« »Die Kalendermacher. 10 Jahre ›Der Andere Advent‹ von D. Schipper und G. Petersen im Auftrag von »Andere Zeiten e. V.« 2004.

Texte aus dem ›Anderen Advent‹

Aufgrund von Mehrfachnennungen und der Übersicht halber sind die von den Interviewpartnerinnen und -partnern genannten Texte des ›Anderen Advent‹ nach Datum, also der Reihenfolge ihres Erscheinens im Kalender nach, geordnet.

Samstag 26.11. (Vorabend)

Vorabend

Im Haus ist es ganz still, nur im Kaminofen knistert ab und zu die letzte Glut. Meine Frau und die Kinder schlafen längst. »Wie ist die Welt so stille | und in der Dämmrung Hülle | so traulich und so hold« – das habe ich meiner kleinen Tochter zum Einschlafen vorgesungen und nun geht mir der Vers von Matthias Claudius nicht mehr aus dem Kopf. Ich summe weiter: »Als eine stille Kammer | wo ihr des Tages Jammer | verschlafen und vergessen sollt.« Ja, nach so einer Kammer sehne ich mich. Ich brauche die stille Zeit am Abend – oder auch die Ruhe am Morgen, wenn alles noch schläft. Morgen werde ich besonders früh aufstehen, vorsichtig hinunterschleichen, die erste Kerze am Adventskranz entzünden, mich am kleinen Licht erfreuen und am Duft der Tannenzweige. Eine Weile nachdenken über die Zeit, die nun beginnt. Wochen voll äußerer Geschäftigkeit, in denen ich die Ruhe suche. Täglich zwölf Minuten möchte ich mir nehmen, um das Geheimnis des Advents zu ergründen. Und ich werde mit den Kindern andere Lieder singen. »Seht die gute Zeit ist nah«. Ganz Leise kündigt sie sich heute schon an.
Thomas Kärst

Sonntag 27.11. (1. Advent)

Der Engel

Ich bringe das Andere. Jedes Mal, wenn ich über die Schwelle gehe. Jedes Mal, wenn ich in einen Traum trete. Jedes Mal, wenn ich im Gewand eines anderen sichtbar werde. Die Meisten erkennen mich nicht. Aber das macht nichts. Nicht ich bin wichtig, sondern meine Botschaft. Ich flüstere sie in ihren Schlaf. Ich sage sie ihnen ins Gesicht. Ich lege sie in den Weg. Geduldig bin ich und hartnäckig. Ich trete in ihr Leben. Ich warte auf Einlass in ihr

Herz. Manchmal muss ich zwei Mal anklopfen, drei Mal.
Ich stehe auf der Schwelle. Meine Worte sind:
Du trägst Gott in dir. Erschrick nicht. Gott wird wachsen in dir.
Gib ihm Wohnung und bring das Heilige zur Welt.
Susanne Niemeyer

Sonntag 04.12. (2. Advent)

Maria

Ein Kind? Ich? Das kann doch nicht sein. Mir schwirrt der Kopf.
Wie soll das gehen? Da war diese Nachricht. Ohne Frage. Ohne
Wahl. Ich soll ein Kind bekommen, ein besonderes Kind. Gottes
Sohn. Was heißt das eigentlich – Menschensohn? Und ich soll
die Mutter sein! Ich kann es nicht glauben. Dabei war alles
geplant. Josef und ich, unser Leben, unser Dort. Und nun? Was
soll ich nur Josef sagen, wie es den anderen erklären? Alles
wird anders, ganz anders. Meine Gedanken reichen nicht es zu
verstehen, mein Herz kann nur fühlen. Gott hat einen Plan mit
mir. Er traut mir zu. »Fürchte dich nicht«. Die Worte hallen
nach, breiten sich aus. Neues wird möglich. Ja.
Die Gnade ist mit mir.
Sabine Schäfer-Kehnert

Freitag 09.12. (Wege zum Anderen)

Lieben

Und wie mag die Liebe dir kommen sein?
Kam sie wie ein Sonnen, ein Blütenschein,
kam sie wie ein Beten? – Erzähle:

Ein Glück löste sich leuchtend aus Himmeln sich los
und hing mit gefalteten Schwingen groß
an meiner blühenden Seele ...

Rainer Maria Rilke

Samstag, 10.12. (Wege zum Anderen)

Ihr Licht leuchtet für Immer

Vor vielen Jahren bin ich durch eine Zeitschrift auf den Kalender »Der Andere Advent« aufmerksam geworden und hab ihn mir dann immer wieder bestellt. Der letzte Kalender, den ich mir selbst gekauft habe, hängt noch heute in meiner Wohnung. Aufgeschlagen ist der 02. Januar 2005. An diesem Tag ist mein Sohn Stefan im Alter von fast 17 Jahren an den Folgen eines Verkehrsunfalls gestorben. Stefan und seine Schwester Carina waren am 23. Dezember 2004 gemeinsam in die Stadt gefahren, um Weihnachtsgeschenke einzukaufen. Auf dem Heimweg kam es zu diesem folgenschweren Unfall. Und genau seitdem ist die Advents- und Weihnachtszeit für mich eine andere geworden. Warum ich das alles erzähle, hat einen Grund ...

Jedes Jahr sterben allein in Deutschland 20.000 Kinder und junge Erwachsene, weltweit sind es unzählige mehr. Und überall bleiben trauernde Eltern, Geschwister, Großeltern und Freunde zurück. Täglich wird in den einzelnen Familien dieser Kinder gedacht, doch einmal im Jahr wollen weltweit Betroffene nicht nur ihrer eigenen Töchter, Söhne, Schwestern und Brüder gedenken.

Jedes Jahr am 2. Sonntag im Dezember stellen seit vielen Jahren Betroffene rund um die ganze Welt um 19 Uhr brennende Kerzen von außen sichtbar in die Fenster. Während diese Kerzen in der einen Zeitzone erlöschen, werden sie in der nächsten entzündet, so dass eine Lichterwelle in 24 Stunden die ganze Welt umrundet. Jedes Licht im Fenster steht für das Wissen, dass diese Kinder das Leben erhellt haben und dass sie nie vergessen werden.
Erika Gülch (www.heimweh-nach-stefan.de)

Sonntag, 11.12. (3. Advent)

Herodes

Ihr Knauf ist so hoch droben, dass man den Arm weiter hebt als man möchte, ihr Gewicht so groß, dass man sich gegen sie anstemmt, um sie zu bewegen. Eine Tür, die sagt: Bleib draußen, du bist dem nicht gewachsen, was hier drinnen zu tun ist. Doch durch ihre Ritzen dringen Gerüchte, die Diener tuscheln von Aufruhr und Umbruch. Aber was ist dran an dem Gerede? Was kann mir passieren hinter meiner Tür? Wer sollte mir gefährlich werden? Drei Fremde waren da, und große Worte haben sie gemacht von einem neuen König und einer neuen Zeit. Und dann sind sie wieder abgezogen, um weiterzusuchen nach Wem-auch-immer. Es ist zum Aus-der-Haut-fahren: Ich bin ohnmächtig

gefangen im Tempel meiner eigenen Staatsgewalt. Wenn ich den Dreien folge, sitzt eine meiner Schranzen auf dem Thron, bevor ich mich umgeschaut habe. Und wenn ich darauf warte, ob die seltsamen Spinner zurückkehren, steht hinter dieser Tür bald mein Reich in Flammen. Ein neuer König, eine neue Zeit: Von solchen Träumen kann eben nur jemand reden, der noch nie die Wirklichkeit des Herrschens erlebt hat!
Heiko von Kiedrowski

Sonntag, 18.12. (4. Advent)

Die Wirtin

Ich höre den Lärm von drüben. All das Geplapper der Leute. Das Geklapper aus der Küche. Jemand ruft nach mir. Es sei doch wahrlich genug zu tun um diese Zeit. Ich habe das alles hinter mir gelassen. Schnell bin ich aus der Gaststube raus. Über den Hof, zu dem alten Stall. Ich sehe durch einen Spalt in den Brettern. Eine ganz andere Welt. Das junge Paar, ziemlich abgerissen. Sie legen Stroh in die Krippe, so liebevoll. Der Mann zündet ein Licht an. Die Frau streicht dem Esel über die Nase. Es sei kein Platz, hatte ich ihnen eben noch gesagt, nachdem sie drüben geklopft hatten, es sei alles voll und ich hätte keine Zeit. Der Lärm der Welt hatte mich fest im Griff. Ich war ein Teil davon. Nun ist es anders. Sie hatten ein zweites Mal angeklopft. Ein leiser Ton, der sich in den Zwischenräumen der Geräusche einen Weg suchte. Hinten sei ein Stall, sagte ich, da könnten sie ausruhen. Nun stehe ich hier und lausche. Die Stimmen an den Tischen, das Geschrei aus der Küche, die ganze Rastlosigkeit – kann mir alles nicht mehr anhaben. Ich lausche nach drinnen. Kann man Licht hören? Ich klopfe. Ganz leise.
Frank Howaldt

Sonntag, 25.12. (1. Weihnachtstag)

Der Hirte

Immer wenn ich die Augen schließe, ist das Licht da, so hell, dass ich nicht schlafen kann. Doch wenn ich die Augen wiederöffne, ist da nur dunkle Nacht. Jetzt höre ich plötzlich diese Stimme. Sie spricht von einem Kind, das ein König sein soll, der Retter. Was passiert mit mir? Da sehe ich, dass die anderen Hirten auf die Knie gefallen sind, mitten auf dem Feld, zwischen den Schafen. Ich erkenne in ihren Gesichtern, dass sie die Stimme auch hören, laut und deutlich: »Fürchte dich nicht!« Und jetzt ist das Licht wirklich da.

Der hellste Stern, den ich je gesehen habe, steht über dem Schafstall dort drüben – wie ein Zeichen. Langsam stehen wir auf, einer nach dem anderen. Gemeinsam gehen wir auf das Licht zu, zum Stall. Hinter der Tür höre ich ein Kind. Hoffnung wächst.

Misha Leuschen

Dienstag, 27.12. (Zwischen den Jahren)

Das Tagesgeschenk

Stell dir vor, jeden Morgen stellt dir eine Bank 86.400 Euro auf deinem Konto zur Verfügung. Du kannst den gesamten Betrag an einem Tag ausgeben. Allerdings kannst du nichts sparen, was du nicht ausgegeben hast, verfällt. Aber jeden Morgen, wenn du erwachst, eröffnet dir die Bank ein neues Konto mit neuen 86.400 Euro für den kommenden Tag. Außerdem kann die Bank das Konto jederzeit ohne Vorwarnung schließen. Sie kann sagen: Das Spiel ist aus. Was würdest du tun? Dieses Spiel ist Realität: Jeder von uns hat so eine magische Bank: die Zeit. Jeden Morgen bekommen wir 86.400 Sekunden Leben für den Tag geschenkt. Was wir an diesem Tag nicht gelebt haben, ist verloren, für immer verloren. Aber jeden Morgen beginnt sich das Konto neu zu füllen.
Was also machst du mit deinen täglichen 86.400 Sekunden?

Marc Levy

Freitag, 30.12. (Zwischen den Jahren)

Was mein Leben reicher macht:

Dienstagabend: Der Sopran hat den Einsatz verpennt, die Kantorin schaut schon wieder so streng, der Alt tuschelt zu laut, der Tenor ist noch etwas unsicher, der Bass hat was zu meckern. Aber zuletzt: Wohlklang! Freundliche Gemeinsamkeit, stolzes Lächeln ringsum.
Ich liebe es, in unserem Kirchenchor zu singen.

Thomas Weisenberger

Meine Nachbarin ist Muslimin. Über den Gartenzaun hinweg haben wir uns viel zu erzählen. Plötzlich unterbricht sie das Gespräch und sagt: »Ich muss jetzt beten.« Ich entgegne: »Beten Sie für mich mit!« Sie antwortet: »Ich bete für die ganze Welt.«

Gusti Hoth

Während meines Auslandssemesters auf einem Flohmarkt gab es das Buch meiner Kindheit zu entdecken: Die Brüder Löwenherz von Astrid Lindgren. In Originalsprache. Abends habe ich ein bisschen darin geblättert und zu lesen begonnen. Sicher eine gute Übung! Stunden später, es ist inzwischen mitten in der Nacht, bin ich gefesselt und überwältigt wie beim ersten Mal. Manche Geschichten verlieren nie ihren magischen Reiz.
Christina Krönauer

Alle Erzählungen aus: Die Zeit, Rubrik »Zeit der Leser«

Sonntag, 01.01. (Neujahr)

Josef

Jetzt bin ich dran. Muss mich kümmern. Eigentlich wollten wir zurück nach Nazareth, sobald das Kind die Reise verkraften könnte. Wir brauchen ein Zuhause. Und außerdem wartet meine Werkstatt. Stattdessen müssen wir weiter. Es war genau wie damals, als ich von der Schwangerschaft erfuhr. Ein Traum, und trotzdem war ich wach und klar. Hab jedes Wort im Kopf. Es geht um das Kind. Wir sollen fliehen, bis nach Ägypten – in eine andere Welt. Ich verstehe das alles nicht. Aber ich muss es schaffen! Gott baut auf mich. Das reicht. Dieser Stall hat uns geborgen. Hier habe ich das Wunder des Lebens erfahren. Draußen wartet die Welt. So gehen wir in eine neue Richtung. Geh mit, Gott!
Inken Christiansen